北京林业大学教学改革与创新系列成果汇编

·课程建设与教学方法改革卷·

韩海荣　主编

中国林业出版社

图书在版编目(CIP)数据

北京林业大学教学改革与创新系列成果汇编．课程建设与教学方法改革卷/韩海荣主编．—北京：中国林业出版社，2010.12

ISBN 978-7-5038-5988-5

Ⅰ.①北… Ⅱ.①韩… Ⅲ.①北京林业大学-教学改革-成果-汇编 Ⅳ.①G649.281

中国版本图书馆CIP数据核字（2010）第224993号

出版 中国林业出版社（100009 北京西城区刘海胡同7号）

E-mail forestbook@163.com **电话** 010-83222880

网址 http://lycb.forestry.gov.cn

发行 中国林业出版社

印刷 北京北林印刷厂

版次 2010年12月第1版

印次 2010年12月第1次

开本 787mm×1092mm 1/16

印张 23.75

字数 600千字

印数 1~1000册

定价 60.00元

北京林业大学教学改革与创新系列成果汇编

·课程建设与教学方法改革卷·

编　委　会

主　任　宋维明

副主任　韩海荣

编　委　（按姓氏笔画排序）

丁密金　于　斌　王毅力　申　磊　田明华　刘淑春
刘　燕　孙承文　孙　楠　张　戎　张洪江　陈志泊
林　娟　郑彩霞　孟祥刚　胡　燚　段克勤　钱　桦
徐迎寿　徐基良　彭道黎　戴秀丽

编　写　组

主　编　韩海荣

编　者　张　戎　于　斌　孟祥刚　徐迎寿　林　娟
孙　楠　胡　燚　申　磊　周璐璐

序　言

提高教育教学质量，既是高等教育自身发展规律的需要，也是办好让人民满意大学的需要，更是建设创新型国家、构建社会主义和谐社会的需要。2007年，教育部全面启动“高等学校本科教学质量与教学改革工程”(简称“质量工程”)，切实把高等教育重点放在提高质量上。“提高质量、优化结构，加强研究与实践，培养学生创新精神和实践能力”成为“十一五”期间高等教育改革与发展的主旋律。

北京林业大学以国家和北京市“质量工程”建设为契机，围绕“建设高水平研究型大学”奋斗目标，不断更新教育观念，强化质量意识，深入开展教育教学改革，构建了“国家—北京市—学校” 三级“质量工程”建设体系，在专业建设、实践教学、教学研究、规范管理等方面采取了一系列举措，努力提升学生的学习能力、实践能力和创新能力，巩固学校办学特色。几年来“质量工程”的实施，极大调动了广大教师投身教育教学改革和开展创新教育的积极性，形成了一批标志性成果，本科教育教学质量有效提升。

为充分发挥优秀教学成果在推动教学改革与研究、提高教学质量方面的积极作用，学校将“十一五”期间教师及教学管理工作者围绕“质量工程”撰写的部分教学改革研究论文汇编成书，献给广大教师和教育工作者。本书共收录课程建设和教学方法改革相关论文74篇，包括课程建设、教学方法改革两个部分，集中反映了近几年我校广大教师和教学管理工作者在深化教育教学改革等方面所取得的丰硕成果。

本书汇聚了教师们在求索之路上的点滴思考和智慧火花，对新时期进一步转变教育思想与观念，推进教育教学改革，创新人才培养模式，提高教学质量，有着积极的推动作用。

本书的编辑出版得到中国林业出版社的大力支持，谨致以衷心的谢意！

编　者

2010年8月

目　　录

第一部分　课程建设

第二部分 教学方法改革

第一部分　课程建设

《自然保护区建设与管理》课程讲授内容与方法分析

栾晓峰[1①]，李　斌[1]，姚　莉[1]，邢韶华[1]，夏　亮[2]

（1. 北京林业大学自然保护区学院；2. 北京林业大学经济管理学院）

摘要：当前我国高校在专业课教学过程中存在一些问题，如内容设置不合理，教学方法单一，缺少趣味性等，为了解林业院校学生对专业课内容和教学方法的认识，进一步改进教学内容和方法，提高教学效果，本文以《自然保护区建设与管理》课程为例，对五个专业学生的学习目的、专业兴趣及学生的主体学习意识三个方面进行了调查。调查结果显示，在专业课学习中，学生的需求更侧重于理论与实践相结合、加强实践性教学，同时希望在讲课中间增强教与学的互动性、讲授一些实际案例等。最后，本文从教学的实践性、教与学关系、专业意识等方面对林业院校专业课程教学改革提出了建议。

关键词：专业课程；教授内容；方法；林业院校

《自然保护区建设与管理》课程是自然保护相关专业一门十分重要的专业课，它的内容涉及范围广、知识体系复杂，几乎涵盖了本专业所学课程的全部理论知识和技术成果。课程具有明确的专业背景，其思想性、理论性、实践性和专业性均很强，是培养自然保护相关专业人才的重要专业课。因此，通过科学有效的组织教学内容及采取相应的教学方法以提高教学效果与质量是非常重要的。本文结合教学实践，对自然保护区建设与管理课程的教学内容和方法进行探讨，并通过该课程的调查分析进一步探索提出林业院校专业课程的讲授方法和内容的一些建议。

一、研究现状

国内对专业课程讲授方法的研究普遍倾向于某种教学方法的试验性研究，如闫春在《<管理学>课程教学中讲坛式教学的应用研究》一文中提出，可结合课堂式教学和讲坛式教学各自的优缺点，利用“课堂为主，讲坛为辅”的教学模式较好地改进《管理学》课程的教学效果[1]；也有针对整体教学模式进行研究的，如李健在《高校管理学教学模式改革的探索与实践》一文中提到，过于注重知识传授的教学方法势必束缚、压抑和阻碍学生创新精神和创新才能的发展，久而久之，使学生逐渐丧失了学习的主动性和自觉性[2]。从研究角度及研究内容上来讲，本文立足学生、从学生的角度来寻找课程教授方式改革的钥匙，具有一定的创

依托项目：北京林业大学 2009 年校级精品课程建设项目——《自然保护区管理》。

① 第一作者：栾晓峰，博士，副教授。主要研究方向：自然保护区，野生动植物保护。电话：62336716，E-mail：luanxiaofeng@ yahoo. com. cn，地址：北京林业大学自然保护区学院，100083。

新性。另外，国内针对林业院校专业课程教授方法的研究也并不常见，这也从一定程度上肯定了本文的研究价值。

二、调查方法

本研究以问卷调查形式对2007和2008两个年度选上《自然保护区建设与管理》课程的学生进行了调查。共发放问卷227份，100%回收，涉及5个本科专业，即自然保护区学、林产化工、森林资源保护与游憩、环境科学和生物科学。调查问卷主要由4个问题组成，其中3个问题为客观选择题，1个问题为主观题，分别针对学习目的、专业兴趣及学生的主体学习意识三个方面进行设置。后期采用Excel软件进行数据处理工作。

三、调查结果及分析

(一)学习目的

针对学习目的的调查我们在问卷中设置了两个客观选择题，即“对课程教学内容的偏好”和“对课程授课方式的偏好”。结果如下：

表1 调查问卷信息统计表

题目	选项		所占比例
对课程教学内容的偏好	A	应用性强	27.45%
	B	理论性强	1.96%
	C	综述性强	15.69%
	D	理论与实践结合	38.24%
	E	内容前沿	16.67%
	F	其他	0.00%
对课程授课方式的偏好	A	讲课为主	11.39%
	B	增加讲座	21.52%
	C	增加讨论	20.25%
	D	加强实践教学	46.84%
	E	增强趣味性	0.00%
	F	其他	0.00%

在调查中我们发现，对于这两个问题，有超过35%的学生都分别选择了“理论与实践结合”和“加强实践教学”两个选项。这个结果说明如今学生对于“实用性”的需求是第一位的，希望得到一些可以应用于实际工作的经验和知识；而对于“照本宣科”式的讲课教学的需求则较低。以自然保护区学专业的学生为例，在回答“对课程内容要求”这个问题时，40多名学生中没有一人选择“理论性强”这一选项。这些数据显示，学生学习的目的已经从理论研究转向了实践应用，这个结果也符合整体高校本科教学改革的大方向。这就要求我们在重视实践应用的同时也要注意理论和实践的相互依赖性，任何割裂两者关系的教学必然是失败的。

(二)专业兴趣

针对专业兴趣的调查我们在问卷中设置了一道客观选择题，即“对所学专业的专业意识”。结果如下：

表 2 调查问卷信息统计

题序	选项		百分比
对所学专业的专业意识	A	很喜欢	25.00%
	B	喜欢	48.21%
	C	一般	25.00%
	D	不喜欢	0.00%
	E	其他	1.79%

此问题统计结果显示，学生对专业的兴趣和认同感并不强烈。最能体现中国高等教育发展成果的就是招生专业和人数的增长，至于其增长速度之快我们就不必将数据详细罗列了。超规模的速度使得以前看似很“专业”的专业走向“平凡”，学生填报志愿时的选择越来越多，但更多的选择带来的并不是更多的满意；再加上“专业调剂”的因素，学生在入学的时候就不是“心甘情愿”，这点在农林院校的艰苦专业中表现的更加突出[2]。在这次调查中，只有不到30%的学生表示很喜欢自己所学的专业，并对将来在专业发展道路上有所准备；而一半以上的学生都对自己的专业存有忧虑和不安，他们对自己将来专业的发展缺乏信心。在调查中我们注意到，经过三年专业学习的学生，其中却还有不少人对自己的专业了解不深。在“英语、计算机、人际关系”的重压下和高校整体学风浮躁的气氛下，校园中的莘莘学子似乎就很难再静下心去仔细了解自己专业的本质和内涵。连“是什么”这个问题都还不够清楚，又怎么去谈是否喜欢呢?

(三)学生的主体学习意识

问卷的最后设置了一道主观题，主要针对专业课程教授的建议，调查结果汇总如下：

(1)增加保护区实地观察的内容，使理论与实际相结合。

(2)加强老师和学生的互动，增强实践性。

(3)理论教学形式单调，希望增加趣味性。

(4)建议给每个学生或每组学生一个小方向，自己查找资料独立完成任务，创造独立实践的机会。

(5)介绍一些先进的发展管理和经营的实例，以扩展学生视野。

(6)希望有一本教材。

(7)多介绍一些我国目前自然保护区现状、工作环境、管理方式、工作模式等方面内容。

以上建议显示了学生对于实践能力的强烈需求，自主学习的需求，以及拓展视野的需求。

四、讨论和建议

经过上面三个方面的分析，我们从不同的角度了解了当代大学生的学习目的、专业兴趣以及主体学习意识，也对我们的课程教学有了几点启示：

(一)在保证理论知识基础牢固的基础上增强教学内容的实践性

这次的调查问卷是针对《自然保护区建设与管理》这门课程来提问的，众所周知，“概论”、“导论”这类课程的特点决定了该课程更应该遵循和体现理论联系实际的原则，否则，教学将因空洞虚幻的教学内容、单调乏味的教学方式、远离现实的教学效果而失去说服力、吸引力和生命力[3]。当前的症结在于重课堂的知识教学而轻社会实践、重校内训导而轻校外教育，始终停留在“说教式”的层面上。我们不仅要改革课堂教学，更应该把课堂教学向两头延伸，课前、课内、课后相互协调、统筹安排；在条件允许的前提下，还可以直接带学生去实地观察，直观教学，增强理解。在这一过程中，教师应通过增强与学生的沟通在实践中有效培养学生的创新能力和实践能力[4]。

（二）处理好与相关课程的关系

《自然保护区建设与管理》课程涵盖了本专业所学课程的大部分理论知识，而前期相关课程的理论水平对本课程的教学效果影响非常大。由于教学学时有限，教师不可能解释所有相关的内容，如何处理好与相关课程的关系便成了对本课程教学效果至关重要的问题。为了扫清学习障碍，增强学生学习自信心，提高教学质量，可将前期课程对本课程直接影响的内容放在网络课程中，学生可以自己学习相关知识或利用答疑时间解决相关知识疑难，教师也可根据学生掌握前期理论知识的程度及时调节教学的内容和进度。例如，对整体基础较差的班级，可对特别重要的知识在课堂内增加讲解，同时放慢某些章节的速度；而对整体基础较好的班级，可适当增加课程内容和难度，这样教学效果将大幅提高。“以人为本”是在专业课程教学中贯穿整个教学过程的一个基本宗旨[5]，教师要从学生原有的认知水平、特点以及可持续发展的需求等出发来进行教学，使专业课程教学所产生的综合性影响最大限度地与不同的学生相适应，从而促进每一个学生的发展[6]。

（三）紧密结合学生实际，根据学生的不同需求有所侧重

同一门专业选修课程，不同专业的学生可以从不同的角度去汲取自己所需的知识。以我校专业选修课“自然保护区建设与管理”来讲，有林学专业、生物科学专业和环境科学的学生选修，但他们对这门专业选修课的知识吸取各有侧重[3]。林学专业的学生比较注重森林类型自然保护区的一些情况，如森林类型自然保护区的保护对象、分布情况等；生物科学专业的学生则更关心自然保护区内各种野生动植物的相互关系，往往更偏向于了解动物类型自然保护区的情况。因此，授课教师应根据听课学生的专业情况，结合他们的实际需求开展教学活动。若能通过课堂知识解决他们在专业领域内存在的疑惑或难点，则是非常理想的[7]。

（四）在教学过程中加强专业意识的教育

从学生大一入学开始，就应该开设类似“专业概论”的讲座，让学生为后两年的专业学习提前做好准备[5]。而教师在教授课程的同时，可以有意识的增加有关于本专业职业规划的内容，告诉学生这个专业将来工作的主要职责内容以及发展的大概路线，让学生可以清楚的明白现在课堂和书本内所学的内容将来会应用于、以及怎样应用于哪些领域。只有明白了专业“是什么”的问题才能再去考虑下一步[8]，进而更好的完成专业学习。

参考文献：

[1]闫春.《管理学》课程教学中讲坛式教学的应用研究[J]. 桂林师范高等专科学校学报，2009，(23)：159～162.

[2]李健. 高校管理学教学模式改革的探索与实践[J]. 甘肃科技，2009，(25)：150～151.

[3]王浪. 专业课程教学中渗透人文精神的原则[J]. 现代企业文化，2008，23：155～156.

[4]房宏君. 高校组织行为学课程教学相关问题研究[J]. 科技情报开发与经济，2009，(19)：199～200.

[5]邓卫红. 浅谈高职院校西方经济学的教学方法[J]. 高教视窗，2009，(3)：202～203.

[6]邢韶华. 对农林高校专业选修课内容设置与课堂教学的思考[N]. 安徽农学通报，2008，14(14)：147～148.

[7]齐宁. 专业课程教学方法与学生创新能力培养的探索[J]. 石油教育，2008，4：69～71.

[8]裴咏之. 加强学生专业意识的培养——浅谈专业课教学中的一点看法[J]. 连云港职业大学学报，1994，2：80～81.

高校艺术设计专业色彩教学探究

程亚鹏①
（北京林业大学材料科学与技术学院）

摘要：在现代美术教学中，设计色彩作为艺术设计专业的基础课程，越来越受到师生们的重视。本文从设计色彩教学的指导原则、教学的实施与探索性实践以及作业与考查三个方面对高校设计专业的色彩教学进行了探讨。其目的是通过教学使学生摆脱传统绘画模式，强调色彩的主观性，发展学生综合的设计能力，培养和提高学生的色彩素养与设计色彩的创新意识，体现出设计色彩教学的时代特征。
关键词：艺术设计；色彩；教学；创新

引　言

艺术设计是一门新兴的学科，它以体现快节奏、多层次的现代生活方式，正越来越受到人们的关注。色彩是造型艺术的主要手段之一，也是一切造型艺术的重要基础。设计色彩不是简单的外形描绘，它是以艺术设计为教学目的而进行的各种色彩写生、色彩分析和色彩实践活动。相对于写生色彩而言，设计色彩更注重沟通、传达与创意。设计色彩研究的是色彩各要素之间的搭配，强调的是意象表达[1]，训练的是理性思维，获得的是审美价值的原理和规律。

色彩教学应充分体现“以学生为主体，以教师为主导，以教学内容为中心”的教学指导原则。今天，教师的工作职能正在从传授知识向启发智慧的功能转变，从过去单纯的知识和经验的传授向信息资源的引导转变。在教学方法上，实行个人辅导与集中讲授相结合，采用因材施教的原则。认真去研究教学规律，结合自己本专业的特点，合理地制定教学大纲，建立起完善的教学体制。同时在保证色彩基本理论教学的基础上，拓展学生思维的潜能，启发学生的创新意识，培养起学生独具个性的审美情操，为培养出更多的优秀设计人才而打下良好的基础。

一、教学的实施与探索性实践

（一）理论教学集中授课

通过多媒体演示、网络教学等多种手段展开教学，使教学内容直观、具体、生动，知识得以开放理解和创造应用，课程信息量大增。教师在教学过程中不仅要向学生讲授色彩原理理论和绘画技法，同时还要通过大量的案例向学生强调色彩的感觉、知觉、象征、联想、寓

---

① 作者简介：程亚鹏，硕士，讲师。主要研究方向：美术设计理论。电话：13811491150。E-mail：yp1615@sina.com。通讯地址：北京林业大学艺术系，100083。

意等各方面的表现，追求色彩的平面、含蓄、简洁、夸张。让学生在学习色彩的过程中真正理解色彩、研究色彩、认识色彩、运用色彩。

(二)实践教学循序渐进

当代设计色彩教学不仅要超越过去的传统色彩激发教学，更要认识到设计学习过程是一个启迪学生思维，创造心智的复杂的系统工程。在色彩专业课程教学改革中，应该以“如何教”与“如何学”为课堂设计的重点，教师应该综合相关学科的知识，通过相关的色彩教学内容和色彩构成体系方面的重新组合和更新；改革教学结构，将理论与实践相结合，实现鉴赏、理论、实践、创意一体化；运用启发式、参与式、协作式以及开放流动式等先进教学法进行教学，提高全面的色彩素养[2]。笔者认为，设计色彩训练主要分为以下几个内容与时段循序渐进地进行：

1. 色彩写生

写生不仅能挖掘学生的视觉美感和独特的思维，也能从自然的表象中去整理、提炼它的本质，使学生对艺术的规律有所认识与掌握，让学生逐步寻找到自己的艺术语言。如在色彩写生教学中，以凡·高的《向日葵》(如图1)为例，研究在自然状态中物象的色彩的直接描写，着重光源色、固有色和环境色的研究与表现。通过色彩写生，训练学生在瞬息变化中，迅速捕捉色彩，抓住物象的色彩关系。所以色彩写生是提高色彩表现力的基础，它能使学生的色彩观察能力得到提高，从而获得对色彩分析能力和概括表现能力的培养，最终实现从写生到主观意象表现的升华。

就艺术设计专业学生而言，基础阶段的学习与训练，应着重于眼(观察)、手(表现)、脑(分析)三位一体的协作与配合能力，应该具有与以往传统不同的思想和手法，应具有明确的目的性。传统的色彩写生，通常是在最醒目的位置上放一个体积较大的物象作为主体物。但在设计色彩写生中，笔者在教学中尝试着把静物台移向画室中央，主体物以隐匿的方式呈现，各种物象从一个主要位置转变为在大空间中的从属位置或空间的一个组成部分。在静物的选择上，主要选用那些能体现弧线、直线、圆形与方形的物体，如破旧的机械零件、各种家具、旧衣帽以及儿童玩具等，以利于将观者的视线引向整个画面。这样，画面中的各部分的色彩关系发生了很大变化，学生就摆脱以前的一些习惯的观察方法，用新的视觉和角度感受面前的物体。这一阶段要求学生首先从构图方面与传统静物画在本质上区别开来，有意识地在某些效果和感觉上做出强调。其次要求学生从大的色调出发，认识、理解、表现自然光色关系，从整体色彩出发、从色彩的基本特性出发，重新审视空间色彩。最后要求学生注重色彩对比、色彩调和关系，注重强化写生感受和画面构成，培养学生用独特敏锐的眼光去感受物象，并通过色彩语言把这种感受表现出来。

图1 向日葵 凡·高(荷兰)

2. 色彩的装饰

装饰色彩是理性的色彩表达方式，是在自然与创造之间，将自然色彩元素提炼和强化转化为主观艺术表现，同时，把复杂色彩关系变为有章可循的平面化的秩序色彩关系。教师通过以敦煌壁画(如图2)为例，分析色彩的装饰性和秩序美感。培养学生从写生色彩到装饰色彩的认识和把握能力，要求学生从色彩可以被感知的色相、明度、纯度、面积等方面来认识色彩的演变。装饰色彩的主观性并不等于主观臆造，它来源于自然色彩，需要从写生色彩中吸取营养。整合色彩的过程是在画面中建立色彩和谐关系，设计组织画面色彩，建构一个符合色彩规律的有秩序的色彩关系。

在装饰色彩表现训练中，首先教师引导学生对物象的形进行高度概括，运用各种艺术手法，对物象重新进行归纳组构，尽量将物体结构以平面概括的形式展现；并从理性的角度去研究色彩造型的基本规律和色彩的组构方式，摆脱光源色和环境色的影响约束，将自然物象的色彩和写生的色彩归纳、概括、条理，按形式美的法则进行装饰色彩表现，使其色彩达到更为统一、简洁、理想的平面化效果；同时，突出画面色彩的理想性和象征性，强化画面的主观色调，把主观的感悟与创造融入其中，更好地表现作品的主题。在具体作画时，学生根据对象总体感受和情感体验，明确画面主体色调，同时要考虑每个色块之间的关系，注意色彩间的组合与搭配，强调色块组合的和谐，形成整体的色彩层次关系。通过归纳色彩表现，培养学生对色彩的高度概括能力和主观表现能力，达到色彩理论知识与装饰色彩组构能力的共同提高。

图2 敦煌壁画

3. 色彩的构成

色彩构成的过程是一个从色彩的演变进而到色彩符号的过程，是从具象到抽象的色彩训练过程。以蒙德里安的作品为例(如图3)，分析其运用平面构成的理念，把色彩理性化、抽象化，然后再通过处理色彩几何形去把握对色彩的心理和情感体验。直接研究抽象的色彩特征、形式规律及视觉心理是相对于写生色彩和装饰色彩的升华思维，它可以使学生更快捷地理解色彩语言，主观摆布色彩，以完全发挥作画者自身的色彩想象力，赋予画面以美妙的秩序感，显露出恒定与完整的视觉美感与精神内涵[3]。

图3 红黄蓝构图 蒙德里安(荷兰)

此阶段的作业形式定位于抽象，使学生远离具象形，纯粹而直接的切入色彩的本质——冷暖、明度、纯度、原色、复色、类似色、对比色，色彩与心理、色彩与个性、色彩与象征等等。引导学生自由地摆布、调整、整合各种色彩，改变色彩的对比与调和，设计新的色彩构图，并且学习运用抽象形式传达画面形象与内在精神。教师在教学过程中应运用多样化的媒介，将学生对客观物象的感性观察引导上升到理性认识阶段，注重对色彩面积的大小、形状、位置和不同组织结构而产生的视觉变化，强调主观配置色彩，从写生色彩和装饰色彩中打散、分解、提炼、归纳、组合，采用色彩调和间隔法、空间混合法探讨色彩表现的极致，使人产生色彩联想的心理功能。

4. 色彩创意与综合运用

培养学生的创新能力是设计色彩教学最本质、最核心的内容。设计色彩学习过程是一个拓宽思维，开阔思路，创造心智的复杂的系统工程[4]，色彩创意应贯穿于色彩教学的各个环节。一般情况下，学生的创新欲望来自于外界事物对感知神经的刺激，有了特殊的外界感受，其思维活动就会活跃起来。如通过“人体彩绘”的方式（如图4），培养学生勇于尝试，进而激发学生探索的主动性。对于设计专业的学生来说，除了掌握色彩原理及色彩的造型能力外，借鉴传统色彩和对其他姊妹艺术精髓的吸收、借鉴，是色彩学习提高更有效的途径。另外，必须关注国际流行色预测理论信息，以使设计色彩符合当今社会时尚的潮流和审美取向，使设计色彩的语言更为丰富、多元、科学、实用。

在课程设置上可以开设一些与色彩理论相关的传统装饰纹样、民间美术、色彩心理学、色彩美学等与色彩设计相关的教学内容。色彩的综合运用是指色彩广泛运用于设计艺术的各个门类（视觉传达设计、工业设计、环境艺术设计、服装设计等）中所涉及到色彩基础性的重要问题。以“纺织展览海报”（如图5）为例，指出色彩运用的广泛性，引导学生用既专业又简洁的语言来分析海报作品中色彩的构成特色，进一步发掘色彩背后的意义。当然，创造性思维的培养必须具备相应的条件，只有在既重视基础训练的严格性与科学性，又强调教学过程中的反思与对话，更强调理论与实践的相融性、结合性、创新性，努力探讨所有的知识技能与手段之间的广泛借鉴，才能在较深层次上实现这一目标。

图4 人体彩绘

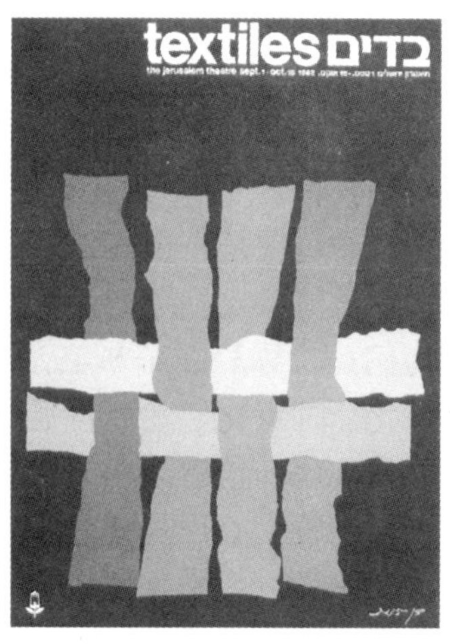

图5 纺织展览海报

丹·雷辛格（以色列）

设计色彩的研究从相对限定的对色彩写生入手，逐步进入到追求主观感受的相对整体的装饰色彩的研究，再进入对于色彩构成的研究。通过对色彩的主观处理和整合，完成对色彩从具象到抽象的研究与训练。练习者借助这个训练过程，体验设计色彩的内在规律和创意。通过这几个阶段的色彩训练，使学生应用色彩语言自由地表达其设计的构想，并通过色彩的相关训练将设计提升到艺术的层面。

二、作业与考查

向学生布置作业时要对作业提出具体要求，作业要结合教学内容循序渐进逐步深入。教师在进行理论讲解和提供相关资料时，要引导学生做好相应的作业准备工作。在作业指导过程中，教师要通过课堂现场示范和指导，培养他们多角度认识与了解色彩自身的规律。每完成一个阶段性的课题，教师都应对学生作业进行评讲，展示、评价与讨论每位学生作品中的长处与弱点，从是否符合主题要求开始，到最初的草稿，再到最终的完成稿；同时有意识地要求学生相互交流自己的想法和意见，积极参与作业评价，让他们从作品的目的、内容、构图、色彩的分割与整合、创意的切入点等角度分析自己的作品，以此综合作为评判作品优劣的基准。学生也可以对教师的指点提出异议和申诉，目的是激发学生自主的学习兴趣和好奇心，帮助他们找到自身的不足，明确下一步的学习目标。

及时对学生各个阶段的作业完成水准进行评分，是科学评价学生综合能力的依据。过程评分重在过程而不仅仅是结果，是对整个学习过程的全面考核。考查内容主要根据四个方面进行评分，分别是：课堂作业、出勤率、课堂表现与口头陈述。评分的方式可由多个教师参与，这样可以有效评价出教师的教学效果和学生的学习能力。评分的同时，对学生的作业和表现进行总结，指出他们学习上的优点和不足，特别是对于成绩较差的同学，要帮助其改进。

三、结束语

总之，通过对设计色彩进行客观了解、分析、认识到再创造，从描摹中走出，将客观的物象逐步主观化、抽象化，将创意贯穿于色彩教学的各个环节，使色彩教学更好地与设计课程相衔接。作为教师的我们只有通过有意识地促进学生多方位、多角度的思维训练，才能将设计色彩的学习变为一种主动表达学生内心感受的活动，才有可能提高学生的创新意识和创造能力，真正达到驾驭色彩的目的，使学生的创造性思维与主观色彩表现得到最大的发挥和展现。

参考文献：

[1] 滑寒冰. 认识自然，发现色彩——色彩教学新思维[J]. 装饰，2007(9)：92.

[2] 王同旭. 实践与体验——对视觉传达人才培养的探讨[J]. 美术大观，2010(1)：20.

[3] 胡明哲. 色彩表述——主观配置色彩训练[M]. 北京：人民美术出版社，2005.

[4]何晓佑. 设计问题[M]. 北京：中国建筑工业出版社，2005.

电工电子技术课程多层次教学体系建设

高　林①，撒　朝，肖　江，张俊梅

（北京林业大学工学院）

摘要：我校是以农、理、工、管、经等相结合的多科性协调发展的多科性大学，电工电子技术的各种应用已渗透到各专业。针对专业不同对电工电子技术的要求也不同的特点，提出电工电子技术课程多层次教学体系的建设，使不同学科、不同专业的学生掌握好电工电子技术课程内容，并通过多层次的实验教学环节培养学生的动手能力。经过教学实践表明，这是一种提高电工电子技术课程教学质量有效模式。

关键词：电工电子技术；多层次；教学体系

电工电子技术是高等工科院校本科非电专业学生必修的一门专业基础课。当前，电工电子技术应用极为广泛，发展非常迅速，并且日益渗透到科学技术各个领域。这门课程知识覆盖面广，理论严密，逻辑性强，且有广阔的工程背景。

北京林业大学是以林学、生物学、林业工程学为特色，农、理、工、管、经、文、法、哲、教相结合的多科性协调发展的多科性大学，学科的交叉、边缘科学的发展使得电工电子技术的各种应用已渗透到各学科、各专业。目前我校已开设电工电子技术课程十几年，开设电工电子技术课程的专业很多，涵盖了多学科、多专业。由于专业不同运用电工电子技术的内容也不同，经过十几年的电工电子技术课程的教学，结合我校特点，目前已经建立起了较完善的电工电子技术课程教学体系。

一、教学内容体系的建设

二十一世纪是信息时代，科学技术飞速发展，更需要创新性高素质人才。要求我们以知识为载体，在传授知识的同时，更注重培养能力和提高素质是素质教育的基本思想。

电工电子技术教学内容体系的建设是课程建设的核心，教学改革的本质是课程内容体系的改革。我校电工电子技术课程所涵盖的专业很多，各专业对课程的要求存在差异，这对课程的教学带来困难。为适应学校不同专业发展的需求，课程组首先与各专业教学负责人深入探讨专业人才的培养目标，与开课学科、院系沟通，研究专业培养目标对本课程的需求，将教学内容的调整纳入到整个课程体系的改革中，构造电工电子课程层次化教学内容体系。按照学科内容属性将电工电子技术课程的教学内容研究、讨论、整合分为三个层次：电工电子

依托项目：北京林业大学2009年校级精品课程建设项目——《电工电子技术》。

① 第一作者：高林，博士，副教授。主要研究方向：园林与林业机械自动化。电话：62338144。E-mail：gaolin0215@bjfu.edu.cn。通讯地址：北京林业大学工学院，100083。

技术 A、电工电子技术 B、电工电子技术 C，以便于不同学科、不同专业选择。

具体三个层次为：电工电子技术 A 适用于机械、车辆等专业，学时 136，其中理论讲授 106 学时，实验 30 学时；电工电子技术 B 适用于木工、环工等专业，学时 80，其中理论讲授 66 学时，实验 14 学时；电工电子技术 C 适用于林化、食品、环境等专业，学时 56，其中理论讲授 48 学时，实验 8 学时。

教学内容不同层次划分的原则是：

(1)注重基础理论，掌握基本技能。当今的工程技术人员和科研人员都必须掌握一定的电工与电子技术方面的知识，以适应科学技术的发展。因此电工电子技术课程已经成为高等院校非电专业的一门重要的技术基础课程。不论哪个专业均要求学生通过该课程的学习获得电气技术必要的基础理论、基本知识和基本技能，更重要的是要通过该课程的学习了解电气技术的新技术、新器件。

(2)结合专业特点，适时调整教学内容。考虑到我校电工电子技术课程涵盖了多学科、多专业，结合专业特点对电工电子技术课程有不同要求，为此我们将多学科、多专业分类、组合，度身定制了三层次课程内容。各层次教学内容的宽度、深度不同，

各专业可按自己的需要选择不同的层次。按层次统一教学要求和教学内容，统一考核。如果某专业对电工电子技术课程教学有特殊的要求，所要讲授的内容与三层次教学内容有冲突，可提出对该专业教学内容进行适当修改。如：我校环境工程专业学生要求学习电工电子技术 B 课程，但该专业对电磁场基本知识、安全用电知识有特殊要求，而电工电子技术 B 目前教学中该部分内容较少，为此我们在课堂讲授中增加了该部分内容，删除了一些与该专业无关的内容，在保证了基本学时不变的前提下，满足了该专业的特殊要求。

(3)重视实践教学，突出创新能力。创新是新世纪学生培养的需要，创新能力的培养必须根植于实践，在电工电子技术课程教学内容的整合、调整过程中，实践教学必不可少。由于不同层次课程，对实践教学具有不同要求和目标。这样在多层次课程内容体系建设中要求每个层次还包含各自实践教学项目，每个项目中又包括多个实验内容，以适应不同人才的个性发展及创新能力的培养。

在课程教学内容层次化设置的基础上，课程组重新修订了各层次电工电子技术课程的教学大纲，完善了各层次电工电子技术课程实验教学讲义、各层次考试大纲、各层次电工电子技术课程教学参考书的选用及各层次电工电子技术课程课堂教学多媒体课件修改制作等。实践表明：该教学层次符合我校不同专业学科的要求，也取得较好的教学效果。

二、教学方法与手段的完善

要完成电工电子技术课程教学体系的改革，教学方法与手段的完善与改革是基础。

(一)现代与传统有机结合

多少年来，以教师为中心的教学观念形成了传统的教学模式和教学方法，是由教师通过语言描述，系统地向学生传授知识的一种方法。对于这种传统的教学模式和方法，教师一步一步地灌输，学生一步一步地接受，教师讲得越细越好，占用的时间就越多，信息量就越无法扩大，学生独立的分析、思考能力无法发挥。随着计算机的应用和普及，多媒体以及网络教学以其形象直观生动、信息量大、交互性强等优势，正在逐步成为新型教学模式的重要组成部分。它的实施对促进教学改革，更新教学观念和教学模式，提高教学质量有着重要作

用[1]。但是，在电工电子技术课程几年的多媒体教学实践证明：如果仅用多媒体教学，学生对很多课程内容的理解及掌握不透彻、不深入，难以达到预期的效果。在传统教学中教师通过口头、笔头表达能力、语言手势、甚至表情的相互传递能产生无穷的魅力，这又恰恰是现代多媒体教学所缺少的，也是仅用多媒体教学所无法达到的。因此，只有将这两者有机结合，充分发挥每一种媒体的优势，同时又要注意弥补其不足，才能真正提高授课水平。

为此我们总结出如下教学方法：对于一般基础理论性的内容，宜用多媒体课件教学。用多媒体课件上课具有信息量大、条理分明、学生易于接受，能大大提高上课效率的特点。对于一些具体器件，如常用电器、变压器、异步电动机的结构，运用现场演示和多媒体演示的方法，有利于学生使用掌握，对提高学生们的专业素质很有帮助。对于一些原理性较强、需要理解和计算的内容，如戴维南定理、叠加原理、交流电路、直流电路、三相电路的计算等，我们在运用课件讲课的同时，结合传统教学方法（如：黑板板书），这样有利于引导学生紧随教师思路积极思考，并能让学生有时间作好笔记，以便课后复习巩固，注意学生的接受与知识消化。教学实践表明这种现代与传统有机结合的教学方法与手段受到学生的普遍欢迎。

（二）信息技术与课程教学的结合

在构建新的教学环境及新的教学体系时，要强调信息技术与课程教学相结合，其表现为是在课堂教学的基础上，建构在网络环境下学生自主学习的方式。只有实现信息技术与课程教学的结合，信息技术才不再仅仅作为一种技术手段，而是一种学习方式的根本变革。因此，面向素质教育和创新教育的高等教学体系改革，必须以现代教育技术为工具和手段，采用全新的教学模式、全新的教学方法和全新的教学设计思想[2]。

为此我们正在进行电工电子技术课程网站建设，让课堂教学在空间、时间及教学内容上得到延伸。利用课程网站作为教学的辅助手段，其特点是学生可以在任何时间、任何地点进行学习。打破传统的教学模式和教学环境的界限，形成了一个开放的网络教学系统，为教师、学生提供网络交流平台。教师可以通过网络授课、答疑解惑，学生则可以通过网络教学平台所提供的自主学习空间来实现学习、作业、讨论和测试。从而使学生对学习内容的理解更加深刻，学习思路更加开阔，学习效率更加提高。利用网站教学建立一种符合现代教育发展要求的全方位的教学模式。

（三）教学内容理论与实践相结合

谈到教学内容理论与实践相结合，似乎是老生常谈。但通过十几年的电工电子技术课程的教学实践，理论与实践相结合，特别是在理论教学中多举些生产、生活中的实例的教学方法对课程内容的理解与掌握起到了至关重要的作用。例如：在电工技术课程讲授中，当讲授到电源的外特性时，可结合生活中在夜晚家里电冰箱启动瞬间使室内灯光变暗的现象，解释电源内阻的作用；在讲授到异步电动机过载特性时，可结合木材厂制材车间原木锯板时，遇到木材结疤使电动机堵转现象，解释异步电动机过载现象及处理方法。通过这样的讲授学生们把课堂理论与生产实践有机的联系起来，完成了进一步的对理论的理解和消化。

由此我们体会到：强调理论与实践并重的方法，既可以培养学生的理论思考能力，又可以培养学生实际动手能力。通过理论与实践的交互渗透，将理论与实践融合在一起。强调了边理论边实践、交互渗透、逐渐递进可达到螺旋上升的教学效果。

三、实践教学体系建设

实验室是高校办学的重要条件，在培养学生的动手操作能力和实践能力，以及提高学生的整体素质方面发挥着重要作用[3]。我校电工电子技术实验室在多年的建设和完善过程中，教学条件逐步得到改善，不断补充先进仪器和设备为同学们提供了良好的实验环境。目前实验室除了做基本原理实验外，还可应用一些先进的实验设备和先进的测试手段，进行综合设计性实验。电工电子技术课程具有较强的工程背景，实践教学是培养学生电学实验技能和基本创新能力的一种重要途径。在物质条件具备的前提下，我们遵循现代工程教育的理念，注重实验内容的基础性、技术性、综合性和创新性的有机结合，完善了实践教学体系。

在教学计划的调整中，将电工电子技术实践教学分为三大层次：

(1)基础型教学实验主要强化学生对理论的理解和消化，使学生通过对实际电工、电子电路的感性认识，把理论上所描述的电路和各种实际电路联系起来。基础实验与理论课穿插进行，在实验台上完成，首先是训练学生的动手能力和使用仪器仪表的能力，结合理论课的教学内容做一些“验证型”的实验，保证学生掌握基本的实验技能和实验方法。这些主要是培养学生的基本操作能力和学习仪器仪表的使用知识，数据处理方法，培育创新意识。然后进行一些综合性实验，鼓励和支持学生独立设计和独立完成实验，使学生个人的能力得到发挥，着力于培养学生在基本操作技能的基础上培养一般的综合设计能力。

(2)电子综合设计则安排在理论课结束后进行，单独设课，重点发掘学生的潜能，全面的提升学生的素质，培养学生对知识的综合能力和创新能力及动手能力，使学生对前面的理论更进一步融会贯通。

(3)电子工艺实习主要是让学生熟知电子产品研制开发、生产调试等全套过程，为学生毕业后走向工作岗位打下良好的基础，电子工艺实习同时会使学生的综合运用电工电子知识的能力加强。目的在于培养学生工程素质，启迪创新思维。

该三层次实验教学体系体现了“循序渐进，由浅入深”的原则，以螺旋上升形式培养学生的应用能力。为此，课程组与实验室骨干教师共同编写、修订了适合我校三层次实验教学体系的电工电子技术课程的实验大纲、实验教材，并全方位的调整和优化了实验课程和实验内容。

四、实践教学体系中重要环节——电子综合设计

电子综合设计是电工电子技术实践教学中的重要环节。将“电工技术”、“模拟电子技术”、“数字电子技术”、“电子线路 EDA 及仿真”等课程融会贯通，整合成一门综合性的实验课程，在前述理论课后单独设课。在设计内容、测试方法及数据处理方面均有一定的深度和广度，在现代电子仪器仪表及设备的使用、实验基本技能方面，使学生得到了很好的锻炼。

电子综合设计以设计为主线，采用仿真与实做调试结合、课内与课外结合、硬件与软件结合的教学模式和手段，全面而系统地培养学生的获知能力、综合设计与研究创新能力[4,5]。

为使学生在电子技术综合设计中得到系统的训练，在电子综合设计的教学方法上教师需将设计内容、组织形式、教学方法等有机的结合起来。在开始设计前，教师制定书面的总体

工作计划，其中包括实验安全、实验所需的重要的参考资料和元器件、学生的现有水平、学生应获得哪些能力、引导问题与引导说明、原理概述、仪器设备的使用计划、能力的观察、实验总结与反馈等。口头或书面向学生下达设计任务。电子综合设计时间为一周，第1～2天为理论设计，第3～5天为实验调试。拟完成1～2个设计题目。

在电子综合设计的设计手段上，学生可采用多种设计手段，将现代信息技术与计算机辅助设计相结合，将虚拟现实技术、仿真技术等现代技术手段实施于设计实践中。可利用计算机网络等现代教学资源，根据设计要求学生们去查阅有关资料，每个学生要提出自己的设计方案；可应用EDA技术，通过计算机仿真软件Multisim进行仿真；实验室模拟实现，用实验室所提供的各类仪器、设备、元件、器件、导线等，亲自动手构建出所要求的实物模型，并调试系统使其满足设计要求。整个设计过程将理论与实际有机的结合在一起，其效果是提高了学生的动手能力和使用仪器仪表的能力以及协作精神，具有一定的工程意识，能很好地满足学生的培养要求，在设计中培养了学生发现问题、分析问题和解决问题的能力及创新能力。

完善考试方法是电子综合设计不可缺少的环节，这不仅是对学生电子综合设计过程的督促，也是检验电子综合设计的设计效果一种有效方法。考核包括有设计报告和课堂答辩两部分组成。在设计考核过程中，由于学生设计报告及答辩内容各不相同，有效地避免了抄袭的现象。这种考核方法更能考察到学生的真实水平、实验动手能力和独立思考的能力。及综合创新能力。

目前已在我校机械设计制造及自动化、交通工程等专业多届学生中进行了电子综合设计实践，且学生们均圆满地完成了电子综合设计的设计要求。学生们感到：通过电子综合设计不仅学会了各种电子仪器仪表的灵活使用，也学会了电子电路的基本调试方法；不仅能将“电工技术”、“电子技术”、“仿真技术”等基础课程融会贯通，而且体会到电子实践教学是理论教学中必不可少的重要环节。

五、结束语

通过对电工电子技术课程多层次教学体系的建设，使不同学科、不同专业的学生掌握好电工电子技术课程内容，并通过多层次的实验教学环节，加深学生对基础理论的理解和消化，培养学生的自主设计能力、综合分析能力和创新能力。教学实践表明，这是一种提高电工电子技术课程教学质量有效模式。

参考文献：

[1]杨振坤. 电工学(电工电子技术)精品课程的建设[J]. 理工高教研究，2005，24(3)：108～109.

[2]李彬，林伟，陈昌巨，杨莉. 重构电工电子教学新体系[J]. 理工高教研究，2006，25(1)：99～101.

[3]冯根良，郑青根. 多层次电子电工实验教学体系建设与实践[J]. 实验室研究与探索，2009，28(3)：80～82.

[4]金波. 电工电子基础实验教学改革与实践[J]. 实验室研究与探索，2009. 28(2)：113～116.

[5]高林，张俊梅，樊桂玲，陈锋军. 依托电子综合设计培养学生创新应用能力[J]. 中国现代教育装备，2010(1)：141～143.

《数控技术》课程教学研究与实践

田　野①，李　宁
（北京林业大学工学院）

摘要：为适应当前先进制造技术的发展需要，配合新世纪创新人才培养要求，从专业课程间的衔接及知识的综合运用、增强动手实践和创新能力培养的目的出发，对课程间的衔接提出了入门实践、知识讲授、课程实践、知识运用的教学方式，并及将信息流的方法运用到《数控技术》课程的教学中。

关键词：数控技术；教学研究；教学实践

数控技术（CNC）从20世纪40年代后期为适应复杂零件的加工而应用在制造领域后，伴随着计算机技术、信息技术、电力电子技术、微处理器技术的发展，其应用不断深入与普及[1]。不但改变了传统的加工设备与加工方法，而且提高了加工的精度、加工的效率与质量。装备了数控系统的传统加工设备，如数控车床、数控铣钻床、数控磨床、数控齿轮加工机床等，进一步使得加工技术得到跨越式的发展。而加工中心、工业机器人与物料传输系统相结合，使得柔性制造系统（FMS）及柔性制造单元（FMC）进一步实现了制造的柔性化及更高的生产效率、更好的可扩展性。同时使得机械制造业向着智能化、高速化、高精度、开放式的方向发展[2]。因此数控技术既是机械专业的必修课程，同时也成为培养新世纪创新型人才的必要技术手段。

一、课程的特点

对于机械专业的学生而言，数控技术的应用是以数控机床的应用为体现。数控技术在制造业的应用综合了计算机应用、自动控制、精密测量、微电子技术、机械加工技术、机床结构设计等各领域中最新的技术，并加以综合应用。因此具有多学科交叉应用的特点[3]。对于学生而言，虽然上述知识已经在相关课程中学习，但由于各门课程在讲授时毕竟以该课程的内容作为中心，并没有考虑到学科间的交叉与综合，所以，当学生接触到如此复杂而综合的内容时，感到无法适应。学习起来自然感到困难。但从另一个角度看来，数控技术恰恰提供了这样一个平台—将学生在大学三年中学习的知识在机械加工这样一个对精度、速度和质量有着不断高要求和高柔性的应用中得以综合运用，进而引导学生在巩固已有知识的基础上深入学习与研究。

依托项目：北京林业大学2009年校级教学改革项目——CAD/CAM实验网络课程开发研究、北京林业大学2010年校级精品课程建设项目——《数控技术》。

① 第一作者：田野，博士，讲师。主要研究方向：数控加工、数控技术。电话：62338144。E-mail：tytoemail@ sina.com。通信地址：北京林业大学工学院，100083。

二、教学研究与实践

针对上述两个方面，对数控技术课程进行了以下的安排：

(一)课程安排上考虑课程间的衔接

1.《金工实习》

安排机械专业的学生在我院现代制造中心进行数控铣床与精雕加工实习，通过讲授基本的数控铣床和基本G代码指令，要求学生手工编程、手工输入程序并在机床上进行加工而熟悉数控加工的特点和数控机床的基本操作，为日后学习数控系统的功能做铺垫。除了安排手工编程外，利用精雕加工的CAD软件，鼓励学生在计算机上设计出具有创意性的作品，然后通过网络传输到精雕机上，经过CAM过程后通过后处理生成G代码文件，然后由精雕机进行处理并加工出学生自己设计的作品，该作品最后送给学生作为奖励。通过这个环节，使学生在潜移默化中运用了CAD/CAM技术，即作为设计者同时又作为操作者实现了设计与加工综合锻炼。在以后数控课程的讲述中，当介绍CAD/CAM与G代码编程和数控系统功能时，可以以此为例，进行相关内容的引入与深入讲授。通过这一环节，在《数控技术》课程中讲授G代码编程时，学生理解及运用的能力比以前提高了70%以上。仅用6个学时掌握了CAM软件的使用。而过去由于涉及学时过多，CAM技术只是做简单介绍，并没有安排专门的课时讲解CAM技术。

2.《机电创新训练》

从两个方面对学生进行训练：一方面在讲授TI公司的TMS320LF2407A处理器的基础上，要求学生设计、制作接口电路与功放电路并编程实现直流伺服电机的运行，为数控技术课程中的伺服系统内容的讲授做铺垫，使得学生在学习伺服系统时能够将电机控制和位置检测装置与以前的设计相结合，深入思考并加以应用。而这恰恰是创新能力的培养过程。另一方面通过讲授可编程控制器(PLC)，使得学生掌握电机的正反转、起停、开关和限位等顺序控制过程。而数控技术中M、S、T功能的实现正是由PLC完成的。因此当讲授到这部分内容时，鼓励学生结合PLC的知识独立思考，实现相关的功能。使得学生自主深入研究加深对知识的掌握。

通过以上内容的训练，避免了以往先理论内容讲授再进行实验的教学方法，从而使学生可以在学习的同时将知识进行应用，在应用的过程中增强与老师的讨论，提高了教学效果和质量。

3.《金属切削机床》

除了讲解原有内容外，特别加入了针对数控机床机身结构的内容。包括机身结构特点、刀库及换刀机构、回转工作台、由滚珠丝杠螺母副构成的进给传动系统。在理论讲授的同时，还利用现代制造中心的条件进行现场讲解，加深学生对数控机床的深入了解。这些都为数控技术课程的讲授打下了良好的基础，使学生能够在学习时，不止是作为听众，而且还可以主动与教师进行交流，调动学生的学习积极性。避免了传统教学中的理论及挂图的单一讲授，将一个概念上的机床内容变成实际中可接触、可观察、可思考的现代机床的理论内容。

(二)《数控技术》课程内容上的安排

由于数控技术本身体现了多学科最新技术的交叉运用，课程内容上涉及面广，学生掌握有一定难度。因此必须寻找一条主线能够将多学科的知识融会在一起进行讲授，同时这条主线还能够将学生大学期间掌握的知识加以巩固并引导学生深入应用和学习。考虑到数控技术在机械加工中的应用，实际上可以看作是信息处理的过程。而该处理过程是通过计算机来完成。因此，在课程讲授上，以信息处理为主线，以计算机技术为实现方法，结合学生所学知识，融会贯通，启发与独立思考相结合。鼓励学生参与讲课。信息传输流程如图 1。

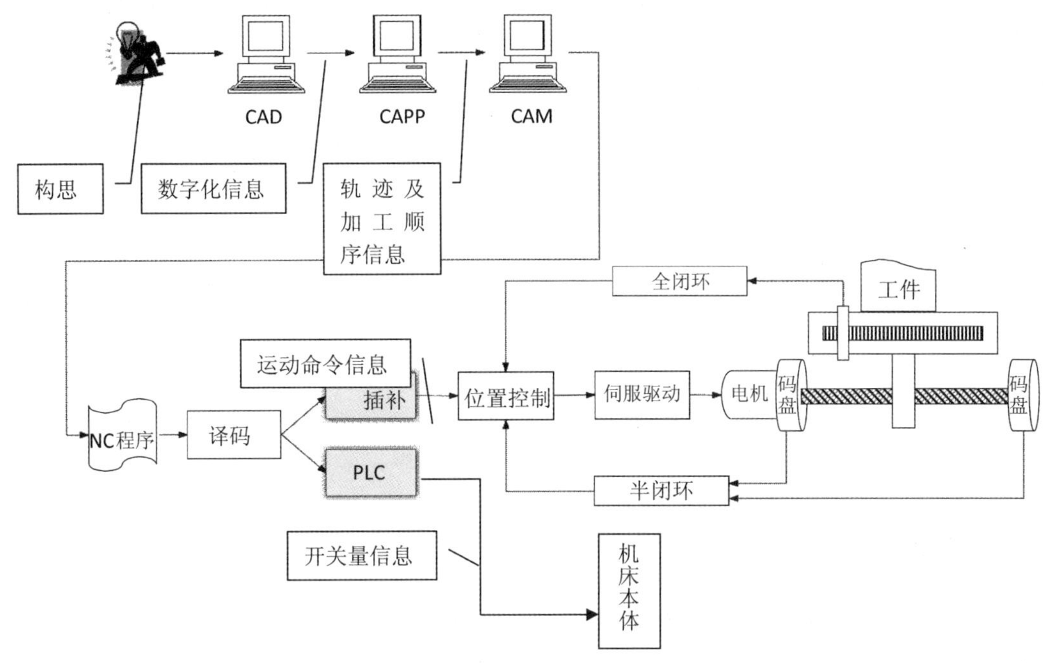

图 1　数控加工信息处理流程

由图 1 所反映的信息处理过程如下：

1．零件信息的生成

首先，课程将数控加工过程看作是一个信息处理系统。该系统的输入是产品的构思，而系统的输出是最终的产品。在这个信息处理系统中，构思的原始信息首先要进行描述和设计，而使用的工具就是计算机，由于学生已经学习了 CAD 软件的使用，因此在这个环节要求学生能够应用 CAD 技术完成产品的数字化设计，在计算机中建立产品的数字化文件—形成数字化产品信息。同时结合 CAE 软件可以进行初步的分析如力、运动等，该环节主要完成产品的功能和结构设计。

2．工艺处理及加工程序生成

数字化的产品信息将进入本阶段——工艺分析，该阶段主要完成如何加工的问题。在课程的安排上将《机械工程原理》及手工编写加工程序相结合，针对数控加工中的工艺特点进行讲授。内容包括数控车削加工、数控铣削加工、数控加工刀具、夹具等。在讲授数控编程指令代码后，手工编写不同加工零件的加工程序。在该环节中，积极引导学生进行工艺分析，鼓励学生进行课堂讲授及讨论，充分调动学生的学习积极性。在此环节中，由学生进行了信息的处理，而处理后的信息体现为加工程序。在加工程序的编写过程中，强调利用 CAD 软件完成编程中的数据计算任务，积累学生使用 CAD 软件的经验。当学生掌握了手工编程的方法后，为进一步强化计算机的应用，通过讲授 CAM 技术实现加工程序的生成，而这一内容是通过计算机完成。

学生利用 CAM 软件，结合加工工艺知识，利用计算机生成加工程序。并在计算机中进行仿真，以确定加工轨迹的合理性。当确定无误后，将计算机生成的程序传送到现代制造中心的加工中心上，由学生操作机床完成最终的加工。学生在四年的学习中，将两次进入现代制造中心，第一次是在金工实习，其目的是为打基础，而这一次他已具有一定的加工知识，并可以亲自动手操作机床运行自己设计的程序。从知识的巩固和深入学习的方面具有积极的意义，并且可以充分调动学生的积极性。

3. 加工程序的执行

当加工程序生成后，这时的信息主要是加工轨迹和加工的动作顺序。该信息将进入下一个处理环节——数控系统。对数控系统的讲授从两个方面进行，加工轨迹与加工动作顺序的实现。由于这两类信息已包含在加工程序中，因此，需要进行提取，而这时由译码完成，该阶段鼓励有能力的学生自己编写程序，对加工程序进行读取，按照要求形成所需要的数据格式——新的信息。

(1)针对加工轨迹的信息处理，引入插补原理和方法。在该环节使学生明确信息由轨迹的描述变为运动命令的生成。信息的内容发生了变化。而运动命令的执行由伺服电机构成的伺服系统完成。当讲授了插补算法后，鼓励学生在已经学过的嵌入式系统上，编写程序，在插补时间的控制下完成插补算法。这样一方面巩固了已学知识，同时进一步加深应用。将知识的学习与运用相结合。

由于插补后的信息是运动命令，因此对这一信息的处理将由伺服系统和位置检测装置完成。这一部分的内容中，针对运动命令的执行，分别介绍伺服电机及其驱动系统。而运动命令执行的效果由检测装置与控制方法决定。在这些内容讲授的同时鼓励学生利用已学知识给出具体的软硬件实现方法。通过实验来进行实现，这样就进一步加深了理解和知识的贯通与衔接。

(2)对于加工顺序信息的处理由 PLC 来实现，因此在介绍 PLC 在数控加工中的应用的同时，要求学生考虑数控系统与 PLC 之间的连接方式及信息传输的方法，并编写 PLC 程序完成部分功能。这个环节综合了数控系统与 PLC 方面的知识，为学生深入思考和研究打下了基础。

4. 理论联系实践

上述安排针对课堂讲授，而现实中，数控技术发展日新月异，新产品、新技术不断涌现，仅仅掌握课堂内容是不能跟上技术发展的脚步，同时将学生限制在课堂将约束学生的思路，为了开拓学生的视野，把握技术发展的脉搏，借助每年一次的北京国际机床展，让学生走出学校，去展览会上了解新技术、新产品，新装备，接触国内外厂商与企业，既巩固了所学知识又获得新的技术与新的信息，拓宽了思维，这将进一步加深学生对课程内容的理解和拓展。

通过采取上述措施，避免了由于数控技术涉及领域众多、研究方法不同、技术更新快速、掌握起来困难的授课内容，使学生在学习的过程中始终有一条指导主线，通过该主线联接并贯通了所有的讲授内容，同时将学习的知识加以应用进而加深理解，使得学习和实践相结合，促进学生学习的积极性和主动性。

三、总　结

以上措施在实际中的应用，一方面提高学生的专业理论知识水平，综合运用各学科的知识进行系统分析与综合，另一方面通过将实践融入到教学的每一个环节，以深化知识的理解与掌握，使学生在学习和掌握所有知识时都能够明确其背景和应用特点，进而促使学生主动学习、深入思考。实现了以调动学生的学习积极性，提高学生的学习兴趣，增强知识的综合应用为教学目的，满足新世纪培养创新型人才的需要为教育方向的要求。

参考文献：

[1]王哲，田稷．数控技术的发展方向[J]．机械研究与应用，2004，(3)：7.
[2]罗良玲，刘旭波．数控技术及其应用[M]．北京：清华大学出版社，2005.
[3]王令其，张思弟．数控加工技术[M]．北京：机械工业出版社，2007.

《工程材料及成形技术》精品课程建设与实践

钱　桦[1]，李琼砚，高道祥，李　宁
（北京林业大学工学院）

摘要：精品课程建设是一个系统工程，文章结合《工程材料及成形技术》校级精品课程的建设，通过确立“以人为本”的建设理念，明确课程建设原则；建设一流的师资队伍；构建科学的教学体系；改革教学手段和方法；改善教学条件的多项建设措施的实行，取得了较明显的建设成果。

关键词：精品课程；教学改革；课程建设

为进一步提高人才培养质量，深化教学改革，2004 年以来北京林业大学大力加强了精品课程建设。“工程材料及成形技术”课程经学校批准 2008 年立项为校级精品课程进行建设，依据北林教办[2004]007 号“北京林业大学精品课程建设实施规范”，本着“以人为本，以培养学生实践能力、创新精神、创造能力为核心”的建设理念，和要把该课程真正建成“一流的教学队伍、一流的教学内容、一流的教学条件、一流的教学手段与方法、一流的教学质量”的示范性课程的目标，通过两年的建设与实践，取得了显著成效，主要表现在以下几个方面：

一、确立“以人为本”的建设理念，明确建设原则和目标

本着“以人为本，以培养学生实践能力、创新精神、创造能力为核心”的建设理念，在建设中首先明确了受众群体，即以我校的“机械设计制造及其自动化”、“车辆工程”等机械类专业的学生为教学主体，并涵盖“木材科学与技术”、“林产化工”、“自动化”等非机械类专业的学生，自此确定了课程建设原则：

第一，该课程是工科类院校工科类专业的技术基础课程，教育部相关课程指导组有较明确的课程规范，因此在建设中要按照教育部统一的要求实现规范化教学，同时紧密结合我校特点，突出个性化建设。要以现代教育思想为指导，遵循高等教育要注重综合素质和创新能力培养的原则和教育学发展规律，充分运用现代教育技术和手段，把本课程建设成具有我校特色和一流教学水平、教学效果显著的精品课程。

第二，按照我校 2007 版人才培养方案和教学计划进行建设，即实现“工程材料”和“材料成形技术”两门课程的整合，按照“工程材料及成形技术”建设，凝练内容、突出重点、保障教学质量。

依托项目：北京林业大学 2008 年校级精品课程建设项目——《工程材料及成形技术》。

① 第一作者：钱桦，博士，教授。主要研究方向：金属材料及成形技术。电话：62336031。E-mail：qianhua@ bjfu. edu. cn。通讯地址：北京林业大学工学院，100083。

第三，建设中要充分体现现代教育思想，并恰当运用现代教学技术、方法与手段，积极创新，理论教学与实践教学并重，培养学生的实践能力和创新能力，提高教学效果，并对制造类系列课程的建设起到积极地示范作用。

课程的建设目标是：使其拥有优质的师资队伍、先进的教学内容、较好的教学条件尤其是实践教学条件、一流的教学方法与手段，优质的教学效果。

本项目的建设思路是通过建设实现原有两门课程的彻底整合，重新梳理教学内容，优化、凝练内容，按照人才培养的要求来突出重点，理论教学与实践教学有机结合，重点培养学生在机械制造或设备选型过程中对材料的选择、毛坯加工方法的选择能力，培养学生按照零件的使用要求安排制造工艺尤其是热加工工艺的能力。

二、以课程建设为契机，建设一流师资队伍

教师是施行精品课程的主体。合理的教师梯队是精品课程建设的重要保证，所以精品课程的建设也是教师队伍的建设[1]。“工程材料及成形技术”课程隶属于机械制造教研室，过去有相关教师 6 人，后因老教师退休，出现了一名教师包揽几门课程的情况，同时教师的学历水平不高。通过教研室的不断建设与完善，近几年强化了师资建设。目前，本课程的主讲教师有 3 人，其中教授 1 人，副教授 1 人，讲师 1 人。其中博士 1 人，博士后 2 人。3 名主讲教师的年龄分别为 50 岁以上 1 人，40 ~ 50 岁 1 人，30 ~ 40 岁 1 人。主讲教授钱桦教授、博导，从教近 30 年，一直从事该领域的课程教学、实践教学工作，具有较高的学术造诣，较强的教学能力、丰富的教学经验以及鲜明的教学特色，教学评价一直保持在 90 分以上。钱桦教授是该课程的领军人物，也是精品课程建设负责人，这对课程建设、年轻教师的培养起到了重要作用。主讲教师李琼砚副教授是 2005 年从比利时回国的博士后，理论基础雄厚，经过 5 年的教学实践，已经逐步成为课程建设骨干，教学评价优秀。高道祥讲师是 2008 年从清华大学毕业的博士后，曾经有过 6 年的工厂实践工作经历，经过 1 年多的教学实践，在老教师的指导下，很快入门，第一次主讲本课程，教学评价 90 分以上。在精品课程建设中，始终注重师资水平的不断提高，2008 年来，组织教师参加了该课程的北京市精品课培训 2 人，到清华大学工程训练中心、北京航空航天大学工程培训中心学习、培训 3 人。同时，注重了实践教学指导队伍的建设，2008 年来，有 2 位工程训练指导教师在职获得博士学位。

目前，本课程师资队伍建设成果显著，已经具有了一支水平高、知识结构合理、年龄结构合理的师资队伍，见表 1。

表 1　师资队伍情况

序号	姓名	职称/学历	出生年	承担任务/教龄
01	钱桦	教授/博士	1955 年	主讲/28 年
02	李琼砚	副教授/博士后	1966 年	主讲/5 年
03	高道祥	讲师/博士后	1972 年	主讲/1 年
04	陈净莲	讲师/博士	1974 年	实习指导/9 年
05	李宁	实验师/博士	1978 年	实习指导/8 年

本课程的教师教学思想活跃，积极参加教学研究活动，目前，由本课程组教师主持的在研教学研究项目 3 项，指导大学生科技创新活动 2 项。李琼砚副教授现任机械制造教研室的

主任，积极组织大家开展各类课程研讨活动，李宁实验师现任实验实习中心副主任，主管工程训练实习。本课程教师的教学效果良好，教学评价均在 90 分以上。2008 年来发表相关教学研究论文 4 篇。

三、构建科学的教学体系，优化整合、凝练内容

本课程是由“工程材料”(50 学时)和“材料成形技术基础”(26 学时)两门课程整合而成，因此课程建设的首要任务是构建科学的教学体系，优化教学内容。依据 2007 版人才培养方案，我们对本课程在教学计划中的地位和作用，主要受众进行了分析。我们认为，本课程是机械类专业如机械设计制造及自动化专业、车辆工程专业的主要技术基础课程之一，是制造类系列课程的主要构成课程(工程训练、工程材料及成形技术、机械制造技术基础、机械制造工艺等)，是非机械类专业如木材科学与工程、林产化工、自动化等专业的一般性技术基础课程，主要以工程训练的形式体现。本课程的主要作用是培养学生在机械制造方面尤其是对机械零件所使用的材料和加工方法的运用能力。课堂教学的主要受众是机械和车辆专业的学生。

在此基础上，我们对课程内容进行了精简、整合和优化，进一步突出了重点，并强化了实验教学。目前，本课程理论教学 48 学时，实验 8 学时单列，纳入机械基础实验课程中进行。相关前、后系列课程是工程训练 3 周，机械制造技术基础 40 学时，机械制造工艺 36 学时。

课程教学目标：培养学生初步具有依据机械零件的使用性能，选择工程材料、选择热加工工艺方法，安排加工路线的能力。课程体系构建和内容优化主要体现在：

第一，精减内容，将以往较大篇幅的金属学理论、相图理论等进行精减，讲授基本的晶体学术语、铁碳相图基本理论，以后续内容够用即可。

第二，合并内容，将以往工程材料的塑性变形与材料成形中重复的内容予以合并，即合并在材料成形中介绍位错塑性变形理论。

第三，突出重点，以铁碳相图和钢的热处理为教学重点，讲清材料选用和热加工成形方法的基本理论，使学生具备选材、选择热加工方法、安排加工路线的基本理论知识。

第四，突出主线，以碳钢、合金钢、铸铁、有色金属和非金属材料为主线，系统介绍工程材料知识，突出结构—性能—用途的主线，使学生全面了解并掌握工程材料的选用和工艺路线的安排。

第五，着重建设课程内在关系，过去的两门课程有着各自的体系，现在通过整合，形成一门课程，要注重二者之间内在关系的建设，在工程材料部分，要加强基础理论教学，讲清铸造、锻造和焊接中的基本金属学原理，在材料成形部分则要注意运用这些基本理论阐述铸、锻、焊的基本工艺原理，并着重介绍铸锻焊的工艺方法和选用。

第六，着重处理好教学内容基础性与先进性的关系，在讲清传统工艺理论的同时，引入辩证思维，即工艺不是一成不变的，工艺没有绝对正确只有相对合理的思想，在此基础上引导学生认识新材料、新工艺，并理解材料科学的发展趋势。如介绍传统调质钢时，在对比分析调质与正火的区别后，引导学生认识汽车行业新使用的非调质钢；在分析传统的砂型铸造的同时，引导学生认识实型铸造，理解铸造并不一定要使用型砂，新型树脂材料的使用完全颠覆了传统工艺。

第七，加强课程的实践性，在课堂教学中注意了课程的实践性，充分利用专业实验室如机械零件实验室、车辆实验室等，通过上现场课的形式，理论联系实践。与前期课程工程训练紧密结合，注重分析工程训练中的实例，加强学生用理论知识解释分析实际问题的能力。

第八，加强实验教学，现将 8 学时实验单独列课，在机械基础实验课程中进行，使得实验内容更加完整，实验安排与理论教学配套、同步进行，在安排上更加灵活自主。

通过以上建设，本课程的教学体系明晰，教学内容重点突出、结构精炼、工程材料和材料成形两部分相互呼应，融为一体。为实现教学目标奠定了良好的基础。

四、积极实践，改革教学手段与教学方法

教学内容的新，教学方法的活是精品课的重要标志[4]。

首先是主讲教师要讲好每一节课，每一讲精彩而受欢迎的授课，无不包含着严肃认真的前期备课，引人入胜的教学内容，轻松愉快的教学方法，师生交融的课堂组织，活泼新颖的教学手段，以及教学艺术、风格、人格的融入等[4]。通过教师富有感染力的课堂教学，把知识的要点传授给学生，把分析问题、解决问题的思路传达给学生，充分提高课堂 50 分钟的信息量，使学生能够掌握主要的内容，为课后的学习奠定基础也节约时间。

再者，处理好传授知识和能力培养的关系，课程教学既要强调基本理论，基本知识的传授，同时应注意加强学生实践能力和创新能力培养[2]。本课程通过课程小论文、典型零件跟踪学习、工艺发展趋势调查等等环节，引导学生进行课后学习，培养学生理论联系实际的思维习惯和解决实际工艺问题的能力。

最后，有人认为：21 世纪的高等教育已经势在必行地从“一支粉笔打天下”转变为“一支鼠标打天下”，这种比喻不一定恰当，但也不是简单的形象比喻，而确实蕴涵着深刻的教学思想变革、教学方法和手段的创新[3]。本课程的建设中注重了多种教学手段的有机结合、综合运用。如在使用课件的同时，不仅仅是一支鼠标，还注意运用板书、教具、学生参与的演示性小实验等方式辅助教学。充分利用专业实验室如机械零件实验室、车辆工程实验室进行现场教学，针对典型零件的选材，先让学生到实验室去观察各类零件，了解其功能和使用的材料，课堂上再进行讨论性讲解总结。这样不仅让学生走出了课堂，使得教学内容不再抽象不可及，也利用实验室的环境为课堂营造了一种轻松、好奇的学习气氛。我们还充分利用网络环境，为学生提供了习题、自测题、教学录像、相关专业英语学习资料、相关学习讨论网站等以便学生及时了解课程的发展动态，为学生自主学习、个性化学习提供广阔的平台。

五、注重教学条件建设，保障教学需求

(一) 教材建设

本课程是工科类专业的主要技术基础课程之一，很多学校都将其列为精品课程进行建设，出版的教材很多，依据我校的实际情况，我们以选用先进教材为主，进行了教材建设。我们先后收集了机械工业出版社、清华大学出版社、电子工业出版社、上海交通大学出版社、华中科技大学出版社等多个版本的近 5 年内出版的“工程材料”、“工程材料及成形技术”、“工程材料与成形工艺基础学习指导”、“机械制造技术基础实训指导”等十六种教材。

我们现在主要采用的“工程材料及成形工艺”类教材，是21世纪高校规划教材。

（二）多媒体课件建设

结合我校实际情况，我们重点进行了教学课件建设，在学习其他学校课件的基础上，制作了北京林业大学“工程材料及成形技术”课件。该课件的特点是重点突出、内容生动、图文并茂，将许多实践性强，又难以理解的概念通过动画、图片、录像剪辑等展现，克服了其他课件中大段文字介绍的缺点，起到了与教材配套使用、相辅相成的作用。同时，课件中某些内容采用了英语介绍，使得学生能了解该专业领域的英语术语。课件的建设和使用使得教学内容的广度和深度得到了明显的发展。

（三）实践教学条件建设

本课程有8学时实验，在机械基础实验中单独开设。目前实验用设备如金相显微镜、热处理炉、硬度计等，经过建设能够满足教学需要。2009年又更新了一批显微观察试件。实验指导书、实验报告等齐备。本课程的前期课程为3周的工程训练，工程训练主要分为车工、钳工、焊接、先进制造技术和机电一体化技术等5部分进行，经过建设基本能满足教学需要。实习指导书、实习报告齐备。

（四）其他教学资源建设

本课程还进行了习题、教学录相、英语阅读文献、相关学习网站等资源建设。通过这些资源的建设，为学生的自主学习和研究性学习提供了保障。

六、总结

从2008年立项建设以来，教学改革方案、教学课件连续在机械和车辆07、08年级试用。建设之前是按照“工程材料”和“材料成形技术”2门课程组织教学，授课中学生反映，课程体系较松散，“材料成形”部分重复较多，显得拖拉，课程进度到“材料成形技术”后约有30%的缺勤率，教学效果不好。同时，学生反映课程实践性强，缺少典型实例分析。经过精品课程建设后，主讲教师在课堂教学中都能做到仪态端庄、声音清晰、富有激情的讲授。课程内容紧凑，课堂教学气氛较以前活跃，学生对教师的提问能积极响应，师生互动较好。学生对课件及其他教学资料的使用率达100%，对布置的小论文、典型零件跟踪学习等都有较高的兴趣，能积极参与。学生课堂出勤率明显提高，到相关实验室进行自主学习达80%。学生在教学评价体系中有积极的留言，与教师进行交流并能及时提出教学建议，主讲教师的教学评价均在90分以上。教学期间，与北方工业大学相关教师进行了课件交流，获得好评。

通过精品课程建设，有力地促进了师资队伍的培养，促进了课程体系和教材的建设、实验室建设，为培养高质量的人才提供了有力的保障。精品课程建设是一项系统工程，是一个长期积淀丰富、不断改革创新的过程，所以我们必须在思想上认识到精品课程的重要作用，在行动上坚持不懈地进行精品课程的建设，在制度上建立对精品课程的良性的评价机制，真正将《工程材料及成形技术》建设成为具有林业大学特色的示范性课程。

参考文献：

[1] 高道祥．“工程材料及成形技术”课程教学改革探讨．中国林业教育，第27卷，增刊1，2009年6月：60~62.

[2] 李宁等. 先进制造技术发展趋势及实践教学模式的探讨. 中国林业教育，第27卷，增刊1，2009年6月：114～117.

[3] 葛蓉等. 加强创新实验室建设，构建实验教学新模式. 中国林业教育，第27卷，增刊1，2009年6月：118～120.

[4] 姜敏凤.《工程材料及成形工艺基础》精品课程建设. 机械职业教育，2008年6月：39～41.

构成·设计·空间

——立体构成课改革探讨

朱立珊[①]

（北京林业大学工学院）

摘要：设计专业设计构成基础课是非常重要的系统课程，它包括平面，色彩，立体三部分内容，是认识设计，了解设计，设计实践的基础。工业设计专业是一个实践性很强的设计专业，在教学过程中，需要设计理论的依托，设计理论则要通过设计案例的互动讲解才更容易理解和应用。立体构成课是设计基础课中的一个重要的教学环节，但是传统的教学计划和方法在长时间的实践过程中，存在理论和设计实践脱节的问题。本文针对工业设计专业产品设计构成基础系统课程中立体构成部分的教学中存在的一些问题，进行教学改革探讨，提出教学改革的三点建议，旨在使设计基础课程更好地为设计服务。

关键词：工业设计；设计基础；空间；形态

世界是构成的，是山川河流，日月星晨，人与环境共同构成的。宇宙是构成的，是各个不同的星系构成的。人的生活内容里，衣食住行的各个环节都与构成密不可分。我们讲构成，就要扩大知识面，不能孤立的将构成看作一个技术课。要了解构成和社会的关系，构成和人的关系，从而以正确的视角来理解这门课。

立体构成是构成基础课的核心，因为凡实体物质都存在三维的概念，理论上的平面是不存在的。学习立体构成的目标是探讨形态，培养造型的创作能力。同时了解空间，培养形态的空间认知。构成教育的目的是训练造型思维和构造能力，探讨形态以及空间存在的多样性。但是，目前立体构成在讲授过程中，存在名称的准确性，过于抽象的概念性练习，在开发空间思维的训练时，使学生无法对空间有真实的认知，也无法开发空间想象力，然而对空间形态的了解和学习又是非常重要的，学生未来所从事的设计工作的媒介产品都是以空间形态的方式呈现的。通过我自己的20年的教学和设计实践的经验，对这门课程进行教改探讨，最终目的就是使这门重要的设计基础课，能够起到它的积极作用。

一、课程目的的正确认知

（一）设计构成基础课的由来

设计存在于人们日常生活的诸多方面，从远古人类初级的行为始然。那些石器物，青铜

---

① 作者简介：朱立珊，副教授。主要研究方向：环境设施。电话：13910893218。E-mail：juliasa2002@yahoo.cn。通讯地址：北京林业大学工学院，100083。

器的出现，虽然这个时期的器物更多的只是满足生存需求，但它们的出现大大地提升了早期人类的生存能力，同时也在改善着他们的生存状态。这是最早期的设计，虽然这是初级的造物构想，但设计的器物的确在不断改善着人的生活。工业革命以来，越来越多的新技术，新设备的涌现带给设计无限的可能。随着各种设计流派的不断提出，新设计层出不穷地改变着人类的生活方式。特别是包豪斯设计体系，在“工艺美术运动”“新艺术运动”“德意志制造联盟”等之后，是对现代设计影响最大，最深远的设计体系。它诞生于工业社会高速成长期，受现代设计影响的大批重要设计大师，不断探索新技术的可能性，以崭新的设计理想和设计教育思想奠定了现代设计的基础，推动设计基础体系不断完善[1]。在这个教学体系中，构成教学是最重要的组成部分，作为一种卓有成效的教学形式，一直成为世界范围内现代设计教育的重要设计基础课程。

(二)我国构成教育

构成作为设计基础成为世界上各个设计学院的重要课程已经很多年了。我国则因为种种原因引入较晚，直到20世纪80年代才引入。笔者80年代中期就读于中央工艺美院（现清华美院)其间，正是我国向日本学习，将日本的相关设计大学的构成教育引进我国的初期。陈菊盛先生和辛华泉先生早期译著的相关书籍对中国的构成教育影响很大。构成教育对我国设计界的影响是积极的，几十年来构成课的教学，积累了丰富的教学经验和成果，但过于把学生的注意力引导到一个孤立的课堂理论和纸面练习上。强调抽象的课堂命题联系，学生存在的最大困惑是如何将抽象的理论和练习同设计实践衔接。设计基础课的目的是为设计课打下基础，使学生在未来的设计过程中，了解如何将在构成基础课中学到的形态美感应用到设计中，这才能达到教学的目的和意义。

(三)课题名称的认知

构成课作为设计基础课程，在大多数的设计学院成为设计课的基础平台。同设计相关的专业都将它视为重要的设计基础课展开。建筑设计，环境设计，室内设计，工业设计等等，虽然专业内容，专业特点相差很大，但对这门基础课的认识是相同的。2001年中央工艺美院借清华大学90年校庆之机遇，组织国内工业设计专业的青年教师举行一次设计基础课教学集训，特别邀请德国斯图加特造型艺术学院院长克劳斯·雷曼教授，中央工艺美院工业设计系主任柳冠中教授讲授课程，目的是学习德国斯图加特造型艺术学院设计基础课程的方法，目的，评价和基础训练题目。我有幸作为学生参加了这此关于“设计基础”课的探讨，受益很大。不仅跟雷曼教授再次学习，同时来自全国的同行对本校教学的介绍也让我学习到很多。我不断在思考“设计基础”这门课的内涵，设计相关的专业都把构成课作为设计基础课，但是由于各专业的特点的不同，构成课的内容则应有不同的侧重。工业设计涵盖的设计内容有产品，设施，家具和展示等相关设计都在研究形态的空间构成方式。学生则应更加强调对形态和空间的认知练习，为了使学生能更明确的了解这门课的内容，名称在统一的构成课的基础上则应更明确的展现课程特点，因此建议改为“设计元素的空间形态”则能够更明确的展现课程内涵。

二、构成与空间思维的结合

空间无处不在，大直宇宙小到原子，质子等构成物质的基本单位。了解和熟悉空间是设计教育不可忽视的内容。我们的学生在入学前的教育中，没有把空间的学习放在适当的位置，故而想象力和创造力的培养就明显不足。致使我们的产品设计，城市规划等与国际先进水平有较大差距。而空间教育又不是抽象和孤立的，它需要有具体的教学内容和教学手段来实现。为使学生更深层的认识空间，我在教学中将室内理论教学和室外现场讲授相结合。带学生到国家奥林匹克体育中心现场讲课，在体育中心的环境中，建筑，环境设施都是形态在空间中的体现。鸟巢的外层钢架把鸟巢的基本概念得以展示，这种新建筑的设计手法就是形态构成最好的案例，通过对眼前真实设计中形态组合方式，空间节奏的处理，让学生理解抽象的理论最终是为设计服务的，是设计的基础，这样学生就不排斥对抽象理论的学习，反而会促进学习热情，取得良好的学习效果。世界上任何可以承载的物质都是三维的，立体的，而立体的东西又各有其用，各有其形，又表现出不同的肌理效果。

学习空间理论和研究空间形态设计，是离不开对环境，对人类社会的多方位多层面的了解。在教学过程中我把教学内容扩大到宏观，也缩小到微观世界。把教学手段延伸到分析不同物质上，花朵，树叶等等，让学生从物质的分析中了解生物的丰富的构成方式。实际当今许多人类熟知的仿生建筑，仿生材料，仿生产品都是设计师对自然界生物的生存方式，生长形态有着深入地观察和研究，而产生的设计灵感并运用到产品设计中。自然带来的形态美感影响了很多的设计，也产生了无数的经典设计，我希望通过教学，让学生学会尊重自然，并且利用学到的抽象理论对自然形态构成方式加以分析，将结论应用到设计中。学生经常问的问题是设计从何入手，通过这样的教学方式，讲授设计形态的由来，取得很好的教学效果。

构成课的作业练习，从基础的折纸形到三角形，多边多棱形，圆形等多种基本形的练习，让学生对空间思维产生初级的虚实空间认知。然后让学生面对城市中的建筑群体，寻找天空的轮廓，把虚与实表示出来。实际上这就是“天际线”的概念。空间的延伸把同学从孤立的纸面上拉了出来。

面对路边的小草，小石块，我们将如何认识环境的意义，这是构成空间的“生命”的意义，然后再让学生把大自然的万物存在，用纸片抽象地表现出来。这时我们就可以看到丰富的纸形变化：圆中有凹凸，方中有弧线，多边形中有主次变化，学生们的思维之水如同冲开闸门，汹涌澎湃的涌了出来，把空间由小到大的扩大和收缩，让学生兴奋不已，在完成传统教学的优势的同时，加入新的教学内容，学生由抽象到具象，理解这门课的意义，构成课最终取得预期的效果。

三、构成与设计和生活

构成教育并不是抽象的教学游戏，它应是设计师早期的基础培养，是一种思维方法的奠基，是通往设计通道的入口。但它又不应把思维和实际设计脱开，把实用设计抛到脑后。单纯的构成作业完成的好的学生，到工作岗位却不知设计工作如何展开的例子有很多。而许多设计师又往往把构成练习看成儿戏，不屑一顾。这其实都是设计的基础教育与实践脱节的缘故。为了克服教学与实践脱节的现象，我在立体构成教学中特别强调了设计实践的重要性并将构成手段(方法，材质，空间展示等)向生活环境与生活用产品方面延伸，使学生在构成练习中加强产品设计的早期的思维定式。例如：立体构成中把培养空间想象力放在重要的位置，建筑小品中的亭子，候车廊，围墙，草坪，河滩等等采用不同材质和造型方法组合成多变的环境和丰富多彩的空间效果；采用厚纸板制造飞机构件；对于生活用品更是练习构成的重要内容，我强调要求每一名学生分析现有产品的形态构成要素，从中寻找构成中美的元素，并且将抽象的理论同设计实体比较分析，加强对设计的认识；用纸片，塑料板等材料练习抽象的线，面，体的组合方式，在理解抽象形态的同时，练习“鸡蛋”包装设计，包装设计就是不同形态的组合，在设计实践的练习中，加强理解构成中形态节点的处理方式，形态过度的方法。

其实，每件设计作品都是构成的结果。机械是零件和部件的构成，汽车是外壳与车厢内部设施动力部分等构成的。当然机械，汽车等工业产品的构成内容是很复杂的，构成方式也是多种多样的。要学习构成不能不改变一个误区，即生活中的构成物是千变万化的，它不同于纯点、线、面组合那么简单。学生学习构成课往往忽略了真实设计的多变性。当然，学习知识有一个渐进的过程，由简到繁，由浅到深，故而构成课恰好提供了这种可能。这故然是学习的机会，但也隐含着一个缺憾，那就是偏离设计的基本目地——造物计划制定的原动力，构想元素的寻找和确定。而忽略于此就违背了设计的根本——创新。纸片的折叠，组合不必赋予具象的含义，然而恰恰把学习构成的学生引向纯抽象的艺术表现之路，要知道抽象艺术和设计并非一回事。我有意在教学中扭转这种趋向，增加了较多的设计元素概念。例如：方体、圆体、多边体等在讲解构成时举很多设计元素的概念，方形的各种物品如建筑，车辆，日用消费品等是怎样构思和设计的，也让他们画一些方、圆等变化的简单实用图形，同时，要求学生分析优秀设计的构成元素，构成手法。学生经过由简到繁，由抽象到物品构思的反复练习，逐渐走近设计之路。

四、结束语

产品设计往往影响一个国家的经济发展和人们的生活水平，在经济发达的国家，如美国，德国，日本等都是依靠产品设计带动经济发展，从而增强竞争力的。产品是为社会和人类服务的，因此产品设计是应用型设计，立体构成课是设计的基础课程之一，决定着学生未来设计的应用水平。因为设计的应用性特点，所以在立体构成课讲授过程中强调优秀设计案例分析，了解立体构成课程中点、线、面、体的练习，最终要以产品设计为载体展现出来。任何一个设计都是一个繁杂的形体组成的，在完成基本构成元素的练习的同时，强调这些元素在设计实践中的应用原则和方法，这样就克服了理论教学和设计实践脱节的问题。学生明确了课题目的看到课程方向，因此提升了学习动力，取得了良好的教学效果，这也让我看到了教学改革的深刻意义。设计基础课是设计课最重要的基础平台，必须认真对待和深入研究，才能培养出优秀的创造型人才，更好地服务于社会。中国要不断的发展，要靠自己的产品支撑起人民美好的生活，对这些未来的设计师的培养，我们任重而道远。

参考文献：

[1] 徐时程. 立体构成[J]. 清华大学出版社，2007：34.

浅谈物联网时代嵌入式系统的教学

王海兰[①]，赵燕东
（北京林业大学工学院）

摘要：在日益信息化的社会中，计算机和网络已经全面渗透到日常生活的每一个角落，而嵌入式系统可谓是后PC时代和物联网时代的擎天之柱，学习嵌入式系统是社会发展的必然需求，可以增加学生的就业机会，使他们更好地服务于社会，服务于庞大的物联网时代。本文从嵌入式系统的应用、嵌入式系统的教学特点、嵌入式系统的教学方法等方面，浅谈自己的几点看法。

关键词：嵌入式系统；实践教学；教学特点；物联网

物联网把新一代IT技术充分运用在各行各业之中，具体地说，就是在计算机互联网的基础上，利用RFID、无线数据通信等技术，构造一个覆盖世界上万事万物的“Internet of Things”。在这个网络中，物品（商品）能够彼此进行“交流”，而无需人的干预。其实质是利用射频自动识别（RFID）技术，通过计算机互联网实现物品（商品）的自动识别和信息的互联与共享。

一、嵌入式系统的应用

物联网就是把原本无法沟通的物体智能化，使之主动与人类沟通信息，是方便人类生活的一种技术，体现在以下几个方面：通过传感器、电子芯片如RFID等技术记录自身参数或者感知外界环境并记录下来信息，即把物体变“活”，也就是产生信息；通过数据线、声音、颜色、无线通讯等手段把信息传输到人或者某一个终端；产生了信息，并把信息传输回来，在终端比喻说电脑进行处理，翻译成人可以理解的信息。人通过判断，把所需的指令透过反向的过程传输给物体，物体和人类的沟通就建立了。很多物体的连接就像是一张网，物联网便形成了。从技术角度体现为：传感器技术/RFID技术/电池技术；有线和无线通讯技术；信息采集和处理，其中就包含有单片机技术。

根据IEEE（国际电机工程师协会）的定义，嵌入式系统是“控制、监视或者辅助装置、机器和设备运行的装置”。从中可以看出嵌入式系统是软件和硬件的综合体，还可以涵盖机械等附属装置。目前国内一个普遍被认同的定义是：以应用为中心、以计算机技术为基础、软件硬件可裁剪、适应应用系统对功能、可靠性、成本、体积、功耗严格要求的专用计算机

依托项目：北京林业大学2009年校级教学改革研究项目——CAD/CAM实验网络课程开发研究；数字信号处理课程建设。

① 第一作者：王海兰，在读博士，讲师。主要研究方向：智能检测与信号处理，电话：62337736。E-mail：wanghailan@ bjfu. edu. cn。地址：北京林业大学工学院，100083。

系统。物联网实际上就是让家电等电子电器设备能够和互联网连接起来，并可以通过计算机或手机进行无线控制，这就涉及到嵌入式系统的知识，同时还有模拟电子技术和数字电子技术、无线电、传感器的应用等。

随着硬件、软件技术的快速发展，嵌入式系统目前已广泛应用于信息家电、网络通信、工业控制等众多领域上世纪九十年代出现的 Linux 系统已广泛应用于各种环境，不仅包括手持设备、个人计算机、防火墙、网络交换设备，甚至还包括了基于集群的超级计算机。而 ARM 处理器是一种高性能，低功耗，体积小，成本低的 R1SC 芯片，广泛应用于 GPS、PDA、手机及其它各种智能板与微型设备[1]。

而作为网络上被称为“万金油”的自动化专业，课程设置的覆盖面广，与电子工程、计算机、电机工程甚至化学工程都有交叉。同时针对目前自动化专业学生的就业现状，在学生熟练掌握单片机的基本知识上，学校应该进一步开设嵌入式系统的相关课程，让学生在掌握嵌入式系统的基本知识的基础上，把自己掌握的知识与现代化的农业、国防、工业部门挂钩，融入到庞大的“物联网”系统中，增加就业机会，更好地服务于社会。

二、嵌入式系统的教学特点

(一) 综合性高

嵌入式技术是微电子学、计算机技术、自动控制等学科专业的交叉结合，因此，嵌入式系统课程要求学生具有一定的专业基础，系统学过模拟电路、数字电路、C 语言程序设计，汇编语言，操作系统，微机原理，系统结构，单片机等[2]。而嵌入式领域本身涉及的内容包括：ARM 体系结构，ARM 汇编语言程序设计，各种嵌入式操作系统及嵌入式实时操作系统，Linux 内核，Linux 驱动程序开发等等。嵌入式系统是将多种软、硬件方面的知识融合在一起来进行相关的开发应用。如果该课程作为本校的自动化的专业课，将会促进嵌入式技术在相关学科与领域中的具体应用，丰富并拓展学生的专业知识及技能[3,4]。

(二) 理论知识较强

针对本校相关专业学生的基础知识较薄弱，对该课程的定位应该是基础教育。加强嵌入式系统基本内容的学习，把此门课作为学生进入嵌入式领域的一个领航者，为其今后的进一步发展奠定一定的软硬件基础。在理论教育的基础上，培养学生开发嵌入式应用程序能力，注重应用性人才的培养。嵌入式学习初期要求学习者掌握相当多的软硬件理论知识，而理论内容枯燥，且较为抽象，故入门学习较难，坚持下来更难。

(三) 实践性要求高

嵌入式学习后期嵌入式系统开发与应用需要在前期理论学习的基础上动手实践。嵌入式系统开发与通用软件开发的开发过程与所需的实验条件差异很大，开发过程中需将软硬件相结合，实现交叉调试，实验所需实验板与开发平台的费用相当昂贵[5]。

三、嵌入式系统的教学方法

(一) 合理制定教学内容

合理设置教学内容，制订教学计划与实践项目。此门课程可在学生系统学过 Linux 操作系统、系统结构和单片机等理论课程的基础上进行开设，学生已有了计算机的体系结构、Linux 内核、Linux 驱动程序开发等相关知识，在此基础上再进一步学习 ARM 体系结构，

ARM 汇编语言程序设计，各种嵌入式操作系统及嵌入式实时操作系统，就很容易理解嵌入式系统的精髓，了解和熟悉 ARM 嵌入式软、硬件的实践环境和开发流程。

实践部分采用理论授课与上机实践相结合的方式，要求学生理解实践内容并能读懂实践源代码，掌握 ARM 微处理器的基本接口电路及其软件编程方法，培养学生基本的实践操作技能和实践方法。要求学生熟练掌握常用的嵌入式实验开发工具，从简单的键盘和 LED 控制实验、实时时钟实验、A/D 转换实验、串口通信实验、I^2C 总线接口实验到多进程与单进程间通信实验，再深入到较完整的数据采集器系统设计。

在嵌入式系统教学过程中，适当加强学生系统知识和系统分析能力的培养；并在实践教学中采用多种教学方式，利用仿真工具、多媒体技术、专家讲座、与企业合作等方式，加强学生对那些复杂系统的设计、仿真、工程应用的培养，提高学生的设计成功率，提高学生的硬件电路设计和软件系统设计能力。通过这种培养模式，使原有实践教学方法得到了改善，不仅使实践教学内容得到了创新，而且使实验技术手段也得到了创新，其效果也比较明显[6,7]。

（二）培养学生的学习兴趣，激发学生的学习主动性

在教学初期要将嵌入式领域的现状与发展趋势介绍清楚，嵌入式领域的门槛虽然相对较高，但也跟其它事物一样，并不是牢不可破的，付出与收获是成正比的。每个实践项目可将全班同学分成若干组，每组 2～3 人，以小组为单位来协调完成。给学生提供大量外围扩展模块，例如触摸屏、WIFI 网卡、GPRS 模块等，目的是使学生能够结合自己的学科专业设计开发实用的嵌入式系统产品，以更深人地掌握嵌入式系统的理论知识，并能有效地将所学知识应用于实际。

在系统实现过程中，要求大家相互讨论与学习，每个人都参与到项目中，动脑动手，边学边做，边做边学，最终将项目完成。如在键盘和 LED 控制实验中，可以让每组或班级学生互相交流控制 LED 灯亮灭的算法，有采用直接移位算法的，有采用累加 1 算法的，有采用 2^n+1 函数算法的……，可以使学生在动手的同时也学到了知识，并获得了满足感与成就感，也就进一步激发了其学习嵌入式课程的兴趣和信心。

（三）对比教学法，新旧知识对比学习

嵌入式领域的很多知识并不是孤立存在的，而是与专业学生以前学习过的众多知识，存在着千丝万缕的联系[8]。学习嵌入式系统课程的同时，带领学生们巧妙地运用已学过的知识，如模拟电路、数字电路、C 语言程序设计，操作系统，系统结构，单片机等，有助于学生在对比学习中，更容易接受新知识，并能加深记忆。

（四）通过向学生提问的方式启发学习理论知识，采用课堂互动的方式

在课程前期学习过程中，有较多较为枯燥的理论知识。在纯理论知识的教学过程中，采用通过向学生提问的方式启发学习理论知识，即每次在授课前先给学生们提出若干个问题，提出的问题要具有代表性和综合性，让学生们通过"课前预习"—"课堂听讲"—"课后总结"的过程，来解决这些问题。课堂上可以采用互动方式，让一个学生总结出问题的答案，而其他的同学对该答案进行评判、修改和完善，从而形成最终的正确答案。采用这种方法，可使得理论知识的枯燥程度有所降低，使学生更容易接受里面的精髓，并能培养其获取知识的积极性。

（五）鼓励学生多参加社会实践

鼓励基础较好、且对嵌入式系统开发具有浓厚兴趣的学生多实践与企业相结合的科研项目，如基于 ARM 的液体流量定量控制仪、远程监控系统、数据采集系统、无线家电控制系统等，鼓励积极参加各级嵌入式方面的竞赛，通过竞赛的方式来提高学生的实践能力。

四、结　论

开设嵌入式系统的学习，并采用多种实践教学手段与理论教学方法相结合，抓住嵌入式系统实践教学的特点，使学生在掌握理论知识的同时，提高工程实践的学习能力和研发技能；通过课程教学内容和实验内容不断更新，积极探索嵌入式技术的实用性和前瞻性，保证实践课程与时俱进，不断拓宽学生的视野，构筑理论教学、实践教学和科研共进的良好环境，增加学生的就业机会，更好地服务于社会，服务于庞大的物联网时代。

参考文献：

[1] 王树红. 嵌入式系统的现状及发展趋势[J]. 太原大学学报，2007(2)：121 ~ 122.

[2] 章坚武，李杰. 嵌入式系统设计与开发[M]. 西安电子科技大学出版社，2009.

[3] 周立功. ARM 嵌入式系统基础教程[M]. 北京航天航空大学出版社，2005：433 ~ 438.

[4] 贝克著，李喻奎译. 嵌入式系统中的模拟设计[M]. 北京航天航空大学出版社，2006.

[5] 王慧. 构建实践教学体系培养学生综合能力[M]. 实验室研究与探索，2007(9)：90 ~ 92.

[6] 诺尔加德著，马洪兵，谷源涛译. 嵌入式系统硬件与软件架构[M]. 人民邮电出版社，2008.

[7] 刘森，慕春棣. 自动化专业的嵌入式系统教学探讨[J]. 实验技术与管理，2007(1)：115 ~ 117.

[8] 田泽. 嵌入式系统开发与应用教程[M]. 北京航空航天大学出版社，2005.

[9] 刘云霞，蒋静，程君. 面向硬件的实时嵌入式系统的研究与设计[J]. 嵌入式系统应用，2007(2)：24 ~ 26.

电工电子技术绪论课的教学探索

张俊梅①，高　林，肖　江，撒　潮，樊桂玲
（北京林业大学工学院）

摘要：《电工电子技术》课程作为工科非电专业学生的一门技术基础课，在非电专业的教学计划中占有十分重要的地位。绪论课是该课程的导语，能够激发学生的学习兴趣。本文对电工电子技术绪论课教学内容的设计、教学内容的组织以及绪论课教学方法等方面进行了探讨。

关键词：电工电子技术；绪论课；教学改革

《电工电子技术》课程为我校机电、交通、车辆、木工、林化、环境等非电专业学生的一门技术基础课程，通过本课程的学习，使学生获得必要的电路和电子技术的基本理论、基本知识和基本技能，了解电工技术和电子技术的应用和发展概况，为学习后续课程以及从事与本专业相关的工程技术工作打下一定的基础。在以往的教学实践过程中，通过与学生沟通发现至少有10%的学生不清楚电工电子技术这门课在其专业学习中的地位和作用，这说明部分学生首先在心理上对该门课程就没有完全接受，从而导致平时学习不够努力、不能很好掌握课程内容、最终考核成绩不佳等现象。

孔子曰："知之者不如好之者，好之者不如乐之者。"可见，兴趣对人的工作、生活有着巨大的推动作用，浓厚的兴趣是人们刻苦钻研、勇于攻关的强大动力。对于初始接触电工电子技术知识点的学生来讲，课程理论性强、概念多、电磁现象抽象而又让人难以理解，使他们对该课程产生一种畏惧[1]。因此，在本门课程的教学改革中，我们开始思考如何使学生能对《电工电子技术》课程产生兴趣，由"要我学"的被动状态转变为"我要学"的主动状态？在教学实践中发现绪论课是该课程的入门课，其效果对以后的教学具有极为重要的作用，它对学生的学习兴趣、学习态度、学习方法甚至专业思想的树立和巩固影响都很大。因此，针对学生学习过程中出现的问题，我们在电工电子技术的教学过程中对绪论课进行不断的反思和探索。

一、绪论课教学内容的设计

对于绪论课教学内容，不同专业有不同的选择。作者从事多年《电工电子技术》不同专业的教学工作，经过多次授课及调整，对《电工电子技术》绪论课的内容设计如下：

依托项目：北京林业大学2009年校级精品课程建设项目——《电工电子技术》。

① 第一作者：张俊梅，博士，副教授。主要研究方向：机电控制，林业机械自动化与智能化。电话：62338144。E-mail：joyzhangjm@163.com。通讯地址：北京林业大学工学院，100083。

（一）本课程的学习内容与教学安排

《电工电子技术》包括“电工技术”、“模拟电子技术”与“数字电子技术”三大部分内容，一般在一个学期内学完。其中电工技术主要学习复杂直流电路的分析方法、单相正弦交流电路、三相正弦交流电路；模拟电子技术主要学习三种电子元件（二极管、三极管及集成运算放大器）和四大类电子电路（基本放大电路、运算电路、信号产生电路及直流稳压电源），元件部分主要掌握其内部结构、符号、导电特性及性能参数，电路部分主要掌握电路结构、原理、参数分析与计算和电路应用等内容；数字电子技术主要学习门电路、组合逻辑电路分析及设计、时序逻辑电路分析及设计等内容。

（二）学习方法

“工欲善其事，必先利其器”，良好的学习方法是提高学习效果的有力武器。在绪论课上要对学生进行学习方法的指导，使学生在学习过程中少走弯路，逐渐地、自觉地从工程实际中去发现问题、思考问题，再结合学到的电工电子技术知识去解决实际问题。这样不仅提高了学生的电工电子技术素质，又养成了可贵的工程意识，并为顺利进入后续的专业课学习打下良好的基础。强调在学习电工电子技术时，既要善于运用高等数学、普通物理的基础知识，掌握电工电子技术的分析问题的基本方法，又要特别注意理论联系实际。一方面在自然界、日常生活和工程实际中到处都蕴含着电工电子技术的知识，要注意仔细观察，勤于思考，细心体会电工电子技术的原理，将感性认识上升为理性认识，并将理论应用到实践中去加以检验。

电工电子技术的学习包括理论教学、课堂讨论及实验等三个部分。理论教学按照从元件到电路的顺序讲授。实验课穿插在理论教学中，按课程内容安排相应的实验，以提高学生动手能力为目标。

在绪论课上，还要强调在掌握电工电子技术的基本概念和基本理论的前提下，独立、按时完成作业的重要性。使学生明确解题能力的高低既是衡量对基本概念、基本规律掌握和运用情况，也是度量综合分析能力和解决问题能力高低的标准，所以求解应用题是电工电子技术学习的一个重点，并且通过解题可以发现许多规律性的东西。提醒学生在学习过程中，要注意及时总结、不断巩固提高。

（三）学习要求

课堂教学要求学生上课时认真听讲，做好笔记，课后独立完成作业。电工电子技术实验要求做好实验预习，在实验过程中，积极动手，认真完成实验报告。

此外，通过绪论课，学生对于整个课程的知识体系、主要内容、基本要求都能有所了解，为后面的学习提供方向和目标。

二、教法灵活，寓教于乐

绪论课的内容是叙述性内容，基本授课方法是讲授法。讲台上，教师就是一个“演员”，讲演的精彩与否，取决于方法。照本宣科只会枯燥无味，相反，若将这堂课讲得灵活、生动有趣，则会激发学生的学习兴趣。因此，上好绪论课需要有生动灵活的教学方法，使其富有趣味性，提高学生学习的积极性。

（一）强调电工电子技术的发展史

绪论的内容很多，有粗有精，在两个课时内要讲清所有的东西是不可能的，加上学生实际经验有限，理论性强的东西也接受不了，讲多了反而会因难以接受和课程的枯燥，一开始就给学生以很重的心理负担。有时就要从新信息、新技术入手，并采用多媒体课件，使学生通过动态画面获得大量的相关的新信息，调动学生的学习积极性，更好地学好《电工电子技术》课程。在教学中我们选择增加电工电子技术相关内容发展简史，让学生对相关知识的起源和发展以及最新动态有个宏观的了解[2]。让学生明白这是一个古老的学科，在人类漫长的文明史中占据相当重要的地位，来源于人类文明发展的实际生产中，注定这个学科将是实践性非常强的，不是纯粹的理论和抽象的，让学生明白将来在学习的过程中将会用到的学习方法。在教学过程中还可以使用提问法、对比法、比喻法、重复法等吸引学生注意力。比如，在讲述电子技术的发展史过程中可以"收音机"为例：在电子管时代，收音机因为体积较大，外形像一个盒子，因此又称为"匣子"；在半导体时代，收音机使用的是半导体材料制成的电子器件构成，因此又称为"半导体"；在集成电路时代，收音机的体积越来越小，而现在的收音机已经是手机、MP3 等电子产品的附加功能。学生在观看图片的过程中具体体会到了电工电子技术及工艺的大力发展，增强了学习的兴趣。另外，通过发展史的讲述来强化在电工电子学领域的探索精神，学生开了眼界，也启发了思路，有助于培养科学的思维方法。

（二）以实例引出教学内容

例如，在绪论课中讲到电子技术部分要学习的内容时，首先从日常所用电器的基本知识入手提出问题，"你所用的手机电池是几伏的，如何从 220 伏的交流系统中得到?"学生们仔细思考，有的干脆直接拿出手机电池观察。在此问题解答中将半导体器件及直流电源部分内容一个一个引申出来。另外，为了加强学生对电子技术的感性认识，作者收集了二极管、三极管、集成电路等电子器件，以及收音机电路板、手机电路板等电子电路及其原理图。通过实物展示告诉学生，经过一个学期的学习，他们将掌握这些电子电路的基本工作原理，为掌握更复杂的电子知识打下基础。另外，绪论课程内容结合专业提出一个具体的专业浅显应用实例，如针对交通专业结合汽车 ABS 系统、机电专业结合立体仓库控制系统、木工专业结合自动化人造板生产线系统等介绍电工电子在相应专业中的一些应用，使学生感到生活离不开电，我们是生活在电的世界里，如不掌握一些基本的电工电子知识将会成为" 电盲"，就会寸步难行，从而激发学生对《电工学》课程的学习兴趣，消除学生学习的迷茫感[3,4]。许多学生在听完绪论课后反映：不听不知道，一听才真正体会到自己专业开设这门基础课很有必要，只有学好电工电子技术的知识，才能学好后续的专业知识。学生有了这样的认识，必然会对电工电子技术的学习产生兴趣，由"要我学"的被动状态转变为"我要学"的主动状态。

三、设计体会

（一）广泛查阅、搜集资料

为了讲好绪论课，我们通过阅读各类期刊，特别是充分利用网上资源，搜集到了许多新资料，这是现有教材不可能提供的。资料的搜集和整理需要花费相当多的时间，但这个过程既是备课的需要，也是教师提高教学质量的需要，是必不可少的。

（二）充分发挥多媒体课件的功能

以 Powerpoint 软件为主体设计文本框，并充分利用 Powerpoint 软件的系统功能，在背景、颜色、文字显示方式、文本框阴影及三维效果、声音等方面精心搭配，适时插入动画、录像和图片，学生在愉快地接受信息的同时，也受到了美的熏陶。这种信息、图文、动画、影像互相补充，反复刺激的作用，更有利于学生对知识的理解和记忆。

（三）紧密结合具体专业

在绪论课的设计中，要特别注意联系专业进行背景知识的介绍，使学生了解电工电子技术课程与专业学习的紧密关系，从而提高学习的主动性[5]。当然，作为大二的一门专业基础课，这种介绍应着重于科普性，而不可能深入探讨。但作为一名工科院校从事电工电子技术教学的教师来说，则应尽可能对有关专业的相关课程了解得多一些，因为“给学生一杯水，教师应有一桶水”。

参考文献：

[1] 李小燕，毕 锐. “电工电子技术”课程理论和实践教学方法探讨. 中国电力教育，2009，137：96～97.

[2]王静，王继业，邢冰冰，马小玲，雷岳俊. 模拟电子技术基础课程建设的探索与实践. 中央民族大学学报(自然科学版)，2004，13(3)：275～279.

[3]淦永兰. 我教《电工学》. 中国培训，1994，11：34.

[4] 黄亮，方红彬，谢青海. 使学生喜欢电工电子课程之拙见. 科技资讯，2006，31：88.

[5]程琼. 对《电力电子技术》绪论课设计思想的理解. 理工高教研究，2007，26(5)：128～129.

水污染控制工程教学中绿色化学思想渗透与实践

王洪杰①，张盼月，王毅力
（北京林业大学环境科学与工程学院）

摘要：绿色化学思想的产生有深刻的环境背景，其核心是从源头减少或控制污染的发生。而环境类课程教学通常是基于末端治理思想开展的。把绿色化学的思想融入到环境类课程教学之中，能更好地发挥环境类课程应有的社会作用。特别是在“水污染控制工程”教学中实施绿色化学教育是必要的也是可行的。

关键词：绿色化学；水污染控制工程；实践

水污染问题是中国面临的最主要环境问题之一。特别是近年来松花江、湘江、太湖、阳宗海等水体污染事件频发，严重威胁了人民群众的身心健康，在社会上引起了强烈反响。为遏制污染事件频发的势头，促进企业可持续发展，努力改善环境质量，确保社会和谐稳定，国家对相关污染企业进行了系统的专项检查的工作，以期从源头控制新污染事件的发生。这项举措不仅是“绿色化学”基本原理在水体污染控制领域的具体应用，更对“绿色化学”和“水污染控制工程”教学提出了新要求。面对严峻的污染控制形势，如何培养好具有绿色化学思想、理论水平高、实践能力强的高素质环境保护人才，是“绿色化学”和“水污染控制工程”教学面临的新课题。

一、绿色化学思想的内涵

绿色化学是根据污染预防思想发展起来的，是当今国际化学科学研究的前沿方向之一[1~4]。绿色化学又称为环境无害化学（Environmentally Benign Chemistry），环境友好化学（Environmentally Friendly Chemistry），清洁化学（Clean Chemistry），研究的中心问题是使化学反应、化学工艺及其产物具有以下四个方面的特点：①采用无毒、无害的原料；②在无毒无害的反应条件（溶剂、催化剂等）下进行；③使反应具有极高的选择性，极少的副产物，甚至达到“原子经济的程度”——即 100 % 的选择性及废物零排放；④产品应是对环境无害的。绿色化学的根本目的是以节约资源和防止污染的观点重新审视和改革化学，从而使我们对环境的治理从治标到治本。绿色化学要求我们不仅仅是在过程末端控制废物的产生，更要在化学过程中控制或减少废物的产生。在获取新物质的化学反应中，充分利用每一个原子，使反

依托项目：北京林业大学 2010 校级专业建设项目——环境科学专业建设。

① 第一作者：王洪杰，博士，讲师。主要研究方向：水质净化原理与技术。电话：13621274832。E-mail：whj_ 99@hotmail. com。通讯地址：北京林业大学 60 号信箱，100083。

应物分子中的原子全部转化为目标产物。

二、“水污染控制工程”传统教学核心

传统的“水污染控制工程”课程[5~7]主要包括水处理工程和排水管道系统两部分内容，并辅之以相关的课程设计内容，该课程是环境工程专业学生最重要的专业骨干课程之一。“水污染控制工程”传统教学核心是：在水处理工程部分，通过对水污染控制工程基本概念、原理、工艺、设计等的讲授，在融会水污染控制微生物学、环境化学等先修课程的相关知识，牢固掌握本门课程知识的基础上，使学生能够针对污水的水质状况，选择确定适宜的处理工艺流程，进行处理构筑物的选型、各处理单元的设计以及水处理设备的选型，拥有较为完备的水处理工程专业知识，在排水管道系统部分，通过课程的学习使学生掌握污水管道系统、雨水管道系统和合流制管道系统的工作原理和计算方法，并具有进行排水管道系统实际工程设计的能力。

对照绿色化学思想的内涵不难发现，传统的“水污染控制工程”教学以末端污染控制过程为核心，强调减轻或消除污染的工艺过程和工程措施。不可否认传统的水污染控制技术和工程措施对抑制环境污染发挥着巨大作用，但严峻的污染控制形势表明，在强化污染治理的同时，引入绿色化学思想，重点关注对源头污染的预防和控制具有重要意义。

三、绿色化学思想的引入

回顾人类与污染斗争的历史不难发现，造成污染的主要原因在于人类非环境友好的生产生活方式。而在污染治理方面，与经济发展相适应地经历了三个阶段，即稀释阶段、末端治理阶段和源头控制阶段。在发展初期，社会总体需求有限，环境容量相对较大，此时应对污染的主要措施是稀释；而从“摇篮”到“坟墓”的生产方式加剧了污染物在环境中的蓄积，随着人们对毒性等环境影响因素地进一步了解，有害物质向环境的排放数量得到严格控制，进入污染末端治理时代。不可否认，末端治理是非“绿色”的；随之更多的人开始关注治理过程的二次污染问题，并开始考虑如何从源头来减少或控制污染的发生，进而实现从“摇篮”到“摇篮”的生产方式转变，促进人类社会的可持续发展。

在课程学习过程中，不仅要使学生能够掌握“水污染控制工程”的基本概念、原理和方法，更要培养学生树立绿色化学的思维方式，从环保的角度去思考化学问题。真正在学生头脑中牢固树立起绿色化学的理念，并为其在日后工作中贯彻绿色化学思想奠定基础。

四、基础知识教学中引入绿色化学研究成果

为使学生掌握“水污染控制工程”的最新发展动态，充分利用重大研究课题、重大工程及国际交流等学科优势，将国内外水污染控制方向最新的进步与发展充实到教学之中，同时将绿色化学研究的最新成果以专题报告的形式引进到课堂教学过程中来，使教学内容始终与国内外先进水平接轨。例如：在“管道工程与泵站”教学单元中增加“雨洪蓄积与综合利用”专题，具体体现绿色化学减量原则，使同学们在掌握管道设计规则与方法的同时，关注资源的综合利用；在“污水物化处理”单元增加“绿色水处理剂的研究进展”专题，使同学们在关注治理污染的同时，关注化学药剂本身的环境安全；在“污水生化处理单元”增加“城市污泥无害化处置与综合利用”专题，使学生们逐步理解循环经济和环境友好的思想。

通过具体的案例，使学生们更形象地理解绿色化学的基本内涵：①减量(Reduction)，即节省资源，减少“三废”的排放；②重复使用(Reuse)，既是降低成本的需要，又是减废的需要；③回收(Recycling)，可以有效实现“省资源、少污染、减成本”的要求；④再生(Regeneration)，即变废为宝；⑤拒用(Rejection)，指拒绝使用一些无法代替，又无法回收、再生和重复使用、有毒副作用、污染作用的原料。

同时组织学生参加国内外专家学者来学校开展的各种相关讲座，使学生受到更多名师的熏陶，增长更多的学术知识，开阔学生的视野和眼界，实现教学内容的可持续发展。

五、在污染治理工程中践行绿色化学思想

近年来我国发生了多起由于化工厂高砷废水排放导致的水体砷污染事件。例如，2006年9月湖南新墙河饮用水源砷污染、2007年11月贵州都柳江砷污染、2008年7月云南阳宗海水体砷污染、2008年9月广西河池地下水砷污染、2009年1月苏鲁邳苍分洪道砷污染。上述污染事件几乎都通过加大上游下泄水量、稀释污染水体的方式进行解决。这种方法将不可避免地存在“污染物”转移，对沿线居民生产生活与饮用水安全造成不利影响。

在处置2008年发生在河南的大规模水体砷污染事件过程中，结合实际情况，我们创新性地提出了采用砷专属吸附剂进行吸附/分离的治理工艺，但该工艺能否顺利实施取决于治理工程能否保证水生态系统安全。为此我们重点做了以下两方面工作：一是依照污染防止优于污染形成后治理的绿色化学原则，采用安全环保的吸附材料，防止因吸附剂本身的安全性而出现二次污染问题。为此按照《生活饮用水卫生规范》(2001)要求，对吸附材料进行了理化指标检测，结果全部合格；按急性毒性分级标准判定，吸附材料属实际无毒；按小鼠骨髓细胞微核试验标准判定，吸附材料对小鼠骨髓嗜多染红细胞未见致突变作用，结果为阴性；按Ames试验结果标准判定，吸附材料的Ames试验结果为阴性。以上结果充分表明该吸附材料具有安全性。二是按照《水质物质对蚤类(大型蚤)急性毒性测定方法(GB/T 13266－91)》和《水质物质对淡水鱼(斑马鱼)急性毒性测定方法GB/T 13267－91)》对污染原水和采用吸附材料治理后的达标排放水等水样进行了毒性测试分析，结果表明经砷专属吸附剂处理后的河水对大型蚤在48h内无明显的急性毒性，对青鳉在96h内无明显的急性毒性。表明采用砷专属吸附剂进行吸附/分离的治理工艺对河流水质以及水生态系统是安全的。

基于绿色化学思想，以实验结果为支撑，在保证水生态系统安全的前提下，针对河流污染水体，进行了大规模工程实施，不仅圆满完成了国家应急处置任务，更使该水体砷污染治理工程成为“绿色化学”和“水污染控制工程”教学中的典型案例。

六、结　语

绿色化学体现了科学发展观，是减少资源消耗、实现循环经济和经济可持续发展的重要科学基础。在“水污染控制工程”教学过程中系统地渗透和贯彻绿色化学的基本概念、基本原理，将有助于学生逐步树立大环境思想，在水污染控制的科研及工程实践中，自觉地运用这些规律去分析和解决实际问题，更好地符合污染控制工作的实际，并使学生更好地满足社会的现实需求。

参考文献：

[1] 唐有祺．展望今后化学之发展[J]．化学通报，1998，7：6～9.

[2]Paul T. Anastas. Green Chemistry, Theory and Practice[M], New York: Oxford University Press, 1998.

[3] Paul T. Anastas, Tracy. C. Williamson. Green Chemistry, Frontiers in Benign Chemical Synthesis and Processes[M], New York: Oxford University Press, 1998.

[4] 贡长生，张克立．绿色化学与化工实用技术[M]．北京：化学工业出版社，2002：7～8.

[5] 张自杰．排水工程(下册，第四版)[M]．北京：中国建筑工业出版社，2000.

[6] 高廷耀．水污染控制工程(下册)[M]．北京：高等教育出版社，2003.

[7] 缪应祺．水污染控制工程[M]．南京：东南大学出版社，2002.

环境化学精品课程的建设研究

王毅力[1①]，彭道黎[2]，伦小秀[1]，洪　喻[1]

（1. 北京林业大学环境科学与工程学院；2. 北京林业大学林学院）

摘要：精品课程作为一流教师队伍、一流教学内容、一流教学方法、一流教材、一流教学管理等特点的示范性课程，其建设从校级精品课程开始，以国家级精品课程的建设为目标，其中，校级精品课程是精品课程金字塔的基础。本文介绍了北京林业大学校级精品课程“环境化学”的各项建设内容，并对精品课程建设过程中的经验进行了总结。

关键词：校级精品课程；环境化学；建设内容；经验总结

随着高校质量工程项目的推进与实施，“精品课程”已经成为该质量工程建设效果重要保障之一。环境化学是高校环境科学、环境工程等专业重要的专业基础课，它综合了化学、环境科学、物理、数学、生物学（包括分子生物学）、毒理学等领域内容，具有很强的交叉性。该课程的学习对于高校环境科学与工程专业知识体系具有奠基作用。

北京林业大学在2004年将该门课程批准为“校级精品课程”，通过2年的建设，完成了该门课程建设的主体内容。经过几年的精品课程教学的实践，取得了很好的教学效果，在历届环境科学专业本科生的环境化学教学中引起一定的反响。为了适应时代的前进步伐和环境领域知识的更新，此后，环境化学教学团队以北京市精品课程的建设指标为标准，先后进行了以下几方面的改革，主要包括：课程教学计划、教学内容、交叉创新能力培养、课堂教学方法、网络辅助教学、课程教学团队优化以及学以致用的社会实践能力拓展等，完善了环境化学精品课程的网站页面及各项学习内容。在环境化学精品课程的建设中，其指导思想为：逐步完成一流教师队伍、一流教学内容、一流教学方法、一流教材、一流教学管理等目标，实现注重应用基础、培养理论分析、过程计算与实验设计操作能力、把握领域前沿等特色。

一、环境化学的定义与学科地位

环境化学的定义为：环境化学是在化学科学的传统理论和方法基础上发展起来的，以化学物质在环境中的出现而引起的环境问题为研究对象，以解决环境问题为目标的一门新兴学科。它是一门研究有害化学物质在环境介质中的存在、化学特性、行为和效应及其控制的化学原理和方法的科学[1,2]。

基于环境化学的定义，可以确定环境化学的重点内容主要为以下4点：有害物质在环境

依托项目：北京林业大学2010年校级专业建设项目——环境科学专业建设。

① 第一作者：王毅力，教授，博士。主要研究方向：环境水质学、环境污染防治技术。E-mail：wangyilimail@126.com。通讯地址：北京林业大学60号信箱，100083。

介质中存在的浓度水平和形态；潜在有害物质的来源，它们在个别介质中和不同介质间的环境化学行为；有害物质对环境和生态系统以及人体健康产生效应的机制和风险性；有害物质已造成影响的缓解和消除以及防止产生危害的方法和途径[1]。

环境化学是一门具有交叉特点的学科，其作为环境科学的基础学科和化学的新兴学科，其学科地位可以用图1、图2进行表示。可见，它既是环境科学的核心组成部分，也是化学科学的一个新的重要分支；地球环境与各个圈层介质之间的交叉产生了环境化学的主干分支体系，而化学的各个分支学科应用于环境也可以形成环境化学的另一种分支学科体系，这两种分支体系，即相互区别，又互为支撑。

二、环境化学精品课程的建设

(一)环境化学精品课程在专业培养目标中的定位与课程目标

环境化学是一门以化学、物理学、生物学、土壤学等为基础环境类基础性课程，该课程一般在本科生的二年级开设，授课对象为环境科学专业、环境工程专业的本科生。其课程目标为：通过本门课程的学习，使学生掌握环境中污染物迁移、转化、积累等归趋过程的基本理论、基本知识，熟悉污染物对环境和生态系统以及人体健康产生的效应机制和风险，并了解污染防治的化学方法和途径。在该课程的学习过程中，可以培养和提高本科生对环境污染物化学领域的研究和应用发展现状的认识程度、分析污染物环境化学行为过程和初步解决环境污染问题的能力，为从事与环境科学与工程专业有关的环境监测、环境分析、环境评价、污染控制工程技术、工程设计、技术开发、施工与监理、和生态修复技术与工程等教学与科研、环境规划与管理等工作打下一定的理论基础。

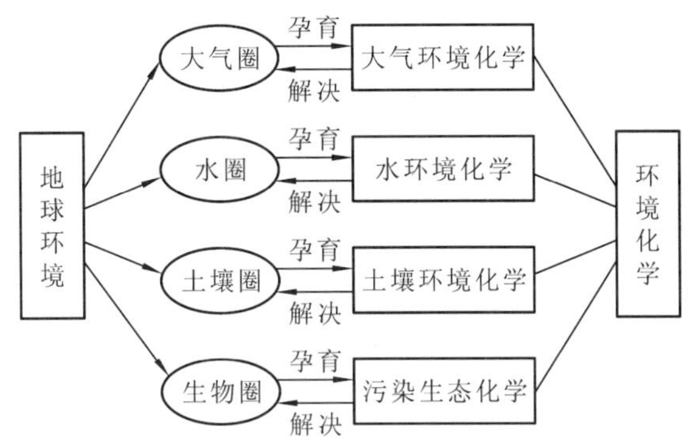

图1　环境化学在环境科学中的地位与作用[3]

(二)环境化学精品课程教学团队建设

环境化学教学团队由北京林业大学8位中青年教师组成，教授1名，副教授2名，讲师5名。全部都是国内一流大学的博士研究生毕业，多人有着国外访问、交流和学术研究等经历。70年代和80年代教师的比例为1∶5∶2，年龄梯队较好；知识结构紧密配合着环境化学的4个发展方向。团队中的大部分老师在教学与科研方面已经积累了丰富的经验。此外，对于团队中的青年老师，通过导师制度的推行和年长教师的传帮带作用，使得青年教师成为了团队的中坚力量，整体团队向一流水平方向迈进了一大步。

《环境化学》是一门内容交叉性很强的课程，不仅需要授课教师有各种化学知识、物理

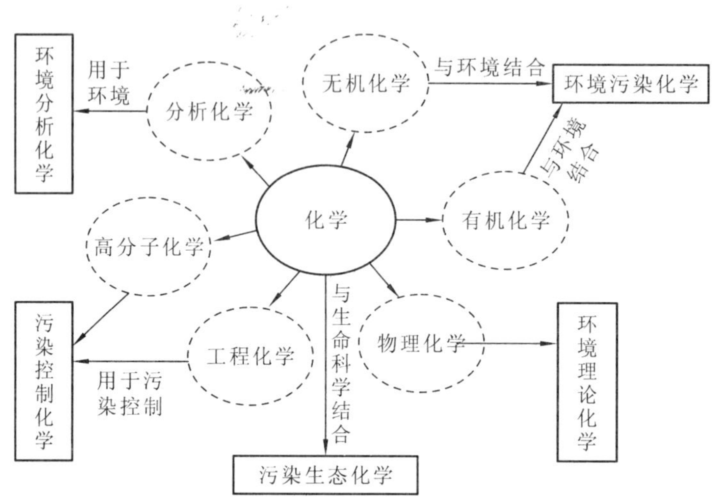

图2 环境化学在化学中的地位与作用[4]

学、数学、生态学、生物学、环境学等扎实的专业基础；同时要求教师能够适应科学与应用的飞速进展不断阅读专业期刊，关注前沿理论，从事前沿科学研究，以期能够把最先进、最准确的知识传授给学生。

（三）环境化学精品课程教材选用与建设

环境化学精品课程选择了国内一流的课堂理论教材和实验参考书，分别为：戴树桂主编的普通高等教育“十一五”国家级规划教材《环境化学》，董德明和朱利中主编的普通高等教育“十一五”国家级规划教材《环境化学实验》。此外，针对主讲教材已经完成了课程讲稿和多媒体课件。

可供参考的国际一流的教材为：Colin Baird 主编的《Environmental Chemistry》；Stanley E. Manahan 主编的《Environmental Chemistry》；Manahan T E 主编的《Environmental Chemistry》；van Loon G W and Duffy S J 主编的《Environmental Chemistry—a global perspective》。

（四）环境化学精品课程教学内容的建设

环境化学校级精品课程是基于21世纪环境科学与工程学科围绕的“人与自然和谐”的主题和高等学校专门人才基本能力的培养两个方面努力拓宽和细化教学内容，以一流的教学内容为特色目标进行建设。其教学内容以环境介质为主线，依次对大气、水、岩石(土壤)各圈层内所涉及的环境化学内容进行讲述，并对典型污染物在各圈层间的迁移转化规律做专门的分析，既注重环境化学基本概念和理论的理解，又加强这些知识的前沿进展以及在实际环境问题中的应用分析过程。进入21世纪以来，各种新的环境污染物：POPs、PTS、PPCPS等已成为新的关注热点，环境介质界面间的多相作用、多尺度过程、毒理作用的分子生物学机制等方面作为新的重点内容，环境污染将呈现结构型、复合型、压缩型等特点，环境化学的研究内容愈来愈深入，交叉性越来越强，新的数学、化学、生物学、物理学等领域的研究成果也不断地应用到环境化学领域中，结合着主讲教师的科学研究工作，这些新的研究成果会逐渐反映在我们的教学内容上。

此外，为了学生的自主学习和研究性学习，主要在精品课程网站上建立了下列资源：中外文文献库、思考题库、教学资料库图(像)库、专题讲座及多媒体课件库，并逐步建立定期更新的机制。

（五）环境化学精品课程教学方法改革与特色

环境化学精品课程主要从以下几个方面进行了教学方法的改革，努力做到在教学中能够运用一流的教学方法进行传道、授业和解惑。以转变教育思想和教育观念为前提，坚持专业教育与素质教育相结合，知识传授与创新能力培养相结合，强调以探索和研究为基础的教学，注重在探索和研究的教学过程中激发学生的求知欲、好奇心和学习兴趣。构建具有特色以学生自主获取知识为主线，教师教授为主导，以素质教育为重点的环境化学教学方法体系，充分体现"学生为主体，教师为主导"的教学思想，给学生充裕的时间自学、讨论、探究；采用启发式教育方法，充分调动学生的学习热情与自学能力；加强和完善板书教学与多媒体教学相结合的教学手段，加大课堂讲授的信息量；注重实践教学环节，不断提高学生解决问题的能力，达到宽基础、重实践、促自学的目的，提高人才培养质量。具体措施如下：

1. 重视绪论课讲授

绪论是教学之始的重点，是学生认识课程、建立学习兴趣的关键。因此《环境化学》的第一次授课时，我们尝试在绪论三步曲（对象、任务、方法）的模式上进行改革，在上述内容的讲授中，充实具体的环境案例分析和本领域科技发展的骄人成绩，穿插幽默与趣味性的语言，引导与激发学生的学习兴趣。让学生清楚的形成“为什么学”—“学什么—“怎么学”的课程学习思路，使学生对本课程有一个概括性的了解，从而消除畏难情绪和学习的盲目性。

2. 激发课堂活力、提升课堂教学效果

课堂教学是教书育人的主要渠道，要想吸引学生，所讲授的内容一定要有内涵和趣味性，并注重教授的技巧。

（1）精讲教学内容：为了激发学生的学习兴趣，授课教师在深入研究教学内容后，合理选择教学重点，用自己的语言和体会讲授给学生，时刻注意语言表达方式的趣味性和感染力；除书本内容外，积极结合科研成果、现实案例等，适当增加教学深度，加深学生对教学内容的理解。例如，讲水环境中颗粒物方面的内容时，增加了国内外在颗粒物的性质、吸附模型以及实际应用等方面的进展，讲授这些内容，多用概念化的模型和图片，将深奥的科学研究深入浅出地讲授出来，要达到娓娓道来，趣味非凡的效果，让学生感受到知识的魅力。

（2）启发引导与教学互动：活跃的课堂气氛，需要教师运用启发、引导和感染的技巧，来增加教与学的互动性。教师要善于提出问题，揭示矛盾，激发学生求知欲；在讲授中要有激情，感染学生，让学生从被动接受转换为主动参与。例如，在讲解大气颗粒物中污染物的沉降速度时，针对表格中数据提出一些问题让学生分析，发现异常性，然后让学生进行模拟计算，进行验证，从而活跃了气氛。另外针对教材中关于光化学烟雾部分有些说明不合理的地方，让学生针对相关实验曲线进行对比，主动参与，发现问题，提出改进的意见。

（3）增加实例帮助理解：很多授课的实践表明：生动的案例可以代替枯燥的长篇大论。环境化学属于多反应方程式、多计算公式、多图形的课程，在进行这些“枯燥”内容的讲解时，需要利用真实的案例来调节，吸引同学的注意力。例如，讲到微生物降解有机物的过程时，我们不是给同学枯燥地讲反应公式，而是举一些典型污染控制的反应器运行过程的案例，让大家分析原因，然后教师引导同学，达到加深印象的目的。

（4）运用现代教育技术手段：运用信息技术、计算机技术等手段，可以增加学生学习的兴趣，“寓教于乐”。例如，介绍国外环境污染的现状和实例时，由于所处地域的限制，有些典型案例难得一见，借助计算机，不但可以形象了解到这些环境污染状况，对相关污染的发生过程和典型的模型特征一目了然，非常直观生动，信息量大。但是，运用现代技术，并不应该摒弃黑板和粉笔，事实证明，学生对于传统教学方法仍具有很强的好感，所以应该注重传统与现代教学方法和手段的有机结合。

(5)创新教学的探索：教育是培养创新精神和创新人才的事业，责任重大。在教学过程中主讲教师深深体会到只有在教学过程中真正实现由封闭型教学到开放式教学、由灌输型教学到指导型教学、由单向传授到双方探讨式教学、由说教型教学到情感型教学的转变，才能不断激发、巩固、发展学生学习热情和持久的兴趣与创造力。因此，环境化学教学团队不断探索如何倡导和弘扬教育主体的创造性，保证课堂教学焕发出永久生命力。

3. 确立学生在教学中的主体的地位

重视学生在教学活动中的主体的地位，充分调动学生学习的主动性、积极性和创造性，是21世纪人才培养的目标。通过增加学生思考和讨论的时间、利用实践性和科技创新类课程，激发学生的学习热情以及改革教学过程，培养学生创造性思维和能力等方式充分发挥学生在教学中的主体地位，激发学生的求知欲望，可以有效地变“要我学”为“我要学”，达到理想的教学效果。

在环境化学问题调查和科技创新研究的过程中，同学自主设计调查内容和研究计划，培养学生自主思考的能力；需要组成小组进行调查、采样和分析测试，培养了学生互相帮助的团队精神；调查研究中不断会出现的新问题，激发了学生强烈的求知欲，在解决这些问题的过程中锻炼了学生的综合能力。获得了自己亲自完成的实验结果对学生来说是自豪和满足的事情。此外，选择适当的教学内容，改变教学模式，让“学生讲，老师补充”，这样每个同学都会在课前花一定的时间准备，既增加了知识的牢固程度，又发现了新的问题，有利于激发求知欲，培养创造性。

（六）环境化学精品课程的实验实践教学

深化实验教学改革，优化实验内容、实验方法，开发了具有特色的创新性实验。以提高学生实际操作能力、拓宽并夯实基础、培养创新思维与团队精神为目标，强调理论与实践结合，课内与课外结合，基础训练与创新训练结合，逐步构建一套与理论教学相互协调、相辅相成又相对独立的“分层次、开放式”实验实习教学体系。采用了自主探究性的实验教学模式。突破传统的以基础训练和验证型为主实验教学方法，将综合性、研究创新性实验的比例由建设前的30%提高到建设后的70%，建立以培养“解决实际环境化学问题的技能及创新思维和创新能力”为主的开放式实验教学体系。

通过不同类型的环境化学实验，在实践教学中紧密结合课堂理论内容，体现科研特色，以培养学生的实验过程中的缜密思维、良好的实验习惯和锻炼学生的操作技能为主，让同学相互配合，依据某一实践课题，通过查阅资料和学习，独立设计实验实践中的相关步骤，并进行认真操作、结果分析和汇报，让同学们在系统性的实践课程中能够领会和内化相关的课堂知识点。

（七）环境化学精品课程的学习平台建设

教学团队建立了环境化学精品课程的网上学习平台，主要包括以下内容：课程简介、主讲教师介绍、课程队伍、教学大纲、电子教材、多媒体课件、实验教学、主讲教师课堂教学录像、参考文献目录、实证材料、课程习题，课程试卷、教材与参考书等方面内容。网址链接：http：/jwc. bjfu. edu. cn（精品课程栏）。图 3 为环境化学精品课程的网络学习平台截图。

图 3　环境化学精品课程的网络学习平台截图

三、结语与展望

北京林业大学环境化学精品课程通过几年的建设，已经取得了一定成果，达到校级精品课程的要求。精品课程的建设工作是一个动态的工程，需要与时俱进的现代科学建设与管理理念，紧密结合环境化学领域教学与科研的发展，及时补充和完善新知识、新内容和新形式，保持精品课程的质量与水平。

参考文献：

[1] 戴树桂．环境化学[M]．北京：高等教育出版社，2006 年 10 月第 2 版（普通高等教育“十一五”国家级规划教材）

[2] 董德明，朱利中．环境化学实验[M]．北京：高等教育出版社，2002 年 9 月第 2 版

[3] 叶常明，王春霞，金龙珠．21 世纪的环境化学[M]．北京：科学出版社，2004 年 9 月第 1 版

[4] 戴树桂．化学进展丛书—环境化学进展[M]．北京：化学工业出版社，2005 年 8 月第 1 版

财务管理学本科教学实践研究

周　莉[①]，苏　宁，潘焕学，肖慧娟
（北京林业大学经济管理学院）

摘要：《财务管理学》是北京林业大学校级精品课程，覆盖到经管学院各个专业。课程教学难点包括课程综合性强且覆盖学生面复杂；课程理论复杂且实践性强；课程内容更新频繁；多媒体教学手段的正确应用等。《财务管理学》精品课程教学研究小组在课程建设中，遵循了“科学、前沿、实践、创新”的原则，进行课程教学内容与教学环节的建设。在教学手段和教学方法上进一步改革与实践：强调案例教学；强化证券模拟实验的地位和作用；合理分配课时，有针对性的解决难点和重点知识的教学；选择有效恰当的新技术手段表现教学内容和实现教学目标；紧密跟踪学科的理论发展和实践探索，保持教学内容的动态更新。经过一系列改革举措，无论有针对性的教学效果学生问卷调查，还是学生在校教务处的课程教学评价，结果都显示了本课程本科教学优良的教学效果。最后，本文对于现有教学不足和后续工作进行了总结。

关键词：财务管理学；本科教学；精品课程

北京林业大学从1984年开设财务管理本科课程至今，该课程的教学已经普及到经管学院各个专业。2005年，《财务管理学》成为北京林业大学精品课程。在学校教务处进行的教学评价中，2009年，06级会计专业135个学生对本课程的评价达到94分以上，校梁希班的评价达到了95分满分；同年，非会计专业超过200人的评价成绩达到了92分以上。这充分说明了本课程优良的教学效果。近五年来我国经历了巨大的教育改革和多变的经济环境，财务环境极其复杂，本课程的教学难点也日益突出，本文通过对教学难点的剖析，深入阐述了财务管理精品课程小组（以下简称为本小组）在本课程的教学改革实践方面的解决手段和效果评价。

一、我校财务管理学的历史沿革

从历史发展来看，财务管理课程最早是会计学的分支之一。随着经济尤其是资本市场的发展和企业竞争的加剧，财务管理实务日益丰富，财务管理理论也日臻完善。财务管理课程逐渐从会计学的领域分离出来。

西方国家明确把财务管理列为MBA教学中的重要内容，许多高校在本科教学的专业设置上独立设置财务管理专业，或是将财务管理与会计学或金融学结合设置复合式专业。

依托项目：北京林业大学2005年校级精品课程建设项目——《财务管理学》。

① 第一作者：周莉，讲师，博士。研究方向：林业财务与财政。E-mail：vfvf@263. net。通讯地址：北京林业大学经济管理学院，100083。

1998 年教育部公布的《普通高等学校本科专业目录和专业介绍》中增设了管理学门类，并设计《财务管理》课程是管理学门类的核心课程。它也是会计学专业和财务管理专业的专业基础课程。[1]

北京林业大学财务管理课程的发展轨迹，与经管学院发展历程相吻合，经管学院前身是建立于 1982 年的林业经济管理系。1984 年《财务管理学》作为会计专业的必修课开课。1987 年经管学院成立，《财务管理学》作为会计、金融、林业经济、工商管理等专业的必修或专业选修课面向多个专业授课。2000 年获得会计学硕士学位授予权，遂按照财务管理层次设置课程：面向本科生开设《财务管理学》，主要阐述财务管理的基本理论、方法，以及财务管理的常规业务，具体包括筹资管理、投资管理、营运资金管理和分配管理。[2]

2005 年，《财务管理学》成为北京林业大学精品课程，该课程的教学已经覆盖到经济管理学院的各个专业，它是会计、工商管理、人力资源、旅游管理、市场营销等专业的必修课，也是国际贸易、金融、统计、林业经济、物业管理等专业的选修课。

二、《财务管理学》本科课程的教学难点

本课程从 1984 年开课以来已有 26 年历史。教学特点及难点可以归结为四点，即综合性强且覆盖学生面复杂；理论复杂且实践性强；内容更新频繁，与当代经济环境紧密相连；教学手段上存在两难境地。

(一) 课程综合性强且覆盖专业面广而造成教学的复杂性

本课程涉及会计、金融、统计等学科，知识点多。而学生专业不同在知识背景方面差异很大。同时，本课程的部分内容与其它课程有重叠；例如成本控制等与《管理会计学》有重合，管理会计是会计专业的必修课，工商管理、国际贸易专业的选修课，而其他专业不涉及该课程，但这些专业后续都有《财务管理学》课程，导致学生专业基础层次不齐，且由于很多专业的《财务管理学》课程是选修课，由于人数限制无法按照理论基础分班授课，从而导致了该课程教学的复杂性。同时，本课程的学习，应该有相关经济学的知识，比如：机会成本的概念，对折现率的理解有重要作用，但很多学生没有相关基础知识，无法理解教学内容。总之由于课程综合性强且覆盖专业面广，但学生基础理论层次不齐，给教学造成了一定困难。

(二) 课程理论复杂且实践性强要求提高教学的应用能力

本课程理论模块复杂、预测决策方法多样。传统教学偏重于要求学生掌握财务管理的基本知识和基本技能。财务管理也是一门实践性很强的课程，如何应用财务管理学理论解释、分析经济问题是极为重要的，比如 2001 年美国“安然”事件和中国“银广夏”事件，均可以以财务分析的理论来解释，并以具体的财务分析方法进行分析和正确决策；2007 ~ 2009 年的全球金融危机，与财务管理中的筹资决策和投资决策理论和方法紧密相连，这都体现了本课程理论复杂且实践性极强。如果忽视学生的应用能力、现代理财理念以及创新意识与能力的培养，必然造成学生实际操作能力和应变能力差，缺乏分析和解决问题的能力等，无法达到课程的预期目标。

(三) 课程内容更新频繁要求教学中快速的学习能力

财务管理是组织企业财务活动、处理财务关系的一项经济管理工作。随着我国经济环境不断变化，企业财务活动不断出现新的内容，财务关系越来越复杂。2005 年财政部相继颁

发实施小企业会计等制度。2006年新《公司法》正式实施，同年，财政部颁发了新企业会计准则次年正式实施。2008年11月份，国家税务总局颁布了增值税等暂行条例及实施细则。这一系列法律法规制度的变化，要求财务管理教学内容应该与时俱进，不断更新教学内容。不仅要讲授最新的法律法规，还要讲解对企业乃至整个经济形势的影响，教学双方均要有较强的学习能力。

（四）教学手段上的两难境地

本课程的教学手段上存在着两种误曲，一是拘泥于传统教学方式，以教师为中心，以系统知识传授为核心的灌输式教学方法，教师主宰课堂、忽视学生认知主体作用，很难取得良好的教学效果。二是片面使用新技术手段，过分强调多媒体效果，信息量过大，教学进程加快，学生难以在短时间内理解大量新概念，学习效果欠佳。

三、《财务管理学》本科教学手段改革实践

针对上述教学难点，本小组在制定解决方案并予以实践检验的基础上，将主要的解决手段归纳为五点，进行教学效果的研究。其基本思路是：遵循“科学、前沿、实践、创新”的原则，进行课程教学内容与教学环节的建设。在教学手段和教学方法上进一步的改革与实践，重点采用了如下方式：

（一）加强课堂教学的改进，强调案例教学

在理论讲解的基础上利用现实案例分析，使学生通过课堂教学，全面掌握财务管理的基本理论和方法，强调案例教学的重要性。案例教学法既注重理论教学环节，更注重实践教学环节。[3]可以在理论教学的启发下，以案例情节为线索，营造“实践”氛围，使学生进入工作实况，扮演角色进行实践，促使学生思考和决策，使被动听课变为积极思索、主动实践，这有利于培养实际操作能力和综合应用能力，增加教师和学生的互动关系。

课堂案例教学的具体做法，是在每个主要知识模块讲授之后，布置案例，学生单独或结组完成案例分析研究，在下一次课堂上首先由一位学生进行限时主题发言，阐述分析的思维过程和基本结论，然后其他学生有针对性地讨论，最后教师进行评价总结。

案例教学中要注意选择与当前经济背景和当前讲授知识点结合紧密的案例。需要教师讲授并剖析与相关的理论知识和经济环境，分析案例讨论中可能出现的问题，搜集资料以便在讨论中向学生介绍。案例讨论采取小组形式，相互交流，调动全员积极性。最后教师要进行归纳总结和评价，阐明案例分析和评价的重点、难点。

根据对学生进行的问卷调查，87.2%的学生认为，案例分析方法能够促进学生形成独到见解，提高表达讨论技能，增强自信心。

（二）强化证券模拟实验的地位和作用

针对在读学生没有经济实践的现状，本小组利用学院的证券模拟实验资源，要求学生在课余时间进行证券模拟实验。让学生在掌握理论知识的同时培养创新意识和独立解决问题的能力。具体做法是，给每个学生一个交易账户和10万元的虚拟资金，运用证券模拟软件（世华财讯），遵循交易所证券交易规则，学生在获得证券实时行情的同时，在实验教师的指导下进行股票交易，管理终端每周保存一次交易结果，作为部分平时成绩，为课程总评成绩提供参考。系统可以准确计算学生的证券模拟交易的盈亏，并可按市值、成交量、最大周（月）盈利、最大周（月）交易量进行排名。通过在线进行下单交易、查询账户资金和交易历

史，学生在实际操作中真实了解证券市场，将理论知识与实践结合起来。根据本小组对学生的问卷调查，90%以上的学生认为相关实践对其了解国内证券市场行情、熟悉证券交易流程和证券管理制度有帮助。

（三）合理分配课时，有针对性的解决难点和重点知识的教学

鉴于本课程覆盖多专业的特点，分为会计专业必修课、非会计专业必修课和非会计专业选修课三类，会计专业必修课和非会计专业课程分别安排教学学时 64 学时[4] 和 48 学时，具体课时安排和内容见表 1。

表 1 财务管理学本科教学内容及课时分配表

教学内容	非会计专业课程学时	会计专业课程学时
第一章 财务管理概述	4	4
第二章 财务管理的价值观念	8	8
第三章 财务分析	6	8
第四章 财务战略与预算	1	课后阅读资料
第五章 长期筹资管理方式	4	7
第六章 资本结构决策	6	8
第七章 投资决策原理	5	8
第八章 投资决策实务	4	7
第九章 短期资产管理	4	4
第十章 短期筹资管理	2	2
第十一章 股利理论与政策	4	8
学时合计	48	64

对于非会计专业的学生，重点侧重于基本知识和理论的讲解，以及基本原理在实践中的应用，在相关概述和原理的知识点安排较多学时，如财务管理的概述、财务管理的价值观念、财务分析、财务预算、长期筹资方式和投资决策原理，安排 8 个学时的案例，将原理和案例实践结合，在货币时间价值、财务分析、长期筹资管理、投资管理和股利政策的教学内容中，选择案例运用相关原理解释、分析和决策。

针对会计专业学生，由于前期系统地学习了专业课程，对会计核算和财务报表有着深刻的理解，同时掌握了成本会计、管理会计学等前期课程的内容，重叠的课程内容可以自己阅读复习，比如财务战略与预算这一章的内容在管理会计中已经讲授，可以作为课后阅读材料。同时每章节之后都安排案例独立或分组完成，有利于系统的掌握各环节模块。

根据本小组针对学生的座谈，学生认为目前的学时基本保证了该课程的学习。但非会计专业学生认为财务管理课程的难度较大，希望能做更多的习题和案例，巩固财务管理学难点的深入理解。

（四）选择有效恰当的新技术手段来表现教学内容和实现教学目标

要选择有效恰当的新技术手段来表现教学内容和实现教学目标，不但要丰富学生的知识容量，也要注重学生的视觉效应，提升教学效果。[5]

首先在教学中使用多媒体，把握合适的教学内容和信息量。适当增加知识输出量，通过多媒体手段提高学生兴奋点。特别注意学生对大知识量的消化吸收，把节省下来的课堂时间用于重点知识的巩固提高，而不是一味增加教学内容。针对重要的、较难理解的内容，采用醒目色彩、较大字体或动画手段，用较慢的速度详细讲解每一项含义。课件制作如果过于眼花缭乱，会干扰学生思维，分散注意力，发挥反面作用。

其次是借助学校网络平台进行网络教学活动，按照《北京林业大学精品课程实施规范》项目的要求，在网上提供的资源包括：课程介绍、教师介绍、学习方法、指定教材、教学大纲、授课教案、多媒体课件、作业习题、考核办法、实验指导、参考文献、授课实况等内容。学生可以下载和学习教学大纲、教学课件、练习题库等，进行开放式教学，学生实时操作，教师实时检查、在线答疑，进行课后互动。

最后应注重音像等资料的使用，注重时效性。如在讲筹资和投资决策时，选择播放“迪拜”危机的新闻短片，让学生更深刻的理解财务筹资和投资的关系；讲债券筹资时，选择最新的公司债和国债的发放情况的短片或报刊资料，让学生分析票面利息率和市场利息率的关系，保持教学内容的动态更新，加深学生对知识点的深入理解，不断提高学生运用原理分析和解决现实问题的能力。

（五）紧密跟踪学科的理论发展和实践探索，保持教学内容的动态更新

本课程教材选用中国人民大学出版社《财务管理学》，是教育部推荐及国家“十五”规划教材。随着我国企业理财环境的重大变化，教材随之修改再版，2006 年 6 月第四版，2009 年 9 月第五版，每次教材改版后均及时调整教学内容和教学重点，及时更新维护课件，使网络教学资料在教学中发挥了积极作用。

在相关知识点的教学中，注重使用最新的音像、纸制资料进行有针对性的深入讲解，前文已述。

四、《财务管理学》课程本科教学效果

为了持续改进教学工作，需要注重教学效果的评价反馈。反馈结果主要体现在两个方面：一是对针对性的设计问卷并得到教学效果反馈；二是课程结束后，由本课程学生直接在学校教务处，填写课程教学评价表而得到统计反馈。

（一）《财务管理学》调查问卷反馈结果

本小组对本课程连续多年对实践教学效果进行问卷调查。为了考察案例教学和证券模拟试验的教学效果，在问卷中设计了 5 个问题，前三个是有关证券模拟试验效果考察，后两个是有关教学案例效果考察。具体见表 2。

本小组对 2009 届会计专业学生发放了调查问卷。总共发放问卷 135 份，有效问卷 132 份。问卷的结果显示教学实践达到设计目标，效果明显。

针对证券模拟试验的教学效果调查，分析结果如下：81.6% 的学生在上本课程以前未接触过证券投资，而证券市场是重要的资本市场，在掌握财务管理学中的财务环境概念，以及筹资管理和投资管理这些知识点是极其重要的，继而，93% 的学生认为证券模拟试验有助于他们了解国内证券市场行情，79% 的学生认为证券模拟试验有助于他们熟悉证券交易流程和管理制度。由此，证券模拟试验达到了其教学目标。

针对案例教学效果进行调查，分析结果如下：87% 的学生认为教师提供的案例与财务管理学相关知识点结合的比较紧密，83% 的学生对案例教学感兴趣，认为案例教学能够提高他们的学习兴趣，由此，案例教学达到了其教学目标。

表 2 《财务管理学》实践教学调查问卷及统计结果

1. 在上《财务管理学》课程以前你是否进行过证券投资?

□有 18.4%　　□没有 81.6%

2. 证券模拟实验是否有助于你了解国内证券市场行情?

□很有帮助 34.4%　　□有帮助 58.4%　　□一般 5.6%　　□无所谓 0.8%　　□没有帮助

3. 证券模拟实验是否有助于你熟悉证券交易流程和证券管理制度?

□很有帮助 25.6%　　□有帮助 53.6%　　□一般 19.2%　　□无所谓 0.8%　　□没有帮助

4. 你认为课后案例分析作业与教学内容结合的:

□紧密，针对性强 44%　　□比较紧密 43.2%　　□一般 12%　　□联系不大

5. 你对课后案例分析作业

□很有兴趣，认为案例分析是对课堂教学的扩展 46.4%

□比较有兴趣，认为案例对消化课堂内容很有帮助 36.8%

□兴趣一般，如果不是布置作业不会主动完成 14.14%

□没有兴趣，浪费时间 2.4%

(二)教学评价反馈结果

自 2002 年我校教学评价系统建成以来，本课程教学评价平均成绩在 90 分以上。2009 年，135 个会计专业的学生对本课程的评价达到 94 分以上，校梁希班的评价达到了 95 分满分；非会计专业的工商管理、人力资源、国际贸易、物业管理、旅游管理、林业经济、统计等 7 个专业，超过 200 人参与评价，结果达到 92 分以上。这充分说明了本课程优良的教学效果。

虽然本课程教学成果显著，但也存在着不足。首先，从调查问卷中可以看到，还有近 20% 学生对案例教学不太满意，应该进一步挖掘存在的问题。其次，针对多专业学生进行该课程的教学，应继续细化教学方案，针对学生不同的理论基础因材施教，还需要制定具体方案，进一步实践和验证。

参考文献：

[1] 中南民族大学《财务管理学》精品课程[DB/OL]. http://www.scuec.edu.cn/gsgl/jpkc/cwgl/page/intro/11.html. 2010

[2]北京林业大学《财务管理学》精品课程研究组. 国家精品课程申报材料[R], 2010.

[3]梁国萍等. 论财务管理案例教学法[J]. 财会通讯(学术版), 2006(1): 127～130.

[4]北京林业大学精品课程网站《财务管理学》[DB/OL]. http://bjfu.edu.cn/jpkc/index.asp. 2010.

[5]黄光阳. 财务管理课程体系与内容改革的研究与实践[J]. 现代企业教育, 2008, 7: 116～117.

电子商务概论课程教学改革探索与实践

樊 坤[①]，张绍文
（北京林业大学经济管理学院）

摘要：从《电子商务概论》的教学实践出发，对教学环节、教学方法、教学内容、考核方式等方面进行了教学改革探索，形成新的课程教学模式。提出5个主要的教学环节，包括课堂教学、实验训练、小组活动、成果展示、交流讨论；总结出6个典型的教学方法，其中“一纵两横”式案例教学法、“教师拟定任务方向，学生自主选择”的任务教学法、“模拟实验与真实网上购物相结合”的实践教学法、多角色体验教学法是本文的创新教学方法；此外，提出教学内容要依据不同授课对象动态调整，并与电子商务最新发展保持同步的新的教学要求；最后探讨了课程考核方法创新的问题。

关键词：电子商务；教学改革；教学方法；教学内容

《电子商务概论》是一门跨学科的课程，是网络经济环境下一门开创性课程。该课程是我校市场营销（电子商务方向）和工商管理专业的核心课程，也是林业经济、经济信息管理、会计、国际贸易、人力资源等专业重要的专业基础课程。

通过该课程的学习，学生应掌握和电子商务有关的概念、基本知识和基础理论；在理解有关概念的基础上，熟悉电子商务的实现技术；掌握网络营销的基本知识和基本技术；掌握电子商务的安全、支付、物流知识；了解电子商务的法律制度。通过理论学习和实习实验，培养学生独立从事电子商务活动的综合能力，特别培养学生具有比较熟练的电子商务实际操作能力和综合运用所学知识分析和解决问题的能力以及创新精神，为今后学习后继课程、进一步拓广知识面奠定必要的基础。

由于《电子商务概论》知识更新快，并且具有综合性、交叉性、边缘性的特点，讲授这门课程不仅存在较高的难度，而且对教师专业知识的储备和更新要求较高。此外，该课程是专业基础课程，理论性知识多、实践性内容少，致使学生的学习意愿不大。因此，为了培养学生的学习兴趣，提高该课程的教学质量，本文从《电子商务概论》的教学实践出发，对教学环节、教学方法、教学内容、考核方式等方面进行了教学改革探索，形成新的课程教学模式（见图1），并取得良好的效果。

一、教学环节

Internet的商业化发展推动了电子商务的迅速增长和发展，课堂上学习的知识很快就会显得过时，跟不上时代发展的步伐，课程学习要提高思维能力和理论应用能力变得更加重

依托项目：北京林业大学2009年校级专业建设项目——电子商务本科专业人才培养模式与课程体系研究。

① 第一作者：樊坤，博士，讲师。研究方向：电子商务、管理信息系统。E-mail：fankun@126.com。

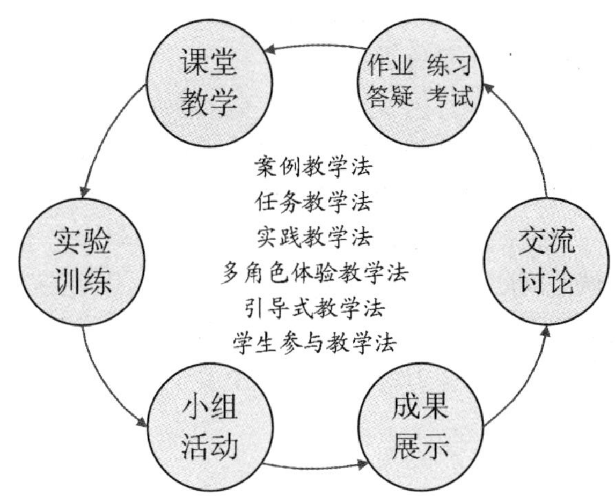

图1 《电子商务概论》课程教学模式

要。因此，我们把《电子商务概论》教学主要分成课堂教学、实验训练、小组活动、成果展示、交流讨论等五个环节。

（一）课堂教学

课堂教学以教师讲授为主，讲清楚概念及其背景；突出重点，讲透难点。采用启发式教学，鼓励学生自学，培养学生的自学能力。习题课以学生讨论和练习为主，充分调动学生学习的主观能动性，让学生在教师的帮助下归纳总结出各章节的主要内容和各知识点之间的联系等。

（二）实验训练

很多电子商务理论知识需要学生通过亲身体验才能领会，因此采用模拟实验，对学生进行实践训练，可加深学生对基本理论知识的理解，掌握各种操作技能，了解电子商务的各个环节，体验电子商务中消费者、采购商（包括厂家、商场）、供应商、物流公司、银行等各种角色，从而提高理论应用水平，培养创新能力。实验训练以学生模拟型实验和合作型实验为主。此外，还可以通过实践课，鼓励学生参加各种电子商务社会实践，提高学生的知识运用水平。

（三）小组活动

在教学中，我们发现把类似电子商务案例分析报告、电子商务网站建设方案这样的任务交由学生小组来完成，比由单个人分别撰写能够达到更好的学习效果。同时，通过在课堂上进行成果展示，形成各小组之间无形的竞争，有利于充分调动学生参与的积极性，激发学生潜能。具体做法是把学生按照3～4人分成小组，组成项目组，由小组成员推举1人担任项目组长，负责项目组的任务分配、人员协调、组织管理的工作，直接向教师负责；小组成员向组长负责。通过项目小组活动，不仅能够达到良好的学习效果，而且还进一步培养了学生们的项目管理能力、组织协调能力以及团队合作精神。

（四）成果展示

项目小组可依据自身的具体情况，自主选择适合小组的项目任务，通过成员的通力合作，共同完成总体报告以及汇报演示PPT。教师会适时安排上课的前5～6分钟进行小组成果展示，每次课上仅安排一个小组汇报，这样不仅不影响课堂教学，而且学生们也能够时常分享到他人成果。教师根据小组完成情况，进行点评，提出进一步的改进意见和建议，同时对小组工作进行评分，成绩可计入最终课程成绩。

(五)交流讨论

对于项目小组历时几周的工作成果，仅做成果展示是不够的，还应该充分利用学生参与教学的积极性，组织交流讨论。比如小组刚做完成果展示，就可以鼓励同学们根据汇报演示内容提出问题，大家共同讨论，交流想法。此外，还可以针对一些有争议的话题展开讨论，比如有关电子商务交易诚信问题。通过讨论的方式，可以促使学生积极进行独立思考并用自己的语言表达，加深知识的理解和应用，同时也有效地培养了学生独立思考的能力。

除了以上5个主要的教学环节，作业、练习、答疑、考试等也是《电子商务概论》课程教学中必不可少的。

二、教学方法

《电子商务概论》课程涉及的内容比较多，基本上涵盖了电子商务的各个领域，教学中既要系统地讲解电子商务各章节的内容，又要能充分调动学生的学习积极性。因此，加强理论与实践相结合的教学方法改革非常重要，根据该课程的教学实践，本文总结出以下教学方法。

(一)案例教学法

案例教学法不仅可以使理论紧密联系实际，而且有利于提高学生分析问题和解决问题的能力，因此目前国内外经管类专业课程教学基本都会用到该教学法。《电子商务概论》虽然是一门基础理论课程，但是它涉及的内容几乎都是以电子商务应用为基础的。因此，案例教学法仍不失为《电子商务概论》课程的一个好的教学方法。

我们并不照搬，而是进行大胆创新，采用“一纵两横”的方式展开案例教学。“一纵”是指在贯穿全书所有章节的教学中，选用固定的1～2个典型案例作为案例教学对象，如DELL、淘宝等，在不同章节介绍该案例的不同应用(如电子商务模式、盈利模式、交易流程、系统架构、网站建设、支付结算方式、安全方法、物流方式等)，这样进行案例分析有利于学生形成一个完整的知识体系，当他们完全了解固定案例的所有应用后，对电子商务各个方面的知识也就完全掌握了。“两横”是指分别以教师和学生为主导，在每一章节的教学过程中，引入相应的案例有针对性地进行分析探讨，弥补“一纵”案例教学的单一性缺点。以教师为主导的案例教学，主要用于课堂讲授式教学，教师讲学生听。以学生为主导的案例教学，命题由教师提出，以分组形式分配给学生课后完成。学生选取自己感兴趣的行业，根据教师要求的研究点和方向进行分析。由于学生在具体案例的选择上有较大的自由度，因此学生有很高的热情，并能够出色完成任务。

这种“一纵两横”相结合的案例教学法使学生们增强了感性认识，加深了电子商务整体框架体系结构的理解，取得了较好的教学效果。

(二)任务教学法

任务教学法，又称任务驱动教学法，该法是以学生为中心，任务为驱动的教学方式。在任务驱动教学过程中，教师的教学和学生的学习都是围绕着一个具体目标，基于几项任务，在强烈的求知欲的驱动下，通过对学习资源的积极主动运用，进行自主探索和协作学习[1]。这种教学方法能很好的培养学生的自主学习能力和相对独立的分析问题、解决问题的能力。

在教学实践中，我们对任务教学法进行了一定改进，在任务设计方面采用了“教师拟定任务方向，学生自主选择”的方式，在任务实施方面采用了“学生自由结组，项目组长负责制”。这样，学生掌握了主动权，在强烈的求知欲的驱动下，积极主动地进行自主探索和互动协作学习，合作完成项目任务。教师在整个过程中进行适时指导，学生完成任务后及时进行成果展示，全体学生开展讨论，教师给予点评，并对存在的问题进行纠正。该教学法主要应用于教学环节中的小组活动、成果展示和交流讨论中。

（三）实践教学法

电子商务实验课是学生理解电子商务理论、学习电子商务应用与技能的重要渠道，也是实践性教学的重要途径。我校采用浙江浙科电子商务教学模拟实验平台，提供学生进行B2B、B2C、C2C 等模拟实验，让学生体验电子商务中的消费者、厂商、商场、出口商、物流公司和银行等各方面的操作过程。这种封闭性模拟实验虽然能够较好地帮助学生理解电子商务资金流、物流、信息流、商流这四流的概念以及电子交易的过程，但它并能代替真实的网上交易。

因此，我们采取“模拟实验和真实网上购物相结合”的实践教学法，将两者有机结合，取长补短。比如在讲网上零售时，让学生在真实的 B2C（如卓越网）或是 C2C 网站（如淘宝、易趣网）进行购物（在网上购买教材）体验，了解网络交易的流程，而对于网上商店和商品的管理，则通过模拟软件的后台功能加深学生的理解。此外，还可以通过其他实践方式进一步巩固和发展教学成果。一是鼓励学生以参加创业大赛的方式（以电子商务网站设计和电子商务系统规划和设计为主导内容）进行创业性实践。二是鼓励学生在网上开店，利用课余时间在网上进行创业尝试。目的是加强培养学生在实战环境下自主创业能力或职业能力的培养和锻炼[2]。

（四）多角色体验教学法

“角色体验”教学是一种实践教学方法，通过让学生亲自参与角色的分配使学生体验课堂教学中所讲到的内容[1]。我们提出的“多角色体验教学法”是角色体验的扩展。比如在电子商务模拟实验中，我们可以采取一位学生扮演一个角色的方法，由多位学生（消费者、厂商、商场、出口商、物流公司和银行）共同完成完整的电子商务交易过程；我们也可以采用角色轮换的方式，让每位学生分饰 6 种角色，使每位学生都能切身体会到不同角色的不同交易重点，更全面地了解电子商务整体流程。

除了电子商务模拟试验中的多角色扮演，我们还让学生在电子商店上购买教材，作为现实的消费者亲自体验真实的电子购物流程。此外，通过网上开店，学生作为供应商角色体验商品管理、电子支付工具使用、网上银行、网络营销、物流配送等真实的电子商务应用。

（五）引导式教学法

引导式教学法就是通过创设情境、确定问题、自主探索、协作学习等环节，在教师的引导下，主要通过学生的自主学习来解决问题。例如讲授电子商务网站建设时，首先给学生推荐一些较好的电子商务网站，如易趣、淘宝、当当、京东商城，让学生感受到各类商务网站的基本功能以及一个好的商务网站应具有的风格、栏目、内容等，然后要求学生小组撰写电子商务网站建设方案并在课堂上展示，让同学们互相评价各自方案的优缺点，以促使学生吸取经验并不断改进，这样会对网站建设有一个深刻的理解。因此通过引导式教学方法可以充分发挥学生在学习过程中的自主性与创新精神，加深对课程内容的理解。

(六)学生参与教学法

学生参与教学的目的主要是调动学生的学习积极性，变被动为主动。比如在前述成果展示、交流讨论教学环节中，让学生们讲解他们小组的工作成果，和同学们一起交流讨论就属于此类教学法。此外，还可以在每次上课的前5分钟，让学生讲讲自己收集到的关于电子商务最新资讯、典型案例，或自己从事电子商务的经历，或对电子商务的一些想法等等，然后由教师进行总结评价，激发学生主动学习的兴趣。

三、教学内容

我校《电子商务概论》课程是市场营销(电子商务方向)和工商管理的必修课，开课学期分别是第2和5学期，同时该课程是林业经济、经济信息、会计、国际贸易、人力资源、梁希班的选修课，开课学期分布于第3、6、7学期。显然，学生的专业不同，对电子商务知识掌握程度的要求不同，同时专业课程体系设置不同；学生所处的年级不同，知识储备也不同；课程性质分必修和选修，这也必然使得教学大纲有所差别。因此《电子商务概论》教学内容的设置要依据教学对象进行动态调整。

比如针对电子商务方向的学生，对他们的要求就会相应地高一些，教学内容就会深一些。同时，由于该专业的学生的后续课程包括《电子商务安全与支付》、《电子商务与现代物流》、《电子商务系统开发与管理》、《电子商务案例分析》等相关专业课程，《电子商务概论》作为该专业的第一门核心课程，需要尽量避免教学内容和后续课程的重复。此外，为了提高就业竞争力，国家提倡"双证"教育，即"毕业证书+职业资格证书"的教育模式，电子商务专业的学生可以报考电子商务员或助理电子商务师职业资格鉴定考试。为帮助该专业的学生通过考试，教师可以在《电子商务概论》教学过程中，适当增加相关内容。针对其他专业，教师在授课时则不宜讲解得过于深入，否则会造成多数学生听不懂的局面。

由于电子商务还在不断发展之中，教师应在教材之外适当补充介绍新的学科成果，不断补充、完善授课内容。这样不仅可以充实学生的新知识，还能养成学生注意学科发展的良好习惯。

四、考核方式

传统的闭卷考试，无法考察学生的创新能力、实践操作能力，而《电子商务概论》的课程性质要求学生具备多方面的能力，因此有必要对考核方法进行改进。课程成绩评定按平时表现、实验训练、期终考试综合计算。平时表现包括出勤、作业情况、小组活动报告及演示情况等；实验训练主要指学生进行模拟实验的考核成绩以及课外实践活动情况；期末考试也应尽量考察学生对理论知识的理解，理论联系实际的能力等，避免大量死知识的考察。同时，期终考试的方式可依据不同的课程性质和年级进行选择。比如低年级的必修课尽量采取闭卷考试的方式，这有利于考察学生的基础理论知识的掌握程度；而高年级的选修课可采用撰写专业论文的方式进行，这样有助于培养高年级学生的知识运用能力以及学术论文的写作能力。整体考核尽量向实践倾斜，加大实践考核所占比例，具体三部分的比例如下：平时表现20%，实验训练30%，期终考试50%。

五、结束语

《电子商务概论》涉及的知识面非常广，需要讲授的理论和模式比较多，其本身的特点决定了教学存在一定难度，为了取得较好的教学效果，一方面需要教师不断创新教学方法，另一方面还需要教师依据不同的授课对象动态地调整教学内容，并与电子商务最新发展保持同步。本文对《电子商务概论》教学中的教学环节、教学方法、教学内容、考核方式等方面进行了教学改革探索和总结，并经过一定的实践教学，取得良好的教学效果。

参考文献：

[1] 汪强，翁梅，吕晗，刘羿.《电子商务概论》课程教学方法初探[J]. 光盘技术，2009，11：61～62.
[2] 李雪，邢丘丹，许军.《电子商务概论》创新性教学探索[J]. 陕西教育，2008，12：84，86.

项目管理课程教学改革与实践研究

米　锋①

（北京林业大学经济管理学院）

摘要：本文对“项目管理”课程教学改革模式进行了探讨。在运用讲述式教学方法和手段的基础上，探索了案例式教学、以参与者为中心的实战模拟式教学方法和手段的更新；提出了以案例和实战模拟为主的课堂教学与实验教学相结合的综合型教学模式，即“教师讲授、课堂讨论、案例分析、实战模拟、上机实验”五位一体的教学模式；并提出了“试题测试、课程设计、上机实验”三位一体的考核制度，为项目管理课程的教学制度改革和完善提供借鉴。

关键词：项目管理；教学改革；案例式教学；实战模拟式教学；教学实验

一、“项目管理”课程教学改革的必要性

项目管理是20世纪40年代以后迅速发展起来的一门科学，是现代管理学中的一个重要分支[1]。随着20世纪80年代，项目管理理论由西方发达国家引入中国，在许多企业中开展了项目管理的实践，有关高校也陆续开展了项目管理研究和《项目管理》课程的教学活动[2]。此后，包括我校在内的各相关高校纷纷开设《项目管理》课程，该课程建设进入了全面发展阶段。由于该课程实践性强的特点，作为管理学的重要分支，项目管理必将成为热门课程而得到更为广泛的关注。然而，项目管理专业课程在高校的设立还是最近几年的事情，相对于发达国家而言，我国无论在项目管理的理论研究还是在实际应用方面都还处于起步阶段，虽然项目管理的内容体系不断丰富，但是课程教学方法更新较慢[3,4]，使得该课程建设日渐不能满足实际工作的需要。

近几年一直在讲授本科生的《项目管理》课程，在备课过程中阅读了大量的相关教材和参考书目，在几年的教学实践中，不断积累和丰富了教学内容和讲义，结合目前最成熟的美国项目管理协会的PMBOK体系的规定，对该课程的教学内容和体系进行了系统梳理，形成了目前该课程的教学内容体系，主要包括项目管理概述、项目管理环境、单个项目管理过程、项目整体管理、项目范围管理、项目时间管理、项目成本管理、项目质量管理、项目人力资源管理、项目沟通管理、项目采购管理、项目风险管理等十二章。任课教师在教学方法、教学模式等方面也一直在进行新的尝试，在进行概念、方法、技术等理论课程讲述的同

依托项目：北京林业大学2007年国家级特色专业建设项目——农林经济管理专业、北京林业大学2008年北京市级教学团队建设项目——农林经济管理专业教学团队。

① 作者简介：米锋，博士，副教授。主要研究方向：林业经济管理。电话：82381911。E-mail：mifengsun@163.com。通讯地址：北京林业大学经济管理学院，100083。

时，配合设置了10个学时的实验课程进行项目管理软件Project2007的讲解，在实验的过程中，使学生掌握的理论知识得到进一步的理解和巩固。因此，吸引了众多不同专业的学生进行学习，基于目前的教学方法，取得了较好的教学效果。

项目管理既是一门科学也是一门艺术和技巧，其价值就在于能够用于指导具体项目管理工作，并创造经济效益，而这种转换恰恰需要大量实践。作为任课教师在教学中应善于寻找一切可能的机会将学生学到的书本知识灵活运用到实际项目中去，在实践中提高学生对项目管理理论的认识和对项目管理方法的掌握[5]。由于该课程性质的特点，简单的理论教学与单纯的上机实验已远不能满足同学们对目前项目管理知识的需求，案例式教学加实战性演练的教学改革极有必要。因此，鉴于上述考虑，开展项目管理课程案例及实战式教学模式的改革势在必行。

二、“项目管理”课程教学改革的内容及方法

通过项目管理课程教学改革研究与实践，进一步提高教学水平，规范教学内容，创新教学方法，采用案例式教学和实战性演练相结合的教学模式，达到良好的教学效果。不仅使课程内容更加丰富，而且使同学们更好的将理论知识完全应用于实践当中，解决过去理论与实践脱节的问题[6]。项目管理课程教学改革的具体内容及做法如下：

（一）五位一体的教学模式改革

本文提出的“五位一体的教学模式”，是指以教师讲授和课堂讨论为基础，案例和实战模拟为主的课堂教学与实验教学相结合的综合型教学模式，具体为“教师讲授、课堂讨论、案例分析、实战模拟、上机实验”五位一体的模式。

传统的教学方法基本是以教师讲授为主，主要从概念、方法、技术、理论等方面进行课堂的讲解。长此以往这种填鸭式的教学模式很难使学生明了这些知识有机结合的用途，对教师所讲授的相关知识兴趣不高[7]。目前，虽然在项目管理教学中加入了课堂讨论的形式，以活跃课堂气氛，但大多数情况仍采用教师讲授为主的传统的教学方法，并未真正解决理论与实践脱节的问题。因此，应更新现有教学手段，在讲述式教学和讨论式教学的基础上，融入大量的案例分析，选择虚拟项目进行课堂上的项目实战演练，以及在机房开展实际的上机实验操作。这种以教师讲授和课堂讨论为基础，案例和实战模拟为主的课堂教学与实验教学相结合的综合型教学模式和创新性教学方法的引入，将会有效的解决上述问题。具体改革方案如下：

1. 引入真实案例，进行深入剖析

将学生分为不同小组，每组通过查找真实项目管理案例（如鸟巢、国家大剧院、三峡工程等）的相关文献、网络信息资料，对这些项目在不同阶段存在的问题与优势、预算与开支等项目的具体实施情况进行实际的案例分析。学生带着各自的问题、对案例有了充分了解之后，使传统教学模式中难以理解但又非常重要的抽象概念，如项目管理组织、WBS、PERT技术、关键路径法等易于理解，使项目管理的“九大管理体系”融于案例之中，对学生来说不仅理论结合实际，更是兴趣倍增、印象深刻[5]。

2. 模拟实战性演练，进行课程设计

经过一定学时的教学内容，在同学们对课程有了基本了解的基础上，以小组模拟项目团队的形式，把每个小组的组员看做团队成员，组长即为项目经理，由项目经理带领团队成

员，选择虚拟项目进行项目的实战性演练，根据项目管理的五大管理过程组和九大知识领域规定的方法与流程，通过具体的课程设计，进行实际项目的操作和演练。通过模拟实战性演练，对学生所掌握的知识和技能进行巩固和提高，有效地培养学生的创新思维能力和独立分析问题、解决问题的能力，注重对学生知识运用能力的考察。

3. 加强教学实验，进行上机操作

以往对项目管理软件 Microsoft Office Project 更多是单纯的老师讲解，同学们机械地模仿操作。而通过案例和实战性演练式的教学改革，同学们完全可以将目前世界上应用最为广泛的项目管理软件（Project2007）应用于上述的案例分析和课程设计（虚拟项目管理）中，老师更多的是对不同案例小组的同学进行有针对性地指导，使软件教学真正做到了“学以致用”。通过具体的上机实验操作，使得学生能够熟练具体业务的操作程序，掌握实际操作方法，得到运用知识的技能。

（二）三位一体的考核制度改革

本文提出的“三位一体的考核制度”，是指以期末试题测试为主，平时课程设计和上机实验为辅的一种综合型的考核模式。即每位同学的最终成绩均包括试题测试、课程设计和上机实验三个方面，每个方面按不同比例计入学生的课程总成绩，形成“试题测试、课程设计、上机实验”三位一体的考核制度。具体改革方案如下：

1. 结合社会资质考试，建设测试题库

项目管理在世界范围内很受重视，有很多认证考试，我国也有很多跟项目管理有关的考试，如“PMP”（项目管理师）考试、“注册建造师”考试、“注册造价工程师”考试、“注册监理工程师”考试等，这些考试都是针对社会上大量的认证需求而设置的，对学生来说，如果了解并参加这些考试，无疑增加了他们将来的就业机会。因此，在项目管理测试题库建设中，要紧密结合跟项目管理有关的这些考试的试题类型及要求，对有关的考试内容加以介绍，并将上述考试的模拟题、真题加入到测试题库中，让学生领会考试的要领，为将来取得相关资质以及未来的职业发展打下坚实的基础。每位学生的期末试题测试成绩，将占课程总成绩的 60%。

2. 形成课程设计指导书，规范课程设计

在案例式教学及实战模拟式教学方法改革的基础上，撰写形成《项目管理课程设计指导书》，以明确课程设计的目的，规范课程设计的方法与流程，使学生所掌握的项目管理各过程和各知识领域中的工具与技术，在项目模拟实战演练环节得以更好的应用，以此提高学生的实际应用能力和创造性思维能力。每位学生应根据课程设计指导书中的要求撰写课程设计报告，并由老师根据课程设计指导书中的要求，对各组项目的实施情况进行分析点评，评出最佳虚拟项目，给出成绩，以 20% 的比例计入课程总成绩。

3. 形成实验指导手册，规范上机实验

在实验教学方法改革的基础上，为了给同学们学习最新版本的 Project 软件提供更好的指导，撰写形成《项目管理实验指导手册》，进一步明确上机实验目的，规范上机实验操作流程，使学生更好地掌握上机实验要点和项目管理软件 Project 2007 的应用技巧。上机实验结束后，每位学生应根据实验指导手册中的具体要求撰写实验报告，并由老师结合学生实验报告的完成情况给出成绩，以 20% 的比例计入课程总成绩。

“试题测试、课程设计、上机实验”这种三位一体的考核制度，有效地避免了闭卷考试造成学生死记硬背、高分低能的现象，能调动学生主动学习的积极性[4]，最终达到注重对学生知识综合运用能力考察的目的。

三、结束语

在讲述式教学和讨论式教学的基础上，融入案例式教学和实战演练式教学的方法，形成“教师讲授、课堂讨论、案例分析、实战模拟、上机实验”五位一体的教学模式，可有效地提高学生的培养质量。通过多媒体教学方式，要求教师对本学科的基本理论和方法进行课堂讲授，使学生了解和掌握本学科的的基础知识；通过课堂讨论的方式，调动学生的学习积极性，促进学生的积极思考，激发学生的潜能，培养学生自主学习的习惯；通过案例分析，使学生在案例分析的过程中能够融会贯通，得到运用知识的技能和彻底转变学生的观念，提高学生的培养质量；通过实战性演练，设计出各类实践项目的流程和管理方法，培养学生发现问题、分析问题和解决问题的能力；通过具体的上机实验操作，使得学生能够熟练具体业务的操作程序，掌握实际操作方法，为今后的工作实践打下坚实的基础[8]。

在以真实案例和虚拟实战性演练为主导的教学模式推动下，同学们在项目实施演练过程中会不断发现需要的新知识，新方法。有助于学生不断地发现问题，解决问题，再发现问题，再解决问题。而同时对教师来说，因为以项目驱动，在不断帮助学生解决问题的过程中自己也有很好的提高。讲义也便于不断的更新，丰富新的内容。同时，通过培养学生们使用项目管理工具 Project 2007，更好的辅助实践，解决实践与上机操作脱节的问题。

总之，这种方法培养了学生的项目管理技能、营销管理技能、信息网络技能、经营才能、创新技能。同时，因为在课程教学过程中，通常要求以团队的方式去寻找、解决问题，对所发现的问题进一步沟通、诊断；对每个实施项目的团队分配项目经理，在工作汇报中让每个成员都汇报自己的工作。因此，提高个人能力的同时还增加了对学生的团队教育，使他们有了更好的协作意识、责任感，有助于培养学生的沟通能力、观察能力。

参考文献：

[1] 王振宇，刘庆．IT 项目管理课程建设探讨[J]．实验室研究与探索，2007，26(12)：257～260.

[2] 余成柱，陈群．建设应用型，多元化，实践性的工程项目管理课程教学体系[J]．科技经济市场，2006，(12)：247～248.

[3] 张琳．对构建《项目管理》课程体系的思考[J]．技术经济与管理研究，2003，(5)：92～93.

[4] 蒋胜永．地方院校案例教学的适应性问题研究——以工商管理专业为例[J]．中国大学教学，2008，(7)：68～70.

[5] 乌云娜，张桂芹，黄智军．关于项目管理案例教学的探讨[J]．中国电力教育，2007，(5)：7～8.

[6] 张家军．论案例教学的本质与特点[J]．中国教育学刊，2004，(1)：48～50，62.

[7] 石海波．浅谈案例教学的两个基本环节[J]．成人教育，2004，(4)：61.

[8] 米锋．“技术经济学”课程教学改革的探索[J]．中国林业教育，2008，(4)：48～50.

会计学基础教学改革理论与实践

何　玥[①]，田治威，刘鸣镝，张　岩，陈丽荣，田　芸，张　青
（北京林业大学经济管理学院）

摘要：作者针对"会计学基础"课程在我校会计专业课程的地位和特点，并结合2006年新颁布的企业会计准则，提出了重新修订课程教学大纲，编制电子教案和课件，编写习题库、样卷和案例，扩展第一课程至网络等方面的改革，以便于提高学生的学习兴趣，拓展学生获取信息的途径，充分体现学生学习的主体地位，便于学生更好地掌握会计学基础这门课程。

关键词：会计学基础；网络平台；教学改革

一、我校会计学基础课程的定位及特点

会计作为经济管理的一种工具，是经济管理的重要组成部分，在全世界形成了一种专门的职业。大学的会计学专业根据会计职业人才培养的需要而设立，会计高级专门人才所需的知识结构与要求，也就决定了大学会计学主要的课程体系。大学会计学专业的专业核心课程体系构成一般如图1所示。

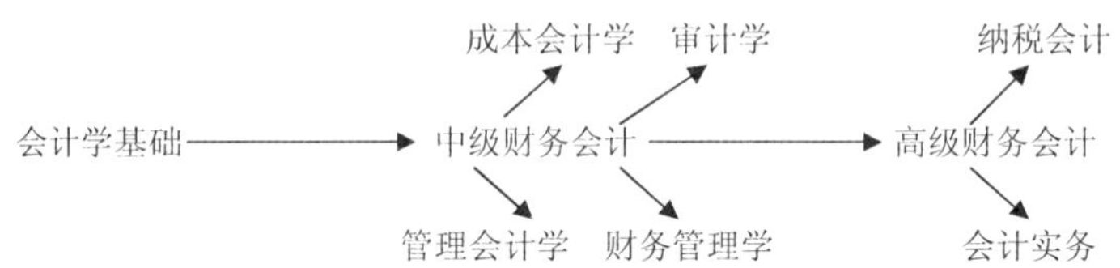

图1　会计专业核心课程

"会计学基础"是我校经济管理学院各专业本科层次的主干课程和重要的专业基础课，也是会计学专业的核心课程之一。该课程是学习中级财务会计、高级财务会计、成本会计和管理会计的基础，面向会计、工商、人资、国贸、金融、营销、统计、林经、物业等专业学生开设，其覆盖面大，涉及专业广，是经济管理学院的主要平台课之一。

"会计学基础"课程的特点是使学生了解会计的基本理论，初步掌握会计核算的基本方法和基本技能，培养学习会计的兴趣，并为后续专业课程的学习以及今后从事经济管理工作打下基础。另外，会计作为一种职业，有自己独特的职业思维方式和职业道德。会计人员这

依托项目：北京林业大学2007年校级精品课程建设项目——《会计学基础》。

① 第一作者：何玥，在读博士，讲师。主要研究方向：西方财务会计。电话：13366856827。E-mail：bjheyue@tom.com。通讯地址：北京林业大学经济管理学院，100083。

种职业思维方式和职业道德正是在“会计学基础”教学过程中培养和初步建立起来的。因此，如何讲授“会计学基础”对于学生后续课程的学习，以及职业思维方式和职业道德的形成和建立意义重大。为此，笔者开展了多方面的教学改革与实践，取得了良好的效果。目前，本课程是北京林业大学校级精品课程。

二、“会计学基础”课程教学改革的主要措施

(一)按照2006年颁布的最新会计准则重新修订教学大纲

2006年2月15日，财政部颁布了39项企业会计准则，要求自2007年1月1日起，在我国上市公司等国有大型企业先期执行，并逐步推广到其他企业。这次颁布的新企业会计准则是我国会计史上的又一次重大变革，在会计理论和会计方法上有了巨大的改变和更新，对学生的知识能力提出了新的要求。“会计学基础”作为经济管理学院一门基础课，对学生的能力和知识的形成起到了非常重要的作用，新会计准则的颁布实施对会计学基础教学形成了巨大的挑战。这就需要根据新会计准则修订“会计学基础”教学大纲。根据新要求，本课程适时进行改革，对教学大纲主要从两个方面进行了修订：

1. 强调会计信息质量特征

会计信息质量特征是在原来的会计制度中会计的一般原则提出的，而在新准则中是在《基本准则》的第二章，单独拿出一章对会计信息的质量提出了相关的要求，充分体现了新会计准则对会计信息质量的重视。这就要求修改会计信息质量特征这一章的教学大纲，与新会计准则保持一致。

2. 会计计量属性发生变化

会计计量属性由主要强调以可靠性为主的历史成本计量属性转向既强调以可靠性为主的历史成本计量属性、又强调以相关性为主的公允价值计量属性，同时，允许重置成本、可变现净值、现值计量属性的使用[1]。会计计量属性发生了结构性变化：多种计量属性并用，在多处引入了公允价值计量，历史成本计量的相对重要性降低。这就要求修改与会计计量相关的教学大纲，充分认识会计计量的多样性，使学生了解不同的会计计量属性和计量方法。

(二)建立实践教学网络平台，将课堂扩展到网络

实践教学网络平台建设的内容包括教学大纲、电子教案、教师简介、教学课件、教学录像、佐证材料、参考资料、案例、样卷、在线留言、在线练习。网络平台有以下几个特点：

1. 网络平台强调在线练习

网络平台的在线练习可以使学生随时在网上根据学习进度进行测试，并配有答案，可以随时进行校对。这样学生可以不用购买教材配套的练习手册，随时知道自己学习该课程的情况，更有利于学生课下学习。同时与在线练习相关的部分是在线答疑，学生可以根据自己做题的情况，把不明白的习题在网络留言，老师通过网络及时进行解答。另外，在期末考试前，学生可以从两套样卷中随机抽取进行做题、答卷的模拟练习，熟悉题型、内容及时间要求，以便增强本课程考试前的切身体验，从而以更佳的状态通过正式考试。

2. 网络平台引入会计案例

网络平台引入的会计案例是以实际案例为基础，把理论知识与实际工作结合起来。既有一事一例的案例，也有综合案例，既考虑学生已有的知识基础和教学内容的要求，又力求简明、形象、生动、具体。例如“会计学基础”教学内容中的基础理论部分如会计涵义、会计

要素、借贷记账法等内容理论性较强，对于没有任何的会计基础的学生来说显得枯燥，不易理解，容易影响学生学习的积极性。如果把会计的理论知识与一个企业的实际会计工作相联系，会计的相关理论知识就容易理解了。因此，教师在立足于会计学理论教学的基础上，适当编制现实生活中会计理论与会计实践紧密相连的、生动直观的教学案例，让学生了解会计实践工作中可能碰到的实际问题以及思考可能的解决办法，有助于学生迅速地理解和掌握基本理论和基本知识[2]。

3. 网络平台突出多媒体手段

网络平台中的教学课件、电子教案和教学录像是利用计算机多媒体软件，综合处理和控制诸如文字、声音、图像等多种媒体信息，用多媒体技术把教学要求的各个要素有机组合起来，以完成整个教学或训练过程。尤其课件的制作过程中，图文并茂，避免了枯燥、抽象、不直观和不易理解的问题，便于学生更易形成理解上的互动，能够使学生更快地进入本课程要求的思维轨迹。[3]例如在讲解制造业企业中，其购买过程，有卡车运送材料，有仓库，有货物；在生产过程中有车间，有机器设备，有工人制造产品等图片，便于理解制造业企业的供产销流程标准依置见上面。

（三）整合了“制造业企业主要经济业务的核算”与“成本核算”的内容。

“制造业企业主要经济业务的核算”的生产过程核算包括了“成本核算”的内容。为了减少重复和重点突出，把这两章整合为一章讲解可以让学生清晰的认识生产过程业务核算所涉及的科目，以及如何理解和运用这些会计科目解决实际问题。例如讲到“生产成本”这个会计科目的时候，结合“成本核算”中的产品制造成本的计算一并讲解，就会更深入的认识借方发生额、贷方发生额和期末余额的含义，学生就可以明确理解成本计算与管理的含义，并能够正确计算总成本与单位成本。

三、“会计学基础”课程教学改革的基本成效

（一）实现了课程内容的更新

通过对2006年新出台的企业会计准则的讲述，使学生既能掌握好新准则知识，又能学会如何运用最新的会计准则解决企业实际的经济管理问题，从而培养学生既掌握会计最前沿的知识适应实施新会计准则企业工作的需要，又能满足就业市场的要求。这就为掌握和运用会计理论和方法以及今后要学习相关的会计课程打下了良好的基础。同时，教师在教学过程中及时反映该领域最新的进展和成就，就会增加学生的学习兴趣，增强其学习该课程的动力。

（二）实现教学内容的整合，提倡系统性教学方法

“会计学基础”是一个相互联系、相互依存的有机整体，教师在进行教授的时候需要将会计学基础当作一个系统进行教学，既注意章与章、节与节之间的联系，又注意前后贯通，相互呼应。这样才能有利于培养学生形成整体知识结构，增强学生全面分析和处理问题的能力。在进行系统性教学的时候注意了以下几点，第一，注意把握知识的总体框架，呈现给学生一个完整清晰的画面，从而理清学习思路，提高学习效果；第二，注意讲清知识的内在联系。由于“会计学基础”各章节之间联系紧密，教学中不能把相互联系的内容割裂开来，而应将教学内容串联为一个知识整体[4]。例如将“制造业企业主要经济业务的核算”与“成本核算”两章的内容进行整合，前后相互联系，这样可使会计学基础这门课的框架结构更加

清晰。

（三）实现教学活动全部网络化，提高教学效率和增强学习兴趣

利用电脑对教学资料进行处理，其效果包括：第一，提高学生好奇感，激发求知欲。例如可以通过扫描把会计凭证、账簿等会计实务中的内容录入电脑，可以让学生清晰看到会计操作的环节，增强感性认识，有利于对理论知识的理解。第二，有助于化解难点，便于学生比较分析[2]。例如在“生产过程的核算”一节中，通过电脑，把上述生产费用的分类及其归属比较直观形象地展示出来，有助于学生运用比较的方法找出业务操作中的规律，明确哪些费用记入“生产成本”、哪些记入“制造费用”、哪些记入“管理费用”，掌握其区别。第三，培养学生的观察问题、分析问题的能力。通过对照，突破成本计算这个教学难点、将成本数据从何而来，显示得一清二楚。这样处理比在黑板上板书要明晰得多。第四，内容丰富，信息量大，课堂效率高。通过多媒体传递信息，不仅信息量大，而且因减少板书时间提高了教学速度和效率，缓解了学时少、教学内容多的矛盾。例如会计核算的前提条件、会计原则、会计要素等一些抽象概念、性质、特征等文字表述内容，做成多媒体幻灯片教学课件，则大大节省书写时间。第五，学生可以在网上进行练习，随时留言，有利于第二课堂的建立，培养学生自觉学习的能力。

（四）实现互动式教学方法，避免“一言堂”

学生是学习发展的主体，只有把学生放在生动活泼主动发展的位置上，充分发挥他们的主观能动性，使他们真正成为学习的主人，才能使教育卓有成效。这样要求教师在教学中要一改以往传统的“填鸭式”的教学方法。教师可以通过创造教学情景，引出要讲解的课题。由于基础会计应用性强，教师可以设置模拟情景引导学生进入会计角色。

依据教学目标和学生需求，以知识的形成和学生的思维过程为主线，使教学兼具单向、双向和多向交流的色彩，以多元互动、多向信息沟通、多种感官协调为基本方式，形成一个信息交流的立体网络，恰当地处理好教、学、练的关系，使学生积极主动地学习。

同时，在使用多媒体进行辅助教学的时候，要注意师生之间情感交流，避免因多媒体的作用而忽视教学过程中的互动。不重视教师和学生的交流，必然会因此影响学生的听课效率和接受程度，干扰了学生对于知识的领悟。因此在教学过程中，教师需要扬长避短，科学、合理、有效地融合传统教学与多媒体教学经验和教学技术，以适应时代发展的需要，从而切实达到提高教学质量的目的。

四、问题与展望

（一）实验条件有待进一步完善，实践性教学环节需要进一步加强

会计是一门实践性很强的学科，如果学校提供学生走进企业进行实地考察的机会，就会有利于实践与理论相结合，学生就能比较深入掌握会计工作的流程。同时，这也会对会计学生的就业和合理的课程设计起到重要的作用。

（二）在线练习有待进一步完善

目前在线练习还未按照难度进行划分，只是随机抽取题目。如果在线练习的习题库按照不同难度进行分类，便于学生根据自身学习状况、本门课程知识掌握的情况，在保证与课堂教学进度基本协调的前提下，有针对性地进行会计学基本技能的练习，有利于循序渐进地安排学习，并提高学生的学习效率。

（三）教学改革是永恒的课题

此次教改虽然已经取得了一些成果，但仍然需要进一步完善。例如，由于时间有限，资料收集不够全面，习题库的数量需要增加。同时，对其他兄弟院校情况以及国外类似课程情况的理解和借鉴仍不够。另外，对学生会计职业判断能力的培养与诚信品格的塑造需要加强，应作为"会计学基础"课程内容的一部分。

参考文献：

[1] 朱奇云．关于《会计学原理》教学的思考[J]．时代经贸，2008(6)：171，174.
[2] 王伟．新会计准则背景下对基础会计教学的思考[J]．邢台学院学报，2009(4)：81～82.
[3] 温俊宝．"森林有害生物控制"教学改革理论与实践[J]．北京林业大学学报，2005(4)：87～89.
[4] 邵瑞庆．会计学原理教学的若干思考[J]．财会通讯，2007(8)：6～9.

试论高级财务会计教学案例的撰写及运用

蒋德启[①]，卫慧平
（北京林业大学经济管理学院）

摘要：高级财务会计是以会计基本前提的非标准或非典型情况作为研究对象的学科，基于其特点和内容，它比较适合于案例教学法。本文对其案例撰写的基本原则进行了探讨，并结合一个实际的案例，详细分析了教学案例在课堂上的具体运用。

关键词：高级财务会计；案例；撰写；运用

案例教学法是在教师的精心策划和指导下，为达到特定的教学目标，采用典型案例作为教学手段，将学习者置于一个特定事件的真实情景中，通过师生、生生之间的双向和多向互动，积极参与，平等对话和研讨，提高学生发现问题、分析问题和解决问题的能力，同时培养学生的沟通能力、创新能力和团队协作精神的一种开放式教学方法。案例教学法具有思维启发式、情景真实化和深度参与性的特征。[1]

《高级财务会计》是高等学校会计专业本科生主干专业课程，它系统讲授财务会计领域中的若干高难问题，是会计基本理论与方法在特殊领域中的运用。本文将首先对《高级财务会计》课程的内容及特点进行探讨，然后再讨论其教学案例的撰写原则及具体运用。

一、《高级财务会计》课程内容探讨

高级财务会计的内容包括哪些？这是首先需要弄清楚的一个问题，其内容目前存在很大争议。笔者整理了国内有代表性的高级财务会计教材，具体包括：厦门大学教材（2007 版）、中国人民大学教材（2007 版）、湖南大学教材（2007 版）、中央财经大学教材（2008 版）、北京工商大学教材（2008 版）、东北财经大学教材（2009 版）、上海财经大学教材（2009 版）等 7 种，这些教材的内容如图 1 所示。

从图 1 可以看出，各教材合计涉及的内容有 20 章，而只有 6 章是各教材都认为应该包括的内容，占 30%，可见对高级财务会计应包括的内容争议之大。

那么究竟什么是高级财务会计呢？财务会计理论结构的建立有四个基本前提：会计主体、持续经营、会计分期和货币计量。这四个基本前提都存在非常典型的情况，比如一个法人主体作为会计主体就是最常见的情况，但也存在突破典型情况的情形，比如一个企业集团要作为一个会计主体进行会计处理，但企业集团并不是一个独立的法人主体。一般认为，在

依托项目：北京林业大学 2009 年校级教学改革研究项目——案例教学法在《高级财务会计》教学中全过程应用研究。

① 第一作者：蒋德启，博士生，副教授。主要研究方向：企业会计理论。电话：62338426。E-mail：jdqbj @ sina. com。通讯地址：北京林业大学经济管理学院，100083。

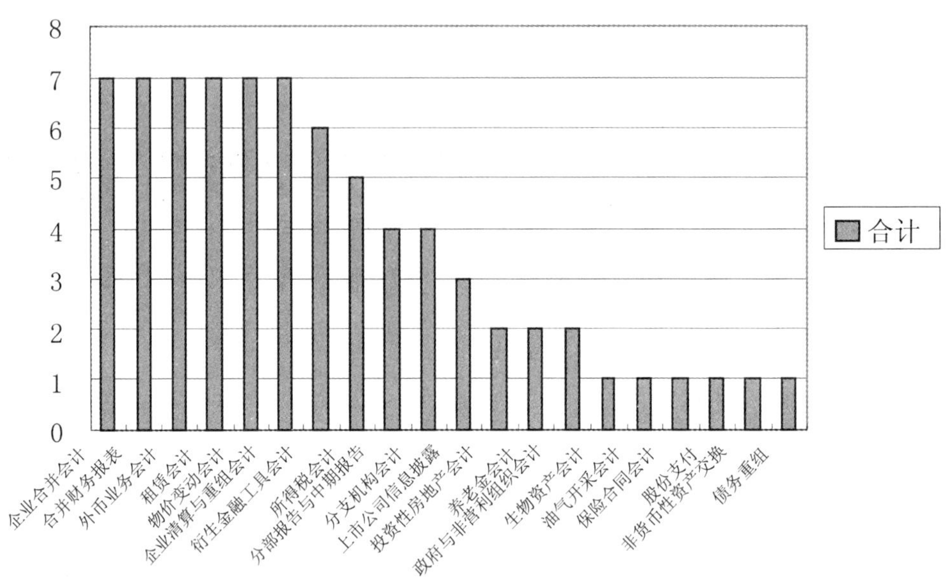

图 1 国内代表性高级财务会计教材的内容

资料来源：笔者根据各教材整理。

典型的会计前提下的内容应包括在中级财务会计中，而非典型的会计前提下包括的内容则属于高级财务会计的内容。所以，高级财务会计是以会计基本前提的非标准或非典型情况作为研究对象的学科，其所涉及的会计确认、计量和报告方法，有的已达成共识或形成公认会计准则，有的则尚未达成共识。因此，笔者认为高级财务会计有如下特征：

(1)由于社会经济的发展，产生了比较复杂的经济内容，从而导致高级财务会计的产生。

(2)该经济内容使会计基本前提发生松动，即出现了非标准、非典型的情况。

(3)高级财务会计的内容难度相对较大，且处于前沿研究阶段。

因此，笔者认为高级财务会计应包括的内容如表 1 所示。

表 1 高级财务会计包括的内容

非标准会计主体的财务会计问题	企业合并会计、合并财务报表、分支机构会计、分部报告
非持续经营的财务会计问题	公司清算会计
非标准会计分期的财务会计问题	中期财务报告、衍生金融工具会计
非标准货币计量的财务会计问题	外币业务会计、物价变动会计
其他	租赁会计

由于《高级财务会计》上述特点，学生学习该课程时一般都有畏难情绪。以北京林业大学为例，在 2007 年之前的教学大纲中，《高级财务会计》一直是会计学专业的选修课。由于本课程的难度太大，学生大都不愿意选修，致使 2008 年以前该课从来没有开过(每年选课的人数都不超过 20 人，有一年甚至不到 5 人)。因此，怎样使本课程的讲授化繁为简、深入浅出是必须要考虑的问题。由于案例教学法的上述特点，笔者认为在《高级财务会计》教学中引入教学案例可以有效地解决这个问题。

二、高级财务会计教学案例撰写的基本原则

教学案例就是为了明确教学目的，围绕着一定的管理目的而对某一真实的管理情景所作的客观描述，其基本功能是迫使学生去思考，同时具有开阔视野、增长知识的功能。作为高级财务会计而言，其案例的撰写应坚持以下基本原则：

（一）案例要贴切课程与教学的需求

《高级财务会计》的教学，主要目的是培养学生运用会计理论认识、分析和解决复杂问题和特殊问题的能力[2]，这样在选择案例时一定要与教学目的和教学内容紧密结合，要使学生阅读了案例后首先对所学的理论知识有进一步的理解；然后通过阅读案例能够了解企业实务中有关该部分教学内容的具体处理；最后，能够结合理论与案例，提出更深层次的问题并思考解决途径。

（二）案例要能制造真实的环境，使学生有阅读和讨论的兴趣

在笔者接触到的会计案例中，很多都是案例编写者杜撰的，这样让案例使用者没有真实的情景感受，其可读性就不强，也不容易引起学生的兴趣。而如果案例是真实的事件，学生不仅可以对该案例能够认真阅读和深刻理解，而且还会有兴趣进一步查找和该案例相关的资料，使学习和思考更进一步。目前中国资本市场的发展，为会计案例的真实性提供了可能，因此在撰写案例时应尽量使用公司真实的案例。

（三）案例的撰写应具有前瞻性

前面已经说过，高级财务会计的内容处于前沿研究阶段，这样要求相关案例一定要具有前瞻性，选择案例素材时应对案例的时间效应进行充分的关注，要注意案例本身所体现的问题是否顺应经济发展规律，企业的经营理念和战略目标是否在新的经济发展时期仍具有启迪作用。

三、高级财务会计教学案例的运用

下面，笔者以一个整理好的企业合并会计的教学案例为例，讨论一下高级财务会计教学案例的具体运用。

（一）企业合并会计的主要内容

企业合并会计是《高级财务会计》中比较重要的一部分内容，难度相对比较大，理论讲授一般在5个课时左右。因篇幅所限，下面简单列示一下其核心内容：

（1）企业合并是将两个或两个以上单独的企业合并形成一个报告主体的交易或事项。企业合并的对价可以是支付资产（现金或非现金资产）、发生或承担债务，也可以发行权益性证券，或者几种方式混合使用。

（2）企业合并有多种分类方式，会计上常用的分类方式为：按法律形式划分为控股合并、吸收合并和新设合并；按企业合并所涉及的行业划分为横向合并、纵向合并和混合合并；按企业合并前后最终控制方是否发生变化划分为同一控制下的企业合并和非同一控制下的企业合并。

（3）目前国际上企业合并会计处理的方法主要是购买法。我国企业会计准则规定同一控制下的企业合并采用权益结合法，非同一控制下的企业合并采用购买法。[3]

(二)[案例]联想收购 IBM 全球 PC 业务[4]

讲完上面的相关理论后，笔者向学生提供如下案例，用 30 分钟左右的时间进行讨论。

联想集团全称联想集团有限公司，主要业务是在中国生产和销售台式电脑、笔记本、手机、服务器和外设产品。总部位于中国北京，在惠阳、北京和上海设有 PC 生产基地，年产量约 500 万台；在厦门设有手机生产基地；在北京、深圳和上海设有研发中心；在中国拥有庞大的 PC 分销网络，包括约 4400 家零售店。员工总数达到 10000 人左右。联想集团有限公司于 1994 年 2 月 14 日在香港联合交易所上市(HK：0992)。根据 2004 年 11 月的市值计算，总市值约为 202 亿港元。交易前联想集团有限公司的股权分布图如下：

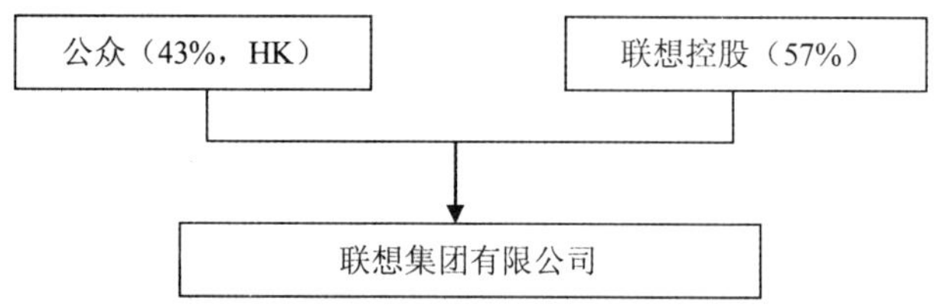

图 2 交易前联想集团有限公司的股权分布图

2005 年 1 月 27 日，联想集团在香港召开特别股东大会，以 99% 的赞成率通过了收购 IBM 全球 PC 业务的交易。2004 年 12 月协议签署后到 2005 年 3 月，该项并购交易又陆续通过了中美两国政府的审查。

联想集团此次所收购的资产包括 IBM 所有笔记本、台式电脑业务及相关业务，包括客户、分销、经销和直销渠道；IBM 深圳合资公司(不包括其 X 系列生产线)；位于日本大和和美国北卡罗来纳州罗利的研发中心；五年内有权根据有关协议使用 IBM 品牌，并完全获得“Think”商标和相关技术。此次交易总额为 12. 5 亿美元，包括 6. 5 亿美元现金，以及价值 6 亿美元的联想集团普通股，锁定期为期三年。此外，IBM - PCD 将有 5 亿美元的净负债转到联想名下。交易完成后，IBM 将持有联想集团约 18. 9% 的股份。新联想集团将在纽约设立总部，在北京和罗利(美国北卡罗来纳州)设立主要运营中心，以中国为主要生产基地，拥有约 19，000 名的员工，其中约有 9000 名员工来自 IBM。收购完成后的股权分布如下：

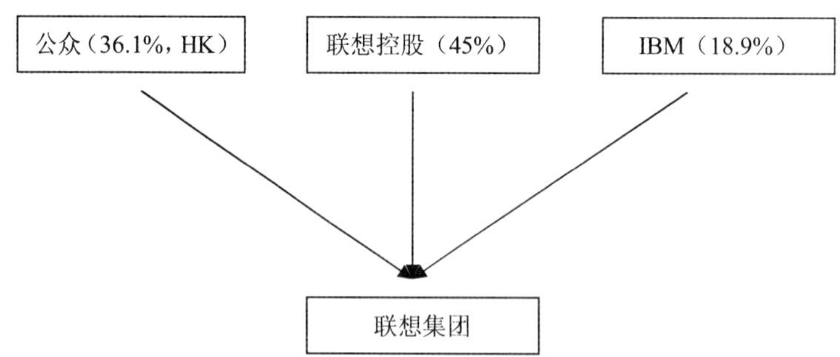

图 3 收购完成后联想集团有限公司股权分布图

[讨论以下问题]

(1)本次企业合并联想集团支付的合并对价有哪些?

(2)本次企业合并是同一控制下的企业合并还是非同一控制下的企业合并?

(3)本次企业合并的会计处理应采用哪种方法，为什么?

(4)这种处理方法有什么具体特点和要求?

首先，该案例符合一般教学案例的基本内容，包括标题、正文(主要观念、事件、人物等)、需要讨论的问题等；其次，该案例符合高级财务会计的教学内容和教学需求，与其相关内容完全吻合；再次，该案例是一个真实的案例，本次收购当时在全球都产生了很大的影响，直到现在还被大众津津乐道。大家阅读和讨论时就特别有兴趣，每次讨论气氛都特别热烈；最后，该案例具有前瞻性，本次企业合并几乎成为后来很多企业合并的样板。因此，本案例是一个非常适合课堂讨论的案例。

(三)该案例的课堂运用

1. 结合理论知识引导学生讨论本案例

笔者首先会结合该案例，与已经学过的理论知识进行对照，具体如表2所示。

表2 教学理论内容与教学案例的对应关系

理论内容	案例讨论
企业合并是将两个或两个以上单独的企业合并形成一个报告主体的交易或事项	联想集团将IBM的PC业务合并，两者形成了一个报告主体。这是一笔典型的交易。
企业合并的对价形式	此次交易总额为12.5亿美元，包括6.5亿美元现金，以及价值6亿美元的联想集团普通股，锁定期为期三年；IBM－PCD还有5亿美元的净负债转到联想名下。
企业合并的分类	联想集团和IBM在合并前没有任何股权关系，因此是一种典型的非同一控制下的企业合并；合并后IBM的PC业务继续经营，因此是一种控股合并。
会计处理	本次合并采用购买法进行会计处理。

通过该案例的讨论，学生们一般都会非常有效的理解课程中学习的相关理论知识。

2. 对案例的深度讨论

在理解了所学的一般知识后，笔者一般会继续以下提示：

(1)联想集团当时合并IBM的PC业务的动机是出于其国际化战略，大家如果有兴趣，可以进一步查找一下相关的背景文献。

(2)进一步启发：2005年至今已过了几年的时间，联想集团通过本次合并实现了它的国际化战略了吗？这时笔者一般会提供研究论文，供有兴趣的同学阅读，以训练其阅读研究文献的能力。[①]

(3)研究能力训练：对于极少数有研究兴趣的学生，笔者就会鼓励他们对联想是否实现了其合并目的进行研究，并提示他们怎么搜集数据、设计指标、建立模型、得出结论。

这样，通过这一个案例，不仅使学生深刻的领会了所学的理论知识，而且锻炼了他们的

---

① 笔者提供的研究论文为：王海．中国企业海外并购经济后果研究—基于联想并购IBM的PC业务的案例分析[J]．管理世界，2007(2)：94～106；刘文炳，张颖，张金鑫．并购战略绩效评价研究—基于联想并购IBM PC业务的案例分析[J]．生产力研究，2009(14)：92～94.

文献检索、论文阅读甚至研究能力，达到了多重目的。

四、案例教学法的局限性及注意事项

案例教学法有很多优点，但也有一些局限性，具体包括：

(1)案例教学法将增大教师教学的难度。首先，案例的撰写比较困难，撰写案例需要长时间的搜集资料，并且需要一定的步骤和程序；由于用来教学的案例要贴切课程主题和教学要求，这样取得与教学章节完全吻合的案例难度更大。其次，组织案例教学将使教师投入大量的时间和精力，再加上需要协调、引导学生的发言、辩论，使教学难度进一步加大。

(2)案例教学法容易让某些教师理解为"讲故事"。在教学实践中曾出现过这种情况，教师在课堂上以案例教学的名义大段大段的讲故事，而对该课程有关的理论知识讲解甚少。学生们课堂上哈哈一乐，课后则想不出学了什么知识。

基于案例教学法以上局限性，在应用时应注意以下事项：

(1)学校应重视案例教学，特别是某些学科(比如管理学、法学等)应鼓励教师建立案例库；鉴于案例教学时教师付出了更大的精力和心血，学校应加大对案例教学建设的研究立项力度。

(2)作为教师一定要明白，案例教学只能是理论教学的一种补充，不应在教学中为案例而案例，更不应以案例作噱头。应将教学案例与理论教学有机结合，充分发挥两者各自的优势。

(3)在案例教学中，一定要注意教师的角色定位。在案例讨论时，学生是主体，教师是主持人，不要成为演讲者，更不要喧宾夺主。

参考文献：

[1] 傅永刚，王淑娟. 管理教育中的案例教学法[M]. 大连：大连理工大学出版社，2008：33.

[2] 李江萍. 案例教学法在高级财务会计课程中的应用[J]. 财会通讯，2007(10)：53～55.

[3] 刘永泽，傅荣. 高级财务会计[M]. 大连：东北财经大学出版社，2009：1～27.

[4] http：//tech. sina. com. cn/it/2005－05－01/1511599777. shtml，2005 年 5 月 1 日上传，然后笔者进行了整理。

计量经济学教学改革的几点思考

王兰会[①]，刘俊昌，金　笙
（北京林业大学经济管理学院）

摘要：计量经济学是是一门综合性课程，是经济学专业的核心课程之一。本文对近年来《计量经济学》课程教学过程中所发现的几点问题进行了阐述，提出了增加课时、提高学生学习兴趣，因材施教，合理使用多媒体教学，实验教学和理论教学合理衔接以及传授学生论文写作技巧等建议。

关键词：计量经济学；实验教学；案例研究；多媒体教学

作为高等院校财经类专业的核心课程，计量经济学已经成为我国经济管理类各专业最受关注的课程之一。本科《计量经济学》是一门综合性较强的课程，要求学生具有宏微观经济学、高等数学、矩阵代数、概率论与数理统计、经济统计学等先修课程的良好基础。通过理论学习和各类实践，能够了解经济数量分析课程在经济学课程体系中的地位，掌握经典计量经济学理论与方法，能够在复杂的经济环境中灵活运用这种工具分析和解决实际问题，为进一步学习和掌握动态计量经济学、时间序列分析等高级的计量经济学技术打下坚实的基础[1]。经过多年的努力，我校在计量经济学课程建设上已经取得了不小的成绩。在充分认识这门课程作用的基础上，笔者认真总结近年来的教学实践，感到计量经济学课程的建设还有许多问题需要进一步研究。

本文将对目前计量经济学教学过程中所发现或存在的问题进行分析，并提出解决这些问题的建议，其结构如下：首先讨论了当前计量经济教学改革过程中存在的问题；其次针对当前计量经济教学中存在的问题提出了相应的建议，最后给出本文的结论。

一、计量经济学教学目前存在的问题

（一）知识基础和课时设置与教学目标不相适应

笔者在教学的过程中发现，上课学生来自不同专业，又加上某些地区在高中时实行文理分科，而经济学方面的相关专业又是文理兼收，导致录取的学生的数学基础参差不齐。因此，部分学生缺乏对这门课程的兴趣，对于较深的数学推导更是觉得晦涩难懂。从高中阶段到大学阶段的数学基础薄弱会为计量经济学的学习造成连锁的反应[2]。所以有些同学觉得计量经济学难学。

感觉计量经济学难学，除了一部分学生的数学和数理统计学知识掌握较差这个原因外，

依托项目：北京林业大学2009年校级精品课程建设项目——《计量经济学》。

① 第一作者：王兰会，博士，讲师。主要研究方向：数量经济学、应用统计学。E-mail：wang_ lanhui@ 163. com。通讯地址：北京林业大学39号信箱，100083。

还有一个原因就是课时分配的少，现在的计量经济学的总课时数是48学时，其中有8小时实验机时。有限的课时容量，没有为学生深入学习提供足够的时间保证。计量经济学是数学、经济理论和统计学三者的统一，其中经济理论的学习相对要容易点，数学和数理统计学要难些。如果课上涉及过多的数学推导过程，学生很容易产生畏惧心理，特别是文科学生更是如此。文科学生在中学阶段的数学知识范围相对理科学生要窄，进入大学后要在一年半到两年的时间内学完微积分、线性代数和概率论与数理统计，难度可想而知。这三门课的思想有很大差别，学习方法和理解思路也有相当的差异。计量经济学的学习除了认真听课外，需要分配一定时间做习题训练。不做习题，很难深刻理解计量经济学的理论和方法。因此，有限的课时也构成一个瓶颈约束。

（二）理论传授与实践应用有些脱节

在计量经济学的课程安排中，往往是先进行理论教学，然后集中设置相应的实验教学，学生课上只能被动地接受老师传授的理论知识，而不能及时地将所学的知识用于实践，从而将所学知识加深理解和领会，这样只会导致学生表面上听懂了老师讲授的知识，但到了真正解决问题的时候，却无从下手[3]。更进一步，如果只是由老师在课堂上讲授理论知识，即使配有相应的案例分析，也无法充分发挥学生的主观能动性，教学效果必然会打折扣，而且在一定程度上计量经济学教学的理论与实践相脱节，还有部分学生不知道该如何使用计量经济学的方法处理经济中的问题，也不懂得如何操作相关软件来完成计量经济学的运算。

（三）多媒体教学的不完美

由于《计量经济学》存在一定量的代数和矩阵推导，例题演示和讲解需要大量的数据，导致课堂板书费时费力，容易无谓地浪费宝贵的课堂时间[4]。因而多数学者推荐多媒体教学。笔者自从2005年也采用了这种教学方式，计量经济学采用多媒体授课具有许多优点：包括有利于教师人力资源的充分利用，促使教师不断更新自身知识内容和体系，加强代化教学手段。计量经济学中存在较多的数学公式和图表，如果手工在黑板上画图，演算推导过程，不仅费时费力，而且效果不会很好。而如果采用课件进行讲解的话，尽管老师在课前需要花费较多的时间和精力制作大量的图文并茂的课件，而且要比较熟练地掌握每一堂课内容的安排，但在上课时能够省时省力，可以在较短的时间内向同学传授大量的信息。另外，通过在课件的制作中穿插图片以及声音等动画效果，可获得较好的教学效果。当然采用多媒体方式授课，对教师课件的制作提出了较高的要求，如果教师的课件制作过于简单化，抽象化，学生只能是听得似懂非懂，还不如老师在黑板上采用板书讲解好

但是，任何事物都有两面性。多媒体教学在具有上述优点的同时，也带来了新的问题。多年的板书教学方式又利用教师板书的时间来回顾和检查前面的教学内容和教学方法，整理自己的思路。从而为接下来的教学做准备；学生也可以借此机会对刚学习的内容作短暂的回顾和整理，或者思考那些一下子没听懂的知识点。而多媒体教学，因为减少了板书的时间，要求学生对教学内容、各知识点之间的逻辑、重点难点等要非常熟悉，无形中提高了对学生的课前准备和课后复习的要求，在课程比较紧张的大学三年级学生来说，这一点很难做到，因此影响到教学的效果。同时由于减少了板书时间，如果教师不能很好地掌握课堂教学的进度，合理安排课堂时间，就容易加快教学进度。板书时间的减少，意味着将教学内容在短时间内塞给学生。增加了学生思维的强度和负担，导致学生无法及时理解教学内容，减弱学生对课堂学习内容的印象。

(四)不规范的课程论文

为了使学生更好地理解和掌握所学的计量经济方法。笔者一直尝试让学生根据给定的问题或自选题目做课程论文，根据经济理论，收集相关数据，然后应用课堂所学方法分析社会经济中的现实问题，完成一篇小型课程论文。作为评定综合成绩的依据之一。经过几年的实践，笔者发现，这种课程论文的形式，能够在一定程度上加深学生对所学知识的了解和掌握，促使他们更加关注现实的社会经济问题。但是，课程论文也暴露出一些共同存在的问题：其一，学生大多数对经济学论文的基本范式缺乏了解，不清楚一篇论文应该包含哪些要素、每个要素应该描述哪些内容以及如何理顺各个要件之间的逻辑关系，导致课程论文或者缺少引言或者没有分析结论，或者没有相应的理论描述；论文如同数学作业只是把公式和结果堆砌起来；或者给出的建议与所进行的分析，没有逻辑上的必然关联性等等不一而足。其二，论文选题不当，题目容易大而宏观。不是从合适的选题范围入手。动辄分析经济增长、产业结构调整或者宏观经济形势等[5]。由于知识体系的欠缺和数据限制而往往难以把握，最终的结果就只能是言之无物，或抄袭别人的论文来完成任务，没有达到写作课程论文本身的目的。

二、改进计量经济学教学的建议

(一)适当增加课时，提高学生学习兴趣，因材施教

由于计量经济学的综合性以及对数学基础的要求比较高，因此可以考虑适当的增加 8 ~ 10 课时。课时增多了，可以分散讲解公式的推导，增加案例的讲解与讨论和实验教学的课时，这样学生自然会意识到这门课程的重要性和实用性，自然而然地会对其产生浓厚的兴趣。俗话说“兴趣是最好的老师”，当学生认识到这一点，教师讲课也会取得更好的教学效果。而要让学生对计量经济学课程产生兴趣，就要让其在实践应用中体会到计量经济学的用处，在实验教学中用所学知识解决某一实际问题。同时．善于积极利用各种可能的方式．充分调动学生的积极性．变“要学生学”为“学生要学”，体现学生在教学环节中的主体地位，以加深学生对课堂学习内容的印象。

另外，要针对学生的数学基础程度不同，进行量体裁衣，基础薄弱的可以适当减少公式的推导内容，详细讲解案例分析的步骤和细节，强调应用的能力。对于基础扎实的学生可以增加知识的深度和难度，侧重知识点的理解和析因，这样就培养了他们的分析能力。

(二)教师合理使用多媒体教学

多媒体教学的大规模采用是科技发展引致的不可避免的大趋势，是提高效率的必然要求，因此，对其中存在的问题，解决的关键在于授课教师。这就要求教师事前作好充分的准备，对即将讲授的内容十分熟悉，充分理解和掌握各个知识点的重要程度，提高把握课堂教学的能力，课堂上应思路清晰、思维流畅．掌握合适的教学进度．能够合理分配有限的课堂时间于各个知识点[6]。而且在课堂上教师要引导学生关注教学内容的重点和难点，对重要的内容重复讲解和练习，来强化学生的课堂印象，弥补多媒体教学的不足。

另外，充分利用现代化教学设备，有利于教师快速更新教学内容，增加课堂的讨论时间，突出学生在教学过程中的主体地位；同时，由于节省了板书的时间，还有利于逐步实现双语教学。

(三)实验教学与理论教学合理衔接

随着经济发展的信息化和网络化，社会对经济管理类人才的需求越来越迫切，尤其是对具有较高实践能力和创新能力的高级人才的需求更加突出，这对学生的实践能力和创新能力提出了更高的要求。在高校培养学生实践和创新能力最重要的环节就是实验环节，而与理工科专业相比，经济管理类的实验环节要薄弱很多。对计量经济学课程而言．理论教学与实验教学是相辅相成的两个组成部分．二者缺一不可，因此，两者的合理衔接至关重要。在教学时间安排上，两者应统筹规划，根据教学内容的进度来合理安排实验教学时间[7]。每章的理论教学完成之后，紧接一次实验教学．由教师结合例题讲授和演示理论方法的软件实现。安排学生完成布置的作业。由教师进行即时的现场讲解和点评．从而利于学生加深对理论知识的理解和掌握。笔者建议，对于15周60学时的教学而言．一般情况下，两周可完成一章的理论教学，因此每两周安排2学时的实验教学比较合适。时间安排在该两周最后一次理论课之后，12周共计12学时。这样一来，试验教学和理论教学在时间安排上浑然天成，融为一体，利于学生应用能力的培养。

(四)传授课程论文写作技巧

计量经济学课程一般安排在大学三年级的下半学期，学生很快就会面临撰写毕业论文的任务，许多学生也将很快走上实际工作岗位。因而，无论从为毕业论文写作打基础着眼，还是从提高学生从事实际工作能力的长远目标出发，都必须解决论文写作中出现的问题[8][9]。笔者认为，至少可以采取两种方式：其一，教师对于布置给学生的课程论文．不能以学生交一篇初稿、教师给定成绩而结束，而应通过互动的方式，将论文中包括选题、分析、写作等方面存在的问题以及相应的建议通过各种方式及时反馈给学生，由学生据此修改，如此重复几遍，直到达到一定的要求。其二，通过专题形式．分析一些优秀论文的写作技巧或者学生中优秀论文的优缺点以及如何改进的建议，使学生学习如何选择合适的主题、如何对所选问题进行理论分析、如何收集合适的数据进行实证研究、论文框架如何构建等各方面的内容，循序渐进地提高学生撰写高质量论文的基本素养。

三、结　论

现代经济学理论和方法已经不能与计量经济学分离开来，经济学的许多高级课程都是以计量经济学应用为基础的。一个学习经济学的人，如果不学计量经济学，很难与他人进行学术交流，甚至连经济学的学术刊物也难以读懂。因此，无论怎么强调这门学科重要性，都不为过。问题是，由于建国后高校对计量经济学的误解而不够重视，全面引入较迟，教师队伍本身的计量经济学功底参差不齐，加上不少高校经济管理专业招收文科背景学生，这门课程的教学和学习面临很多困难。但是，相信在高校教师自身努力和相关管理部门重视下，即便是文科学生，在掌握了计量经济学的基本原理与思想，并借助于实验教学环节的学习和应用，是完全能够满足实际工作中对经济现象和问题的分析，以及阅读经济学学术刊物和进行学术研究的需求的。

参考文献：

[1] 李子奈．计量经济学模型对数据的依赖性．统计研究[J]，2009(21)：49～53.

[2]彭长生．文科背景下计量经济学教学的问题与改革．安庆师范学院学报(社会科学版)[J]，2009，28

(6)：15～18.
[3]何剑. 计量经济学 本科课程“三维"教学模式的构建及实施[J]. 统计教育，2007(2)：28～30.
[4]庞皓. 对《计量经济学》课程建设的若干思考[J]. 统计教育. 2004(3)：32～35.
[5]黄佐钎. “计量经济学”教学中强化建模案例教学的研究[J]. 2008，12(3)：53～56.
[6]王立平，王健. 计量经济学实验教学改革模式研究[J]. 山西财经大学学报(高教版)，2006(4)：56～58.
[7]胡荣才，王亚雄. 本科计量经济学中几个问题的思考[J]. 统计教育，2009(6)：20～21.
[8]杨华. 以案例教学施教《计量经济学》的思考[J]. 统计教育，2005(2)：27～28.
[9]刘雪梅，邢丽娟. 谈计量经济学的教学方法与手段改革[J]. 辽宁工学院学报，2005，(10)：113～115.

世界贸易组织专题课程教学改革的探讨

郭秀君[①]

（北京林业大学经济管理学院）

摘要：为提高世界贸易组织专题课程的教学质量，对世界贸易组织专题课程的教学内容、教学方法等进行了改革探讨。本文介绍了世界贸易组织专题课程教改研究的背景和意义，探讨了世界贸易组织专题课程的教学内容和教学方法，总结了世界贸易组织专题课程教改的效果，指出了世界贸易组织专题课程教改的发展方向。

关键词：世界贸易组织；专题课程；教学改革；案例教学

一、世界贸易组织专题课程教改研究的背景和意义

（一）研究的背景

世界贸易组织专题课程是我校国际经济与贸易专业本科教学计划中一门重要的专业选修课，在中国于 2001 年 12 月 11 日加入世界贸易组织（WTO）后，开设该课程尤显必要。一方面，在经济全球化和我国入世的新形势下，我国政府与企业等相关主体进一步深化经济外贸体制改革、保护国家经济权益经济安全和开展对外贸易活动都离不开对世界贸易组织原则、规则、例外条款等的了解、掌握与运用，我国急需大量掌握世界贸易组织知识的“世贸”人才。另一方面，加入 WTO 以后，我国作为世界贸易组织的成员既可以享受相应的权利，又要履行相应的义务，因此我国由于享受国民待遇等有利因素出口市场将不断扩大，同时我国由于遵守入世承诺进口市场将不断开放。随着对外开放的进一步扩大，我国与世界各国的贸易摩擦势必会不断增加，亟需大量既懂国际贸易理论与实务，又懂世界贸易组织知识与法律的高素质专业人才来处理解决我国对外贸易争端，从而有利于我国对外贸易的顺利发展。为此，我国需要培养大量的熟悉 WTO 规则的国际营销人才、经营管理人才和专业服务人才，而高校是重要的培养渠道之一。可见，开设世界贸易组织方面的课程，增强学生的世界贸易组织知识，提高学生的“世贸”意识，具有重要的意义。因此，做好世界贸易组织专题课程的教学工作，不断提高该课程的教学质量与水平，是需要我们探讨的一个重要课题。

为实现“以应用型人才培养为基础，以研究型人才培养为重点，培养基础扎实、知识面宽、实践能力强、综合素质高的创新型人才”的人才培养定位目标，学校加大了教学改革的力度，2008 年世界贸易组织专题课程的教学改革也得到学校的大力支持并予以立项。

依托项目：北京林业大学 2008 年校级教学改革研究项目——世界贸易组织专题课程教学内容及方法改革研究。

① 作者简介：郭秀君，博士，副教授。主要研究方向：国际经济与贸易。电话：62337027，E-mail：guoxiujun632@sohu.com。通讯地址：北京林业大学经济管理学院，100083。

(二)研究的意义

该课题研究的意义最终体现为世界贸易组织专题课程的教学目的。即通过本课程的学习，使学生获得WTO的基本知识，了解WTO的概况，掌握WTO的基本原则、运行机制、基本规则等相关方面知识，从而使学生对世界贸易组织有一个全面的了解，充分认识我国加入世界贸易组织的必要性以及可能给我国带来的各种挑战，增强学生的历史责任感和使命感，特别要通过本教程的学习，使学生掌握世界贸易组织的基本原则和主要规则并能够运用于实践，为我国的改革开放做出应有的贡献，同时为今后从事对外经贸工作打下良好的“世贸”知识基础。具体来讲，学生学习世界贸易组织专题课程的意义在于[1]：

1. 学习世界贸易组织专题课程是学习、理解、把握国家经济政策及其调整的需要

加入WTO后，我国在享受权力的同时，还要遵守WTO的基本原则和多种具体规则，切实履行对外承诺，承担相应的义务。原来不符合WTO规则的政策、法规，就必须按WTO的规则要求进行修订、调整。通过WTO有关知识的学习，有利于更好地理解党和国家经贸政策的调整，以便更好地执行党和国家的有关经贸和其他政策。

2. 学习世界贸易组织专题课程是学习有关经贸课程的基础

学习WTO的相关知识，了解熟悉WTO的有关规则及运作，是学习其他后续相关专业课程的基础。例如，在商品学课程中就会涉及到WTO的技术性贸易壁垒协议以及卫生与植物卫生措施协议。学生在学习商品学课程时，就可以根据以往对这方面知识的了解与掌握，来分析出口产品可能遇到的技术性贸易壁垒及其对策。又如，国际运输与保险课程中会涉及到WTO的装运前检验协议、原产地规则协议等内容。[2]

3. 学习世界贸易组织专题课程是适应社会、经济发展的需要

加入WTO后，对我国的影响，不仅涉及经济生活，而且涉及到广泛的社会生活。作为一名公民，总是在一定的社会经济环境中生存、发展的。普及WTO基本知识，就成为一种基本需要。

4. 学习世界贸易组织专题课程是指导实际工作的需要

学生毕业后，作为各行各业的工作人员，尤其是经贸领域的工作人员，其从事的工作无一例外地要遵守WTO的基本原则和有关协议、协定。只有掌握WTO的知识，熟悉各种规则，才能在各自的工作中争取主动，抓住先机，稳操胜券，否则就有可能陷入被动局面。

二、世界贸易组织专题课程教改研究的主要内容

针对当今社会对学生“世贸”素质与能力的要求，我们对世界贸易组织专题课程教学的内容与方法进行了一些探索性的改革，并在教学实践中取得了较好的效果。

(一)优化教学内容

总的来看，世界贸易组织专题课程的教学内容是比较好的，但仍需进一步优化教学内容。即按照教学内容科学性、合理性和实用性的要求，在教学内容逐步完善的基础上进一步突出重点难点和增加实践性内容。

1. 进一步丰富世界贸易组织专题课程的教学内容

除了固有的世界贸易组织基本知识外，还要随时增加有关世界贸易组织最新的发展动态和发展趋势等内容，从而有助于学生了解、把握世界贸易组织的最新发展状况；增加介绍相关学者关于世界贸易组织相关问题研究的情况，从而有助于学生了解目前学术界在该方面的

研究成果和关于世界贸易组织问题研究的重要问题、前沿问题和热点问题所在。此外，教师应注重将教学与科研相结合，不断更新和充实教学内容。教师在教学的同时，还要努力就相关教学内容进行深入的科学研究，将科研成果引入课堂教学之中，使教学和科研相辅相成。

2. 突出世界贸易组织专题课程的重点难点内容

世界贸易组织专题课程的基本内容可分为三个部分：世界贸易组织理论、世界贸易组织协议、世界贸易组织和中国。在介绍世界贸易组织专题课程总体内容的同时，进一步突出重点难点内容，从而提高课堂教学效果和效率。该课程的重点内容主要是世界贸易组织的运行机制和贸易规则部分，具体包括世界贸易组织的基本原则、加入机制、决策机制、贸易政策审议机制、争端解决机制、货物贸易(服务贸易、与贸易有关的知识产权)领域的贸易规则，在此基础上指明 WTO 各知识点之间的相互联系以及 WTO 知识与后续相关专业课程的关联。难点内容主要是如何把世界贸易组织的运行机制和贸易规则运用到分析中国现实对外经贸实践中去，以有利于培养学生理论联系实际的能力以及发现问题、分析问题和解决问题的能力，从而使学生毕业后为我国的改革开放和对外经贸发展做出应有的贡献。即在分析与世界贸易组织知识有关的案例时，不只是简单地介绍案例，而是要结合中国对外经贸的实践来进行深入分析，从而有利于培养和提高学生的世界贸易组织知识的综合素质。

3. 进一步增加与世界贸易组织专题课程内容相关的实践性内容和环节

理论性教学是学生获取系统知识的主要途径，实践性教学是培养学生创新思维和创新能力的有效途径。注重世界贸易组织专题课程理论教学内容与实践教学内容的相互结合和不断完善课程内容，是世界贸易组织专题课程教学改革的重要方向。为了进一步增强学生运用世界贸易组织知识分析解决中国对外经贸实践问题的能力，今后可采用的实践性教学内容和环节具体可包括：继续保持与强化课堂上学生主讲与交流环节；增加世界贸易组织的贸易争端案例模拟谈判与辩论；增加分组讨论世界贸易组织争端案例及相关问题的力度；请校外世界贸易组织问题专家来给学生作专题报告；等等。

(二)改进教学方法

教学方法问题，是高等教育教学中教师实现“提高教学效率和教好学生”目的的一个重要方面。在世界贸易组织专题课程的教学实践中，我们要充分利用多元化的教学方法和手段，以培养学生强烈的学习兴趣，激发学生活跃的思维，增强学生的学习主动性、独立性和参与性。

1. 继续坚持并完善多媒体教学方法

在世界贸易组织专题课程教学中采用多媒体教学的模式，普遍得到学生的认可，全部学生认为多媒体教学对学生学习世界贸易组织专题课程很有帮助或有帮助，因此今后应坚持并发扬光大。优化多媒体教学内容，从而减少课上学生对多媒体课件的依赖而影响听课效果。课件显示的内容应该是课程内容的重点和难点以及一些抽象的主要内容，并对重点内容用不同颜色标记出来。为此，需要精简课件文字内容，多用图表，适当加些图片、动画、音频和视频链接，以体现多媒体的立体性、生动性和趣味性，从而有利于营造生动课堂氛围。例如，在介绍关税与贸易总协定下的多边贸易谈判时，就可以利用多媒体的优势，使用表格的形式，从不同的角度展示八轮多边贸易谈判的主要内容与特点，使学生一目了然，便于对这部分内容的总体了解与把握。否则，只是单纯用文字介绍并加以展示，就会使学生感到眼花缭乱，难以了解与把握主要内容。

2．继续坚持并深化案例教学方法

在世界贸易组织专题课程教学中采用案例教学的模式，绝大部分学生认为是必要的，而且全部学生认为案例教学对学生学习世界贸易组织专题课程很有帮助或有帮助，因此今后应深化和规范案例教学方法的运用。目前，世界贸易组织专题课程教学中使用的案例虽然得到了大部分学生的认可，但还需要进一步改进和完善。在案例教学中，将学生分成小组进行案例分析讨论，然后由一名发言人来汇报讨论结果，最后教师针对学生的分析联系相关教学内容再做综合点评和总结。同时应增加师生互动性效果。如增加案例的视频，选择学生相对了解、感兴趣的案例材料，增加师生互动讨论时间。此外，应编写案例集，这将有助于学生开阔知识视野，加深 WTO 理论学习，方便案例教学的顺利进行。所编案例集应包括经典案例和较新的案例、部分英文案例或中英文对照案例。案例集可以采用循环使用方式。

3．继续坚持并强化“以点带面”教学方法

“以点带面”教学方法有助于学生形成完善的专业知识结构，培养学生掌握科学的学习方法和具备较强的自学能力。世界贸易组织专题课程是开设在大学一年级的第一学期，此时有少部分学生仍然沉溺于中学时的学习状态，学习处在一种被动状态，学习主动性不强，因此这些学生在完成教师布置的与世界贸易组织专题课程有关的学习、讨论任务时重视不够，完成的也不够认真。因此，今后应对学生加强大学期间学习方法的有效指导，指导学生有效采取“以点带面”的学习方法，进一步强化认真完成课后学习任务的重要性和必要性，使学生增强学习的主动性，形成主动学习的好习惯，激发学生的学习兴趣和学习的成就感。[3]

此外，还应坚持世界贸易组织专题课程采用电子邮件方式进行师生之间的沟通。除了课上师生之间的沟通外，教师还应充分利用互联网技术的优势，增加师生间的沟通交流。学生无论有任何问题，都可以通过电子邮件的方式与教师进行沟通交流，从而使教师起到答疑解惑、人生向导的作用。

三、世界贸易组织专题课程教改研究的效果与发展方向

(一)教改效果

通过把教改的成果逐步应用落实到世界贸易组织专题课程教学实践中，教改的初期效果逐渐显现出来。

首先，学生对该课程的重要性有了更清醒与深刻的认识，更加重视对该课程的学习，提高了学习的积极性和主动性，逐步养成课前预习、课后复习的良好习惯，能够认真完成老师布置的相关作业，如复习课上所学主要知识点、准备主讲交流资料和讨论案例、阅读参考书、利用互联网查阅相关资料，等等。

其次，学期末学生对世界贸易组织专题课程的教学评价也比较高，对该课程的教学内容和教学方法也比较认可(尽管还存在一些需要不断改进的地方)，感到通过该课程的学习，对世界贸易组织的相关知识有了较为系统的了解和掌握，充分认识到我国加入世界贸易组织的必要性、我国入世后面临的各种机遇与挑战及应对策略，学习该课程为后续其他课程的学习和今后的工作打下良好的“世贸”知识基础。

再次，学生的考研实践结果也在一定程度上说明了该课程教改的效果。班上有一位女生在“以点带面”的教与学方法的指导下，特别用心地学习该门课程，并取得了较好的效果。课堂上，她一方面认真听老师讲课，另一方面又认真记笔记。课后通过整理、复习课堂笔记

内容，进一步明确老师课堂上讲了哪些知识点，对于每个知识点老师又讲了哪些内容。在此基础上，她再围绕每个知识点，按照老师的要求主动去阅读相关的书籍、杂志和报刊，并认真仔细地作了大量的读书笔记。久而久之，她对于该门课程的每个知识点，都积累了大量、系统的知识，了解掌握了有关世界贸易组织发展变化的最新情况。正是她平时这种扎实的学习精神和对该门课程内容的系统和深入的理解和掌握，使得她成功地通过了2009年对外经济贸易大学中国世界贸易组织研究院免试研究生的面试并获得保送研究生的资格。可见，该生之所以能够顺利保研，是与教师和她在大学期间运用的“以点带面”的教与学方法而拥有系统的知识和较强的能力分不开的。

（二）发展方向

在调研过程中，也发现世界贸易组织专题课程教学今后进一步改革的发展方向，其中之一就是尝试采用模拟教学方法。

在对学生所作的问卷调查中，少数学生就提出了对经典案例的情景表演、角色扮演、模拟贸易争端解决法庭等在教学方法方面的建议。因此，今后除了对前述各种教学方法的使用外，针对世界贸易组织专题课程内容的实践性和实用性强的特点，还可以就世界贸易组织的贸易争端（案例）尝试采用模拟教学方法，从而更好地调动学生学习的积极性、主动性和参与性，活跃课堂气氛，营造生动课堂。

模拟教学方法，是指在教师指导下，学生模拟扮演某一角色进行技能训练的一种教学方法。模拟教学能为学生提供近似真实的训练环境，从而提高学生职业技能。结合具体的世界贸易组织的贸易争端（案例）进行的模拟教学，就是把学生分成不同的小组，每个小组成员扮演不同的角色，如争端当事方、第三方、WTO有关组成机构、非政府组织、争端解决程序中的专家组和上诉机构等，创设不同的情境，来共同进行贸易争端的谈判或完成贸易争端的解决，在模拟行为中实现运用与掌握世界贸易组织相关知识的目的。在进行模拟教学之前，教师要进行相关资料的搜集，做好知识准备；学生要预习课本知识，阅读分析模拟资料等。只有教师和学生均做好充分的准备，才能真正保证模拟教学的质量和效果。当然，我们也应该看到，在世界贸易组织专题课程教学的课堂上实施模拟教学法，将面临着一些问题，如模拟教学中缺乏高质量的、供模拟的案例情境；课堂模拟情境的操作，要占用大量的时间，容易影响教学的课程进度；模拟教学涉及的知识面较广，操作性较强，对教师的理论知识水平、实际操作经验和问题处理能力要求较高；等等。这些问题都需要我们今后进行很好的研究。

参考文献：

[1]肖玉珍．WTO简明教程[M]．长沙：国防科技大学出版社，2002.
[2]侯俊军，凌艳平．WTO知识与国际贸易课程的整合[J]．湖南商学院学报，2007(5)：121～123.
[3]韩海荣．改革·创新·发展——教学改革与实践论文选编[M]．北京：中国林业出版社，2008.

国际商务谈判与礼仪课程设计与教法探究

付亦重[①]，侯方淼，吴红梅
（北京林业大学经济管理学院）

摘要：随着中国加入世界贸易组织，对外商务与合作快速发展，国际商务谈判与礼仪课程作为培养应用型、复合型高级人才的课程的重要性逐渐提升。根据本课程自身教学内容多、案例丰富、实用操作性强、语言要求高等特征，结合该课程教学中各种传统教学方式的优缺点分析及作者自身授课经验，作者提出了该课程的设计方案，即从课程特点分析出发，以课程培养目标为导向，选用多种课堂组织方式、灵活的教学方法及革新的考核手段，最终达到更好的教学效果。作者进一步阐述了在实施该教学方案的同时应该注意的若干重要问题。

关键词：国际商务谈判与礼仪；教学设计；教学方法；案例分析；情景教学

随着中国加入世界贸易组织，中国企业“走出去”战略的全面推行，企业与个人的对外交往愈加频繁，国际商务合作迅猛发展。在国际合作与市场开拓的过程中，国际商务谈判的重要性日益突显。具有良好的对外商务谈判能力与礼仪修养，成为我国对应用型高级人才的要求。为此，北京林业大学特别开设了《国际商务谈判与礼仪》课程，主要讲授国际商务谈判的准备工作、谈判过程、谈判心理、谈判策略与技巧，同时还涵盖了高级商务谈判的礼仪及各国的谈判风格与文化等内容，为学生提供了完整的知识结构和商务谈判类的知识。通过该课程的学习，无论学生今后从事何种商务性质的工作，谈判与商务交往方面的基本的理论知识与实战手段都较为完备，其重要性可见一斑。

与此同时，《国际商务谈判与礼仪》课程具备以下几个方面的特点：教学内容范围广，案例丰富；实用操作性强，对应用型人才培养具有重要意义；对学生综合素质要求较高，尤其是英语水平的要求。从各学校的授课情况来看，该课程现有教学方法存在着不同程度的优缺点，导致该课程教学效果受到制约。本文首先总结该课程使用的传统教法的优缺点，结合课程特征及课堂教学实际，进一步提出覆盖各重要环节的创新性课程设计方案。

一、《国际商务谈判与礼仪》课程传统教学方法优缺点分析

从文献的整理过程与日常教学交流中可以发现，《国际商务谈判与礼仪》课程的传统授课大体上采取以下几种教学方法：

---

① 第一作者：付亦重，博士研究生，讲师。主要研究方向：国际贸易政策、世界经济。电话：13581963603。E-mail：fionafu04@ yahoo. com. cn。通讯地址：北京林业大学经济管理学院，100083。

（一）以“教”为中心的“填鸭式”教学法[1]

这种传统教学方式往往注重于向学生灌输谈判的基本理论知识，教师作为课堂上的主体，将知识点全面铺开，但忽略了提高学生对知识点的应用能力和实际操作的能力。学生无法通过教学过程领悟谈判各环节中若干准备工作的真正含义，而且只能生硬地理解谈判中的策略运用，纯粹被动地接受知识，缺乏启发性思考和实战能力，直接影响教学效果。

（二）单一语言教学法

目前高校的课堂教学主要采用单一语言进行教学，一方面是由于教师水平与配用中文教材的原因，另一方面也是由于某些学校通常开课在较早的学期，学生英文水平受限所致。单一语言教学的缺陷在于，第一，学生即便是掌握了课堂讲授的专业知识，但仍然无法将其与英语巧妙地“对号入座”，用外语与外商进行谈判更无从谈起。第二，语言的缺失也导致了对谈判对象国文化认识的缺失。各文化中的语言应用往往是具有很大差异的，语言在不同场合的运用往往也体现了一国的文化特色。总的来说，单一语言教学造成了“授课”与“应用”的分离，这也是目前该课程面临的一个重要难题。

（三）案例分析教学法

在国际商务谈判的教学过程中，教师结合具体教学内容对若干谈判案例进行分析、评论，加深学生对教学内容的理解。通过案例教学，学生的分析判断能力和知识综合运用能力均有明显提高。另外，通过真实谈判案例的教学和学生互动参与，极大的调动了学生的积极性。案例教学法被国内许多经贸院校推举为优秀的教学方式，业内诸多专家学者更把它定性为唯一可行的教学模式[2]。但是，案例教学法涉及到案例的选择、课时的合理安排、学生的动手能力及参与等多个方面，教师在案例教学使用过程中也会遇到各自的问题，而导致案例教学失败。目前很多年轻教师都反映案例教学存在着缺陷。

（四）情景模拟教学法

所谓的情景教学法，指的是“根据课程内容进行模拟教学的应用，是学生切身体会到谈判的环境和氛围……使学生真正参与进来切身体会到谈判的实战情况”[3]。这种方法非常形象生动，可锻炼学生的实际操作能力以及团队的合作精神，加深对课程内容的认识，并提高学生的课堂参与度。但是，该种方式对学校的硬、软件都有较高的要求，另外，在较大班型的情况下，教师难以顾及到每位学生，由于学生的性格差异，可能会有学生消极的应对，因此，对学生参与的整体情况无法把握。其次，该教学方法耗时较多、可能出现的意外状况也较多，会影响到学时的安排和控制。

综上所述，各种教学法均有自己的优缺点，在教学过程当中也一直暴露出新的问题。据此，笔者根据教学实践，设计出一套新型的、针对该课程特征的课程设计与教学方法。

二、《国际商务谈判与礼仪》课程的创新性设计

根据国际商务谈判与礼仪课程的自身特点，结合笔者的授课实践以及对同学们进行的网上调查，将该课程设计为互为服务的五大环节，即课程特点分析、课堂教学组织、课程教学内容、课堂教学方法与课程考核体系，几大环节各自包括的内容如图 1 中所示。其中第一环节是第四环节的基础，第二环节为更好的达成第三环节提供服务，第四个环节直接影响了第五个环节的效果和评价，几大环节紧密相连，不可分割。

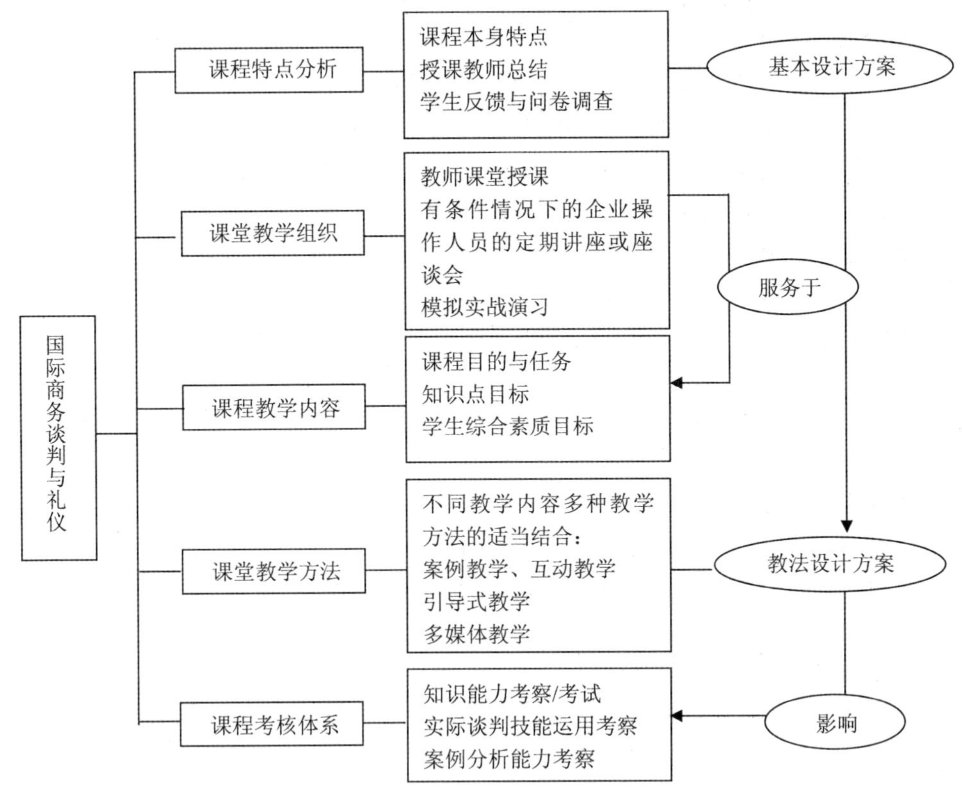

图1　国际商务谈判与礼仪课程设计思路图（作者自行设计）

（一）课程特点分析

该环节是本课程设置的基础，也是第四环节顺利实施的保障。在课程特点分析方面，应注重考虑以下几个方面：

1. 该课程适合在大学三年级、作为专业基础课开设

本门课程需要完整的专业知识体系，以及经济学、管理学、语言学、法学、社会学等各种知识，因此，在学生具有较好的知识基础及积累之后，将会达到更好的授课效果，同时也降低学生对本课程难度的认识。而且，大学三年级学生大体上已经通过大学英语等级考试，有其他的学生已经完成出国留学英语的考试，完备的语言准备有利于教师开展双语教学。另外，大学三年级学生已经基本上完成了社会化转变的过程，他们对于社会人才需求的各项标准有了更为充分的认识，从而产生学习本门课程的紧迫感，作为专业基础课而非选修课能够给学生适当的压力。

2. 该课程授课班型应为小班型

该课程可以被定义为中偏高度互动的课程，而互动的效果，可能随着班型的增大而衰减。另一个原因在于，授课班型较小有利于教师根据学生情况进行分组，并通过控制组数来控制进行案例或情景教学的时间，进而更好的把握课程的进度。

3. 该课程必须将课堂教学与课下自学相结合

学生普遍反应该课程信息量大，如欲将大量案例或情景活动穿插至教学当中，基础理论课程的学习就难以得到保障。因此，教师应该做充分的准备，为学生准备大量的备用案例供课后学习，并设计课前提问等一些环节来检验学生的自学效果。

(二)课堂教学组织

课堂的教学组织主要通过教师课堂授课、模拟实战来完成。在有条件的情况下，在授课的中、后期聘请社会企业相关部门从事商务谈判与交往的人员为学生举办讲座或座谈会，为学生描绘真实的谈判场景与谈判经历，让学生从中总结出对实战的一些心得，让学生反思在同样情况下自己可能采取的处理方式或技巧，进行思辨式学习。

(三)课程教学内容

课程的教学内容包括：课程目的与任务、知识点目标、学生综合素质目标，其中课程的目的最为重要，它决定了本课程预期达到的结果以及对学生最终达到素质的要求，而且直接影响到教学方法的选择。如果对学生要求仅停留在基本层面，那么在教学过程中可以大量采用讲述式，配合简单案例的讲解。如果对学生要求较高，即培养学生的应用性，必须大量使用案例与情景教学，加强学生实际操作的训练。

(四)课堂教学方法

本着培养应用型高级人才的原则，本课程将重点培养学生的谈判实践能力及思辨式的思维方式。在教学的过程当中，作者认为应将不同教学内容配合多种教学方法，选择教学法的基本原则如下：

1. 根据教学内容差异选择教学法

(1) 在谈判基础知识介绍阶段，以简单案例作为先导引入章节内容，对基本知识点进行简单讲述，然后通过分组进行案例分析与讨论，加深学生对知识点的认识。

(2) 将谈判的准备、过程、谈判心理以及谈判过程中的技巧与策略进行框架式的讲述，然后，将学生分为四组，两两成对，由教师选定谈判议题，学生分别回去准备谈判的各种材料，按照谈判的过程进行谈判。结束后，由另外两组同学进行评论，进行谈判的两组进行自评。以此类推。谈判全部结束后，由教师做出评论，并强调重要的以及容易被忽略的知识点。

(3) 对于礼仪及文化差异式样的授课可采用录像教学方法，由学生总结正确以及错误的行为方式以及由于文化差异造成的误解等。也可以将学生划分为几个小组，组内同学进行讨论，尽量多地找到各种礼仪、着装方面的错误。由教师进行补充。

(4) 对非重点知识及需要扩展知识面的辅助内容，教师应指导学生进行课外自学，并采取一些手段进行课上抽查来检验学生的学习效果，并适当进行点拨。

2. 尽量使用双语进行授课

由于学生英语水平的差异以及对英语授课的接受能力，教师可以选择使用英文的演示文件。对于简单术语，在演示 PowerPoint 的同时进行英文的解说；对于复杂术语，应伴有中文解说，可采用英文进行举例。另外，在知识教学完毕后，可播放真实对外商务谈判场景的教学录像，然后教师根据录像内容进行提问，由学生用英文回答。在礼仪与文化内容的授课及讨论过程中，可鼓励学生与老师进行英文的交流。这部分知识的讲授用口语化英文即可，而且与学生生活联系紧密，术语较少，学生更容易理解。

(五)课堂的考核体系

课堂的考核体系将充分检验学生的学习效果及相应的教学目标是否达到。传统的《国际商务谈判与礼仪课程》的评分一般是4∶6(或3∶7)，即40%是平时成绩，60%是期末考试成绩，这在一定程度上造成学生将大部分精力用于考试的“应试”心理，而忽略了平时的演练和参与，而且不符合本课程的特征。教师可大胆进行改革，将考试分为几个步骤来进行：知识能力考察/考试，可放在期末进行，比例可确定为20%～30%。而成绩主要分布在平时的实际谈判技能运用考察和案例分析能力考察环节。这就提高了对教师的要求，在组织教学的过程当中，观察、记录学生的表现，关注学生是否有所提高，并进一步鼓励学生进行实战性操作。

三、《国际商务谈判与礼仪》课程教学过程中应注意的事项

通过上述课程教学设计，我们明晰的总结了以培养应用型综合人才为导向的课程传授过程与方法的选择，其中，对课程培养目标的定位以及特点的研究是至关重要的，另外对教学方法的灵活选择更直接决定了课程的效果及考核。但是，在实际应用这一体系的时候，要注意下列的事项。

（一）案例的选择与安排

案例教学法可谓“深入民心”，但是案例教学也出现了很多弊端，比如说不适用于大班教学、效果不佳等等。对于本课程来说，案例的选择和设置尤为重要。

1. 导入案例要尽量简短

导入案例过长、案件过于复杂或涉及到很多的商业数据，会让学生摸不到头脑，看了后面忘记前面的内容，影响学生的整体把握。

2. 教师讲解用案例不要完全展示在PowerPoint演示文件上

很多教师选择将案例全部显示在演示文件上，方便自己和学生进行阅读。但是，实际教学效果标明，很多学生会很快阅读了演示文件，然后就低下头不再听教师的讲解过程。所以，教师尽可能将案例标题、涉及的重要内容（如时间、地点、人物、金额）等内容标注在演示文件上，而对于案例本身采取口述或口述+板书的方式进行讲述，吸引学生倾听和思考，授课效果更佳。

3. 学生讨论时使用的案例要具有代表性、完整性

学生对基础知识刚刚了解后，并不能完全贯通，教师可以将知识点打在案例的左/右上，或利用刚做过的板书进行提示。另外，讨论使用的案例要尽量完备，能够覆盖知识点的大部分或全部，专心学完一个案例之后，学生对该知识点的全貌就有了大致的了解。在学生讨论结束之后，教师可以再用几个反面案例，对知识点的特殊情况进行强调。

4. 课后学习用案例要精心设计，不要照搬照抄，而且应配备一些问题供学生思考

课后学习的效果基本上依赖于学生自身的兴趣，因此，案例不应过于简单，要让学生能够思索。另外，不要照搬照抄网上的案例，防止学生直接从网上下载答案应付了事。对于一些案情复杂的案例，学生可能一时无法适应，教师可以设置几个由浅入深的问题对其进行引导，而且方便教师在下次课上进行抽查。

（二）同一节课不宜插入过多的复杂教学方法

该课程可以使用多种教学方法，均有助于调动学生思维和实际操作的积极性，但是同一节课内如果插入过多复杂的教学方法，会让学生感到疲惫，而且抓不住重点。尤其是不应将若干案例的分析（包括教师进行的讲解分析和学生之间的分组分析）与情景教学混杂在同一次课当中。任何教学方法均服务于教学的内容，教师应该灵活的选用；另外在将教法与英语

相结合时，要充分考虑到学生的英文水平适应性。

（三）鼓励学生积极利用其他平台进行练习

不管课上采取怎样的教学方法和教学手段，课堂上的时间总是有限的。在简短的时间内教师需将大量浓缩的知识灌输給学生们，并通过他们在课堂上的演练培养其基本的谈判、交谈方法与技巧。为了获得更好的效果，教师可鼓励学生利用其他平台多加练习，比如说组织年级谈判比赛、各班级举办辩论比赛、旁听企业谈判、模拟谈判活动等等，通过这些课外平台的练习，巩固并加强学生的应用能力。

参考文献：

[1] 赵伟晶．应用型人才培养与“国际商务谈判”课程教学改革[J]．赤峰学院学报(汉文哲学社会科学版)，2009，30(9)：156.

[2]戎福刚．国际商务谈判课程及教学刍议[J]．河北科技大学学报(社会科学版)，2002，2(4)：76.

[3]常昕．情景模拟教学法在国际商务谈判课程中的应用[J]．当代经济，2009，(12)：120.

本科学生数学素质的统计分析及其对策的研究

张文杰①，孙　楠

（北京林业大学理学院）

摘要：本文选择了某一届3054名本科生参加高考的数学成绩和考研的666名本科生的高等数学成绩进行了统计分析，来说明目前高等数学教学的状况和加强学生数学素质可以采取的措施。结果表明高考录取本科生的总体质量较高，同时每位同学的数学成绩之间存在显著差异；在考研中，学生数学能力大多集中于中等水平，经过四年学习，数学素质和数学应用能力没有显著提高，学生间也存在着显著的差异。针对这种情况，作者认为为了加强数学教学质量工程建设，可以采取四项措施，它们是分层次教学、四年数学学习不断线、搞好新知识讲座和参加各类数学竞赛。

关键词：数学素质；统计分析；教学质量

本科学生数学素质的培养是高等学校教学工作的重要任务之一。学生具有良好的数学素质意味着可以应用恰当的数学理论，定量分析生产和科研中的各类问题并给出正确的结果，因此高等学校的基础课中普遍设置了数学类课程，社会科学和自然科学的各个学科都十分重视数学应用能力的训练，每年的研究生考试也都把数学作为考试科目之一。但是本科学生经过高考进入大学，并通过四年学习后，究竟数学素质怎么样？却存在很多认识上的盲目性。有人说随着本科学生数量的增加，学生的整体水平下降了，因此数学素质也下降了；也有人说市场经济带来教师队伍的不稳定，教师投入教学工作的精力不足，造成学生数学素质下降了；因此根据教育部2007年1号文件和2号文件，[1,2]有必要分析“80后”本科学生的数学素质和目前数学教学的实际状况，从而提出有关加强本科学生数学素质的若干措施。本文选择了某年入学的3054名本科生和当届考研的666名本科生的数学成绩进行了统计分析，利用探索性统计分析和假设检验给出结论，来说明目前教学的状况和加强学生数学素质可以采取的措施。

一、某年入学的本科生的入学成绩和第一学期高等数学成绩分析

（一）数据简介

首先把所有学生分为4组，按照所学专业高数类别分类，分为A，B，C，D四组。这样组内的高数是同样的学习内容，期末考试用的是一样的试卷，通过高考数学成绩和高数成绩两方面来进行对比研究。其中A组包括：包装，地信，电子，环工，环境，计算机，木工，食品，数媒，信息等专业。B组包括：水保，环规，土木，旅游，城规，工商，会计，统

依托项目：北京林业大学2007年校级教学改革研究项目——数学系列课“质量工程”建设探索与实践。

①　第一作者：张文杰，博士，教授。主要研究方向：生物物理。电话：62336098。E-mail：wjzhang@ bjfu. edu. cn。通讯地址：北京林业大学理学院，100083。

计，国贸，金融，林经，营销，人资，机械，交通，自动化，电气等专业。C 组包括：草业，林化，生物等专业。D 组包括：保护区，风园，工设，英语，园林，园艺等专业。

(二)性别因素的影响

首先看成绩与性别的关系，使用的是独立样本的 t 检验[3]。见表 1。

表 1 学生性别与高考和高数成绩的关系

组别	性别	人数	高考平均分	高数平均分	差异显著性
A	男	306	118.07	74.56	极显著
	女	322	117.00	78.35	
B	男	541	118.33	73.52	不显著
	女	677	118.81	76.22	
C	男	100	128.69	72.24	不显著
	女	114	132.15	77.48	
D	男	126	120.02	71.4	显著
	女	396	120.09	75.29	

首先可以看到高考各组中男女生的平均分数相差无几，通过检验差异均不显著($\alpha=0.05$)。而四组的高数性别差异均有一些，并且四类均是女生的高数成绩高于男生，而且 A 组和 D 组的学科背景差异显著($\alpha=0.05$)。而他们的高考成绩却相差无几。由此可以得出结论：由于大学的学习和生活与高中时期不同，增加了更多的自主性，而大学女生的自控性要好于男生，所以造成了在高中时期成绩几乎相同的他们在大学的学习中会产生差异。

(三)高考成绩与高数成绩之间的关系

由散点图 1 可以看出，大学入学考试中数学成绩与高考总分呈现出较强的线性相关关系，并且，录取同学的成绩主要集中在高分段，这说明大学所录取学生的总体质量较高。

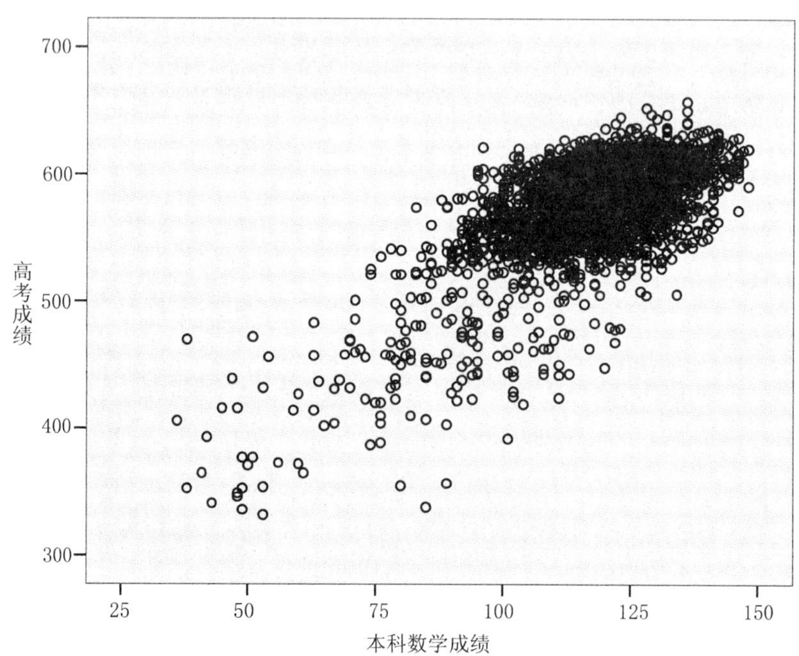

图 1 数学成绩与高考总分的散点图

根据上述分析可以看出，录取同学的成绩主要集中在高分段，这说明录取学生的总体质量较高。同时，大学入学考试中数学成绩与高考总分之间呈现出显著的线性正相关关系，即高考成绩中数学的分数与总分呈现出相同的变化趋势。但每位同学的成绩之间存在差异。

二、当届本科生考研数学成绩分析

考研成绩是大学学习四年后数学素质最真实的检验。通过本科学生考研成绩的统计分析，我们可以认识大学学习四年的学习质量和教学质量。此次共收集到 666 名同学的研究生考试成绩的信息，分析结果如下：

(1)考研数学平均成绩为 75. 72 分，最低 2 分，最高 146 分，标准差为 32. 011。

(2)将 666 个有效样本信息根据毕业院校进行分组，本校毕业的样本和其余院校毕业的样本各自所占比例分别为 33. 93% 和 66. 07% 。

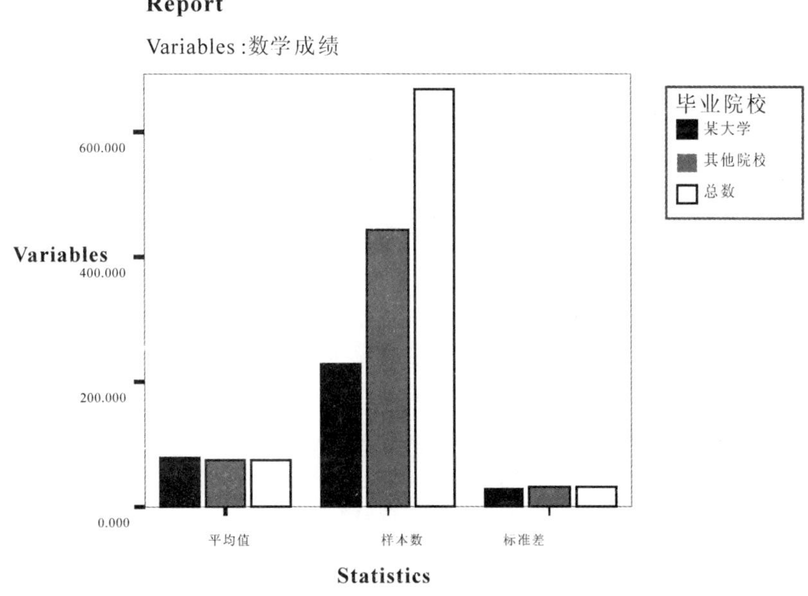

图 2 分组数据信息的直方图

由图 2 可知，两组数据的均值和标准差均相差不大：考研的同学中毕业于本校的数学成绩平均值为 76. 25，毕业于其它院校的数学平均分为 75. 44，样本标准差分别为 30. 109 和 32. 975，两总体均数差值的 95% 置信区间为(− 4. 343，5. 952)，对应的 Sig. = 0. 759 > 0. 05，因此两组之间的数学成绩不具有显著差异。也就是说，本校的考生与其它院校的考生在数学成绩方面的差别不显著。

由以上分析可知，在研究生考试中，本校或外校的同学数学大多集中于中等水平，其数学成绩之间不具有显著差异，研究生考试中数学成绩的差异取决于个体因素，而与毕业院校的差异并无显著的相关关系。

但是本校排名靠前的同学通过保送上研究生，他们没有参与到分析中来。

三、根据统计分析结果，加强学生数学素质可以采取的措施

从2007年学生高考入学的成绩和学生考研的成绩我们可以清楚地看出“80后”本科学生的数学素质和目前数学教学的实际状况，基本结论是录取同学的数学成绩集中在高分段，这说明录取学生的总体质量较高，同时每位同学的成绩之间存在显著差异；在研究生考试中，数学能力大多集中于中等水平，经过四年学习，数学素质和数学应用能力没有显著提高，学生间也存在着显著的差异。这反映出我们的教育模式和教学方法还没有按人才成长规律培养创新人才，长期以来，我们的教学模式习惯于统一教学，刚性有余，柔性不足，习惯于统一目标、统一内容、统一授课、统一作业和统一考试，这样不利于创新性人才的个性培养，统计分析的结果表明学生间的个性差异是非常大的，入学时差异很大，四年后考研时仍然差异很大，数学基础较差的可能由于难度大而厌学，数学基础较好的可能由于吃不饱而失望，主观能动性都难以发挥，针对经过四年学习，数学素质和数学应用能力没有显著提高这个事实，建议采取如下措施来提高学生的数学水平：

第一，分层次教学。入学的学生的总体质量较高，通过分层次教学，因材施教，促进各层次学生都努力学习。可以根据高考的数学成绩分班，将高考数学成绩前10%和后10%的同学单独编班，在教学内容上有所差异，来保证数学基础较差的学生学的懂，数学基础较好的同学吃得饱。

第二，实行数学学习四年不断线。目前的数学教学是把它作为基础课来教学的，往往在大二就停止数学学习了，这样学生在大三和大四慢慢就把数学淡忘了，而在专业课学习和考研中不能体现自己的数学能力，建议高年级学生采用选修课方式学习数学在专业中的应用和数学素质提高等方面的内容，这样保持学生数学素质的持续提高。

第三，加强课外的学习活动。目前学校的课外活动多以文体活动和专业讲座为主，很少出现有关数学领域的活动和讲座，实际上数学是一个非常丰富的领域，新学科和新知识不断涌现，如果在学生的课外活动中，定时有目的有计划的组织系列学术讲座，将在课堂上不可能介绍的新学科和新知识介绍给同学们，一定会使同学们的数学素质得到很好培养。

第四，组织好各类数学竞赛。竞赛是学生数学素质和能力提高的有效方法。目前高校间的高等数学竞赛和数学建模竞赛都对学生数学素质和能力的提高起到很好的推动作用，但是由于规模限制参加的学生数量不可能很多，不能对多数学生产生影响，建议组织校内的高等数学竞赛和数学建模竞赛，这样大多数喜欢数学的同学都可以参加，有利于学生数学素质和兴趣的培养。

以上措施可能在实施过程中还有一些具体操作问题需要解决，但是针对目前高校数学教学的现状和学生数学素质、能力的提高，应该起到积极作用，可以在数学教学质量工程建设中逐步实践。

参考文献：

[1]《关于实施高等学校本科教学质量与教学改革工程的意见》教育部文件，教高(2007)1号.

[2]《关于进一步深化本科教学改革、全面提高教学质量的若干意见》教育部文件，教高(2007)2号.

[3] 盛骤．概率论与数理统计．北京：高等教育出版社，2007.

近世代数课程创新教学的探索与尝试

顾艳红①，谢惠扬，罗宝华

（北京林业大学理学院）

摘要：近世代数是一门抽象的数学专业课，对培养学生的思维具有独特的优势。本文从近世代数的课程特点以及学生的角度简要分析了近世代数课程教学创新的必要性，并且介绍了关于近世代数创新教学的几点尝试。

关键词：近世代数；教学创新；教学内容；教学方法

近世代数是数学、信息与计算科学等专业的一门必修课程，它的研究对象主要是群、环、域等带有运算的集合，学过近世代数的人都会有这样的感觉：太抽象。但随着现代科技的不断进步，特别是电子计算机的飞速发展与推广，近世代数的基本思想、基本理论与方法已经渗透到科学领域的各个方面与实际应用的各个部门，其中近世代数在编码和信息安全方面的应用更被认为是近几十年来纯粹数学应用的一个成功而光辉的典范[1]。同时这门课在训练学生的思维方面具有独特的优势。近几年来，国内众多学者和教育工作者对这门课程教学的关心程度逐日提高，教学理论也正在不断完善之中[2~4]。北京林业大学理学院数学系开设这门课程已有多年，笔者也一直从事近世代数课程的教学，下面结合教学实践，谈谈关于近世代数教学创新的体会和设想。

一、近世代数教学创新的必要性

（一）近世代数的课程特点要求教学创新

近世代数的研究对象是群、环、域等带有运算的集合，它把集合中运算的共同点抽象出来作为不同的代数结构进行研究，所以理论具有极强的抽象性。和很多人熟知的高等数学不同，近世代数强调的是理论的理解和证明，对学习者的思维能力有较高的要求。而当前一些比较经典的近世代数教材大多纯粹按逻辑体系安排内容，依照定义、定理、例子这样的结构展开，缺乏与现实世界的联系。近世代数的课程特点要求教师在教学上不断创新以调动和提高学生的学习积极性。

（二）学生的状况和需求也需要教学创新

现在的大学教育已经由精英教育转向大众教育，其中一个很明显的体现就是生源的变化。在调查中发现，数学专业的学生并非都擅长和爱好数学。通过对我校数学系 03 ~ 06 级

依托项目：北京林业大学 2007 年校级教学团队建设项目——数学公共基础系列课程教学团队。

① 第一作者：顾艳红，讲师，在读博士。主要研究方向：基础数学。电话：62338357。E-mail：yanhong_ gu@ 126. com。通讯地址：北京林业大学 23 号信箱，100083。

的学生进行调查研究发现，有一部分学生是从其它专业调剂到数学专业的，无论是数学基础还是学习兴趣都难以让他们用火一样的热情去体会数学冰冷的美丽。另外大众教育也决定了学生需求的变化。通过对我校数学系03～05级三届毕业生的去向分析发现，就业的学生大多从事的不是纯数学方面的职业，而读研究生的学生也有一部分学了其它专业，所以数学系的本科毕业生以后真正从事纯粹数学研究的只有不到10%。这并不意味着社会不需要数学，更不意味着数学专业要放弃像近世代数这样抽象的理论课程，相反现在的社会特别需要有数学素养和思维的人才，而近世代数在培养学生的思维方面又具有独特的优势。由此决定了数学专业的近世代数教学必须改变过去那种培养纯粹数学研究者为目标的教学模式，在教学内容和教学方法上进行不断创新。

二、近世代数教学创新的尝试

(一)教学观念的创新

任何改革首先都是观念的改革，教学也不例外。虽然数学课的基本内容不像其它课程一样会不断更新，但是随着时代的发展，我们面对的教学对象、社会环境、社会需求等却在不断变化，随之各专业教学计划也在不断地调整，被保留下来的一些课程的教学学时也有变化，更多课程是压缩了学时，作为数学老师，对数学公共课和数学专业课感触最深。面对教学对象、社会需求、教学学时缩减的变化，如果在教学上不能跟上时代步伐，不根据实际情况进行相应的教学改革，那么创新教育和素质教育就只能是一句空话。另外，教科文组织教育文献关于教育的总体目的的看法是：素质全面与和谐发展[5]。高校作为提供社会高级“人力资源”的部门，各门课程的教学应该服务于这一目的。作为大学的数学老师，教学上追求的目标应该是让学生在数学学习中培养的素养和能力在今后的工作和学习中发挥作用。冯克勤先生曾经说过这样的一段话：数学老师有责任改进教学方法，在内容上更贴近于应用方面，尤其是要使学生感受到数学的重要。学生在今后工作时，遇到数学不要因为害怕而绕过去，而是有兴趣和胆量弄明白这些技术文献中所用到的数学。我认为这就达到了最基本的目的，就是成功的。至于到底给他们讲了多少知识，甚至于有多少又都忘掉了，都不是最重要的。重要的是将来再遇到它时，还愿意和能够把它再捡起来[2]。这是数学教育改革的目标，也是数学老师教学中应该具备的观念和追求。虽然冯克勤先生是针对非数学专业的数学而言的，但是对数学专业课尤其是理论课教学同样有很大启示。数学专业一些理论课如近世代数的教学，应该改变过去那种传统的过分偏重认知的发展，过分依赖理论和记忆的教学模式。作为一门抽象的理论课，近世代数教学的目标应该是在认知的基础上培养学生的数学素养和能力。在今后的工作和学习中，学生也许会忘掉很多具体的知识，但是在遇到的时候如果还愿意和能够把它捡起来，能够从数学的角度、用数学的方法解决遇到的问题，能够把数学学习中培养的严谨、理性、逻辑思维等能力和素养体现在工作和学习中，这就是数学教育成功的体现。

(二)教学内容的创新

在新一轮教学计划的修订中，数学专业的近世代数由60学时调整为48学时，学时数缩减了五分之一，要想取得以素质尺度衡量的良好的教学和学习效果，实现教学创新，必须要在教学内容和结构上做合理的、具有可操作性的调整。这不是一蹴而就的事，需要在教学实践中不断总结和完善，简单形式的删减、压缩或整合可能会破坏代数学科课程内容的系统性、科学性。近世代数的教材，早些年一直较为流行的是张禾瑞先生编著的《近世代数基础》，还有北大丘维声先生在这本书的基础上编写的《近世代数》，近年又有杨子胥先生编写的《近世代数》(第二版)，以及石生明先生编写的《近世代数初步》等等。每本教材都体现了编者的倾向和需要，是编者对课程的一种独特理解。根据实际情况，笔者认为近世代数教学内容的选择要符合以下原则：符合学生的发展和需求；体现学科特色；体现理论的应用性。在实践中，我选择了杨子胥先生编写的《近世代数》(第二版)和石生明先生编写的《近世代数初步》作为教材和参考书，这两本书侧重点各不相同，前者体现了近世代数理论的系统性，同时概念的引入、思想的建立和定理的证明都自然明快，学生比较容易接受[6]；而后者则以近世代数的现代化应用为特色，让学生能够看到理论的应用价值，增强了学习的兴趣[7]。在教学中，我以杨子胥先生编写的《近世代数》(第二版)为教学主线安排教学，在概念引入以及理论应用上穿插介绍《近世代数初步》的应用问题，几年的教学实践证明这样做具有良好的教学效果。至于近世代数的具体理论和应用两部分内容的选择，需要根据学时、学生状况和需求等在教学实践中不断总结和完善。

(三)教学方法的创新

首先，教学过程遵循具体—抽象—具体的模式。近世代数的课程特点与教材特点决定了近世代数给人的印象就是太抽象。但是深究近世代数的本质，它的一些抽象概念都是来源于具体的对象和实际需要。所以在教学中如果能从具体的例子和背景出发引入抽象的概念，并且介绍相关理论的应用，按照从具体到抽象然后再回到具体的模式进行近世代数的教学，学生就能在体会近世代数的思想方法和精髓的同时感受到它虽然高度抽象但却具有更为广泛的应用性，学生的学习兴趣和学习效果自然就会有所提高。下面以近世代数的一个重要组成部分群论的教学为例介绍这种模式的具体应用。群论有其深刻的背景和来源，群是由于刻画对称的需要而引入的概念，由于客观世界对称现象的广泛性，也决定了群论的广泛应用性。由此我紧紧抓住群与对称之间的关系展开群论的教学。群论的基础是群的概念，在教学中我不是照着书直接给出关于群的抽象的定义，而是从介绍群是刻画现实世界中事物的对称性出发，通过和学生一起探讨平面图形(圆、正六边形、正方形、正三角形、一般三角形等)的对称性，总结出平面图形对称性的强弱可以用使平面图形回到自身的所有运动的个数来进行刻画，所以圆比正六边形更对称，正六边形比正方形更对称，正方形比正三角形更对称。接着又以正三角形为例，从数学的角度写出使正三角形回到自身的六个运动(即映射)，分析这6个映射为元素的集合关于映射的合成具有封闭性、结合律、单位元、逆元等性质，并引导学生举出有类似性质的数集(如整数集、实数集等关于加法运算，非零有理数集关于乘法运算等)，然后对这些具体例子的共同点进行抽象引出群的概念。这种按照从具体到抽象的模式介绍群的概念，由于在形象与抽象之间架起了一座桥梁，学生在学习中就不是被动地接受这个概念，而是以自身已有的知识和经验为基础主动地构建这个概念，这样不但能促进学生知识的正向迁移，而且由于学生了解群是为了刻画对称的需要而产生的概念，他们会觉得学习群这样抽象的概念有用也有趣，也容易从心理上去接受它。学完群的概念之后，不失时机的给学生介绍利用群的理论可以解决其它很多关于对称性的复杂问题，如瓷砖的着色问题、项链问题、晶体的结构问题等，这为学习抽象的群的相关理论提供了动力。介绍完群的理论之后，可以以瓷砖的着色问题为例介绍群的应用，让学生真正体会到群有用，从而提高学习近世代数的兴趣。对于有兴趣的学生我还引导他们对瓷砖的着色问题、项链问题等进行进一步的讨论。这样群论的整个教学过程遵循具体—抽象—具体的教学模式，遵循了学生的认知规律，同时也很好的调动了学生学习的积极性。

其次，定理的教学按照从宏观到微观分层的模式展开。近世代数研究各种代数结构的性质和分类，形式化推理多，逻辑严密，对提高学生的数学素养及培养学生的抽象思维能力和逻辑推理能力具有独特优势。在近世代数的教学中，除了概念和相关理论的应用介绍，更多的时候是关于抽象定理的证明，这是让一些学生感到枯燥头痛的地方，同时也恰恰是培养学生思维之处。在教学实践中，对于近世代数中的定理尤其是一些比较复杂的定理，我总结出一种比较有效的教学模式，即按照从宏观到微观分层展开的教学模式。具体来说，就是对于给定的定理，首先引导学生从宏观上进行分析需要从哪几方面去证明，进一步，对于每一个方面又同样分析要从哪几个角度证明，这样逐层分解，最后分解成一些很显然的条件和熟知的结论，这时学生根据已知条件各个击破，最后就能得出定理的完整证明过程。下面以群同态定理为例进行说明。

群同态基本定理[6]：设 φ 是群 G 到 $\bar{G}$ 的一个同态满射，$N = \ker\varphi$，则 $G/N \cong \bar{G}$.

分析：上述结论需要从两个方面进行证明：(1)首先证明 N 为 G 的正规子群；(2)其次证明 G/N 与 $\bar{G}$ 之间存在同构映射。

(1)的证明直接由前面的结论可以得到，而(2)的证明又需要从以下几方面证明：① 构造 G/N 与 $\bar{G}$ 之间的映射 σ；②证明 σ 为双射；③证明 σ 为同态。

对于①需要从两方面证明：根据条件构造 G/N 与 $\bar{G}$ 之间的对应关系 $\sigma: aN \to \bar{a} = \varphi(a)$；利用映射的定义证明对应关系 σ 为映射。

对于②需要从两方面证明：σ 为单射；σ 为满射。(均利用定义)

对于③只需要利用同态的定义即可证明。

这种从宏观到微观分层次讲解的模式不但思路清晰，而且由于这种方法把复杂的问题进行了分解，能充分调动各个层次学生的积极参与，整个过程就像在做科研一样，让学生充满自信和解决问题的成就感。这种关于近世代数定理的教学方法对解决一些较复杂的证明问题尤为有效。同时我觉得经过这样一种思维的训练，不仅能让学生更好的掌握近世代数的知识，而且在教学实践中，我觉得这样一种教学方式能培养学生从宏观上把握问题的能力和思维的逻辑条理性。他们也许会很快忘记这个定理的证明，很多年以后他们甚至想不起近世代数中的这个定理，但是在学习中培养的这种分析问题的能力和条理清楚逻辑严谨的思维习惯却会让他们在以后的学习和工作中受用一辈子，我想这也是这门课教学的一个目标，也是大学教育应该给学生的收获。

以上是我在近世代数教学中的几点思考和尝试，近世代数教学的进一步改革，乃至我校数学各门课程的改革是一个长期的过程，需要数学教师的不懈努力和学校对教学改革的大力支持。

参考文献：

[1]郭华光，徐祥，裴定一．近世代数课程教学内容的改革与实践[J]．广州大学学报(自然科学版)，2003，2(6)，587～590.

[2]冯克勤．高校代数课教学的一些作法和看法[J]．大学数学，2004，20(5)，5～7.

[3]王旭琴．近世代数课程教学与学生思维能力培养[J]．吕梁高等专科学校学报，2009，25(1)，81～83.

[4]张立震．工科高校《应用近世代数》课程体系改革探讨与思考[J]．大学数学，2007，23(3)，8～10.
[5]何宗齐，刘小强，李阳琇．全球视野的教育目的理念[J]．教育科学，2009，25(4)，1～5.
[6]杨子胥．近世代数(第二版)[M]．北京：高等教育出版社，2002.
[7]石生明．近似代数初步[M]．北京：高等教育出版社，2002年7月第一版．

计算方法教学改革的实践与探讨

丰全东①
（北京林业大学理学院）

摘要：“计算方法”是一门主要介绍数值算法的课程，传统的教学存在重理论、轻实践，学时少、内容多，考核方式不合理等问题，作者相应从理论教学、设置程序作业、改革考核方式等方面进行了教学改革尝试。实践结果表明这次教学改革取得了比较满意的效果，学生学习的主动性、理论知识理解、自学能力和解决实际问题的能力都有了显著的提高。

关键词：计算方法；程序作业；考核方式改革；理论教学

“计算方法”，又称“计算机数值方法”，是一门主要介绍计算机求解各种数学问题的数值方法、理论及其软件实现的课程。从上个世纪起，计算机技术的发展为大规模的科学计算提供了条件，科学计算得到飞速的发展和应用，现在已经广泛应用于科学技术和国民经济的各个领域，如石油的勘探与开发、大型水利工程的设计与建筑、天气预报、生态模拟与环境控制、结构生物学、天体物理学等方面。目前，科学计算已经上升为与实验研究及理论分析相并列的第三种科学研究方法，而科学计算的核心问题是计算方法，于是研究适用于计算机处理的计算方法变得十分迫切和必要。“计算方法”正是在大量的数值计算实践和理论分析工作的基础上发展起来的学科，它是一门内容丰富、研究方法深刻、有自身理论体系的课程，既有纯数学高度抽象性与严密科学性的特点，又有应用的广泛性与实际实验的高度技术性的特点[1]。由此，提高“计算方法”课程的教学质量，培养高素质复合型人才，从而提高学生在未来学习工作和科研中的竞争能力越来越引起高等学校的重视，并成为当前教育改革的焦点之一[2~5]。但随着学校教学大纲的调整，学时的压缩，传统的教学模式已不能适应培养高素质人才的要求。

一、“计算方法”传统教学存在的主要问题

（一）强调理论的严密性，对实践环节不够重视

无论是从最开始的“一块黑板，一根粉笔”，还是到现在的多媒体教学，教学重点没有得到根本性的转变，都是以基本理论的证明和数值方法的推导为主要讲授内容，学生在学习过程中往往感觉抽象、枯燥乏味、难以理解和掌握，没有任何应用意识，并且“计算方法”所面向的对象为非数学系学生，没有上机试验环节，课后作业基本上是授课老师布置的课后

依托项目：北京林业大学2009年校级教学改革研究项目——《计算方法》的教学改革与研究

① 作者简介：丰全东，博士，讲师。主要研究方向：数值计算。电话：62338357。E-mail：fqd@lsec.cc.ac.cn。通讯地址：北京林业大学理学院，100083。

习题，几乎没有任何实践，使得学生不能全面地理解和运用书中的算法。这种理论与实际相脱节的教学模式，已不再适应现代教育和社会发展对“计算方法”课程的要求，“计算方法”教学模式的改革是必然的。

（二）学时少，内容多

“计算方法”课程内容主要包括：误差理论、线性方程组的直接法、插值与拟合、数值微积分、常微分方程的数值解法以及迭代逼近等。工科教学大纲规定课时为40学时，相对于内容来说，学时明显偏少。为了完成教学内容，课堂上往往采取“填鸭式”、“满堂灌”的方式授课。这种教学经常使学生处于被动学习的地位，容易产生思维上的疲劳和情绪上的抵触，导致的后果是学习的积极性、创造性、主动性慢慢消失，最终难以提高探索和获取知识的能力。

（三）考核方式不合理

对于现在的大学学习，考核方式在很大程度上“指挥”了学生学习的过程，传统的考核方式为期末考试成绩为主，出勤和作业为辅，无任何算法实现等实践环节的成绩。这种考核方式导致的结果是学生基本上把所有的时间花在课本理论内容的学习上，忽略了算法的理解和运用，这显然不利于引导学生进行思维训练、在实际教学考核中，成绩评定应适当降低笔试成绩比例，增添算法实现等实践环节的考核。

基于上述原因，作者认为只有对《计算方法》课程进行教学改革，才能增强学生的学习兴趣，理论联系实践，提高学生解决实际问题能力，达到培养高素质复合型人才的目的，从而提高学生在未来学习工作和科研中的竞争能力。在此背景下，作者于2009～2010学年第一学期在“计算方法”教学中做了如下教改尝试：

二、计算方法教学改革探索与实践

（一）在课堂理论教学方面：

1. 调整教学内容，侧重应用部分内容

由于课时限制，实际上，传统授课内容主要涉及到误差理论、线性方程组的直接法、插值与拟合、数值微积分、常微分方程数值解五大部分，而逼近迭代略微提及甚至不讲。在这次教改尝试中，针对工科学生在以后科研或者工作中基本上没有应用的追赶法、Romberg算法、Gauss求积以及线性多步法等内容，我们相应地缩减了讲授课时。而在计算机辅助设计，数据分析和工程计算等领域应用比较广泛的样条分析、数据拟合以及迭代逼近等内容，相应地增加了讲授课时，重点讲解。

2. 重视思维方式的培养

“计算方法”与传统的数学课程，比如高等数学、线性代数等有着密切联系，也有着明显的区别：前者注重理论的严格推导，所求结果为精确解；后者强调的是工程应用背景，以解决实际问题为最终目标。“计算方法”的总体思想就是“近似求解”，在这里，严谨被淡化，连续被离散代替，精确被近似冲击，学生的思维模式需要发生很大的变化。因此，我们在整个教学过程中，应始终贯穿近似以及连续问题离散化的思想，要让学生认识到“计算方法”课程重在利用数值算法去逼近复杂或难以求解问题的解。

3. 淡化理论推导，引入背景介绍

“计算方法”中的很多证明，过程繁琐，推理复杂，如果不加选择地详细讲解，不仅课时不允许，而且学生不爱听。因此，在授课过程中，应着重讲述证明中包含的数学思想，从总体上把握证明思路，淡化具体细节的推导。这样，既提高了授课质量，又有利于学生数学素质的培养。

用计算机解决科学计算问题时，主要经历以下几个阶段：提出实际问题、建立数学模型、选择计算方法、进行程序设计、最后调试程序求出结果。因此，任何一个数值算法都有其相应的应用背景，比如在介绍样条函数插值时，以汽车的轮廓，飞机的机翼等实例来说明都要求有较高的光滑程度，不仅曲线本身连续，而且要有连续的曲率，即二阶导数连续，三次样条插值函数恰是满足上述要求的最佳数学模型。

在课堂教学中，引入相应算法的应用背景的描述和介绍，不仅激发了学生的学习欲望，而且体现了数值计算方法的使用价值和意义，使我们的课堂教学不再是无源之水、无本之木。这样的启发加互动式的教学方法有利于学生更深入地了解数值算法理论。

(二)设置程序实现作业，加强实践环节

因为课程设置的原因，工科选修的“计算方法”无实验环节，而“计算方法”实践性较强，只偏重理论教学不可能收到好的教学效果。欧美很多高校采用布置程序作业来实现课堂所讲算法，这个方式很好的解决了理论不能联系实际的问题。但由于我校刚开设“计算方法”课程时，计算机资源非常有限，加之我校历年选修“计算方法”学生将近 200 人，批改查看学生程序作业要远比批改课后作业花费的时间多，因此布置程序作业仅限于“想法”阶段。随着学校教学学时的压缩以及课程的调整，计算机、信息专业不再选修该门课程，只有地信专业一个班选修，加之电脑普及化，几乎每一位选修该课的学生都有自己的电脑(即使没有，信息中心使用电脑也很方便)，这为“想法”变为现实提供了条件。

在教改实施学期，项目组人员编制了程序作业汇集，基本上覆盖了课堂所讲的数值算法，并用 Matlab 编制了参考程序。每一个完整的作业包括实验目的、实验方法、实验内容、实验程序、实验结果和结果分析，作业汇集给出了实验目的、实验方法、实验内容，而实验程序由学生独立完成，计算出实验结果并根据所学的理论知识对试验结果进行分析。为了保证学生能顺利用 Matlab 完成作业，在课程设置上增加两个学时讲解 Matlab 基本编程命令。

程序实现作业的设置，降低了学生的手写作业任务，提高了学生在计算机上的程序实现能力，达到了以培养学生思维能力和动手能力为导向的教学目的。

(三)改革考核方式，提高程序作业成绩比重

考核是评估教学质量和学习水平的重要手段之一，虽然“计算方法”期末理论考核，对促进学生掌握所学知识，强化数学思维能力有着很重要的作用，但算法实现程序作业是培养学生解决实际问题能力的最重要环节，加之学生在完成程序作业时，要花费相当多的时间和精力，因此需要增添相应的考核比重。在实际教学改革尝试中期末考试成绩比重从 80% 降为 60%，程序作业成绩比重增添为 40%。这种考核比例的设置，改变了学生丝毫不重视算法实现环节的不合理现象，这对引导学生理论联系实践，培养学生解决实际问题能力有着重要的作用。

三、总结与探讨

这次教学改革的尝试普遍受到了学生的好评，最直接的体现是该门课程的教学评价在理学院中排名第 2。在这学期里，学生的学习热情比较高涨，其理论知识理解、自学能力以及解决实际问题的能力(编程实现能力)都有了显著的提高，比如选修该课程的学生普遍表示他们在该学期的实习环节(任务主要是编程)中能与实习指导老师深层次讨论交流 Matlab 编程问题。因此，这次教改取得了比往年更加满意的教学效果，不过，也暴露出了一些不尽如人意的地方，比如算法程序实现作业的设置，为抄袭作业提供了方便等，希望能在未来的教学中，为完善教学方法而继续努力尝试有益的教学改革。

参考文献：

[1] 施吉林，刘淑珍，陈桂芝．计算机数值方法(第二版)．北京：高等教育出版社，2005.3.

[2]冯秀芳．对提高“数值分析”课程教学效果的探讨与实践[J]．内蒙古师范大学学报，2003，16(3)：69～70.

[3]陈焕祯，姜子文，刘尊东．计算方法课程改革与建设的探讨[J]．山东师范大学学报(自然科学版)，2002，17(4)：88～90.

[4]孙亮．数值分析方法课程的特点与思想[J]．工科数学，2002，18(1)：84～86.

[5]柴玉珍．张洪斌．工科“计算方法”教学改革探索[J]．煤炭高等教育，2008，26(3)：111～112.

新课标下的大学数学基础课教学改革探讨

王　鹏①，谢惠扬，张桂芳

（北京林业大学理学院）

摘要：本文讨论了新课标实施后，大学数学基础课教学面临的挑战，分析了大学数学基础课教学现状，提出了教学改革措施和目标。

关键词：新课标；主体；主导；问题驱动教学法

一、大学数学基础课教学面临新的挑战

(一)新课程标准简介

新一轮普通高中课程改革实验于2004年秋季启动，到2009年秋全国已有25个省(区、市)进入普通高中新课程实验，教育部文件明确要求2010年以前高中新课程将在全国全面推开。课程改革将沿用已久的教学大纲改为课程标准，反映了其所倡导的基本理念——为了每一位学生的发展。《普通高中数学课程标准(实验)》[1](以下简称新课标)中规定高中数学课程分为必修课程和选修课程两部分，由5个系列构成，分别是必修、选修1、选修2、选修3、选修4系列课程。必修、选修1、选修2课程由若干个模块组成，每个模块2学分(36学时)；选修3、选修4课程由专题组成，每个专题1学分(18学时)，每2个专题可组成1个模块。

必修课程包括5个模块：集合、函数概念与基本初等函数I(指数函数、对数函数、幂函数)；立体几何初步、平面解析几何初步；算法初步、统计、概率；基本初等函数II(三角函数)、平面上的向量、三角恒等变换；解三角形、数列、不等式。

选修1包括2个模块：常用逻辑用语、圆锥曲线与方程、导数及其应用；统计案例、推理与证明、数系扩充与复数的引入、框图。选修2包括3个模块：常用逻辑用语、圆锥曲线与方程、空间中的向量与立体几何；导数及其应用、推理与证明、数系的扩充与复数的引入；计数原理、统计案例、概率。它们分别是为希望在人文、社会科学和理工、经济等方面发展的学生而设置的。

选修3包括：数学史选讲、信息安全与密码、球面上的几何、对称与群、欧拉公式与闭曲面分类、三等分角与数域扩充等6个专题。选修4包括：几何证明选讲、矩阵与变换、数列与差分、坐标系与参数方程、不等式选讲、初等数论初步、优选法与试验设计初步、统筹

---

① 第一作者：王鹏，在读博士，副教授。主要研究方向：概率论与数理统计。电话：62338357。E-mail：wangpeng@bjfu.edu.cn。通讯地址：北京林业大学理学院数学系，100083。

法与图论初步、风险与决策、开关电路与布尔代数等10个专题。这两个系列是为对数学有兴趣和希望进一步提高数学素养的学生而设置的。

关于课程的开设，新课标规定学校应保证必修，选修1、2开设的基础上，根据自身的情况，开设选修3、4中的某些专题，以满足学生的需求，但选修3不作为高考内容。从近几年的数学高考大纲来看，考试范围为必修、选修1和2，随着新课程改革的深入，将会逐渐涉及选修4。

(二)新课标对大学数学课程内容的影响

新课标基本覆盖了高中阶段传统的数学基础知识和基本技能，此外，还渗透了很多近代数学的思想和内容，如微积分、统计概率、向量、算法等。

新课标与高等数学重叠的内容包括两个方面，其一是讨论了导数及其应用(约24学时)，包括：导数概念、四则运算及复合函数求导，利用导数研究函数的单调性、极值、最值，还有定积分与微积分基本定理等；其二是介绍了平面向量及空间向量(约24学时)，包括：向量及其线性运算，数量积及坐标表达式，直线的方向向量与平面的法向量等。新课标中没有反三角函数、极坐标和参数方程的内容。需要特别指出的是，新课标对极限的内容进行了弱化，把它放到导数的介绍中来学习，而导数概念是通过实际背景和具体应用的实例引入的，为了表述方便引入了极限记号[2]。高中数学没有在极限概念的理解和运算上下功夫，没有涉及求极限的特殊方法和运算技巧，这正是新课标追求的理念：控制难度，淡化技巧，突出本质，避免过分形式化。

信息化社会需要统计与概率的基础知识，为此新课标增加了约46学时的概率、统计内容，包括：古典概型、几何概型、离散型随机变量的分布列、期望、方差、二项分布、正态分布；随机抽样、样本估计总体、线性回归、列联表独立性检验、聚类分析的基本思想及其初步应用。目前数理统计教学内容必须做出较大的调整，才能适应这个变化。

新课标中还有18学时关于线性代数的内容，包括二阶矩阵及行列式、逆矩阵、矩阵的乘法、特征值与特征向量，还讨论了平面图形在恒等、反射、伸缩、旋转、切变、投影等线性变换下的矩阵。虽然只研究二阶，但都涉及到了线性代数的基本概念、观点和思想。

与数值分析相关的内容，新课标安排了约12学时的算法初步：算法的含义、程序框图，基本算法语句。在选修课程系列4中，还有涉及最优化、试验设计、运筹学、图论、数论、统计决策及数理逻辑等课程的内容。

(三)新课标对大学数学教育思想和教学观念的启示

新课标关注学生的个性化发展，注重信息技术与数学课程的整合，重视体现数学的科学价值、应用价值和人文价值，注重学生情感、态度、价值观的培养，使学生不仅学习数学的知识、技能、思想方法，而且了解数学发展的历史和趋势以及数学在现实社会中的作用，提高他们的数学修养。新课标的的实施必将掀起新一轮大学数学教学改革的高潮，使我们重新认识数学教育在大学教育中的作用[3]，注意处理好知识传授与素质培育的关系，推动大学数学教学改革的深入和深化。

二、大学数学基础课教学现状

高等数学是大学数学教育中最重要的基础课，根据北京林业大学07版教学大纲，高等数学A安排176学时的教学任务，其中导数与微分部分安排12学时，定积分与定积分的应用安排20学时，空间解析几何与向量代数部分安排14学时，可以看出，用了四分之一的学时讲授学生已学过的知识，造成了学时的浪费和上课效率的降低。数理统计A共64学时，也有近四分之一的学时让师生做重复劳动。线性代数A共56学时，讲授n阶行列式与矩阵、线性方程组、向量空间与线性变换、特征值与特征向量和二次型等内容，这对于选修过矩阵与变换的学生来说可能“吃不饱”。因此，我们必须进行课程体系改革，设置出符合时代发展、适合我校实际的大学数学基础课教学内容，为进一步提高学生学习效率，为后继专业课程学习打好坚实的数学基础。

三、大学数学基础课教学改革内容

(一)转变教学理念

现代教育理念要求以学生的发展为本，即把学生当作学习的主人，不仅是教育的对象，更是发展的主体。因此，在课堂教学中以学生为主体，以教师为主导，不但传授知识技能，还要重视学生学习兴趣、信心的培养，发展学生的应用意识与创新意识。

(二)更新教学内容

基于新课标，整合高等数学、线性代数与数理统计的教学内容，做好与高中数学的衔接，增加介绍数学软件Mathematica、Matlab、SPSS、SAS的应用，达到每学一门课，就会使用一种国际通用的数学软件。高等数学一直以来都面临着教和学两难的处境，不少人学完高等数学课之后，仍然是“只见树木，不见森林”。究其原因，是因为微积分这座大厦是从上往下施工建造起来的。P. Lax，S. Burstein和A. Lax在他们合著的《微积分及其应用与计算》(有人民教育出版社出版的中译本)序言中批评道：“传统的课本 很象一个车间的工具帐，只载明这儿有不同大小的锤子，那儿有锯子，而刨子则在另一个地方，只教给学生每种工具的用法而很少教学生将这些工具一起用于构造某个真正有意义的东西”[4]。针对这个问题，新课标给出了解决方案，就是突出数学本质，避免过分形式化。比如尝试用矛盾论的观点分析微积分，微分与积分是一对主要矛盾，一般来说，微分中的一条定理或公式，在积分中也应有相应的定理或公式，反之亦然，即它们之间应是相互对应的[5]。除此之外，还有其它一些次要矛盾，也在起着重要的作用。例如，离散与连续，局部与整体，有限与无限，数与形，存在与任意，收敛与发散，多与单，平与曲，无穷小与无穷大，展开与求和，等等。指出这些矛盾，可以加深对内容的理解和公式的梳理，条理就会十分清楚，又由于它们之间可以相互转化，需要记忆的公式、定理大大减少，减轻了学生的负担。

(三)改革教学方法

高等数学“注入式”教学方法与新课标提倡积极主动、勇于探索的学习方式，注重培养学生的应用意识和创新精神的理念不相适应，探索新的教学方法是我们需要解决的重要问题之一。问题驱动教学法[6]主要以探究问题为主导，激发学生探究兴趣，积极主动地思考、分析、实践、交流，寻求解决问题的具体方案。

实例1[6]，关于极限的讨论。学生对极限的理解尤为重要，因为极限思想贯穿微积分的始终，连续、导数、定积分、重积分、曲线积分及曲面积分概念都要用极限来定义，并且现代数学的每一分支都离不开极限。设计问题1：极限到底是什么？它对我们认识世界有什么作用？通过实例：如祖冲之求圆的面积，牛顿法求解方程 $f(x)=0$，求曲线的切线之斜率等，得出一个认识论上的结论，极限是人们认识世界的推理模式。设计问题2：如何刻划n

$\to\infty, a_n \to A$？这就是$\varepsilon - N$语言。新课标的常用逻辑用语介绍了全称量词与存在量词，对于理解 ∃ 与 ∀ 有很大的帮助。

实例2，关于矩阵及特征值的讨论。设置问题：为什么研究矩阵？矩阵乘法的意义是什么？矩阵特征值、特征向量有什么几何意义？这些问题，给学生思考的空间，为学生营造一个积极思考、探索创新的氛围。

(四)加强教研室建设，在教研活动中引入说课

所谓“说课”，就是教师在独立备课的基础上，系统地谈自己的教学设想及理论依据，以达到相互交流、共同提高的一种教研形式。说课内容包括：说教材——阐述对教材的理解(教材分析)；说学生——分析教学对象(学情分析)；说方法——介绍选择哪些方法和手段(教学方法)；说教学程序——介绍教学过程设计(教学过程)。说课活动将有效地调动教师投身教学改革，学习教育理论，钻研课堂教学的积极性，有助于提高教研活动的实效，提高课堂教学的效率。

(五)改革考试方法，在部分课程实行半开卷考试

评价方式单一，以笔试为主的考试制度，忽视对学生自身发展的全面考察。建议部分课程实行半开卷考试，就是允许考生带一张A4的纸进入考场，在这张纸上考生可以写上自己认为与此门考试有关的重要内容，如一些需要死记硬背的公式、定理、重点、难点等等，供考生在考试中使用。A4纸随试卷上交，根据其内容，也获得一个评价分数。比如数理统计课程，区间估计和假设检验中的公式特别多，采用半开卷考试可减轻学生的心理压力，促使学生对所学内容复习、归纳和总结，强化学生应用知识，理论分析、解决实际问题的能力，提高学生的学习能力。

四、结束语

大学数学基础课程教学改革，有助于解决新课标下大学数学与高中数学内容的衔接问题，有助于基础课程之间的结构优化，有利于学科间的交叉与融合；能够使教学内容得到更新，将现代数学的新观点、新技术及时充实到课堂教学中[7]；通过教育理念、知识结构、教学模式的更新和转变，不断提高施教能力，培养学生的创新思维与综合实践能力，培养适应能力强、知识面宽的应用性人才。

参考文献：

[1] 教育部．普通高中数学课程标准(实验)[M]．北京：人民教育出版社，2003.

[2] 李广全．美国教材《微积分》给我们的启示[J]．天津职业院校联合学报，2006，9，NO.5，VOL.8：135～139.

[3]萧树铁．面向21世纪大学数学教学改革的探讨(续一)[J]．高等教学研究，2000，9，VOL.3，NO.4：6～12.

[4] 张筑生．数学分析新讲[M]．北京：北京大学出版社，1990.

[5] 龚昇．话说微积分[M]．合肥：中国科学技术大学出版社，1998.

[6] 张荫南．新概念数学—用问题驱动的数学[J]．数学教学，2004，4：1～13.

[7]蒋青．高等数学教材建设的思考[J]．大学数学，2009，10，VOL.25，NO.5：198～201.

普及化学素质教育的教学实践与探索

李　莉①

（北京林业大学理学院）

摘要：在高等院校的本科教育中加强文理渗透是培养全面发展的复合型人才、提高学生综合素质的重要途径。开设《生活化学》选修课是普及化学素质教育的一个尝试。在该课程教学内容的安排上以化学知识为基础，紧密联系生活实际，贴近社会热点，提高学生对化学课程的兴趣，并使学生学以致用，尝试从化学的角度认识和解决生活中的问题。同时注重对学生综合素质的培养，深化素质教育。在考核上注重学以致用，以写大论文的形式考查学生如何运用所学的化学知识来理解和解决生活中的实际问题。

关键词：综合素质；生活化学；选修课；教学；能力

随着现代科技的发展，化学和其他学科领域之间的联系日益紧密，学科间相互渗透、交叉。而现代社会发展过程中，人们最关注的焦点问题如能源、环境保护、食品安全、功能材料和生命科学等都涉及到大量的化学内容。化学科学前沿在人类社会进步和发展中发挥着重大作用，化学对社会和人们的生活的影响越来越重要。同时，科技进步、经济繁荣和社会发展又取决于劳动者素质的提高。高等教育应当充分体现以人为本的理念，为学生的全面发展和长久发展奠定基础，为社会培养大批高质量的人才。在高等教育中加强文理渗透，不仅能加强人文教育的针对性和有效性，同样也能加强科学教育的有效性，从而有利于学生整体素质的提高，这一点越来越引起国内外高校的重视[1~3]。目前国内已有数十所高校开设了普及化学教育的必修或选修课。

北京林业大学是一所包括人文科学、社会科学、自然科学、管理科学、技术科学等学科的大学。为深化教育改革，贯彻教育要面向现代化、面向世界、面向未来的方针，并促进教育与经济、科技的密切配合，针对社会对人才质量要求的提高。2008 年，北京林业大学把“生活化学”列为全校公共选修课，课程的宗旨是加强文理渗透，拓宽学生的知识面，提高学生的化学素养。注重培养学生的环保意识、节约意识、安全意识、创新意识。下面是笔者在两年的教学实践和探索中的一些体会和思考。

一、高等教育开设化学选修课的必需性

随着科学技术的迅猛发展，各个学科之间的交叉和融合越来越多，化学已融入、渗透到

依托项目：北京林业大学 2009 年校级教学团队建设项目——化学教学团队。

① 作者简介：李莉，博士，副教授。主要研究方向：催化化学、电化学。电话：62338137。E-mal：lily_ chem@ bjfu. edu. cn。通讯地址：北京林业大学理学院，100083。

人类社会生活的方方面面。国外早已明确的提出“化学教育与全体公民有关”的观点，认为“民众的化学知识是发展科学和技术的重要基础”，并组织化学家编写新教材，开设新课程，以达到“使全体公民都具有化学素养”的目标[4,5]。结合我国的国情，高中就实行文理分科，文科生接触到的化学知识极为有限，而理科生又认为所学的化学知识偏重理论，与日常生活有一定距离，因此在普通高等学校中开设生活化学选修课，普及化学知识，提高大学生们的化学素养，既符合我国国情，也是大势所趋[6]。

开设生活化学选修课，可以使大学生们初步了解化学学科最基本的理论和知识，适当了解当前化学学科发展的特点及与其他学科的联系、交叉和渗透。初步认识渗透在生活和工程实际问题中的化学知识，例如膳食营养；材料的性能、加工和保护；能源的有效利用和开发；环境的污染和防治等等。使大学生们看到并认识到化学与他们的生活、他们所要从事的技术领域以及他们将要步入的社会之间的某些联系。从而进一步了解和认识化学对人类文明和社会进步的影响，以及如何通过促进化学的发展来解决环境、资源问题。在工作及日常生活中能够考虑到或运用化学的观点和所学化学知识来分析问题和解决问题，多一个分析解决问题的思路和途径。开设生活化学选修课，有利于改善这些未来的高级专业技术和管理人员的综合知识和能力结构，提高他们的综合素质，开发他们的创新精神。因此化学基础知识和基本原理对非化学、化工等专业学生今后的发展也越来越重要，即使人文、管理类人才，化学素质都是不可缺少的。这门课程作为一门文理渗透的选修课，与我校培养综合性人才的宗旨相符合。

二、课程内容要紧密联系实际，关注社会热点

现已开出的“生活化学”课程的主要内容涵盖当今社会最为关注的化学与食品、化学与材料、化学与能源、化学与日用品、化学与毒物等内容，在教学内容安排上注意化学与其他学科(如生物、物理、医药、管理、经济、哲学等)的交叉渗透。每一部分都突出化学的作用和地位，对其中涉及到的化学基本原理、化合物的性质及变化规律进行概述，使学生对生活中发生的化学变化及其规律以及化合物的性质有一个初步印象和认识，在教学内容上不去追求系统性、完整性，而着重使教学内容保有先进性、科学性、知识性和趣味性。

我校选修这门课程的学生有大半来自文科专业，这些学生的化学基础很少或几乎没有，但又对化学有着浓厚的好奇心和求知欲，希望学到一些实际有用的知识，因此在课程内容必须紧密联系实际。同时考虑到学生专业背景不同，化学基础不同，在内容的选取上摒弃了一些枯燥的原理和复杂的分子式，更多的是从化学视角来展示化学和日常生活、环境保护以及生命健康等的关系，用具体的事例引出其中所涉及的化学基本原理以及物质的变化规律。这就对教师提出了更高要求，也是教学改革的困难所在。在两年的教学中，在教学内容的选取上，始终注重理论联系实际，重视从学生已有的生活经验出发，紧密联系社会生活实际和科学技术发展的新成就，捕捉热点问题，如食品安全、环境保护、能源、材料、生命等问题中的化学知识，激发学生的学习兴趣和动机，突出化学课程的应用性，重视提高学生的科学素养。

在引出教学内容时，从现实生活出发，选择学生身边的、生动有趣的、有利于学生探索的问题。比如：为什么说麦当劳、肯德基等快餐是垃圾食品？为什么有人千杯不醉、有人沾酒即醉？为什么食用醋有益于健康？矿泉水和纯净水有什么不同？洗衣粉可以和肥皂一起使

用吗？活性炭能否根除装修污染？藏银首饰中是否含银？三聚氰铵是怎样的一个物质？防晒化妆品是如何防晒的？脑白金的功效究竟如何？等等。通过这些具体的、真实的生活事件调动起学生的好奇心，激发学生的兴趣和学习动机，吸引学生学习其中蕴含的化学知识和化学的基本原理，拓宽学生的视野，使学生具体感受到化学就在我们身边，化学与我们的生活息息相关，化学知识必不可少。同时引导学生在生活中获取、运用化学知识，形成积极主动的学习方式，体验到知识的价值，提高学生的科学素养。

由于教学内容中的很多事例来源于学生日常经历的真实生活，因此学生对这类学习内容有特殊的情感和兴趣；基于生活的需要而产生的学习动机也将有力的促进学生的自主学习。在授课中选用的事例越新越热，越贴近学生的生活，就越能激发学生的学习热情。这就要求内容不断更新，与时俱进，根据科技前沿和社会热点寻找切入点，调动学生的好奇心，用日常生活的事例引入化学理论和基础知识，引发学生的学习兴趣，让学生在轻松有趣的课堂气氛中获取化学知识和技能。这两年在教学中不断地根据学生的反馈意见和专业背景，对教学内容进行调整和更新，通过学生选课人数和上课积极性的增加可以看出教学内容的调整和更新对教学效果的影响是积极的。此外，由于学生的化学背景和将来的就业领域差异很大，如何使学生在了解和认识生活中一些具体化学知识的同时，又掌握一定的化学理论知识，并学以致用，仍是本课程要探索的重要内容之一，在今后的教学中还要根据学生的学习态度、掌握程度、生活实际、专业背景、反馈信息等实际情况适当调整教学内容，同时也要及时根据科技的发展、以及我校对人才培养的具体要求对教学内容进行更为合理的取舍和更新，使之更好地符合我校各专业人才培养的需要。

三、注重综合素质培养，探索考核形式

教育应当充分体现以人为本的理念，为学生的健康成长和终身发展奠定基础。大学阶段是知识积累和能力培养的重要阶段。在授课中传授知识的同时，同时注重了对学生综合素质的培养。比如结合化学与环境污染的学习，着重培养学生的环保意识。在讲解温室效应加剧、臭氧层空洞、酸雨、光化学烟雾、水体污染和固体废弃物污染、环境保护技术的基础上，鼓励学生从自我做起，从小事做起，比如爱惜水资源、少用一次性餐具等，积极开展多种形式的社会实践活动，能在行动上自觉的增强环保意识。结合能源知识培养学生的节能减排意识，结合安全事故培养学生的安全意识，结合功能材料、纳米材料等前沿领域，激发学生的求知欲和创新意识。

目前在期末考核时不以学生学会多少具体化学知识为考核目标，而是采取了写小作业和大论文的形式，学生可以自行选择任意五章的课后题作为小作业，确保对这门课程的内容有一个总的认识，并通过论文的撰写来使学生有意识地从化学的角度来思考和分析问题。论文撰写题目可以从教师给定的题目中选取，如“合理营养，平衡膳食”、“21 世纪的能源”、“论发展沼气对解决我国农村能源和环境保护的意义”等，也可以结合课程内容自命题，不予限制，充分发挥学生的主动性，受到了学生的欢迎。要求论文不少于 2000 字，必须给出参考资料。学生们都很重视，为写论文阅读了有关期刊杂志或书籍，如“化学世界”、“环境保护”、“环境化学”、“营养与饮食治疗”等等。有的学生结合自己家乡的实际感受环境污染或者沼气的应用带来的便利，还有的学生结合日常生活中的现象分析其中的化学知识。每年都有学生从独特的角度来讨论生活中相关事件中的化学知识。如“保健品对健康的影响”、

“食品添加剂给我们的生活带来了什么?”等等。虽然有些观点值得商榷，但是这些却反映出学生已经开始用化学的知识和观点来关注和分析问题，这种影响对学生的意义是深远的。同时论文中的实例或观点对教师的教学也是启发和补充，有助于教学相长。上述为这种考核方式有益的一面。另一方面，由于在大论文的写作过程中，抄袭现象时有发生，如何对此进行防范和杜绝是一个很值得探讨的问题，目前只能根据教师的判断及查证去评判。因此，在今后的课程考核中，有可能增加课堂小测验或期末笔试来测评学生所掌握的化学基础知识和基本原理的程度，同时保留大论文的写作，逐渐摸索和积累经验以找到相应的措施减少或杜绝抄袭现象的发生。

四、结　语

《生活化学》作为选修课，是一门文理渗透的课程，这门选修课的开设是教学改革中的一种探索，其目的主要不是传授专门的知识，开展科学研究，而着重于扩大学生的学术眼界，开拓思想，活跃头脑，训练方法，提高文化素质，增长才干与智慧。通过两年的教学实践，事实说明学生需要化学，喜欢化学，对化学有兴趣，学生对这门课程是欢迎的，对教学内容是认可的。但是由于这种文理渗透课程的内容通常点多面广，学生背景复杂，所以该课程在内容选择、授课方式和手段、考核方式等方面都还有许多值得研究的问题有待于进一步的探索，需要在教学实践中不断总结，不断改进。

参考文献：

[1] 袁婉清．化学教育是提高公民素质的重要内容———谈为文科学生开设化学选修课的体会[J]．高等理科教育，1994，(3)：70 ~ 72.

[2] 竺际舜．化学，别把文科学生拒之门外———开设《现代人与化学》课程之探索[J]．化学教育，1999，(7 ~ 8) ：25 ~ 28.

[3] 王仁国，代先祥，张云松等．科学与人文教育的融合—化学与社会课的实践与探索[J]．四川农业大学学报，2004，(22)(增刊)：63 ~ 64.

[4] 谭淑娟，王海燕．文理渗透，提高大学生的综合素质[J]．南京航空航天大学学报(社会科学版)，2009，11(2)：94 ~ 96

[5] [美] Lucy Pryde Eubanks，Catherine H. Middlecamp 等．化学与社会(原著第五版)．段连运等译，林国强审校．北京：化学工业出版社，2008.

[6] 施开良．为文科生开设化学选修课的实践[J]．中山大学学报论丛，1998，2：73 ~ 75.

高中与高校概率与统计教学衔接问题的浅析

徐凤琴①，雷　霆
（北京林业大学理学院）

摘要：随着高中以及大学各个学科教学改革的深入，“概率与统计”的部分知识已经渗透到中学的教学当中，如果高校教师不了解“概率与统计”在高中阶段的相应定位、教学要求、学生的知识储备，则在一个时期的教学中可能会找不准教学切入点及衔接位置，因此，探究“概率与统计”高中与高校两者教学的衔接问题不可忽视。本文对高中及高校“概率与统计”教学目标、内容和要求等进行了分析，并针对两者教学的有效衔接进行思考，对我校“概率与统计”教学内容、方法和手段的改革提出了几点建议。

关键词：概率与统计；高中；高校；衔接

概率与统计在日常生活、社会生活及各学科领域中的应用日益广泛，教育部颁布的《普通高中数学新课程标准（实验）》中，概率与统计的基本思想、方法、知识作为必修及选修内容已经纳入到高中数学课程。在教学实践中，教师们对概率与统计内容的教学方法和教学手段进行深入的研究与挖掘。但我们发现，关于如何使高中数学课程中某些内容与高校高等数学相关内容在教学上的衔接更为和谐的问题的研究极少。探究基础教育数学新课程有关内容高中与高校两者教学的衔接问题不可忽视，它是初等教育与高等教育零距离接触的一个组成部分。本文就概率与统计内容高中与高校教学的衔接问题进行探讨。

一、高中数学课程设置及“概率与统计”教学

（一）课程设置及课程目标

高中数学课程分为必修课程和选修课程两部分，必修课程由 5 个模块组成，选修课程有 4 个系列。其中必修 -3 内容包括概率与统计，选修系列 2 ~3 包括统计案例和概率。（根据中华人民共和国教育部给出的内容标准）[1]。

在概率与统计的学习中，学生将通过实际问题情境，学习随机抽样、样本估计总体、线性回归的基本方法，体会用样本估计总体及其特征的思想；通过解决实际问题，较为系统地经历数据收集与处理的全过程，体会统计思维与确定性思维的差异。学生将结合具体实例，学习概率的某些基本性质和简单的概率模型，加深对随机现象的理解，能通过实验、计算器（机）模拟估计简单随机事件发生的概率。

项目依托：北京林业大学 2008 年校级教学改革研究项目——《概率论与数理统计》知识结构和教学模式改革研究。

① 第一作者：徐凤琴，博士，副教授。主要研究方向：统计。电话：62338357。E-mail：fqxu@ bjfu. edu. cn。通讯地址：北京林业大学 23 号信箱，100083。

(二)“概率与统计”教学内容及要求

概率的知识点包括：频率、概率的概念及其关系；估计事件A发生的概率P(A)；基本事件，古典概型的两个特征，概率计算公式，①互斥事件、事件A+B概念，加法公式：若事件A和事件B是互斥事件，则有$P(A+B)=P(A)+P(B)$②若随机事件A1，A2，…，An中任意两个是互斥事件，则有：$P(A1+A2+\cdots+An)=P(A1)+P(A2)+\cdots+P(An)$③对立事件的概念，概率计算$P(\bar{A})=1-P(A)$；几何概型。

通过概率论的学习使学生了解概率的意义，理解古典概型及其概率计算公式(两个互斥事件的概率加法公式)，初步体会几何概型的意义。

统计的知识点包括：①随机抽样：普查、抽样调查、总体、样本；简单随机抽样、抽签法和随机数法；分层抽样、系统抽样；②用样本估计总体：统计图表——条形、折线、扇形统计图；数据的数字特征——平均数、中位数、众数、极差、方差、标准差；估计总体分布——频率分布表、频率分布直方图、频率折线图；估计总体的数字特征；③变量之间的关系：散点图、曲线拟合、线性相关和非线性相关、不相关；回归直线方程——最小二乘法。通过统计的学习使学生初步学会用简单随机抽样方法从总体中抽取样本，能通过试验、查阅资料、设计调查问卷等方法收集数据；对数据进行简单的整理，列频率分布表、画频率分布直方图、频率折线图、茎叶图等，从样本数据中提取基本的数字特征(如平均数、标准差)，并作出合理的解释；通过收集现实问题中两个有关联变量的数据作出散点图，并利用散点图直观认识变量间的相关关系。

二、高中与高校“概率与统计”教学的有效衔接

以我校为例。目前我校“概率与统计”课程使用教材主要为浙江大学盛骤等主编、高等教育出版社出版的《概率论与数理统计》以及北京林业大学贾乃光等主编、中国林业出版社出版的《数理统计》教材。教材中与随机事件、古典概率、几何概型以及统计数据的整理、参数估计、回归分析这些内容相关的部分基本概念和基本思想在高中数学教学中都涉及到。所以，我校相关课程的教师如果不了解“概率与统计”在高中阶段的相应定位、教学要求、学生的知识储备，则在一个时期的教学中可能会找不准教学切入点及衔接位置，要么一切从头开始，仍把某些在高中已讲过的内容作为崭新的知识体系进行教授，会因重复教学而浪费大量的学时，学生学习也没有兴趣；要么会造成教学内容的脱节。高中与高校“概率与统计”教学的衔接，是高中和高校教师应共同承担的任务，必须引起相关教师足够的重视。

(一)对高中数学教学定位的思考

高中教育属于基础教育，高中数学课程应具有基础性。概率这门课要让学生了解随机现象、认识随机现象。而‘统计’的任务是要从数据里提取信息，这门课程要通过现实生活和其他学科中的素材，使学生经历数据处理的过程，理解统计的基本思想。

建立统计与概率意识是基础教育阶段对学生最基本的要求，符合中华人民共和国教育部颁布的《普通高中数学新课程标准(实验)》“……使他们获得更高的数学素养；……为学生进一步学习提供必要的数学准备”目标要求，因而是衔接的一个关键点。

学习概率与我们的现实生活有什么联系？某彩票的中奖率为千分之一，买1000张彩票一定能中奖吗？天气预报明天下雨的概率是90%，实际却没下雨如何解释？知道掷一次硬

币出现正面朝上的概率为二分之一，与掷100次硬币出现正面朝上的次数刚好是50次的概率有什么关系？统计的目的是什么？在统计过程中为何要进行抽样？抽样统计与数据计算的结果有何用途？这些都是建立统计与概率意识的最基本的要素，是学生进入高校进一步学习和理解“概率论与数理统计”课程内容的重要基石，高中数学教师应为学生的继续学习做好这类知识铺垫[2]。

（二）我校《概率论与数理统计》课程内容的改革

1. 删减或略讲高中已经讲过的相关知识

概率论课程是以随机现象、古典概型以及几何概型这些基本概念入手展开教学的，它是概率论学科体系的基础。高校的《概率论与数理统计》教材也都是以介绍这部分内容为起点。然而这部分知识学生在高中阶段已经部分或全部学过。如果教师不了解高中学生的知识储备，过细地讲解这些内容，这种部分知识重复的学习会让学生在刚刚开始课程学习时产生轻视的心理，认为这些内容自己都已经掌握了，对学习不够重视。但事实上，由于高中教学和高校教学的侧重点不同、难易程度不同，学生并没有对这些知识全面系统地掌握，最终导致学生不能完整地、系统地把握概率论知识体系。所以，高校教师应该根据高中数学教学内容进行适当调整，在保证知识的完整性、系统性的前提下，删减或略讲中学已经学过的知识，或者以复习的形式进行讲解，突出重点，使学生认识概率的这些基本概念在学科体系中的地位和作用，巩固和加深对基本概念的理解。

2. 突出理论主干体系，加强学生对概率统计思想方法的理解

注重讲授理论之间的联系与特征，讲授抽象概念的形象理解。把教学重点引入到概率思想方法以及形成知识的应用背景上来，引导学生品味概率论与数理统计思维特征，理解其思想方法，并能应用其方法解决问题，达到学以致用。数理统计学是研究随机现象总体数量信息的方法论科学。通过讲授数理统计的基础知识，要使学生获得较好的数据分析处理能力。根据我校学生基础的实际情况，尽量以直观的、通俗的方法重点来阐述数理统计方法的思想、应用的背景以及数理统计方法在应用中应注意的问题。如在参数估计问题中着重讲解参数估计的理论思想和方法、参数估计在实际应用中的重要性以及应用中应注意的问题；在假设检验中注意阐述假设检验方法的原理、应用的具体背景及应用中所需要的条件、重点讲解假设检验应该如何选取原假设和备择假设、对问题得出的结论进行合理的解释；采用有实际背景的农业、经济、工程应用方面的例子，分析问题的实际应用，使学生获取分析处理问题的能力，并提高学生的学习兴趣。

（三）我校《概率论与数理统计》课程教学方法和手段的改革

1. 讨论式教学

我国各地区高中教学情况存在差异，虽然概率统计的一些知识已经进入高中教学大纲，但各地区高中学生掌握的情况不尽相同。此外，《概率论与数理统计》是在大学二年级开设的课程，学生对于高中学习的知识部分已经忘记。因此，在《概率论与数理统计》课程教学中，我们依据高中教学大纲设计概率统计知识测验试卷，进行摸底测验。根据学生知识掌握的具体情况，改变传统的“概念+原理+计算公式+例子”的教学程序，采用“练习+讨论+总结”的模式，更多地利用“互动”教学，达到使学生在复习原有知识的基础上进一步地系统地掌握概率统计基本知识，理解这些基本知识在学科中的地位和重要性。倡导以学生为主体，提倡在学习中积极思考、在解决问题中学习。为不同层次的学生提供参与学习体验成功

的机会。

讨论式教学的最大好处是能充分调动学生的学习积极性。当然也就要求教师必须具备更加全面的知识。因为，在讨论过程中，学生的才智得到最充分的刺激，他们会得出各式各样的结论和千奇百怪的思考过程，绽放出耀眼的思维光芒。教师要站在更高的角度，才能组织好一堂讨论式教学课。否则，就不会达到预期的目的。

2. 实践式教学

人们在现实的生产实践和经济活动中经常会遇到偶然性问题，这都必须以概率统计的知识去处理，只不过有的是自觉地用概率统计的知识去处理，有的是不知不觉的用到了概率统计的知识，但不一定用得科学合理，实践性教学可以帮助学生用概率统计的方法科学地处理遇到的偶然性问题，提出用概率统计的方法解决这些问题的最优方式，以利于培养学生的创造性思维能力。

例如统计部分教学中，学生在高中阶段对统计已有了一些初步的认识，可以采用实践式教学，先让学生做一些初步的统计调查，如：调查学生课余时间的安排情况；调查学生生活费使用的情况；调查学生课外阅读情况；调查学生的恋爱观现状；调查学生通讯工具使用情况等。如何从这些随机调查的数据中提取有用的信息呢？教师要引导学生展开讨论，引出问题，再介绍分析调查数据的统计原理和方法。在整个“数理统计”的不同教学阶段，配合完成从统计调查、资料整理、统计分析各个阶段的内容。最后，要求学生完成一个统计调查报告。这样做能够培养他们对数据的直观感觉，认识统计方法的特点及其初步应用，体会统计方法应用的广泛性。也为他们今后从事相关的实际工作做了一个预演，积累了一些工作经验。通过实践性教学，使课堂教学向课堂外延伸，让学生自主地学习，更好地培养学生分析问题和解决问题的能力，并感受到这门课程的重要性和有用性而专心学习。

概率论与数理统计课程教学改革是一项任重而道远的工作，真正实现高中、高校的数学教学和谐衔接、平稳过渡才能使高校相关《概率论与数理统计》内容的教学一帆风顺。让我们不断地探索，为21世纪人才的培养做出我们应尽的努力。

参考文献：

[1] 中华人民共和国教育部.《普通高中数学新课程标准(实验)》[S]. 北京：人民教育出版社，2003.
[2] 张饴慈. 中学教育里的概率统计[J]. 数学通报，2006，45(12)：17～21.
[3] 肖鹏，杜燕飞. 概率论与数理统计教学改革的几点思考[J]. 数学教学研究，2009，28(1)：60～61.
[4] 魏悦姿，姚玉平. 概率统计教学中培养学生实践能力和创新素质的探索[J]. 吉林省教育学院学报，2009，25(2)：92～94.
[5] 张丹. 新课程理念下的统计与概率教学[J]. 数学通报，2005，44(1)：12～15.
[6] 盛骤，谢式千，潘承毅. 概率论与数理统计[M]. 北京：高等教育出版社，2008，6：1～362.
[7] 贾乃光，张青，李永慈. 数理统计[M]. 北京：中国林业出版社，2006，7：1～215.

关于全球生态学公共选修课教学内容的探讨

王襄平[①]，陆佩玲，刘艳红
（北京林业大学林学院）

摘要：全球生态学是一门新兴综合学科，在本科阶段开设这门公共选修课也是一项新的尝试，存在很多问题需要研究。本文通过对在北京林业大学开设这门课程的教学实践，在对全球生态学主要内容和我校选课学生情况分析的基础上，指出这门全校公选课具有如下重要特点：①学生有着浓厚的学习兴趣；②学科内容的专业性较强；③选课学生知识背景相对不足。针对这些特点，我们认为科学选择教学内容是保证教学效果的基础。同时，本文结合课程教学的实践，对《全球生态学》公共选修课教学内容的选择进行了探讨。

关键词：全球生态学；公共选修课；教学内容

《全球生态学》是我校新近开设的一门公共选修课。自开课以来，受到全校本科生的广泛关注，每次选课人数均达到了教室容量的上限，反映出学生对全球环境问题的高度关注。全球变化事关人类未来的命运，受到了各国政府、社会大众的广泛关注，在各种媒体上有大量相关报道，因此对学生有较强的吸引力。与此同时，全球生态学又是一门专业性很强的学科，从理论上来说，需要学生具有较好的生态学、生理学、地理学和气象学等方面的背景知识才能较好的理解。但从目前我校学生选课的情况来看，绝大多数学生都没有学过生态学，还有很多文科学生的生物学知识主要来自中学阶段的课程。因此，这门课程的教学如果在教学内容、教学方法上把握不当，容易使学生觉得枯燥难懂，出现学生乘兴而来、败兴而去的现象。这里，笔者结合自身的教学实践，就《全球生态学》公共选修课的课程内容的选择进行探讨。

一、课程定位

全球生态学是20世纪80年代初才逐步形成并发展起来的生态学分支领域。近一个世纪以来，尤其是近几十年来人类对自然资源的不合理开发和利用，使全球的生态环境发生了剧烈的变化[1]，这种全球范围内的生态环境变化已经对包括人类在内的地球生命系统构成了巨大的威胁。全球变化是如何影响地球上的生态系统的生态系统能在多大程度上减缓这种急剧的生态环境变化？这些问题是全球生态学的科学研究的核心内容。

目前，国内已有两本全球生态学的专著，分别是方精云2000年主编的《全球生态学》[2]和周广胜、王玉辉等2003年编著的《全球生态学》[3]，较为全面地介绍了全球生态学的主要

① 第一作者：王襄平，博士，副教授。主要研究方向：森林生态学。电话：62336985。E-mail：wangxiangping@bjfu.edu.cn。通讯地址：北京林业大学林学院，100083。

研究内容。如方精云主编的《全球生态学》各章的名称分别为：①变化中的全球气候；②全球变化与植物生理生态反应；③生物入侵与全球变化；④陆地生态系统与全球变化的相互作用；⑤水生生态系统与全球变化的相互作用；⑥生物地球化学循环；⑦植物气候分类系统；⑧陆地植被的遥感分析；⑨陆地植被第一性生产力及其地理分布；⑩古气候变化与生态响应；⑪气候变化的适应对策；⑫全球变化若干重要事件；⑬附录1－京都议定书；⑭附录2－国际全球变化的主要研究计划简介。

然而，这些专业的科学研究问题，对于并没有多少生态学甚至生物学基础的学生来说，是难以直接引起他们的学习兴趣的。经课堂调查，多数学生在选课的当初，更想了解的是这样一些问题：什么是全球变化和全球气候变化？二者对人们的生活有什么影响？对人类未来的生存有什么威胁？为什么气候变化会引起各国政府和国际社会的高度关注？控制气候变化的措施与经济发展有什么关系？当前频发的各种自然灾害和全球变化有关吗？生物多样性为什么会迅速丧失？全球变化对生物多样性有什么影响？面对全球变化，人们应当采取哪些措施？全球生态学和自己所学的专业有什么关系？……等等。

由此可见，学生在选课时的兴趣点和全球生态学的专业研究内容之间，实际上是存在较大的落差的。从前面对《全球生态学》主要内容的介绍中可以看出，这些专著实际上是十分专业的学术著作，可以作为生态学专业研究生的学习内容，而并不适于直接用作本科阶段公共选修课的教材。通过教学实践和研究，我们认为选择适当的教学内容是上好《全球生态学》全校公选课的一个关键。如果简单地按照上述书本的内容逐章讲授，多数学生由于知识背景不足，难以听懂，必然失去学习兴趣。另一方面，作为本科阶段的公共选修课，这门课程的主要任务应当是介绍全球生态学的概况和进展，主要目的是扩大学生的知识面、学习从宏观的角度分析问题的思维方式，而不应拘泥于书本上具体专业知识的介绍。事实上，全球生态学是一门多学科交叉融合形成的新兴综合学科，涉及的专业知识面很广，要求没有多少生态学基础的本科生在短短24个学时中全面掌握其具体专业知识，既是不可能的，也是没有必要的。

二、教学内容选择

因此，在教学内容的选择上，我们认为应当采用如下标准：①要能反映全球生态学的各主要方面的基本内容和方法；②根据学生的知识背景，所选内容应当切实符合学生的接受能力；③注意选择能够采用有效的教学方法吸引学生兴趣的内容。

经课堂调查，在选修《全球生态学》公选课的学生中99%没有学过生态学，其主要原因是95%以上的选课学生为一、二年级，按照学校的课程安排还没有开设生态学课。又由于80%以上的学生来自一年级，生态学相关学科(如生理学、地理学、气象学、遥感、地理信息系统等)的知识多数学生也没有学习过。总体来看，多数学生在生态学及其相关学科的知识背景上相对薄弱。因此，简单采用上述全球生态学的专著作为教材进行授课，是不能符合学生接受能力的实际的。此外，全球生态学的一些重要研究内容和最新进展，在上述著作中也没有能够涵盖。

因此，我们以上述两本《全球生态学》专著涉及的主要领域为框架，参考国内外相关领域的新进展(如Global Ecology & biogeography、Global Change Biology、植物生态学报等重要刊物，IPCC官方网站，中国气候变化信息网等)，选择了如下的主要教学内容：

(1)全球变化和全球气候变化，主要介绍二者的概念，全球变化和全球气候变化包含的主要方面、二者的区别和联系，全球变化和全球气候变化的原因，以及它们对全球环境、生态系统、人类的影响。这些内容既是全球生态学必需掌握的基础知识，又由于容易联系生活实际而易于为学生理解，能够较好地吸引学生的兴趣，从而为整个课程的教学打下良好的基础。

(2)植被分布与气候的关系，主要介绍全球主要的植被类型及其分布、几种简单而又重要的植物气候分类系统、气候变化下植被分布的响应。这一部分的内容由于有各种植被类型图片的支持，加上学生来自全国各地，对当地的植被有一定的感性认识，可以通过课堂讨论辅助教学，学习过程中学生不会感到枯燥。同时，通过分析植被分布与气候的关系，学生比较容易初步理解气候变化如何对全球生态系统产生影响。此外，植被气候关系在现有的生态学教材中多数介绍的不够深入[4]，但却是十分重要的内容。在全球生态学中讲授这一内容，对于生态学必修课的内容，也是必要的补充。

(3)生物多样性格局与气候变化。全球变化一个重要的方面就是全球性的生物多样性快速丧失，但由于早期的全球生态学起源于气候变化及其原因的研究，在现有的相关专著中均未给予足够的重视。近年来，这一领域发展十分迅速，已经构成了全球生态学的一个核心研究内容[5]，因此完全有必要在课程中进行介绍。事实上，这方面的基本原理在学习完植被气候关系后并不难理解。同时，学生对生物多样性不仅有着浓厚的兴趣，而且有着一定的感性认识，也有利于教学工作的开展。这一部分的主要内容包括：世界和我国的生物多样性现状，生物多样性地理格局及其与气候的关系，生物多样性格局对气候变化的响应，全球变化背景下的生物多样性保护策略等。

(4)生物入侵与全球变化。生物入侵既是全球变化的一个重要方面，又与全球变化的其他方面相互联系和作用。同时，生物入侵在日常生活中常能观察到，各种媒体也有大量报道，因此是学生相对熟悉、容易引起学习兴趣的内容。这一部分讲授的内容主要包括生物入侵的类型、机制、后果、评价方法和应对策略，以及生物入侵和全球变化的相互作用。由于一些学生在其他课程(如植物学)的学习中曾经接触过一些生物入侵的知识，这一部分可适当提高教学的理论深度，如重点分析生物入侵机制的主要理论假说，以提高学生的理论分析能力；同时通过分析生物入侵和全球变化的相互作用，加强学生对于全球变化对生态系统影响的复杂性和预测难度的认识。

(5) 3S 技术在全球生态学中的应用。遥感、地理信息系统和全球定位系统简称 3S 技术，是全球生态学的重要研究手段，也是全球生态学在研究方法上与传统生态学之间存在差异的重要方面。这方面的知识，对于学生理解宏观生态学的研究思路是十分必要的。虽然 3S 技术本身是专业性很强的知识，但其基本原理却并不是很难理解。而且，关于 3S 技术有不少相关的图片和软件可用于辅助教学，较容易引起学生兴趣。在教学中除了介绍 3S 技术的基本概念和方法外，主要以一些实例介绍 3S 技术在全球生态学研究中的应用，而不涉及具体的 3S 技术细节。

(6)生物地球化学循环和森林碳汇。这一部分是全球生态学的重要内容，但由于循环的过程和机理较为复杂，把握不好容易使学生感到枯燥。其中碳循环既是最重要的生物地球化学循环，又相对简单、易于理解，应当作为本部分重点。在课程中可结合森林碳库、碳汇的估算实例，一方面有助于学生理解碳循环的过程，认识到森林生态系统在全球碳循环中的重要作用，同时还可学习到碳库和碳汇估算的基本原理和方法，以及生产力等重要概念。这对于林业大学的学生其他课程的学习，也是很有益的。

(7)气候变化的适应对策，主要介绍全球变化条件下的林业对策、农业对策、荒漠化防治对策等行业对策。同时，根据近年来的进展，介绍国际社会和我国政府为应对气候变化所采取的一系列措施，主要包括以京都议定书为核心的一系列国际公约和我国的相应实施政策，以及哥本哈根气候峰会的主要成果。这一部分着重让学生理解人类社会应对未来全球变化、保证经济可持续发展的策略，是全球生态学的重要教学目标。对于非生态学相关专业的学生，这些内容不仅容易理解，也能和他们自己的专业结合起来，有助于启发和引导他们利用自己的专业知识进行全球变化相关问题的思考。

两年的教学实践表明，这些内容不但能为绝大多数学生较好地理解，而且一些学生还对全球生态学的专业研究内容产生了浓厚兴趣，开始主动寻找相关书籍和论文进行阅读和思考。因此，我们认为这些教学内容是符合我校多数专业本科生的实际情况的。对于希望学习更多《全球生态学》专业知识的生态学相关专业的学生(如林学、水土保持等专业)，考虑到理解有关研究内容对多个学科的知识储备要求较高，我们认为以在研究生阶段、或在本科4年级针对这些学生开设专业选修课更为合适。

三、结　语

在本科阶段开设《全球生态学》全校公共选修课是一项新生事物，在选课学生拥有浓厚的兴趣的同时，学科内容和学生心里预期有一定落差、学科内容的专业性较强、学生知识背景相对不足、没有理想的本科阶段教材等，都对上好这门课构成了一定的挑战。我们在分析学生具体情况和学科知识结构的基础上，认为科学选择教学内容是保证教学效果的基础。本文通过教学实践的探索，提出了我们认为比较合适的内容以供大家探讨。由于全球生态学专业性较强的特点，除了科学选择教学内容之外，在课程中还需采用有效的教学方法，动用多种教学手段调动学习兴趣、帮助学生理解、巩固学习成效，才能取得较好的教学效果。

参考文献：

[1]张兰生，方修琦，任国玉．全球变化［M］．北京：高等教育出版社，2000.
[2]方精云(主编)．全球生态学［M］．北京：高等教育出版社，2000.
[3]周广胜，王玉辉．全球生态学［M］．北京：气象出版社，2003.
[4]李博(主编)．生态学［M］．北京：高等教育出版社，1999.
[5] GASTONK J. Global patterns in biodiversity［J］. Nature，2000，405：220～227.

面向资源环境的GIS设计与开发教学探讨

史明昌[①]
（北京林业大学林学院）

摘要：GIS设计与开发是高校GIS专业主干课程之一，面向资源环境的GIS系统与MIS或其它GIS应用系统设计开发有明显差异，当前有关方面的教学研究成果主要考虑了GIS设计与开发的共性方法，较少考虑资源环境相关业务对地学分析依赖的特点。本文通过分析面向资源环境的GIS应用系统的特点、设计开发存在的问题，结合作者在GIS教学方面的探索与实践，提出了面向资源环境应用的GIS设计与开发教学内容和方法。

关键词：GIS开发；GIS设计；GIS教学；资源环境

随着空间信息科学和技术发展，GIS技术已深入人心，GIS逐步应用到各个领域，面向行业或专题的GIS应用系统随之迅速发展，多数高校GIS专业开设了《GIS设计与开发》这门课程。由于系统设计开发属于IT范畴，多数教学中按软件工程的思路设置教学内容和教学方法，也有一部分教学从GIS的表达方式上下功夫，或者按MIS开发的过程来授课。这些教学方式主要忽视了GIS在资源环境中的应用特点，对GIS应用系统的特点强调的不够，难以达到预期的学效果。为此，笔者根据北京林业大学以资源环境为主的学科特点，从GIS应用系统发展趋势入手，结合自己GIS设计与开发教学中的体会，对面向资源环境的GIS设计与开发的教学进行了探讨。

一、GIS应用系统发展趋势

GIS从上世纪60年代初提出至今已有50年历史，随着计算机软硬件、GIS、数据库、软件开发等理论与技术的发展，GIS应用系统的设计开发也得到了迅猛发展，具体发展趋势归纳如下。

（一）支撑GIS的网络硬件环境向高性能发展

随着计算机及其网络技术发展和普及，有线和无线网络带宽均显著提高、覆盖面遍及城乡，网络GIS逐步普及，尤其Internet的普及应用，促使PC版GIS应用系统逐步退出舞台；CPU运算能力每年提高千百倍，相反成本不断下降，为网络GIS普及奠定了重要基础；单块硬盘达到TB级，存储设备对于GIS海量数据的存储管理提供了有力支撑；客户端设备从传统的计算机将逐步由便携式移动终端取代，要求应用系统减轻客户端运算负荷、减小临时存储数据。

---

① 作者简介：史明昌，博士，副教授。主要研究方向：地理信息系统。电话：13501145327。E-mail：shimc@bjfu.edu.cn。通讯地址：北京林业大学林学院，100083。

（二）支撑 GIS 的空间数据向精细化、快速更新方向发展

空间数据是 GIS 应用系统的重要基础，随着测绘和遥感技术的快速发展，空间数据向精细化快速发展，数据更新周期缩短、更新效率提高。大比例尺 DEM 逐步覆盖全国，各种专题数据不断细化和完善，高精度、全天候、多源、多普段的遥感数据全面覆盖。空间数据的发展一方面为 GIS 应用提供了有力支撑，使 GIS 应用普及成为可能，另一方面，由于数据的精细化发展，数据量也急剧增加，覆盖我国的基础地理数据、遥感数据和不同时期各类专题数据量趋于 PB 级，传统的 PC 版文件系统或数据共享应用将无法存储和管理这些数据。因此，不久的将来，一般 GIS 用户不得不放弃对空间数据的独立管理需求，更关注自己需要的空间“信息”而非“数据”。

（三）相关软件平台和开发技术向网络服务发展

GIS 平台向时空 GIS 和分布式计算发展，网格 GIS、时空数据库、时空数据模型成为 GIS 核心技术，商业数据库平台能支持多种数据结构的空间数据，提供数据仓库数据挖掘技术，软件系统向 SOA（Service Oriented Architecture）构架体系发展。这些技术的发展推动 GIS 应用系统向分布式网络系统发展，同时也为 GIS 海量数据管理和分析提供了重要保障。

（四）GIS 应用系统向提供信息服务方向发展

以空间信息科学为理论基础，以数据仓库与地理信息挖掘技术为依托，以分布式计算、分布式时空模型和连续的地理分析为核心技术，以有线、无线互联网为支撑环境，以二维和三维方式进行信息表示，为不同行业提供专业化的地理空间信息服务，这将成为 GIS 应用系统的发展趋势。

二、面向资源环境的 GIS 系统主要特点

面向资源环境的 GIS 系统以空间信息科学为基础，地图学是其信息表达的支撑，与其他 GIS 应用系统相比有以下特点：

（一）连续的地学分析

由于资源环境的发展变化与其地理分布和地理要素紧密相关。因此，要把区域资源环境纳入周边关联的连续空间进行研究，否则无法得到正确结果，这与一般的 GIS 系统将一个区域的地图作为背景是不同的。例如，北京沙尘暴无法根据北京版图进行分析，武汉长江洪水预测无法用武汉版图进行分析，宁夏的天牛蔓延趋势也不能仅在宁夏范围内进行分析。因此，面向资源环境的 GIS 系统应针对研究的对象进行连续的地学分析。

（二）栅格数据为主要数据结构

资源环境本身的特点是以某区域为核心渐变发展，无法准确标定研究对象的界线。例如，土壤侵蚀中的风蚀和水蚀，若从某一位置画出界线，一边为风蚀一边为水蚀，显然不符合自然规律；按林班边界计算森林的水源涵养效益，就不能反映森林对地下水以及对河流下游的影响。因此，用于描述资源环境的数据应以栅格数据为主，根据研究对象的特点建立相应的栅格模型，才有利于正确分析表达研究对象的规律。

（三）数据海量、空间数据组织难度大

面向资源环境的 GIS 应用系统以栅格数据为主，同时必须与各类矢量数据关联分析才能满足区域管理的要求。数据结构以及空间分析的需求，导致这类系统管理的数据量庞大，普通的应用系统也会达到 TB 级数据，增加了网络传输和信息表达的难度。为解决这一问题，

传统的 GIS 系统采用地图分层的办法，按不同精度和比例尺将某一专题图层分解为多个图层，如将全国河流按级别分成多个图层。这种数据组织方式虽然解决了地图表达和数据传输问题，但难以实现资源环境的连续分析，如不在同一图层上的河流难以实现上下游汇水关系分析，对水资源管理难以支撑。

三、存在的主要问题

GIS 应用系统属于 IT 范畴，地图的直观表达最吸引人的注意力，因此，当前的 GIS 应用系统设计开发往往按软件工程的一般方法去组织地图和相关属性，若将这种模式贯穿在面向资源环境的 GIS 应用系统设计开发之中，培养的学生难以胜任相关实际工作，突出的问题可概括以下几点：

(一)以软件工程为主线对资源环境本身特征强调的不够

GIS 设计与开发按需求分析、概要设计、详细设计、开发实现、系统测试、系统移植这一线索开展教学活动，这种教学方法能够较快引导学生进行 GIS 应用系统开发，但若不强调资源环境本身的特征，学生自然不会领悟到地学分析的连续性、空间数据组织的难度以及面向资源环境的 GIS 系统开发与一般 GIS 系统的策略的差异性，学生就业后若从事相关工作就会感到教学与实际衔接不够。

(二)需求分析缺乏与地学有机的结合

需求分析包括业务需求、用户需求、功能需求、输入输出需求等主要内容，是系统开发的重要环节，通过对业务需求和用户需求分析，导出功能需求和输入输出需求。以软件工程为线索往往关注业务本身，缺乏将“业务”与“地理”有机的结合，导致需求分析不全面，最终导致系统无法发挥应有效益或无法应有。GIS 专业一般只开设《自然地理》这门课程，学生的地学知识较缺乏，面向资源环境的 GIS 系统设计与开发教学中，如不突出“业务”与“地理”的有机结合，就会让学生误以为 GIS 应用系统就是用地图方式表达专业问题，不利于学生全面发展。

(三)关注地图表达忽视了地学分析

GIS 应用系统与 MIS 在信息表达上的差异在于“地图”，因此人们自然想到为了实现这种表达怎样去组织数据、怎样查询信息。事实上如果把资源环境数据完全制作出来，然后存入空间数据库，最终用于地图表达，在时间和成本上都是不可能的。因此，必须借助基础数据通过分析模型实现专题分析和信息表达。从地学分析入手组织数据与从地图表达入手组织数据是完全不同的，一般的 GIS 设计与开发课程往往不强调这一点。

(四)未强调空间数据更新问题

空间数据更新是 GIS 应用系统持续应用的前提，一般在教学中也会做一般性介绍，但在系统设计和开发的实习中由于各种原因，大都省略了这部分内容，只关注了属性数据的更新。大多数学生在实习中能够实现专题地图的浏览和查询就会有成就感，自然不会再关心空间数据更新问题。面向资源环境的 GIS 应用系统涉及的数据结构类型多、数据组织复杂、数据量大，甚至涉及时空数据库和时空模型，简单的点、线、面编辑难以解决问题。如果在教学中加以强调和引导，并在实习中得以实现，就会增强学生对空间数据更新的重要性、方法、技术的理解，在实际工作才能开发可用的系统。

四、应强调的教学内容与方法探讨

根据 GIS 应用系统发展的趋势、面向资源环境的 GIS 系统主要特点、教学中存在的问题，结合笔者的教学体会，认为面向资源环境的 GIS 应用系统设计与开发教学中，除了共性的内容与方法，宜对以下几方面加以强调：

（一）将空间信息服务理念融入教学

空间信息服务已成为 GIS 应用系统的发展趋势，这种技术架构恰好能够解决面向资源环境的 GIS 应用系统对数据的组织管理、数据传输和信息表达问题，因此将空间信息服务的理念贯穿到整个教学之中，会收到良好的效果。这种教学方式要注意几点：一要强调 GIS 应用系统的目标是用信息技术解决地学分析的有关业务问题，而非简单的空间信息管理，让学生对 GIS 应用有更深层的认识；二要强调面向资源环境的 GIS 应用系统对地学模型的依赖和连续地理分析的必要性，避免只考虑业务信息管理；三要强调空间信息服务是采用 SOA 技术架构的 GIS 与业务模型的有机集成，并为用户提供专题空间信息，避免让学生对空间信息服务产生误解；四是用案例说明空间信息服务和传统 GIS 应用系统的区别和联系，便于让学生理解教学内容；五是在实习环节采用支持空间信息服务的 GIS 平台，便于快速验证教学内容。

（二）在需求分析环节将业务与地学融合

许多面向资源环境的 GIS 应用系统，实际是将 MIS 的信息“嫁接”在电子地图上，这与 GIS 应用系统虽然在表达方式上基本相同，但技术原理有本质的区别。为避免这一问题，在需求分析中，将面向资源环境的业务与地学分析有机结合，而非简单的空间位置与属性信息的耦合，从而引导学生全面分析业务与地理要素的关系。教学中将业务信息分为两类，一类是直接通过空间位置在地图上表现业务信息，例如森林资源管理中的小斑信息；另一类是地理要素为基础通过空间分析得到结果并以地图方式表达，例如森林涵养水源效益，是通过分布式森林水文模型计算地表和地下水从坡面汇集到沟道，再由支沟汇集到河流的过程，它与连续的空间位置的植被、土壤、降水、蒸发、地形等因子有关，一般通过矢量—栅格混合模型分析得到结果，人工无法确定每个位置上的信息。在业务需求中，应明确借助地学分析才能解决的专题，将业务与地学分析融合在一起，否则难以设计开发出优秀系统。

（三）将“数据需求与空间数据组织”单独作为一章加以突出

空间数据在面向资源环境的 GIS 应用系统中至少占一半的成本，因此应将其作为一章突出讲解。GIS 应用系统中的空间数据，一部分用于空间信息表达，属于地图学范畴，另一部分用于地学分析，属于地理学范畴。用于地学分析的空间数据，在组织方式和存贮管理中应首先考虑满足模型分析对数据结构的要求。为达到预期的教学效果，建议将“数据需求与空间数据组织”单独作为一章加以强调。具体应包括：①系统建设目标与数据需求。主要围绕系统建设目标讲解业务与空间数据、数据组织与模型、数据类型与数据结构、数据量与数据存储、数据更新方法与数据成本等之间的联系和分析方法；②空间数据标准与质量控制。主要讲解与业务相关的数据标准、空间数据质量概念与要求、空间数据质量控制方法、元数据及其管理等内容；③空间数据组织。主要讲解数据分类分级与分层组织、矢—栅混合海量数据组织策略、满足专题分析的空间数据模型、满足空间模型的数据处理要求等内容。需要强调的是，空间数据处理一般是按地图分幅进行的，为满足资源环境分析的需要，数据入库后必须保证数据的空间连续性。如为计算河流任意断面水位，需分析上下游汇水关系，只绘出各级河流位置图是不够的，可用水系拓扑模型记录各河流的入水口和上下游关系，在数据处理时就应建立这种拓扑关系；④空间数据获取与更新。主要讲解空间数据更新周期与更新方案、空间数据在线更新技术、外部数据入库方法、空间数据交换等内容。

(四)在系统设计和实现教学环节突出空间数据更新内容

GIS应用系统的空间数据更新，是GIS应用系统持续运行的瓶颈，它直接影响系统的寿命。由于空间数据更新复杂，在教学中甚至在生产实践中往往都将它回避，这将直接影响对学生的培养以及GIS的应用价值。当前，空间数据在线编辑、GPS空间数据采集与无线传输、外部空间数据导入数据库等方式逐步成为空间数据更新的重要途径，ArcGIS、DTGIS等GIS平台均有类似的客户端软件，在教学实习中加以引导和示范，学生就会在未来的实际工作中重视空间数据的更新问题。针对在线更新方法，系统设计要考虑“长事务”处理、临时空间拓扑建立、数据传输与入库最小独立单元确定、空间—属性地学意义验证等问题，保证数据在线更新的稳定性、安全性、可操作性。

(五)在系统测试教学环节强调对地理信息表达的测试

系统测试是软件工程的重要环节，也是当前的重要行业。传统的系统测试，关注系统的稳定性、安全性、并发性等计算机技术，以Bug管理为主线，忽略了GIS应用系统的空间信息表达。图例符号是否规范，空间数据的边界值是否限定、地理分析结果是否符合自然规律等等，类似问题计算机专业的人员在系统测试中无法解决。GIS专业的学生有相关的专业背景，将类似问题纳入GIS应用系统的测试范围，只要对这样的问题加以强调和引导，就会引起学生重视，在未来的工作中就能够发挥GIS专业学生的优势。

五、结 语

地理信息系统以其直观的地图表达深入人心，它与电子地图有本质区别，如果忽视“地理”片面的追求“信息系统”，将无法实现GIS的空间分析功能，也无法发挥其应有的应用价值。按上述内容改革面向资源环境的GIS应用系统设计与开发教学方式，确实会增加教学难度，但只要方法得当，并不增加学生的理解难度，却能让学生就业后很快与生产实际接轨。笔者通过对近三年自己培养的从事GIS相关行业的学生调查，得到了多数学生的赞同，为此加以总结，供同行参考。

参考文献：

[1] 贾泽露，刘耀林，刘兴全．从市场需求看我国高校GIS教学改革．地理空间信息，2006.4(1).
[2] 孔云峰．高校《GIS分析、设计与管理》课程设置研究．地理信息世界，2005.10(5).
[3] 党安荣，刘钊，贾海峰．面向应用的高校GIS教学探索与实践．地理信息世界，2007.04(2).
[4] 龙毅，周侗，沈婕．发挥GIS专业特色培养学生的综合能力．现代测绘，2006.01(1).
[5] 黄杏元，马劲松．高校GIS专业人才培养若干问题的探讨．国土资源遥感，2002.09(3).

关于加强森林培育学理论研究的探讨

刘　勇[1①]，李国雷[1]，吕瑞恒[1]，赵　华[2]
（1. 北京林业大学林学院；2 贵州省林业调查规划设计院）

摘要：随着科学发展和社会对森林需求的增加，加强森林培育学理论研究显得十分必要，但是如何通过开展理论研究，以便最终形成能够有效指导森林培育技术的理论体系，目前尚缺乏广泛讨论和研究。为此，本文提出以系统科学的思想和方法为指导，从森林系统的起源，立地条件与森林生长的相互作用关系，森林系统的功能及其实现基础，森林系统的动态变化规律及森林培育技术对森林最终目标的影响等四个方面开展研究。随着研究在深度和广度的展开，森林培育学的理论体系定会逐渐形成和完善。

关键词：森林培育学；理论研究；系统科学

森林培育学(原为造林学)作为林学的一个二级学科，主要从事森林培育理论和实践的研究[1]。自诞生之日起，人们就在探索如何营建能够满足人们需求的森林，从最初只注重木材生产，到现在已认识到除对木材为主的直接产品培育外，还有对森林间接效益的培育，同时还包括森林人文资源等无形精神资源的培育[2]。同样，对森林的认识也发生了巨大而深刻的变化，从古人将很多树木长在一起称为森林开始，到把森林定义为以乔木和其他木本植物为主体的一种生物群落[3]，再到认为森林是一个由相互作用、相互依赖的生物、物理和化学成分组成的复杂的功能系统[4]。随着近年来系统科学和生态学的进一步发展，更把森林看成一个复杂适应性系统[5]。

可见，随着科学技术进步和社会发展，人们对森林的认识更加深刻、也更加复杂，对森林培育目标的需求也更加多样，为此引发的争议也逐渐增多[6]。然而，以前的森林培育学是在林业以木材生产为主的建设目标背景下确定的学科框架，其整个学科理论体系、技术体系架构以培育木材为主[2]。如今，社会需求已由单一目标培育发展到多目标培育，森林培育学必然在理论上表现出一些不足，主要体现在尚缺乏完善的理论体系。全面反映我国森林培育学理论与技术的应该是几十年来不断修订的森林培育学教材，以北京林业大学主编的《森林培育学》为例，从1961年第一次出版《造林学》[7]，到1981年和1992年两次修订[8,9]，其主要内容是从林木种子生产、苗木培育、森林营造、森林抚育和主伐更新的技术体系，对象以人工林为主。2001年对前三版造林学进行了较大修改，并更名为《森林培育学》[1]，内容包含森林培育的基本原理和森林培育技术两大部分，强调培育对象包括人工林和天然林，而且有了理论体系的框架。但是理论部分主要是从前几版《造林学》中的相关内容中抽出来，

①　第一作者：刘勇，博士，教授，博士生导师。主要研究方向：森林培育学。电话：62338994。E-mail：lyong@bjfu. edu. cn。通讯地址：北京林业大学47号信箱，100083。

进行了充实和加强，单独当成理论部分来对待，离形成完善的理论体系尚有一段距离。

因此，现有的森林培育理论还不能回答生产提出的各种问题，理论的能动作用往往显得软弱无力[10]。以天然林培育为例，从1998年开始，中国实施了天然林资源保护工程，很多地方采取的是完全禁伐。在工程中期有关方面指出："仍有大面积人工中幼龄林没能进行抚育，林分密度过大，不利于林木生长，易诱发病虫灾害。"[11]可是这些人工林是当成天然林来培育的，其作用也主要是生态效益。那么这样的森林应该如何抚育，是按照用材林的方式来间伐吗？现有理论和技术无法回答。所以，森林培育学面临着加快和拓展其基础理论研究的紧迫任务。

本文旨在为如何开展森林培育学理论研究提出自己的粗浅看法，希望能促进森林培育基础理论研究的快速发展。

一、用系统科学指导森林培育学理论研究

系统科学是20世纪中叶形成、近几十年来发展十分迅猛的一个大门类新兴学科。它把事物看作系统，从系统的演化、结构和功能方面，研究各学科的共性规律，是各门学科的方法论和基础。它的诞生和发展集中体现了人类对客观世界的认识走的是一条从总体到局部，再到总体；从分析到综合，再分析，再综合，不断地螺旋式地向更广、更深发展的道路。它是人类在经过300年的近代科学技术的发展分化后出现的更高层次、直接走向宏观系统，走向复杂和综合的一门学科[12]。森林是以乔木和其他木本植物为主体，多种生物与环境相互依赖、相互作用的复杂系统。它是一个整体，整体与各部分之间是一种非线性的关系，从而使得在整体层次上会涌现出各组成部分所不具备的新特性，换句话说，复杂系统具有创造力，森林生物多样性就是森林这一复杂系统所创造的成果[13]。另外，由于森林的多目标和多种效益，森林培育从来就不是林业专业和林业部门所能独自完成的事情，它还涉及社会、经济、土地资源、农业、水利、畜牧、环保、旅游等诸多方面。因此，森林培育学涉及的不仅是森林生态系统，还涉及自然系统、社会系统等多方面和多层次的系统。对于这样一个需要处理多个系统相互关系的学科，仅仅以生命科学和环境科学作为其理论基础就表现出一定的局限性，所以有必要用系统科学来指导和丰富森林培育学的有关理论，使森林培育学建立在更加宽广、稳固的基础之上[14]。

用系统科学指导森林培育理论研究主要体现在两个层次上，一是思想，二是方法。思想上把森林看成是一个整体，整体所表现出来的特性，如森林的稳定性、健康性、生物多样性等，是森林各个组成部分及其所处环境相互作用后在整体上所表现出来的。对这些整体特性的把握既要研究各个部分的相互作用关系，又要站在整体上以系统思想来看待，否则就会犯"只见树木，不见森林"的错误。方法上借鉴系统方法论十分必要，这包括：还原论方法和整体论方法的结合，分析方法与综合方法的结合，定性描述与定量描述的结合，局部描述与整体描述的结合，确定性描述与不确定性描述的结合，静力学描述与动力学描述的结合，理论方法与经验方法的结合，精确方法与近似方法的结合，科学理性与艺术直觉的结合，等等[12]。其中模型方法具有其独到之处，模型实际上就是宏观地、抽象地来看问题，抓住主要的大方向，忽略细节[15]。从科学角度来看，复杂系统的研究也只有上升到模型构建的层面上，并建立起属于系统本身特色的模型，复杂系统研究才能上升到科学层次[5]。

二、完善森林培育学理论体系的研究思路

完善森林培育学理论体系需要进行大量理论研究工作，既需要以生态学为主的多个学科的有关理论向森林培育学渗透，也需要以森林培育技术措施为对象，探讨其对森林生物与环境多方面的影响，从而上升到理论。通过多方、长期、深入研究后，森林培育理论体系的完善才会水到渠成。我们认为可以先从以下几个方面开展研究和探讨，随着研究的深入，需要研究的领域和方向会逐渐扩展和清晰。

（一）森林系统的起源

森林培育是要在无林的地方造林和在有林的地方经营管护好森林，这就需要搞清楚森林是如何起源的，因为不同起源方式对森林的生长状况、植被组成、生物多样性、土壤等都有重要影响。对西南桦人工林和天然山地雨林的比较研究表明，人工林群落结构简单，乔木层树种单一，藤本植物欠发达，生物量小；而山地雨林群落结构复杂，乔木层树种可达 38 种，藤本植物种类多，十分发达，生物量更是远大于人工林[16]。不仅天然林和人工林之间差异较大，而且人工林之间也会由于起源方式而产生较大差异，例如植苗造林与飞机播种的油松人工林就存在很大差异，从林下植被灌木层、草本层的 Shannon-Wiener 指数看，植苗营造的油松林分别为 1.883，1.890，而飞播油松林仅为 1.189，1.616[17]。这方面的研究还有不少，但缺乏系统归纳和上升成为理论，因而在采取何种森林恢复方式时，缺乏全面的理论指导。

（二）立地条件与森林生长的相互作用关系

立地条件历来是森林培育学研究的重要内容，最近的 2001 版《森林培育学》也将其放入基本原理部分进行阐述。但是，过去的研究多偏重于立地质量评价、立地类型划分等，侧重于立地条件对森林生长的影响方面。而森林作为一个有机系统，它既受环境的制约，同时又作用于环境，对环境起着改造的作用。森林和环境其实是共同进化的。黄土高原地区 45 年生油松、刺槐人工林，对土壤的有机质、全氮、全磷、碱解氮、速效钾等营养元素含量的提高有很大帮助，但不同林型提高程度不同，除全钾、速效磷以外，各项指标刺槐均大于油松人工林[18]。陕北黄土区草地、灌木林、混交林日均光照强度为对照的 78.79%、23.48%、11.36%，日均气温比对照降低 0.58℃、1.12℃、1.51℃，日均相对湿度增加 1.67%、9.67%、12.1%，遮光降温保湿效应是混交林 > 灌木林 > 草地[19]。不同植被对土壤和林内小气候有一定影响，即使是同一林分，采取不同培育措施，其土壤和林内小气候也有很大差异。25 年生杉木林随着间伐强度的提高，林内光照强度增加，空气湿度降低；在寒冷多湿地区，杉木林土壤肥力增加，而在温暖的气候条件下，土攘肥力则降低[20]。可见，只有立地条件和森林生长之间的相互作用关系搞清楚以后，我们才能知道在什么立地发展什么森林，同时要达到何种环境可以采取什么步骤，选择什么树种，进行何种植被组合，采用什么样的抚育措施才能够得以实现。而后者恰恰是现在植被恢复的一个重要内容。

（三）森林系统的功能及其实现基础

森林具有多种功能，而传统的森林培育主要是针对木材生产。在社会需求日益多样化的大趋势下，要发挥森林培育实现多目标的潜力，首先就要根据当前的社会需求，确定出森林的主要功能，并将这些功能与树木生长、树种组成、结构、密度、配置等森林群落特征联系起来。Haeussler 等[21]强调在植物群落方面的少量改变，可能导致森林组成、生物多样性和

生态系统功能的巨大变化。因此，认清功能与森林群落特征的关系，为采取相应措施调控森林群落特征以达到各种目的提供理论基础。同时，将各种林业理论，如可持续发展、近自然林业、生态林业、多功能林业、新林业、林业分工论、分类经营等与培育目标结合起来，形成能够指导森林培育进行技术组合，以实现不同目标的理论与技术体系。

（四）森林系统的动态变化规律及森林培育技术对森林最终目标的影响

要培育好森林，了解森林群落的动态变化规律是一个根本的方面。虽然这方面的研究历来是由生态学承担，然而，也十分有必要从森林培育角度来进行探讨。因为森林培育是要构建和调控森林，使其为人类的各种需要服务，这就要对森林实施各种人为调控措施。这些调控措施必然会影响森林的动态变化规律，而了解这些影响和相互关系，正是森林培育学理论应该回答的问题。

以生物多样性与森林稳定性问题为例，这虽然是一个生态学问题，但是对森林培育也十分重要，它涉及到森林培育措施通过影响生物多样性，而导致对森林稳定性的调控。早在20世纪70年代以前，生态学家一直认为，更高的物种多样性会增加生态系统的稳定性[22,23]。然而20世纪70年代May[24]的理论研究表明，简单生态系统比复杂系统更可能趋于稳定。这一问题在沉寂20多年之后，近年来，随着全球性物种灭绝速度的加快，生态系统物种减少会对生态系统稳定性造成何种程度影响成为备受关注的一个问题。最近的研究结果也并非一致，很多生态学家通过控制试验证明，物种多样性有利于生态系统稳定性[25~30]。可也有不少人的结果与此相反，他们认为物种多样性与生态系统稳定性之间不可能存在必然联系或存在不确定关系[31~35]，双方争论激烈。我们从系统角度也许会得到比较客观的东西，当系统起源初期，系统比较简单时，各部分相互作用不强，新特性涌现少，系统相对容易稳定。可当新特性涌现后，系统稳定性就会丧失，系统为了和谐，就会不断变化以适应新的状态，这就产生新的特性，多样性增加，这些增加的多样性使系统达到了稳定。可是多样性增加以后，系统各部分之间相互作用增强，更容易产生新的涌现特性，又会导致系统失去已有的稳定，为了适应又会产生新特性来达到稳定，多样性继续增加。这是一个无限的循环过程，多样性的增加是为了系统适应、为了稳定，但是多样性增加的本身又为系统进一步不稳定提供了条件。这就如同厨师和面，水多了加面，面多了加水一样。进化就是这样一个寻求稳定，但永远没有最终稳定的过程，这一过程使得生命越来越复杂，多样性越来越丰富。这一关系提醒我们，在森林培育过程中，既要保护生物多样性，又要考虑其对稳定性的影响，在不同的森林中求得两者的和谐就是一个重要的森林培育学理论问题。

同样，森林培育技术措施对实现森林最终目的的程度有重要影响。对西加云杉的研究表明，各种森林培育技术措施，如轮伐期、初始密度、间伐、除草、施肥等等，对木材质量有重要影响[36]。以植被管理技术为例，对全世界60项长期研究的综述表明，大约四分之三的研究发现，植被管理能够提高30%~500%木材产量[37]。然而，现有研究多以林木生长状况为最终目标，用材林是要清除植被，但是对于以防护效益为主的防护林则需要保护植被，从更大范围来看还要保护生物多样性。实际上除植物之间相互作用机制外，还有，动物、昆虫、微生物，以及其他森林居住者与目的树种之间同样存在着十分重要的相互作用。要把它们包括在内，这是对森林培育的挑战，它挑战我们要完全了解在森林中各种生物之间的关系，从而才能更好地设计出有效的可持续的森林培育措施，以提供林产品、服务、适合人类的生境[38]。

毫无疑问，这就需要以森林培育目标为导向，综合生物、环境、生态等等相关学科的研究成果，建立技术措施与目标森林质量的关系，形成各种理论，才能够很好地指导森林培育技术措施的选择与运用。

三、结　语

森林培育学理论体系并非短时间和少数人就能完善，它需要森林培育学的同行们经过长期不懈努力才能做到。本文提出要用系统科学的思想和方法来进行森林培育学的理论研究，其通俗的原因是森林培育学理论属于应用性理论，既需要其他学科的基础理论和知识为依托，如生命科学中的植物学、生理学、遗传学、生态学等，以及环境科学中的气象学、地质学、水文学、土壤学等，又需要与森林培育的生产实践相结合。所以，要将如此众多的基础理论和广泛的生产实践融为一体，没有系统思想和方法是很难完成这一任务的。文中只列出了我们认为近期需要研究的四个方向，但这并非全部，本文意在抛砖引玉，希望能得到更多同行的关注。

参考文献：

[1]沈国舫．森林培育学［M］．北京：中国林业出版社，2001.

[2]杜天真，郭圣茂．林业建设的战略性转变与森林培育理论和技术的变革［J］．江西林业科技，2005，6：1～4.

[3]Spurr S H，Barnes B V．Forest Ecology（3rd ed.）［M］．New York：John Wiley & Sons，Inc，1980.

[4]Kimmins J P．森林生态学［M］．曹福亮译．北京：中国林业出版社，2005.

[5]徐国祯．试论森林生态系统是一类复杂适应性系统[J]．世界林业研究，2008，21(3)：6～10.

[6]O'brien E A．Publics and woodlands in England：well-being，local identity，social learning，conflict and management［J］．Forestry，2005，78(4)：321～336.

[7]北京林学院造林教研组．造林学［M］．北京：农业出版社，1961.

[8]孙时轩．造林学[M]．北京：中国林业出版社，1981.

[9]孙时轩．造林学(第2版)［M］．北京：中国林业出版社，1992.

[10]王九龄．森林培育．见关百钧，魏宝麟主编．世界林业发展概论［M］．北京：中国林业出版社，1994，43～62.

[11]中国国际工程咨询公司．关于天然林资源保护工程建设阶段性(1998～2003)评估报告．见国家林业局天然林保护工程管理办公室和国家林业局天然林保护工程管理中心编．天然林资源保护工程管理手册［M］．北京：中国林业出版社，2006，522～536.

[12]许国志．系统科学［M］．上海：上海科技教育出版社，2000.

[13]刘勇．感悟创造：复杂系统创造论［M］．北京：科学出版社，2008，56～76.

[14]刘勇，宋廷茂，翟明普等．用系统科学指导和丰富森林培育学［J］．林业科学，2008，44(7)：1～5.

[15]Herz A V M，Gollisch T，Machen C K，*et al.* Modeling single-neuron dynamics and computations：a balance of detail and abstraction[J]．Science，2006，314：80～84.

[16]陈宏伟．西南桦人工林群落特征及土壤肥力变化研究［D］．北京林业大学，2008.

[17]刘勇，李国雷．北京山地森林飞播林的修复与重建．见李俊清等．北京山地森林的生态恢复[M]．北京：科学出版社，2008，283～316.

[18]刘举，常庆瑞，张俊华等．黄土高原不同林地植被对土壤肥力的影响［J］．西北农林科技大学学报，2004，32(sp)：111～115.

[19]徐丽萍，杨改河，姜燕等．黄土高原人工植被小气候生态效应研究［J］．水土保持学报，2008，22(1)：163～167，173.

[20]胡建伟，朱成秋．抚育间伐对森林环境的影响［J］．东北林业大学学报，1999，27(3)：65～67.

[21]Haeussler S and Bergeron Y. Range of variability in boreal aspen plant communities after wildfire and clear-cutting [J]. *Can. J. For. Res.* 2004, 34: 274～288.

[22]MacArthur R F. Fluctuations of animal population and a measure of community stability [J]. Ecology, 1955, 36: 533～536.

[23]Elton C S. The ecology of invasions by animals and plants [M]. London: Methuen, 1958, 143～159.

[24]May R M. Stability and complexity in model ecosystem [M]. Princeton: Princeton University Press, 1973.

[25]Naeem S., Tompson L J, Lawler S P, *et al.* Declining biodiversity can alter the performance of ecosystems[J]. Nature, 1994, 368: 734～737.

[26]Tilman D, Downing J A. Biodiversity and stability in grassland [J]. Nature, 1994, 367: 363～367.

[27]Tilman D, Reich P B, Knops J M H. Biodiversity and ecosystem stability in a decade-long grassland experiment [J]. Nature, 2006, 441: 629～632.

[28]Tilman D, Wedin D, Knops J M H. Productivity and sustainability influenced by biodiversity in grassland ecosystems [J]. Nature, 1996, 379: 718～720.

[29]Hector A, Schmid B, Beierkuhnlein C, *et al.*. 1999. Plant diversity and productivity experiments in European grasslands [J]. Science, 286: 1123～1127.

[30]Kennedy T A, Naeem S, Howe K M, *et al.* Biodiversity as a barrier to ecological invasion [J]. Nature, 2002, 417: 636～638.

[31]Huston A M, Aarssen L W, Austin M P, *et al.* No consistent effect of plant diversity on productivity [J]. Science, 2000, 289: 1255.

[32]Huston M A. Hidden treatments in ecological experiments: re-evaluating the ecosystem function of biodiversity [J]. Oecologia, 1997, 110: 449～460.

[33]Grime J P. Biodiversity and ecosystem function: the debate deepens [J]. Science, 1997, 277: 1260～1261.

[34]Wardle D A. Is 'sampling effect' a problem for experiments investigating biodiversity-ecosystem function relationships? [J] Oikos, 1999, 87: 403～407.

[35]Wardle D A. Experimental demonstration that plant diversity reduces invisibility-evidence of a biological mechanism or a consequence of sampling effect? [J] Oikos, 2001, 95: 161～170.

[36]Macdonald E and Hubert J. A review of the effects of silviculture on timber quality of Sitka spruce [J]. Forestry, 2002, 75(2): 107～138.

[37]Wagner R G, Little K M, Richardson B, *et al.* The role of vegetation management for enhancing productivity of the world's forests [J]. Forestry, 2006, 79(1): 57～79.

[38]Balandier P, Collet C, Miller J H, *et al.* Designing forest vegetation management strategies based on the mechanisms and dynamics of crop tree competition by neighbouring vegetation [J]. Forestry, 2006, 79(1): 3～27.

以精品课程建设为契机提高食品化学教学质量

王丰俊①，汪　涛，胡晓丹，徐桂娟，王建中
（北京林业大学生物科学与技术学院）

摘要：本文对食品化学精品课程建设中的方法与实践进行了初步的总结，针对原来食品化学中存在的教学内容重复较多、教学手段比较单一、评价指标相对简单等问题，根据教育部精品课程建设“五个一流”的指导思想，课题组调整了部分授课内容，改进教学方法实现了学生主体性和教师主导性的统一，优化了师资队伍，完善了教学管理，构建了三级实习体系，完善了课程评价指标。通过这些方面的教学实践，加强了食品化学精品课程建设，提高了教学质量。

关键词：精品课程，食品化学，教学质量

食品化学是高等院校食品科学与工程专业的一门专业基础课，该课程是学生在系统学习了无机化学、有机化学、分析化学、物理化学、生物化学等课程基础上再学习的一门必修课，同时食品化学又是食品工艺学等专业课的基础课[1]，因而具有承上启下的重要作用。作为一门必修的专业基础课程，食品化学主要对构成食品的基本成分如水分、糖类、脂类、蛋白质等的性质及贮藏加工中发生的物理化学变化为主要教学内容，同时介绍这些变化对食品色泽、风味、结构等质量的影响。食品化学把以前学过的基础化学跟食品变化的特性结合起来，对与食品相关的知识进行巩固和适当延伸，把学生学过的基础知识和技能引入到食品专业领域，丰富学生的专业知识，培养学习兴趣，为以后专业课程的顺利学习奠定基础。

精品课程建设是教育部为了进一步更新教育观念，提高教学质量和人才培养质量，2003年提出的一项重要的教学改革措施，精品课程建设要求体现“五个一流”，即一流的教师队伍、一流的教学内容、一流的教学方法、一流的教材、一流的教学管理[2]，这明确提出了精品课程建设的标准和目的，为我们精品课程建设与改革指明了方向。精品课程建设的关键在于改革传统的教学模式，形成特色的教学方法，重视学生参与教学过程，激发学生主动学习的兴趣，促进教学观念的转变，体现创新的教学理念。在高等院校中进行食品化学精品课程建设有利于加强食品科学与工程专业建设和实现食品专业人才培养目标，是提高食品专业教学质量的重要途径。在教研室老师的共同努力下，2009 年食品化学课程被列为我校精品课程建设项目，在课程建设过程中，项目组成员紧紧围绕“五个一流”做了许多探索与实践，不断积累经验，有效的提高了食品化学的教学质量，取得了较好的教学效果。现就食品化学

依托项目：北京林业大学 2009 年校级精品课程建设项目——《食品化学》。

① 第一作者：王丰俊，博士，讲师。主要研究方向：油脂与植物蛋白开发。电话：62338221。E-mail：w_ angfengjun@ 163. com。通讯地址：北京林业大学 112 号信箱，100083。

精品课程的建设谈一下我们的认识。

一、食品化学课程存在的问题

（一）课程内容与其他课程重复较多

食品化学是从化学角度和分子水平上研究食品的化学组成、结构、理化性质、营养和安全性质以及他们在生产、加工、贮存过程中的变化及其对食品品质和食品安全性的影响[3]。现在高校采用的教材大部分都包括水分、碳水化合物、脂类、蛋白质、维生素、矿物质、酶、色素、风味物质等内容，这些内容有的与其他课程重复，例如酶这部分内容在《生物化学》中已经做了详细的介绍、色素和风味物质在《食品添加剂》中也有详细的介绍。对于这部分内容，如果再去详细讲解，就会让学生感到重复，没有新鲜感。

（二）教学手段单一，未充分调动学生能动性

在以前的课堂教学中，老师按照教材内容，讲述水分、糖类、脂类等内容，每次课都是老师讲述，学生只是听众。在这个过程中，老师只是按照PPT内容进行讲解，比较单一，而学生只是被动地完成课堂听讲，对具体内容缺少思考过程，因而达不到锻炼学生思考的目的，只是机械性的进行知识灌输，因而有时候教师在提问讲过的内容时，许多学生都回答不上来。我们分析认为主要是由于学生被动的接受知识，没有对具体内容进行认真的思考，所以效果不好。学生的思维被固定在老师定好的框架中，处于被动状态，不利于学生对知识的掌握和思考能力的培养。

（三）课程的考评方式过于简单，评价指标不够完善

以前的食品化学考评方式主要是以期末闭卷考试成绩为依据，评价指标比较单一。这样的弊端是部分学生平时不认真学习，不认真思考、理解、掌握课堂教学的知识点，只是在考试前突击记忆一些内容，而对于需要延伸推理的部分就无能为力了，这些学生考试成绩虽然能够勉强及格，但未能全面学到课程的知识点，教学效果不够理想。

二、精品课程建设过程中的改革措施

（一）对部分教学内容进行调整

食品化学中的酶这部分内容如酶的性质、酶的命名与分类、酶促反应动力学等在《生物化学》课程中已经做了很多介绍，色素和风味物质在《食品添加剂》中也有详细的介绍，对这部分内容我们就不再详细讲解，只是给同学简单回顾一下。而对酶在食品加工和食品分析中的应用则结合实例详细讲解，譬如马铃薯在切开后会很快褐变，这是生活中经常遇到的现象，原因是什么呢？这是酶促褐变的结果。结合这类在食品中经常发生的现象我们可以对化学变化机理做详细的讲解。

在脂类这一章，油脂的物理性质、油脂在食品加工和贮藏中的化学变化都讲的比较详细，但对油脂的质量评价方法讲的不够详细，而评价方法是学生在油脂分析检测和以后的产品质量控制中经常用到的，所以我们结合相关国家标准补充了过氧化值、酸价、硫代巴比妥酸（TBA）法、碘值等指标的应用原理和详细操作方法。在油脂加工学这部分内容，教材上的内容非常简略，只是提了一下脱胶、脱酸、脱色、脱臭等精炼步骤的概念，我们考虑到油脂是大家接触非常多的食品，但大多数院校的食品专业没有拓展这方面的知识，为了扩大学生的知识面，我们增加了油脂加工学的内容，包括油脂的物理制取和化学浸提的制取方法，物

理制取方法中介绍了螺旋压榨和液压制取方法的原理和设备，化学浸提方法中介绍了4号溶剂浸提和6号溶剂浸提工艺及其原理。对毛油精炼过程，我们也做了详细的讲解，包括脱胶、脱酸、脱色、脱臭的主要方法和原理，各个精炼步骤的主要影响因素，各个精炼步骤所用到的主要设备及其结构。通过全面介绍毛油精炼过程，学生知道了日常吃的色拉油是怎样生产的并掌握了其理论依据。

(二)调动学生的学习主动性，实现学生主体性和教师主导性的统一

精品课程应该采用先进的教学方法和教学手段。在教学过程中，不能只是灌输知识，而应该培养学生主动学习的能力。采用的教学方法应该以充分调动学生学习积极性和参与性为目的，恰当地处理知识传授和能力培养之间的关系，既要教会学生获取知识的方法，又要加强学生创新能力的培养[4]。根据教学大纲的要求，我们在授课过程中，注重启发式教学，在充分发挥教师指导作用的基础上，通过强化学生的自学能力、提出自学目标、每次课前提问启发学生回忆讲过的知识等形式，力求促进学生主动思考问题、有效地调动学生的学习积极性，进而激发学生的创造力，使其深刻地理解和掌握老师讲过的知识[5]。

在讲课过程中，我们一般在期中和期末各安排两节讨论课，讨论课主要由老师将讲过的重点和难点列出来，由同学做成PPT，自愿上讲台解说，然后同学都可参与讨论，大家也可就自己有兴趣的相关问题展开讨论。例如有次学生提到生活中的一个现象：鱼放到冰箱时结冰速度很快，但拿出来时融化却很慢。就这个现象同学们进行讨论，有的是认为温度差造成的，有的是认为鱼蛋白的变化造成的……，最后从冰和水的热扩散速度差异找到了答案。正是类似的讨论使同学们对学过的知识有了更深刻的认识。虽然不是所有同学都能上台解说，但大家都在课下积极地进行了准备，对主要的内容进行了思考和分析，提高了主动学习的积极性。这样，将老师的启发式授课和学生的思考式学习结合起来，尽量实现了学生主体性和教师主导性的统一[6]。

(三)优化师资结构，增强教学力量，完善教学管理

精品课程建设需要有良好的师资队伍为支撑。我们课程组始终坚持精品课程建设和教学团队优化相结合的原则。在现有的教师力量中，对课程的师资人数、队伍结构、教师基本素质等方面的主要建设目标进行了细化[7]。教研室采用多种方法改善教师队伍的结构，提高教师队伍整体素质，尤其注重青年教师的培养，让教学水平高、教学经验丰富的老教师在教学活动中起到示范作用，通过专门培训、集体备课、教学观摩等形式，帮助青年教师提高教学能力，指导青年教师结合自身的教学体会，开展教学研究，及时总结教学经验，积极撰写教学研究论文，提高教学水平。目前本课程组教师中具有博士学位的教师达到了100%，通过师资队伍建设，主讲教授起到了核心作用，年轻老师通过培养也具有较强的教学能力，团队实力不断增强，教学水平不断提高，为精品课程的建设提供了有力的支撑。

在食品化学精品课程的建设过程中，学校组织教学督导员对课程建设情况进行检查，就课程建设中的问题提出意见，包括课堂讨论注意的事项、实习基地的建设甚至PPT的美观性都会给出很好的建议，根据这些建议我们进行完善[8]。同时，院里也组织学生进行教学座谈，就教学过程中的问题进行反馈，广泛听取学生意见，很好地促进了课程教学效果，为精品课程的建设提供了保证。

(四)加强教学实践基地建设，构建有效的三级实习体系

食品化学是理论跟实践密切结合的课程，单纯的课堂讲解只能传授理论知识。实验室的实验操作可以让学生掌握基本的实验技能，这个阶段可以称为模拟性实习阶段，而要进一步了解生产中的实际情况，就必须在实践基地进行实际操作[9]，这个阶段可以称为综合性实习阶段。为了达到这个要求，进一步将学生所学的理论知识与实际联系起来，课程组结合老师的科研课题，与北京红螺食品有限公司、露露集团北京国芝香食品有限公司等单位签订了“教学实践基地协议”，学生每年都可以在实践基地进行实际操作，现场了解相关的食品生产过程，进而分析其中的化学变化。例如在北京红螺食品有限公司可以根据果脯的加工分析糖类的转化条件和影响因素，在北京国芝香食品有限公司可以根据杏仁油的精炼过程分析脱胶、脱酸等步骤的化学变化和控制条件，从而加深了学生对食品加工过程中化学变化的感性认识。在工厂实习结束后，学生再回到学校的中试实验室，这时可以综合利用模拟性实习阶段和综合性实习阶段的知识、经验，自行设计实验方案和相关参数，进而分析其中的化学变化和影响因素，这个阶段可以称为创造性实习阶段。

这样，通过教学实践，我们构建了模拟性实习、综合性实习和创造性实习三个阶段的阶梯式实习体系，三个阶段对学生的要求是逐步提高的，通过这三个阶段的训练，学生的理论知识得到了巩固，动手能力得到了加强，创新精神得到了培养，有效地改善了食品化学的教学效果。

（五）考核方式精细化

在以往对学生的考核中，仅仅依据期末考试的成绩来对学生作出评价是不太公平的[10]，为了避免这种现象，我们对考核方式进行了细化。一是根据期末考试成绩予以评分，这部分占总分的50%；二是对期中、期末两次课堂讨论的表现给予评分，主要是考察PPT的准备情况、内容讲解情况和问题分析的深度，这部分占总分的30%；三是根据平时的作业质量给予评分，尤其是对思考题的分析，充分体现了学生是否对问题进行了认真的思考，这部分占总分的20%。这种精细化的考核方式能够比较真实的体现学生主动学习的情况和课程教学效果，学生不再只是完成期末考试即可，而是认真学习每个知识点，认真准备每个教学环节，因而提高了学生的学习主动性，改善了教学效果。

三、结 论

在学校和学院的大力支持下，我们食品化学精品课程建设一直以教育部精品课程建设“五个一流”的要求为目标，优化教学内容，不断改进教学方法和手段，增强师资队伍，加强教学实践基地建设，细化考核方式。通过这些方面的改进，调动了学生学习积极性，增强了学生分析和解决实际问题的能力，提高了教学质量。当然，精品课程建设是一项长期的教学质量工程，不能一蹴而就，我们必须把课程建设深入到整个教学活动和课程建设中去，以建设精品课程为契机，从整体上提升食品化学的教学质量。

参考文献：

[1]赵国华．全国食品化学课程运行情况调查[J]．中国农业教育，2007，(6)：36~37.

[2]芦君．国家精品课程发展及研究现状概述[J]．重庆高教，2009，22(4)：52~53.

[3]李发胜，李明阳．提高食品化学教学质量的探索[J]．中国科技信息，2009，(4)：262~265.

[4]周亦武，刘丹，朱少华等．以精品课程建设为契机深化法医毒理学教学改革[J]．卫生职业教育，2009，27(24)：8~9.

[5]李向丽，王琼，张桂芝．食品化学课程教学改革与研究[J]．科教文汇，2009，(3)：110.
[6] 张风华，庞伟，杨乐等．农业生态学精品课程的建设与探讨[J]．中国教育发展研究杂志，2009，6(12)：29～30.
[7] 杨文强，吴翊．《概率论与数理统计》精品课程建设的思考[J]．高等教育研究学报，2009，32(4)：85～86.
[8] 卢蓉蓉，杨瑞金，张文斌．食品化学精品课程建设的探索与实践[J]．江南大学学报(教育科学版)，2007，(4)：89～90.
[9] 陈伟，刘青梅．食品工艺学实验教学改革与实践[J]．浙江万里学院学报，2009，22(5)：97～99.
[10]张余，贾小丽，孙艳辉．课程论文在食品化学理论教学中的实践与探索[J]．滁州学院学报，2009，11(3)：81～83.

提高食品微生物学教学质量的改革与实践

彭霞薇①，谢响明，李志茹
（北京林业大学生物科学与技术学院）

摘要：《食品微生物学》是食品科学与工程专业本科生的一门重要的必修课。结合近几年的教学情况，本文论述了食品微生物学教学内容与方法改革的实践及效果。对于教学内容的更新与优化，主要是增加现代生物技术在食品微生物中应用的知识，删除陈旧的内容，重视微生物基础知识和新技术在食品微生物学中的应用，注重前沿知识的介绍；教学方法的改革是教学内容改革的重要保证，在教学过程中采取"情景式"、"启发式"、"讨论式"、"角色转换式"、"比较式"、"推导式"等多种教学方法综合应用，调动学生学习的积极性和主动性，取得了良好的教学效果，促进教学质量的提高。

关键词：食品微生物学；教学内容；教学方法；改革与实践

食品微生物学是为食品科学与工程专业本科生所开设的一门必修课，它既是微生物学的重要分支学科，又是食品科学的重要组成部分，它是专门研究与食品有关的微生物的种类、特性以及微生物与食品的相互关系及其生态条件的一门学科[1]。其主要研究内容包括：研究与食品有关的微生物的生命活动的规律；研究如何利用有益微生物为人类制造食品；研究如何控制有害微生物，防止食品发生腐败变质；研究检测食品中微生物的方法，制定食品中的微生物指标，从而为判断食品的卫生质量而提供科学依据。食品是人类赖以生存的最重要的条件，食品微生物学伴随着人类的进程而不断得到发展。食品微生物学实践性和应用性很强，在食品加工和食品质量控制上，都具有十分重要的地位。食品工业的迅猛发展，对食品微生物学的教学工作提出了更高的要求。为了使学生能更好地掌握微生物学知识，成为符合生产和社会发展的实际需要的、能学以致用、具有创新精神、具有解决实际问题能力的有用之人，我们对食品微生物学教学进行深入改革，主要在教材和课件、教学手段和方法、实践教学等方面进行了一些探索，以提高教学质量，培养学生的积极性和主动性，适应新时期社会发展的需求。

一、合理选择教材，优化教学内容

教材是教学的基本工具，选择一本好的教材是成功教学的基础。食品微生物学是一门历史较短、发展较快、纵横交错和广泛联系实际的学科[2]。要利用有限的时间，向学生提供全面、丰富的知识，使学生用最少的时间获得最大的收益。目前国内知名院校通用的几本微

依托项目：北京林业大学2010年校级教学改革项目——食品微生物学课程教学内容改革研究与实践。

① 第一作者：彭霞薇，博士，副教授。主要研究方向：资源与环境微生物利用。电话：62336016。E-mail：pengxw@bjfu.edu.cn。通讯地址：北京林业大学162号信箱，100083。

生物学教材内容的深度和广度，与本校本专业的要求不相吻合。而且，每本教材都各有侧重点，很难选定其中一本直接作为本专业学生需要的教材。针对这个问题，我们在备课时，就围绕本课程的教学大纲和教学计划的要求，仔细参阅了多本国内外现有的优秀教材，包括沈萍等主编的《微生物学》[2]、Jay J M 等主编的《Modern Food Microbiology》[3]，以及江汉湖主编的《食品微生物学》[4]等。在组织教学内容时，从中选定一本为主要参考书，作为学习的主线。然后，针对每章节的内容特点，分别从国内外现有的优秀教材中，为学生选定其中的几本，作为辅助参考书，鼓励学生在课堂外阅读，加深其对重点概念和原理的理解和掌握。经过改革后的教材结构，包含了主要参考书和辅助参考书两大部分，避免了单纯靠一本教材而带来的局限和不足。课后对辅助参考书的阅读，无疑也有助于培养学生自主学习的能力，并使其更清晰和更牢固地把握课程的核心内容。更重要的是，由资深学者编写的优秀教材，在学生们学会做人、学会求知、学会做事和学会生存的求学之路上，将会起到潜移默化的引导作用。而多本优秀教材的相互补充，所产生的效果更是不容忽视。

二、改革传统的教学方法

食品微生物学传统的教学方法大多是教师在课堂上讲得很多，非常辛苦，学生要长时间听讲并做大量的笔记，也非常疲劳。一堂课下来，师生皆累不堪言，而教学效果却不尽人意。课后学生背书、背笔记，考试结束后，学生掌握的知识所剩无几。造成这种结果的主要原因是只注重了教师的主导作用，而未能发挥学生的主观能动性；只注重了知识的传授，而忽视了学生自学能力的培养。因此，要想提高课堂教学的实效性，就必须对传统的课堂模式进行改革。在课堂教学中引入灵活的教学方法，有利于充分激发学生的学习兴趣，调动学生的积极性、主动性和创造性，培养学生独立思考、综合分析和解决问题的能力[5,6]。

(一)采用“情景式”教学，激发学生的学习兴趣

在教学过程中如何激发学生的学习兴趣，是决定教学效果的关键。将学生熟悉的生活情景和感兴趣的事物作为教学活动的切入点，学生能迅速进入最佳的学习状态，身临其境地分析问题和解决问题。在正式讲授教学内容之前，教师提出与教学有关的一些问题，以引起学生的好奇与思考，并将这些问题有意识地、巧妙地与所要讲的知识相联系。例如在讲授第二章细菌的内容时，从为什么要经常洗手？为什么喝酸奶有益健康？为什么不能乱用抗生素等生活小事谈起，同学们踊跃发言，经过引导使同学们掌握了细菌既是我们的敌人也是我们的朋友，对待细菌一定要客观的分析，同时也引出了所要讲授的内容。在讲授后续课程内容时，也尽量联系现实生活。如在讲授第四章病毒内容时，从去年冬季一直持续发生的甲型H1N1 流感病开始讲起，讲疾病的症状和预防等，最终将话题靠拢到讲课的主题—病毒。这种与直观内容相联系的教学方式吸引了学生的注意力，激发了学生的学习兴趣，同时也让学生认识到食品微生物学还是一门很有实用价值的课程，从而调动了学生的学习积极性。

(二)运用“启发式”教学，从单向传授转变为双向共同学习

由于食品微生物学的部分内容比较抽象、枯燥，若采用传统的单向传授模式教学，学生会感到乏味、疲劳，注意力不集中，运用启发式教学可活跃课堂气氛，激发学生独立思考的能力。这也是我们教研室在其他教学上所采用的教学方法[7]。如在讲授第九章腐败微生物与食品保藏这章内容时，可以提出哪些微生物会引起食品腐败变质？微生物与保质期有何关系？如何控制有害微生物保证食品的安全性等问题，在教师的启发下引导学生自己得出正确

结论，从而调动了学生学习的主动性、积极性，提高学生独立思考的能力。

（三）采用“讨论式”教学，培养学生分析问题和解决问题的能力

教师在讲授完阶段性教学内容之后，给学生布置一个讨论专题，作为该阶段性教学内容的拓宽和深化，要求学生课后查阅资料完成。然后利用课余时间讨论，让学生各抒己见，互相补充纠正。老师针对学生考虑不到的以及抓不住的重点问题进行引导。最后老师小结，小结的主要内容是归纳总结自学内容的要点，回答学生在自学中提出的倾向性问题。如在学习了微生物与食品酿造这节内容后，可以布置一个讨论专题“微生物与食品”，通过讨论，同学们可以掌握葡萄酒、酸奶、面包、酱油、火腿、酸菜等生活中常见的食品都是微生物发酵的产物，另一方面口蹄疫、疯牛病、禽流感等病毒也可以通过食品感染人类，给人类带来许多不安全的因素。讨论教学法充分发挥了学生在课堂上的参与意识和主体作用，营造了活跃的课堂气氛，提高了学生自学能力和综合分析问题、解决问题的能力，通过对某一专题的深入讨论，不仅可使学生增长知识，开阔视野，而且培养了学生分析问题和解决问题的能力。

（四）采用“角色转换式”教学，提高学生参与教学的积极性

在以往的微生物学教学中，往往是老师讲，学生听，达不到应有的教学效果，加上学生忙于备考英语过级，极少有学生课前预习和课后复习，许多学生在课程考试前几天突击死背，尽管也能过关，但真正能掌握微生物学知识的同学不多。在教学过程中，我们深切地感受到，只有调动学生学习的主观能动性，才能充分发挥学生学习的积极性。针对某些章节较为容易的教学内容，采用角色转换式教学法，即学生上讲台讲，授课老师听的教学方法。如“微生物与食品制造”中的内容，由于学生在前面的课程学习中有所涉及，要求学生自作课件，每人给予5～10min上讲台讲授，最后由授课教师进行更正和总结。通过近一年的教学实践证明，角色转换式教学法不仅大大激发了学生学习的主动性，同时也让学生明白了课前预习的重要性。

（五）运用“比较式”教学，加深学生对知识点的理解和记忆

有比较才有鉴别。微生物种类繁多，有些教学内容多而且比较零乱，无形中给学生增加了学习难度，如果教师在课堂讲述中灵活引导学生利用列表比较的形式对有关知识进行纵向或横向的综合比较，不仅可以变不利为有利，有助于学生系统掌握知识，降低学习中的难度，而且更重要的是通过这种教学方式可以促进学生积极地思考，发挥学生学习主体的作用。例如原核微生物与真核微生物的比较、革兰阳性菌和革兰阴性菌细胞壁的差异、细菌芽孢与真菌孢子的区别、L型细菌和支原体的不同、微生物营养类型的比较、微生物营养物质进入细胞的比较等等。用比较法授课，引导学生由此及彼、由表及里地分析，加深了学生对知识的理解和掌握，使概念简明化、理论宽广化、知识连续化，加深学生的记忆。

（六）运用“推导式”教学，提高学生逻辑思维能力

微生物学是研究微生物生命活动的科学，对有生命的科学如何采用推导式教学？我认为：应遵循生命活动的规律，寻找生命活动的共性，掌握生命活动的个性。对内在联系紧密或有因果关系的内容，先抓住主要矛盾，然后用逻辑推导法加以阐明。例如，在介绍高压蒸汽灭菌时，首先启发学生联想在家利用高压锅做饭的情形，使同学们能生动地了解到使用高压蒸汽灭菌时排除冷空气的重要性；又如在讲真菌时，从讲真菌与人类的关系引出真菌的食用、药用价值及其在制药工业中的应用。

三、食品微生物学教学改革的思考

(一)改革评价

《食品微生物学》的教学改革是一个长期的探索性工作，需要教师精力和时间的投入、教学环境条件的改善和教学管理部门的重视和支持。《食品微生物学》课程教学通过两年的改革，我们认为已取得了较好的成绩。主要表现在：①优化了教学内容，突出了教学重点，保持了知识的前沿性、系统性。②改革了教学方法，由传统的教学模式过渡到现代教学模式，激发了学生学习微生物学的积极性。过去在课堂上学生不能很主动的与老师进行互动，课堂气氛显得沉闷；而经过教学改革，学生已经能非常积极的参与老师课堂互动，课堂气氛活跃。③加强了学生实验操作动手能力，在提高了学生分析问题、解决问题的能力，进一步缩短了理论知识与生产实际的距离。④激发学生的参与科学研究的热情和欲望，两年来共有20余名本科生的毕业论文课题涉及微生物方面研究，有近10个课题小组(20多名学生)申请了与微生物相关的院级、校级及国家级课题。

(二)问题与不足

虽然改革取得了一定成绩，但还存在许多不足之处。①由于没有一本适合高等农林业院校食品科学与工程专业的微生物学教材，给教学的衔接和学生的学习带来一定的困难。②经费不足，不能满足学生实习的需求及实习基地的建设。③角色转换式教学法在某种程度上加重了学生的学习负担，教学课时不足也制约了该教学法的运用，如何更好地发挥学生学习的积极性，更好地促进教与学的互动，还有待探讨和研究。总之，课程教学改革的目的是为了提高学生的创新能力和专业水平。因此，必须改变传统的教学模式，使我们的教学符合专业培养目标。虽然在教学改革中取得了一定的成效，但时代的发展和科技的进步又不断为我们的教学提出新的要求。如何更进一步深化教学改革，摸索出一套适合于本专业人才培养模式的微生物学教学体系，还有待农林业院校微生物学教学工作者努力探索和研究。

参考文献：

[1]何鸣，李大光，黎碧娜，吴雅红．运用教学创新理念改革食品微生物学教学[J]．广东工业大学学报，2004，4(Suppl.)：143~145.

[2]沈萍，陈向东．微生物学[M]．北京：高等教育出版社，2007.

[3] Jay J M，Loessner M J，Golden D A．Modern Food Microbiology [M]．何国庆，丁立孝，宫春波(译)．北京：中国农业大学出版社，2008.

[4]江汉湖．食品微生物学[M]．北京：中国农业出版社，2005.

[5]陈佳饵．创建一流大学培养创新人才[J]．中国高等教育，1999(3)：10~12.

[6]许喜林，石英，吴晖等．食品微生物学教学探讨[J]．微生物学通报，1998，25(2)：121~122.

[7]谢响明，何晓青，彭霞薇．理科(生物学)基地班微生物学双语教学改革的研究与实践[J]．北京林业大学学报，2005，4(supp.)：109~111.

理论教学、案例教学及实践教学相融合的土地评价与土地管理的教学体系建设

牛健植[①]，朱清科

（北京林业大学水土保持学院）

摘要：资源环境与城乡规划管理专业的“土地评价与土地管理”课程具有自己独特的专业背景，传统的教学内容和教学方法已不适合此专业的本科教育。笔者根据多年的教学经验，把课程体系建设与专业培养目标紧密结合起来，强调用课程的基本理论去客观学习土地评价与土地管理，帮助学生构建土地评价与土地管理的基本理论框架；并进行了教学手段及教学方法的改革，优化了教学内容。

关键词：教学体系构建；教学方法改革；参与式实例教学研讨

《土地评价与土地管理》是高等院校本科资源环境与城乡规划管理专业的专业基础课，其课程内容包括“土地评价”与“土地管理”两个部分内容。土地评价与土地管理是在研究土地资源这一自然——经济综合体的构成要素的基础上，研究土地类型与特征、数量与质量、资源调查及评价方法、以及土地承载力及可持续开发、利用、保护、整治、管理等问题的一门综合科学[1,2]。通过此课程的学习，学生较好地掌握土地评价与土地管理的基本理论、知识和技能，并在实践中学习了土地评价的实践技巧及技能，为今后从事与土地有关的应用研究、技术开发、生产管理和行政管理奠定理论与技术基础。笔者为资源环境与城乡规划管理专业本科生主讲“土地评价与土地管理”课程，采取课堂讲授、实习实践和课堂动感多媒体教学等形式，充分发挥学生的主观能动性，实行学生参与式实例教学研讨，使学生在掌握了解土地评价与土地管理基本知识和最新进展的同时，通过现场观察和实习加以巩固，借助动感多媒体资源开阔视野、扩大知识面，激发学习兴趣。现将教学体系构建、教学方法改革及教学过程中的体会介绍如下。

一、“土地评价与土地管理”课程教学体系构建与教学方法改革

（一）教学体系构建

（1）以学生的专业特点及土地评价与土地管理的研究对象为基础，帮助学生构建土地评价与土地管理的基本理论框架。土地评价与土地管理都是土地科学研究的重要内容，其中“土地评价”部分在简述土地评价与土地管理的研究对象、研究内容及其在国民经济发展的地位、国内外发展历程与趋势的基础上，首先评述了土地各组成要素、土地利用系统及其分

依托项目：北京林业大学2007年校级精品课程建设项目——《土地评价与土地管理》。

① 第一作者：牛健植，博士，副教授。主要研究方向：景观生态、土地利用、森林水文、土地管理。电话：62336795。E-mail：niujianzhi@126. com。通讯地址：北京林业大学水土保持学院，100083。

类，在简述土地评价的一般问题(历史、目的、要求、原理和类别)之后，依据国家及居民对土地资源需求，而依次介绍土地利用现状评价、土地潜力评价、土地适宜性评价、土地利用可持续性评价、土地生态评价和土地经济评价[3,4]。"土地管理"部分主要从土地管理的概念、国外土地管理发展、土地管理所涉及的理论知识、土地地权与地籍管理、土地利用管理及土地市场管理等方面介绍[5]。土地评价作为土地资源调查的组成部分，可以为土地利用规划提供依据，为土地管理服务，而进行土地管理的基本前提和基础是进行土地评价。对于资源环境与城乡规划管理这个非土地类专业，其培养人才的重点是为城乡培养科学技术及管理人才，开课的主要目的是让学生系统地学习理论知识并将所学知识应用于与土地有关的应用研究、技术开发、生产管理和行政管理等领域。

在理论教学方面，优化课程体系，运用灵活多样的教学方法，提高学生对课程核心内容的掌握和理解。本课程经过长期的建设，现已摸索形成"计划科学、方法多样、手段先进"的《土地评价与土地管理》教学形式。项目为确保教学计划的科学性，根据学科发展的趋势和要求，精心选择参考教材，采用一些优秀的教材，如《土地评价与管理》(科学出版社)，《土地类型与土地评价概论》(高等教育出版社)，《土地资源管理学》(高等教育出版社)，《土地利用管理》(中国农业出版社)等，不断向学生推荐国内外此领域的文献资料，开设专题讲座栏目，如请这方面的专家来学校给同学做讲座，让学生更多地了解国内外土地评价与土地管理的最新进展，并可促进激发学生学习的积极性。

(2)紧密结合课堂教学和课外实习，采取机动灵活的教学方法，培养学生的创造性思维及野外的工作能力。为了有效地将土地评价与管理的知识融入到学生学习的整体理论体系之中，满足专业培养的需要，在进行土地评价与土地管理理论体系教学中，就必须紧密结合目前的客观现实，帮助学生在土地评价与管理理论及客观实践之间建立一个桥梁，这也正是把"土地评价与土地管理"课程作为资源环境与城乡规划管理专业的专业基础课程的主要目的之一。实现上述目的的一个主要途径就需要综合国内外有关研究的精华，搞好教材建设，应做到基础理论与最新研究进展紧密结合，深奥、难懂、严谨的基础概念与实际案例结合，有效地融会贯通。《土地评价与土地管理》是一门实践性较强的课程，本课程通过课堂上讲授土地评价与土地管理的基本概念、基本理论的基础上，重点讲授土地调查、土地评价的技术和方法，使学生熟练掌握有关土地评价的工作程序及实用技术和方法。并结合该课程的一周野外实习，重点培养学生开展土地资源调查、土地类型调查、土地质量调查和不同类型土地评价等方法和技术，理论联系实际，掌握土地评价与土地管理的基本概念和基本原理、基本技能的理解和运用，掌握土地评价与土地管理研究的思维方式和研究方法，增强学生的实践能力。在实践教学中，虽然一周的野外实习对培养学生土地评价和土地调查的能力，加强学生的土地调查工作基本技能的训练有一定的作用，但土地调查和土地评价的工作程序、实用技术和方法多种多样，紧靠一周的实习是远远不能全面而清楚地掌握土地调查和土地评价的全部内容，这就给教学工作出了一个难题。如何才能有效地将基本概念及工作程序形象而生动地展现出来？笔者在长期的教学中发现解决这一问题的基本方法就是利用计算机制作多媒体课件，并要与实际案例、录像片及其它手段有效配合。

(3)以实例教学为主线，培养学生分析与解决实际问题的能力。在"土地评价与土地管理"课程教学内容中，实例分析对于学生准确、扎实地掌握土地评价与土地管理的理论知识具有重要的指导作用，对于培养学生利用所学理论解决实际问题的能力具有积极的启发作用。因此，在教学过程中，我们本着“新颖、典型、全面 ”的原则，选择有代表性的实例来阐述土地评价与土地管理的基本理论以及学习意义。通常来讲，土地评价与土地管理的实例可分为两类：一类是基于课堂教学内容编写的实例，其特点是紧密结合教学内容，简洁明了，有助于学生熟悉所学的一些基本理论。这类实例必不可少，但不宜过多，原因在于此类实例设计针对性过强，而实践性较差。另外一类是基于客观实践产生的实例，其特点是在实际环节中就有，涉及面广泛，并可变化多样类型，在教学环节中此类实例应占主要比重。主要是利用实习和有关科研任务，增加学生参加土地调查和土地评价的实际工作机会和能力。本课程的实习为增进师生间的交流提供了良好的平台，在实习期间，教师可以对学生提高的难点问题和实际技术方法进行辅导和交流，使学生主动参与到教学当中，实现“参与式实例教学”，有效培养学生用理论解决实际问题的能力。并且，利用与本课程教学内容相关的科研项目，如流域调查等，组织学生参加小流域土地利用现状、土地资源质量、土地类型等方面的调查工作，不仅在实际工作中培养和锻炼了学生的实际工作能力，而且强化了学生在课堂上学习的理论知识，使理论与实践相结合，提高了学生的动手能力。经过多年建设，北京师范大学、北京大学、人民大学、中国科学院等相关单位的老师反映我院资源环境与城乡规划管理专业毕业生具有较强的土地调查等野外实际工作。

课外阅读是课程学习的重要教学环节，可以巩固讲授过的基本理论知识，培养学生自学能力和分析问题解决问题的能力。野外综合教学实习是教学中必不可少的教学环节，通过实习，使学生通过实地的土地调查、土地评价等工作，掌握土地调查与土地评价的工作程序和工作方法，完成土地调查与评价制图、土地调查报告、土地评价报告等工作，掌握课堂所学知识，培养学生毕业后可独立开展土地评价与土地管理工作的技能和理论水平。

（二）教学手段、教学方法改革

在针对资源环境与城乡规划管理专业的学生进行课程教学内容体系重新构建的基础上，教学组织环节的重新安排对于学生消化理解课堂教学内容，提高学生的主动性和学习兴趣也将起到重要作用。

在土地评价与土地管理的教学体系建设中计划采用理论教学、案例教学及实践教学相融合的教学方法。主要教学环节分课堂教学和实践教学两方面：在课堂教学方面，针对不同的教学对象，主要教学方法除选择课堂讲授与多媒体教学结合外，还增加了案例分析，课堂讨论，查阅相关文献等自学教学形式。在实践教学方面，利用学校的野外实习基地条件，对比较具体的土地资源调查和土地评价采用现场教学，促进学生在实践中灵活运用课堂所学知识，激发学生学习的积极性。

另外，不断向学生推荐国内外此领域的文献资料，开设专题讲座栏目，让学生更多地了解国内外土地评价与土地管理的最新进展，也是提高学生兴趣的手段。如结合研究生学术周活动，聘请中国科学院、北京大学等国内知名专家开展专题学术报告，介绍国内外最新学术动态和发展趋势。根据本课程具有很强的理论性和实践性的基本特点，在开展基本概念和基本理论学习的基础上，重点讲授土地调查、土地评价和土地管理的工作程序、技术方法，培养学生开展土地资源、土地类型和土地质量调查的工作能力，提高学生从事土地评价和土地管理的实际工作技能。并有效运用宝贵的实践教学时间，组织学生形成土地调查和土地评价组，分工协作，完成一定面积的土地调查、土地评价报告，完成实践教学工作，形成了“课堂讲授—实践实习”相结合的土地评价与土地管理的课程教学模式。

总之，通过各种方法的应用将课堂授课、讨论交流、查阅文献、野外实习、专家学术报告等有机地结合起来，提高教学效果。

二、教学的体会和建议

（一）教学过程中多媒体教学存在的问题

多媒体教学目前已经成为各门课程课堂教学的主要手段之一。它对课堂教学信息量的加大、教学手段的创新、教学质量的提高具有重要的意义，并且多媒体课件集声音、图像、文字等多种信息于一体，极大程度地满足了学生的视听等感官需求，在一定程度上提高了学生的求学兴趣。

但是也存在一些问题：一是有些华丽的图片和特效声音在提高学生注意力的同时，也会喧宾夺主，影响学生对主干知识的注意力，其学习效率反而下降了。二是多媒体课件在授课中起到提纲的作用，遇到停电或机器故障容易手足无措，干扰甚至打断教师思路，影响教学效果。三是理论教学面临一个两难的困境，即如果多媒体教案内容面面俱到，则学生或是疲于埋头记笔记，或是只听不记，等到期末借老师教案拷贝了事；如果电子教案过于言简意赅，学生记录的问题解决了，而期末复习时，却不知所云。这两种情况普遍存在于多媒体教案的使用过程中，实践证明，这是影响教学效果的主要因素之一。

所以，在使用电子教案的过程中，应把握这样一个原则：根据课程的性质和特点，合理、适度地使用多媒体教案，使之成为课堂教学内容和教学方法改革的有效载体，而非最终目的。使多媒体教学尽可能发挥正面作用，克服负面影响。

（二）课堂讨论的组织问题

课堂讨论面临的一个主要问题是：在教学时数压缩、教学内容扩充以及学生人数剧增的情况下，如何在有限的时间内组织、开展有效的学生参与式实例讲解与讨论。

一般来说，我们上课的班级是两个班，由近 60 人组成，讨论的时间仅限 10 ~ 15 分钟，所以不可能照顾到每个人。为使学生积极而主动地参与到每个实践环节，一个有效的方法就是组成讨论小组，派代表进行课堂发言，但由多人组成一组，不免会出现“搭便车”的现象，有的学生并没有真正参与到其中，而是滥竽充数。为了避免这种情况，可以提前布置讨论题目，让每个学生查资料，做好讨论稿，在拿到课堂上进行小组讨论，不仅可以保证人人参与，还可以提高讨论效率。对于一些即兴讨论的问题，为了做到有效地组织、开展课堂讨论，在有限的时间中充分调动每一位学生的积极性，还需要在教学实践中不断探索。

参考文献：

[1]林培．土地资源学(第二版)．北京：北京农业大学出版社，1999.
[2] 陈百明．土地资源学概论．北京：中国环境科学出版社，1996.
[3] 朱德举．土地评价．北京：中国大地出版社，2002.
[4] 倪绍祥．土地类型与土地评价．北京：高等教育出版社，1992.
[5] 林增杰．土地管理原理与方法．北京：中国人民大学出版社，1999.

钢结构基本原理的现状分析及教学改革探讨

赵红华①，谢宝元

（北京林业大学水土保持学院）

摘要：钢结构建筑在我国已受到越来越多的重视，作为增强技术储备的钢结构课程教学也将越来越重要，为了适应新形势的要求，钢结构教学改革已成为当务之急。本文分析了目前我校钢结构课程的基本现状，就钢结构课程如何改进教学内容及教学方法，以使学生用有限的学时掌握更多的知识进行了探讨，从而为钢结构课程的教学改革和创新研究提供了一定的理论依据和技术支持。

关键词：钢结构，教学改革和创新，多媒体课件，网络教程

一、现状与背景分析

钢结构是土木工程专业的主要专业课程之一，是一门理论性及实践性都较强的应用学科课程。学生通过本课程的学习，应掌握钢结构的基本理论及基本设计方法，应能正确应用规范进行钢结构基本构件的设计，并具有初步分析和解决一般钢结构实际工程技术问题的能力[1]。

土木工程专业教学指导委员会采纳了教育部“面向 21 世纪土建类专业人才培养方案及教学内容体系改革的研究与实践”课题组的建议，将原来的“钢结构”课程分为原理与设计两大部分，“钢结构原理”主要介绍钢结构的材料特性、钢结构的连接、钢结构基本构件的设计原理，“钢结构设计”则介绍各种具体的工程结构的形式、体系及其设计计算方法，包括单层厂房结构、大跨度房屋结构、多层及高层房屋结构等[2]。

随着钢结构课程重要性和地位的不断增强，各高校纷纷开展钢结构精品课程的建设。我校钢结构教学改革和课程建设也作了很多工作，取得一定的进展，但还存在着不足之处，主要体现在以下方面：

(一) 新的教学方法有待探讨

随着近几年国内高层建筑钢结构、大跨钢结构及亟待推广的住宅钢结构等技术的发展，加上新型建筑用钢材不断涌现，原来的教学与现实之间产生了很大的差距，即教学发展与钢结构发展不同步，呈现落后的趋势。而学生在校学习时间短，且随着拓宽专业口径教学模式的出现，加强基础课和专业基础课的设置，各门课授课学时不断压缩，为了用有限的学时掌握越来越多的钢结构知识，同时又不影响其他课程的学习，已往的教学内容应进行调整、优

依托项目：北京林业大学 2008 年度教学改革研究项目——《钢结构基本原理与钢结构设计》教学改革和课程建设的研究。

① 第一作者：赵红华，博士，副教授。主要研究方向：结构工程方向。电话：62337121，13511031671。E-mail：tyzhh0093@ sina. com。通讯地址：北京林业大学水保学院土木系，100083。

化，所以有必要根据新的教学内容探讨新的教学方法，真正激发学生的学习兴趣，培养学生实际解决问题和分析问题的能力。

(二)多媒体及网络教学有待深化

从传统的黑板粉笔式的教学手段，到多媒体教学、网络教学，是钢结构教学发展的必然趋势。简单的电子教案，在课堂教学中，很难调动学生的积极性、主动性，相反，由于教学内容增加了，教学速度加快了，学生很容易产生厌倦情绪。因此一方面必须深化多媒体教学，开发高水平的多媒体教学课件，增强多媒体教学的互动性、启发性。另一方面应该深化网络教学，开发网络教学资源，供学生自主学习。而我校在这方面还需要做出许多工作。

(三)实践教学环节有待增强

钢结构既有较强的理论性，又与实际工程紧密结合。除了在课堂上通过多媒体手段向学生介绍钢结构工程的实例、图片，通过教学模具使学生增强感性认识外，有必要通过一些实地参观实习、现场观摩，培养和激发学生对钢结构的学习兴趣、学习热情。在课程的教学过程中，尽可能创造各种条件，起到实地实习的作用，对改善教学效果会起到重要的促进作用。加强实践性教学，是实施钢结构教学改革的一个非常重要的环节。

(四)双语教学尚处于起步阶段

就钢结构的应用和发展来说，国外处于领先水平。采用双语教学，对于教师来说，需要经常阅读外文原版教材、外文参考文献，了解国外钢结构方面的研究和发展动态、教学动态，并将这些知识和内容充实于教学，使得教学内容不断地更新和完善；对于学生来说，掌握了更多的专业词汇、专业知识，提高了外文文献的查找、阅读能力，并能更好地参与国际交流、国际竞争。钢结构双语教学方面的有益尝试，尚处于起步阶段。为了更好地实施双语教学，除了需要引进国外优秀的原版教材，基于国内设计规范，而又具有较新的知识内容、知识体系的高质量的英文教材的编写，以及多媒体双语课件，包括用于课堂讲授的双语课件，以及可供下载的用于学生课堂外自学、复习的双语课件的开发工作都还未见任何成果。

二、课程内容方面的几点教改措施

针对以上问题，我们提出了《钢结构基本原理》的教学改革与课程建设项目，并在教学中取得了一定的进展，主要表现在以下几方面：

(一)调整教学内容，合理安排教学计划

首先，适当设置选修课程，进一步优化教学内容。根据教育部建议，将原来的"钢结构"课程分为原理与设计两大部分，钢结构基本原理为必修课，48 学时，钢结构设计设为选修课 32 学时，共 80 个学时，总学时并没有减少，而是更加优化了教学内容。

其次，为了顺应学时调整，合理分配各章节内容。过去钢结构 70 学时，一般是 10 个学时讲一些设计概念，然后学生做一屋架的课程设计作业，实际用于讲钢结构理论的学时有 60 个学时，调整之后，钢结构基本原理 48 学时，这样在讲课内容上就一定要有所调整。下表是现在钢结构基本理论的学时分配表：

表 1　钢结构基本理论的学时分配表

内容	学时数
绪论	2
钢结构的材料	4
受拉构件(包括轴心受拉和索)	4
轴心受压	8
受弯构件	8
拉弯压弯构件	8
钢结构的连接	10
简单结构(桁架、单层钢架与拱)	4

钢结构的内容基本上由材料—构件—连接等几部分组成，这是教学内容的精华，只能将其不断充实和完善，不能削弱[3]。但原来计划中的钢结构可能的破坏形式一章，可以穿插在材料、构件和结构各章节中具体讲授，组合构件部分删除，钢结构构件及节点的抗震性能放到钢结构设计中介绍。

此外，删繁就简，节约课时，增加实践性内容。钢结构课程直接面向工程，并服务于工程，培养的是应用型人才，而现行教材中的公式推导太过繁多，讲课时没必要花太多的学时去推导，只要重点讲述在实际应用中怎么运用其推导出来的结果即可。但对于由一个个构件连接起来的结构的概念，以及构件怎么组合成结构，现有教材讲得不多、不系统，故学生所学知识就不可能完整和系统，对整个结构缺乏系统的概念，更谈不上分析整个建筑，因此，讲课时应适当注意增加结构的概念，使学生明白构件、连接和结构之间的关系，形成一个比较完整、比较全面的有机体系。

(二)处理好钢结构课与其他课程的关系

首先，凡其他课程中已学过的内容可适当从简讲解。比如，材料一章是重要基础内容，单向均匀受拉，冷弯性能从简讲授，对于钢材的疲劳破坏性能，抗冲击性能可适当详细讲授，重点突出影响钢材力学性能的主要因素，正确选用钢材，防止钢材脆性破坏。但是结构概率极限状态设计法，有关结构的两种极限状态，结构的可靠性与可靠度概念，及荷载的分类与计算等内容均可适当从简，只是要强调分项系数表达的结构承载能力极限状态表达式的异同点即可：钢结构采用的是应力表达式，而混凝土结构等其他结构则直接采用荷载效应——结构抗力表达式。

其次，比较对照，一分为二，加深理解。比如：钢材强度高，有利：省材，自重轻，适用于大跨结构，高层、超高层结构，可结合结构选型、网架结构设计课程，但不利之处：构件细长，板间宽薄，稳定问题尤为突出。自重轻，可靠性高，抗震性能好，地震反应弱，且减小下部结构所承受的荷载，降低基础的造价，可以结合抗震、地基与基础、高层结构设计等课程。

再如，简支梁在构件端部梁轴线附近区域，由于弯矩 M 和剪力 V 的共同作用，将产生与梁轴线成大约 45°角且相互垂直的主拉应力和主压应力。对钢筋混凝土梁来说，由于混凝土是抗压强度较高而抗拉强度极低的各向异性体材料，所以此处起控制作用的将是主拉应力，它可能导致构件过大的斜裂缝，为防止构件斜截面破坏，一般应在此处配置腹筋(箍筋、弯起钢筋），但对钢梁来说，由于钢材是抗拉、抗压强度相等的各向同性体材料，梁腹板在主拉应力作用下，通常具有足够的强度，在此处起控制作用的将是主压应力，在腹板过薄的情况下它可能导致梁腹板沿斜向被压屈，为防止梁腹板发生局部失稳，当腹板高厚比较大时，一般要在此处设置横向加劲肋。

（三）抓住钢结构课程的重点、难点

在钢结构课的讲授过程中，应重视重点、难点，适当多安排课时，使学生能较好地理解掌握这些内容。

比如：稳定计算问题。钢构件与其它结构构件相比，钢构件显得特别细长，因此钢构件的整体稳定计算问题非常突出。为提高构件的整体稳定性和截面刚度，在设计组合截面钢构件时，常将其设计成宽肢薄壁尽量开展的截面，这样又出现了构件局部稳定的计算问题。大多数的钢构件，在一般情况下，截面设计都由稳定条件控制。组合截面钢构件的整体稳定与局部稳定是一对相互制约的矛盾条件，也是钢结构课中的重点、难点之一，在讲授过程中应特别注意加以强调。

再如：构造连接问题。学生常常会产生只重视数值计算而忽视构造要求的倾向。而构造连接处理不当的构件、节点往往是造成工程事故的隐患，因而在教学过程中，必须反复强调构造连接的重要性。如：构件截面的组成、连接方式应符合构造、材料规格等方面的要求；应便于制作、安装、维护，并使结构受力简单明确，减少应力集中。像梁、柱连接节点部位，梁端应留有间隙；突缘式梁支座加劲肋底面应刨平顶紧。

（四）注意钢结构的发展现状

首先表现在选用合适的教材。选用适用于新的土木工程专业并符合新的教学大纲要求的钢结构教材。新教材应能反映一系列国家标准修订的新内容，以便学生能初步了解到钢结构的最新发展情况[3]。

其次引进新规范，新标准的内容。在课程讲授过程中，应注意及时引进与课程有关的国家新规范、新标准的内容，将这些新内容反映到课程的相关内容中去。如：碳素结构钢、低合金高强度结构钢的国家新标准中有关的钢材牌号规定及意义；钢结构设计规范修订内容中关于轴压构件柱子曲线由以前的 3 条变为 4 条的内容等等。

三、采用现代化的教学手段，提高学生的学习兴趣

随着一些先进的软件、方法不断涌现，在教学过程中，及时引入采纳，为教学服务。

首先，利用多媒体课件来提高授课效果。利用多媒体课件可以充分利用有限的课时来完成更多的教学内容。对于层次较多，组成很复杂的节点图、构造图及很复杂的公式等，预先做成 PPT，把一些需要连续变化的过程做成 flash 或拍摄成视频，利用多媒体课件动画播放的功能来演示。如轴心受压构件的三种失稳形态、受弯构件的整体失稳和局部失稳（图 1）、螺栓连接的破坏形式（图 2），构件如何连接成为结构的过程等等，都可以用动画的形式来帮助学生理解。

针对实践性教学条件的不足，教师可以根据一些实际的钢结构工程，分时分段拍摄一些施工过程中的视频播放，为学生建立钢结构工程的整体概念。特别注意的是，在制作多媒体课件时，把一些关键的专业词汇引入，将课程双语教学的概念逐步渗透进来。

其次，引入现代化的教学办公软件及设计软件。在教学过程中，主要采用思维导图[4]

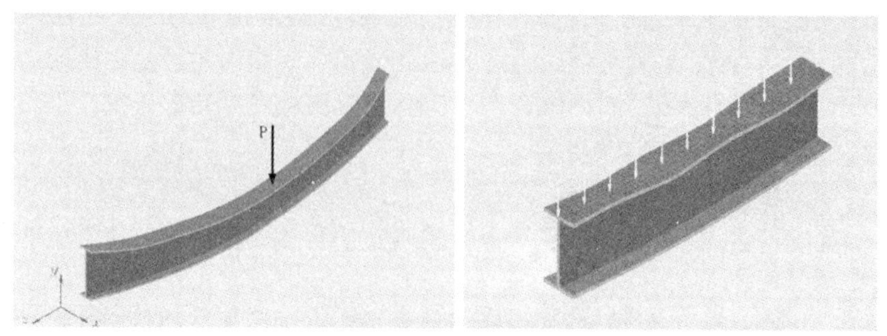

图1　受弯构件的整体失稳和局部失稳

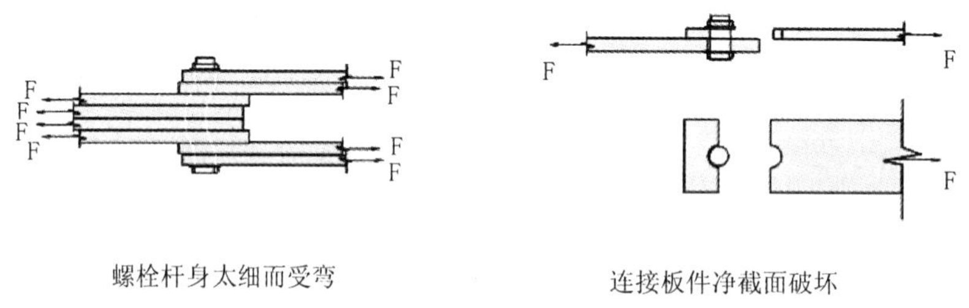

图2　螺栓连接的破坏形式

(MindManager)软件组织教学活动，把与教学相关的一切资料有机地结合起来，勾画出一副钢结构基本原理的全景结构图。同时也结合学生对计算机的兴趣，采用该软件进行课程的预习、复习、总结，进一步掌握该课程知识。图3就是学生用该软件所做的角焊缝部分的知识结构图。

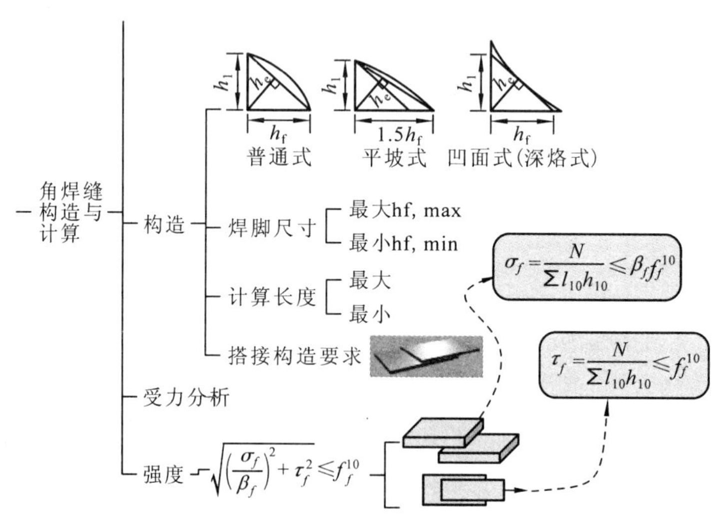

图3　角焊缝的MindManager图

第三，向学生推荐一些钢构件的设计软件如STS、MST、3D3S等，使学生在校期间就能掌握必要的设计技能，必然可以有效地增强学生在就业市场上的竞争能力，增强学生在钢结构领域的信心，这也是钢结构企业极为欢迎的[5]。同时适量布置一些练习，既有助于学生对本课程内容的理解、掌握，进一步把编程知识引入教学中，比如轴心受压构件的整体稳定计算全过程，用小段程序来实现，给学生建立起结构的前处理、分析、后处理等过程的概念，为后续课程的学习研究打下基础。

四、结 语

在高等教育已进入极大发展的阶段，传统的教学模式已经远远不能适应当前的状况，加上知识在不断更新，获得知识的途径越来越多，教学中重视创新精神和能力的培养应成为教师的主要任务。教师在传授知识的同时，应起到“指路”的作用，应注重解决问题的方法和思路，应对传统的教学模式进行改革和思考[6]。

本文根据钢结构课程特点，结合本校钢结构课程的实际情况，提出在教学过程中应及时调整优化教学内容，处理好与其他课程的关系，抓住课程的重点难点，同时紧跟结构发展趋势等注意事项，同时有效合理利用多媒体技术，以形成一个可操作性的教案和课件，针对不同的内容，思考不同的教学方法，真正激发学生的学习兴趣，培养学生实际解决问题和分析问题的能力。

参考文献：

[1]方恬．钢结构教学法浅论[J]．苏州城市建设环境保护学院学报，2002，4(2)：72～75.

[2]刘坚，黄襄云．钢结构教学体会[J]．高等建筑教育，2005，14(3)：49～51.

[3]尹志明，李筱华．钢结构教学改革探讨[J]．高等建筑教育，2002，43(2)：64～65.

[4]赵红华，陈丽华．思维导图在钢结构教学过程中的应用[J]．现代教育技术，2010，20：74～76.

[5]齐永胜．市场人才需求与钢结构教学改革[J]．常州工学院学报，2004，17(2)：84～86.

[6]吴建华．《钢结构》的教学改革探索与“流水线法”．浙江科技学院学报，2004，16(4)：284～286.

信息系统分析与设计课程知识语义检索系统研建

陈　钊①

（北京林业大学信息学院）

摘要：信息系统分析与设计课程存在的知识点多、概念繁杂，熟练掌握这些知识点是提高教学效果的重点。本文提出研建基于语义的课程知识检索系统，建立该课程相关知识的知识库，采用智能信息检索技术中的自然语言分词、语义分析和基于语义的检索技术，通过抽取和分析学生所提问题的语义，进行基于语义的信息检索，快速灵活地提供给学生所需的课程知识。本文分析了系统的流程，设计了系统的功能，实现了基于语义的课程知识检索系统。

关键词：信息系统分析与设计；课程知识；语义分析；智能检索

前　言

语义是语句的含义，是人们可以理解的信息。语法是语句的组织规则和结构关系的定义[1]。语法不同，语义可能相同，即不同语法的语句可能包含着相同的信息，具有相同的语义。人们可以用不同语法的语句提出同样的问题。对所有问题，必须以准确理解语义为基础，做出有针对性的正确的回答。在语法层面上，例如“什么是信息系统?”和“信息系统是什么?”语法是不同的，但在语义层面，两个语句是相同的。无论以哪种方式提问，同学都希望能得到“信息系统”这一概念的正确解释。传统的计算机信息检索都是基于语法的信息检索，在语法层面上的信息检索往往会出现出人意外的结果。基于语义的信息检索，将在语法分词的基础上，准确地抽取语句的语义，根据语义进行信息检索。基于语义的信息检索，将更加人性化地满足人们不拘泥于语法提问并获取语义相同答案的认知需求。在信息系统分析与设计课程中有很多的知识点。对同一个知识点，同学们可以用自己的方式提问。不同的同学有不同语法方式的提问，但都希望得到符合问题正确语义的答案。因此开发基于语义的信息系统分析与设计课程知识检索系统，将能够更好地满足同学以自己的方式提问并学习课程知识的需求。充分利用基于语义的信息检索技术，可以提高信息检索的可信度和准确性。

一、系统分析与设计

该系统的基本需求是要求学生能以自然语言的方式进行提问，由系统进行语法和语义分析，给出满足语义要求的知识点解释或者问题的答案。同时，该系统要求能满足老师对问

依托项目：北京林业大学2009年校级精品课程建设项目——《信息系统分析与设计(双语)》。

①　作者简介：陈钊，博士，副教授。主要研究方向：信息系统建模、信息推送与智能信息处理、林业信息管理。电话：62338246－425。E-mail：cz71@bjfu.edu.cn。通信地址：北京林业大学178号信箱，100083。

题、答案进行管理和对留言进行管理、对词库进行维护的需求。该系统的基本功能结构图如图 1 所示。

该系统基本流程如图 2 所示。由学生提问，系统回答问题。提问以单个词汇和自然语言的语句两种方式进行。系统对问题经过语义分析后进行查询，对没有答案的问题进行公布，供学生讨论和回答，然后由老师整理问题，把问题加入问题库，同时筛选学生讨论的答案并修改，把答案加入课程知识库中，供以后查询使用。

二、知识检索系统的关键技术

(一)分词技术

汉语以“字”为基本的结构单位[2]，“词”之间没有明显的区分标记。因此，中文“词”分析是中文信息检索的基础与关键[3]。汉语文本是大字符集上的连续字串，而且“词”之间并没有明显的可分割的标志，因此需要对汉语中的词加以识别并进行提取，即自然语言处理首先必须对原文进行分词。如果不分词，可能检索的结果与用户的查询要求会大相径庭。例如当检索德国货币单位“马克”时，就会把“马克思”检索出来，而检索“华人”时会把“中华人民共和国”检索出来。因而进行分词，可以大大提高检索的准确率。汉语可以根据汉语语法结构，利用标点符号、动词、系动词、介词、连词等将一个语句分解成若干个名词词汇。语法层面的分词问题包括两方面的内容：词库和算法。词库中存放的是符合汉语分词规范和专业领域知识特点的词条，而算法则利用词库对输入的句子进行分析将之分割成一个个词条的步骤。

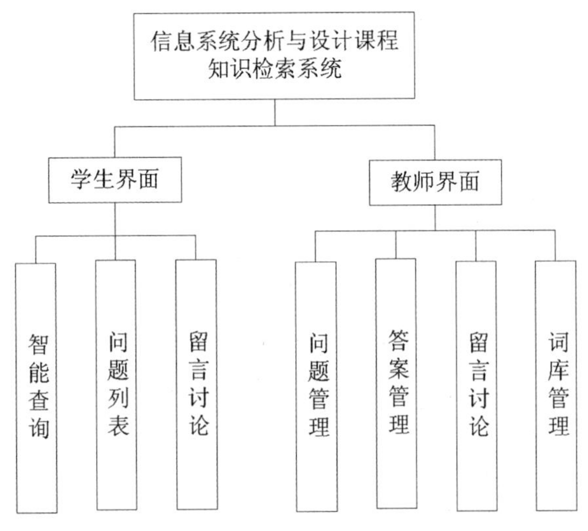

图 1　功能结构图

分词技术的首要任务是建立领域关键词库，再利用最大似然法(Maximum Matching Method)进行匹配，最终得到所需的分词[4]。如何选取词并形成词库一直是大家关注的问题，词库过于庞大必然占用巨大的存储空间，同时也大大降低搜索匹配速度。但是，若词库不够大，也将造成分词的错误，为后面进行语法和语义分析造成麻烦和错误。在本研究中，根据信息系统分析与设计课程的特点，在构造词库时，主要利用现有的教材、参考资料及教师用

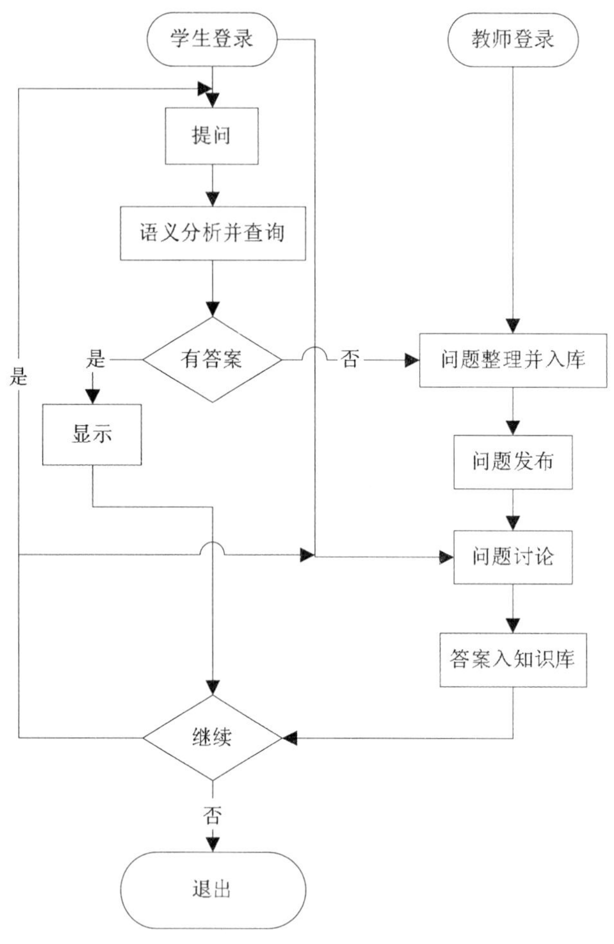

图 2 系统流程图

教案等作为语料构造词库。信息系统分析与设计课程中的知识点，包括所有的概念、方法名、技术名、案例名称等等，都可以作为关键词。使得词库中所列词汇大多为该专业的专业词汇和科技常用词汇，从而使构造的词库较小，同时也使课程中专业问题的命中率较高，大大提高了匹配效果，也降低了构造通用词库的麻烦，避免了其所需的大量空间的问题。词库还包括动词词库(包括系动词)、介词词库等，作为分词的分界标志。

最大似然法是分词最常用的算法，有正向匹配、逆向匹配法。例如“信息系统的数据流程图是什么”，根据正向匹配最大似然法和关键词库，进行分词。第一个关键词应该是“信息系统”，而不是“信”、“信息”、“信息系”。碰到介词“的”就停下来，达到最大似然。因为“信息系统”是分界词“的”之前的关键词库中最大相似的关键词。依次类推，可以在语法上把第一个问题分解为“信息系统”、“数据流程图”、“什么”等词。同时，“的”和“是”这些小词都对后面的语义分析提供参考。

(二)语义分析技术

基于语义的知识检索系统的核心技术是在自然语言理解分词技术的基础上，加入语义分析，从而实现以自然语言的不拘一格的方式输入问题和查询知识点，获得针对性更强的满意答案。例如学生可以输入“信息系统的数据流程图是什么?”或者“什么是信息系统的数据流程图?”或者“数据流程图”或者“DFD”等提问后，语法不同，但语义相同或相似。前两种提问，其语法结构完整，因此语义具体明确，就可以给出较为特定的答案：“信息系统的数据流程图”含义、画法等相关的知识。而后两种提问，由于语法结构不完整，所以语义不具体，因此除了给出“信息系统的数据流程图”含义、画法等紧密相关的知识点外，还可以给出该课程中与“数据流程图”相关的所有参考知识点。基于语义分析尤其体现在语法不同，而在语义上完全一致的问题的检索上，例如“数据流程图”和“DFD”。因此基于语义的知识查询，更符合学生获取知识的需要。语义分析的关键技术是建立同义词和近义词库，建立问题样例库。问题样例是常见的问题的不同组合格式的提问。问题样例有助于理解完整语法结构的语义。根据分词的结果，将这些词与同义词库、近义词库、问题样例库进行对比，然后找到语义相同或相似的答案。

如果学生所提问题没有语义一致的答案，就利用全文检索技术，进行部分语义匹配，即根据语法层面的每一个词进行全文检索，找到出现这些词的知识点，并把与这些词相关的知识点显示给同学，以供参考。同时，系统将会把没有准确答案和没有任何答案的问题记录下来并公布，采用开放式讨论回答的方式，由老师审核后存入知识库中。本系统可以通过这种自学习机制来增加和扩充知识点库容量。

三、小　结

本系统收录了专业名词 320 个，动词 78 个，管理信息系统问题 289 条，知识点 380 个，涵盖了信息系统分析与设计课程大多数专业词汇和大部分问题。系统实现了学生以自然语言的方式输入查询的问题，系统根据分词和语义分析与检索技术，实现了信息系统分析与设计课程知识的智能查询功能，同时提供给学生一个交流讨论的平台。系统为教师提供了问题管理和知识点补充的良好接口，方便教师整理问题，增加和完善知识点。建立基于语义的课程知识智能检索系统，有机地把最新先进的信息检索技术和信息专业学生课程教学实践结合起来，改善了教学方式，提高了教学效果，改善了教学质量。

参考文献：

[1] 姚天顺，朱靖波．自然语言理解第 2 版[M]．北京：清华大学出版社，2002.

[2] 王妍丹．以“字”作为汉语基本结构单位的历时研究[J]．社会科学家，2005，115(5)：205 ~ 207.

[3] 刘源．信息处理与现代汉语分词规范及自动分词方法[M]．北京：清华大学出版社，1994.

[4] 吴栋，腾育平．中文信息检索引擎中的分词与检索技术[J]．计算机应用，2004，24(7)：128 ~ 131.

以数据结构为核心的系列课程教学改革研究

李冬梅①，陈志泊，王春玲，马　杰，王建新
（北京林业大学信息学院）

摘要：《数据结构》课程是计算机专业的核心课程，与其密切相关的有先修课程《程序设计语言》、后继课程《操作系统》、《编译原理》，四门课程在教学内容、教学模式、教学方法等多方面具有深厚的学缘关系。针对该特点，提出了以《数据结构》为核心的系列课程教学内容改革与整体优化方法，说明了课程之间的内在联系，从而避免了课程脱节，增强了《数据结构》课程教学的总体效能，提高了学生的数据抽象能力和算法设计能力。

关键词： 数据结构；系列课程；教学改革；整体优化

《数据结构》课程是计算机专业的核心课程，通过这门课程的学习，学会分析研究计算机加工对象的特性，选择合适的数据结构和存储表示，以及编制相应的实现算法，培养和提高学生算法设计的能力。

根据 ACM/IEEE - CS 联合专题组发表的《CC2001》[1] 和中国计算机学会发表的《CCC2002》[2]，计算机学科的课程体系由 13 门课组成。按照先修后修的次序，《数据结构》课程排行第三，与本课程密切相关的前驱课程有《程序设计语言》，后继课程有《编译原理》、《操作系统》等，这四门课程构成一条强相关链。《程序设计语言》是《数据结构》中算法实现的基础，而《数据结构》中的很多算法又出现在《编译原理》和《操作系统》的课程中。

以前，这条链上的课程教学没有有机地、紧密地联系在一起。学过《程序设计语言》，到了《数据结构》课，却不会编程实现数据结构和算法[3]。在学习《操作系统》和《编译原理》时又没有用上《数据结构》的知识和技能。这种学习效果直接影响到学生数据抽象能力和算法设计能力的培养。

针对这种情况，本文提出了以《数据结构》为核心的系列课程教学内容改革与整体优化方法，说明了《程序设计语言》、《数据结构》、《编译原理》、《操作系统》四门课程之间的内在联系，从而避免了课程脱节，使这条强相关链中的四门课程真正体现强相关性，实现无缝衔接。

一、建设系列课程，注重知识融合

整合优化相关课程（《程序设计语言》、《数据结构》、《编译原理》、《操作系统》）的内容

依托项目：北京林业大学 2008 年校级教学改革研究项目——算法与数据结构系列课程的教学内容改革与整体优化研究。

① 第一作者：李冬梅，在读博士，讲师。主要研究方向：人工智能技术。电话：62338372。E-mail：lidongmei@ bjfu. edu. cn。通讯地址：北京林业大学信息学院，100083。

结构，使之具有很好的前后连贯性和延续性，保证课程建设的科学性、系统性和先进性。

（一）《程序设计语言》与《数据结构》课程的衔接

根据核心课程《数据结构》教学提出的要求，对课程链中的第一门课程《面向对象程序设计语言》已有的理论教学方案、实践教学方案进行修改，强调《数据结构》中用到的知识点。

1．理论教学方案改革

在《程序设计语言》的理论教学中，对《数据结构》中用到的知识点重点举例进行讲解，主要包括：

（1）指向数组的指针，数组的静态分配和指针数组的动态分配的区别。

（2）结构体的定义和使用，指向结构体的指针。

（3）函数参数传值和传地址的含义和使用，使用指针和引用作为函数参数的区别。

（4）模板类和模板函数的使用。

（5）文本文件的读写操作。

2．实践教学方案

（1）对于常见的编译错误类型进行剖析，学会跟踪调试程序，为后续课程中较大程序的调试打下基础。

（2）在《程序设计语言》课程的实验方案中，增加了一次综合性较强的实验，实验方案包括《数据结构》中用到的重要内容[4,5]。

（二）以案例为核心组织《数据结构》的教学

基本思想是：按照逻辑结构给出其相应的案例及相关预备知识，教师解释案例并引导学生理解案例，学生根据案例学习数据结构知识并解决案例。实践教学也与案例密切相关。学生在课堂上学习、讨论案例的基本知识、提出解决问题的方案，通过实践环节实现问题的解决方案[6]。

1．案例选编

案例选编是一项重要的工作，要选择真实、基础、本质的东西作为教学内容。在选择案例时要注意两个问题，一是要根据教学内容选择案例，也就是说案例中要涉及学生已经学过或即将学到的知识；二是根据学生的素质情况，选用难易相当、繁简相宜的案例。好的案例不但可以加强学生对基本概念、基本知识、基本技能的掌握，而且能帮助学生熟悉相关知识，引导他们去积极思考，提高学生分析问题、解决问题的能力，提高学生的主动学习兴趣。

2．案例导入

在讲解一种新的数据结构或相应算法前，引导案例设计，以教师讲授为主，重在讲清原理，给出分析过程，得出分析结论。例如，可以家务劳动洗碗作为一种教学案例引入数据结构“栈”。在洗碗时一摞是放在左边的脏碗，另一摞是放在右边的干净碗。洗碗工不停地从左手的栈中取出脏碗，在洗碗池里洗净后，将洗干净的碗放到右手的栈中。洗碗工从栈中取碗时，取走的是这摞碗最上面那只（出栈操作），而将干净碗放回到栈时，放人到该摞碗的最上面（入栈操作）。以后使用干净碗时，也是从顶上开始取。这种操作正好印证了“栈”是一种特殊的“先进后出”的线性表 。

3．案例设计

课堂讨论案例多由一些比较简单的案例组成，它主要反映出前后知识点的融合和贯通。

由于学生在前面已经学习了线性表的基本概念、存储方式、算法实现等内容，这时教师就可以列举如下一些问题：①栈也是一种线性表，线性表的存储方式有顺序存储和链式存储，栈是否也可以这样存储呢？②在什么样的前提下，选择使用链式存储或者顺序存储？③栈应该有哪些操作？这些操作与其存储方式有无相关性？在讨论时教师可适当地加以讲评，并给出一个或多个参考答案。有时教师甚至不给答案而让学生课后去查阅资料，然后下次课再和学生共同讨论，从而激发学生的探究性学习兴趣。

4. 案例实现

实践教学一般是章节知识的综合，教师根据课堂讨论给出具体实践的任务，要求学生自己动手去完成。比如可以借助栈模拟编译器来实现表达式的求值。

（三）利用计算模型加深对程序设计语言及数据结构相关算法的认识

《操作系统》和《编译原理》用到《数据结构》的中有关线性表、栈、队列及查找排序的相关算法。在《数据结构》的教学中引入这些案例，埋下伏笔。在后续的两门课程中通过教学和实践实现这些案例，利用相应的计算模型加深对程序设计语言及数据结构相关算法的认识。

1. 《数据结构》在《操作系统》中的应用

（1）向量和矩阵：在避免死锁的银行家算法中，需要定义多个向量和矩阵来存储相应的资源、资源请求、资源分配等。

（2）链表：操作系统中的四大管理功能，包括存储器管理、设备管理、处理机管理、文件管理，大量利用了数据结构的有关知识。例如，存储器动态分区分配中，常用的数据结构形式有空闲分区表和空闲分区链两种。这两种结构在分区分配算法如首次适应算法，循环首次适应算法，最佳适应算法中反复使用[7]。

（3）栈：在虚拟存储器的页面置换算法中，比较流行的最近最久未使用 LRU 置换算法，利用一个特殊的栈来保存当前使用的各个页面的页面号。

（4）队列：缓冲池中的缓冲区可供多个进程共享，它把相同类型的缓冲区链成一个队列。

2. 《数据结构》在《编译原理》中的应用

（1）栈：编译原理中语法分析的常用算法，例如算符优先分析法、LL、LR 分析法，运行时的存储组织和分配管理方案均用到栈这种数据结构。

（2）线性表、哈希表：符号表管理可以采取一般的线性表，也可以采取较高效的哈希表管理[8,9]。

（3）树：语义分析和代码生成的很多算法是基于树结构的。

二、面向实际问题，精心设计实践教学内容

进一步调整现有的实践环节的内容和方法，面向实际问题，精心设计实践教学内容。运用所学理论知识设计求解典型或有趣实际问题的设计型实验和综合型实验。根据课程的内容，设计适当的实验指导材料，编写相应的实验示例，使学生在循序渐进的过程中提高实际动手能力，并通过实践强化对理论知识的理解。

（1）在《程序设计语言》的综合性实验中，可以面向学生日常生活中的常见问题设计实验任务。例如，实现一个简单的学生管理系统或通讯录管理系统，具体功能包括数据输入、输

出、排序、多种方式的查询等。因为可以结合自身的实际情况，使用实际的数据进行系统测试，学生完成这样的系统有很高的积极性。

(2)在《数据结构》的线性表、哈希表、查找排序的相关实验中，均可以在《面向对象程序设计语言》综合性实验的基础上进一步改进，设计更高效的数据结构和算法。《数据结构》的实验或实习题目中，可以结合校园的实际情况，为自己校园设计一个信息查询系统，可以包括校园各个建筑物信息的查询、景点之间最短图的查询，这种问题需要将校园各景点抽象成一个图结构来完成。另外也可以借助所学的哈夫曼编码的构造算法设计一个文件的压缩和解压系统。实验或实习任务也可以借助栈来模拟编译器完成表达式的求值。这些问题都是面向实际应用的，学生用自己所学的知识来解决这些问题，都有很高的兴趣，完成相应的实验或实习任务后，又有很大的成就感。

(3)在《编译原理》的实验任务中，又可以利用《数据结构》的实验成果，比如编译程序中的算符优先分析法可以根据一个文法判断一个表达式是否合法，对于合法的表达式再做进一步的求值运算，使学生从更深的层次来理解表达式求值的算法。

(4)在《操作系统》的实验任务中，借助队列这种数据结构完成进程的调度、借助链表完成相应的存储管理等，这些实验任务都是学生在使用计算机的过程中能够亲身体会到的，通过实验模拟这些算法的实现，能够揭开操作系统内部管理这层神秘的面纱，使学生对计算机这些底层的管理有种豁然开朗的感觉。

学生通过由浅入深完成这样一系列面向实际应用问题的实验，既能学以致用，提高了学习的兴趣和积极性，也在不知不觉中提高了数据抽象和算法设计与分析的能力。

三、建立系统的多媒体课件

《数据结构》、《操作系统》和《编译原理》三门课程有一个共同的特点，课程内容抽象、理论性强。在传统的教学方式下，学生理解和接受起来有一定的困难。因此，要获得良好的教学效果，必须借助形象化的教学手段，使抽象的理论具体化，便于学生理解和记忆，帮助学生消除畏难情绪。为此，我们编制了系统的多媒体课件，借助 FLASH 等软件将《数据结构》、《编译原理》、《操作系统》算法设计中较抽象的设计思想以动画形式展现，增强了教学的直观性和趣味性，加深了学生对算法的理解。

四、结束语

通过对以《数据结构》为核心的系列课程教学内容改革与整体优化研究，取得了初步的效果。

(1)在 08 级《程序设计语言》的教学实践中初步实施新的研究方案后，基本上解决了此课与《数据结构》教学相脱节的问题。学生对于《数据结构》中用到的相关 C/C + + 语言的知识点掌握比较透彻，不需再重复举例说明。因为加强了程序设计语言的实践环节，学生程序设计能力、程序调试技能明显高于以前。

(2) 通过教学中引入经典的教学案例，引导学生对某一个具体问题及其背景进行学习和研究，提高了学生将现实问题转化为计算机能够解决问题的能力，相关的实验实践作品质量明显高于以前。更多的低年级学生参加了各类信息学的相关竞赛并取得较好名次。

(3)通过借助算法的动态演示讲解难度较大的算法，将课程内容条理化、形象化。大大降低知识本身的难易程度，使学生易于理解和掌握；同时激发了学生的学习兴趣，提高了学习效率。

（4）从教学评估系统的统计数据看，在实施教改后，教学质量不断提高。课程链中的四门课程的教学质量评价成绩始有明显的上升趋势。

数据抽象能力和算法设计能力的培养是计算机专业教学的薄弱环节，通过以《数据结构》为核心，将密切相关的四门课程构成一条强相关链进行一条龙的教学改革，整合优化了内容结构，注重知识的融合。课堂教学注重基本理论、基本概念，强调数据抽象能力和算法设计能力的训练，并以案例贯穿，注重实践环节的系统性发展，以提高学生综合运用知识、分析问题和解决问题的能力，使学生具有选择恰当的数据结构并采用相应算法的意识，从而达到复杂程序设计能力训练的目的。

参考文献：

[1]IEEE. Computing Curricula2001[EB/OL]. http://www.computer.org/education/cc, 2001.

[2] 中国计算机科学与技术学科教程2002研究组. 中国计算机科学与技术学科教程2002[M]. 北京：清华大学出版社，2003.

[3]成红胜.《C程序设计》与《数据结构》课程整合化初探[J]. 计算机教育，2007(7)：283-284.

[4]王春玲. 面向对象程序设计语言实验指导书[M]. 北京：中国铁道出版社，2010，8.

[5]严蔚敏，李冬梅. 数据结构[M]. 北京：人民邮电出版社，2010，8.

[6]李克清.《数据结构》课程中的案例教学初探[J]. 长江大学学报(自科版)，2004，1(4)：135~137.

[7]赵宇红. 操作系统课程教学改革的探索与实践[J]. 计算机教育，2008，(24)：31~32.

[8]李冬梅，施海虎. 编译原理[M]. 北京：人民邮电出版社，2006.

[9]李冬梅，施海虎. “编译原理”课程的教学研究与探索[J]. 计算机教育，2008(7)：103~104.

Windows 编程课程教学改革的探讨

马　杰[①]，李冬梅，陈志泊，王建新，王春玲
（北京林业大学信息学院）

摘要：《Windows 编程》是一门以 Window 应用程序开发技术为核心的专业课，也是高校计算机专业用来学生拓展动手技能的专业课。Windows 编程在能加深学生理解程序设计、数据结构、操作系统等专业知识之外，能有效的增强学生的应用程序开发实践经验，这门课程的学习效果有助于增强学生对于软件行业就业的认识，也能有效地帮助学生培养后续课程的学习兴趣。但是它是比较难教和难学的一门课程，因此为了提高教学水平，完善教学质量，本文对 Windows 编程课程的教学进行了一系列的研究和探讨，根据课程的特点，从教学方法、教学手段等方面介绍了 Windows 编程课程教学改革的设想。

关键词：Windows 编程；教学改革；教学方法；教学手段

《Windows 编程》立足于《程序设计基础》、《面向对象程序设计语言》、《数据结构》以及《操作系统》等专业课程，主要用来教导学生学习编写 Window 应用程序的动手技能[2]。从 MFC(Microsoft Foundation Class)的各种概念出发，图形、文本、网络、数据库等应用领域的编程知识是《Windows 编程》的主要教学内容。通过《Windows 编程》，学生们可以加深对程序设计基本理论、面向对象编程思想、操作系统服务接口等专业知识的理解，还可以有效提升程序设计能力和程序开发技能。随着大学生就业压力的逐步增大，贴近企业需求的教学方式在教学实践中会得到越来越多的重视。Windows 程序设计是在计算机软件领域内广泛应用的开发手段，从培养应用型人才的教学目标出发，如何提高《Windows 编程》的教学效果将成为计算机专业教师应该研究的课题。

一、激发学生的学习兴趣

兴趣是学习知识的动力，只有将学生的学习兴趣调动起来，学生才能学好。而学习 Windows 编程之前学生通常都接触了大量与程序开发相关的理论知识，由于 Windows 编程涉及了与 Windows 操作系统密切关联的消息机制、窗体结构、多线程编程、网络编程等大量应用型知识，从而对于之前一直习惯理论学习的学生来说显著增加了理解难度，从而导致学习兴趣开始降低。因此在上课时教师要有目的地对学生进行引导，要告知学生，Windows 编程只是之前程序语言、数据结构、操作系统等专业课的一个延续，在巩固 C 语言知识、程序

依托项目：北京林业大学 2008 年校级教学改革研究项目——算法与数据结构系列课程的教学内容改革与整体优化研究。

① 第一作者：马杰，博士，讲师。主要研究方向：系统软件，流媒体技术，网络服务。电话：62338372。E-mail：majie@ bjfu. edu. cn。通讯地址：北京林业大学信息学院，100083。

设计等理论知识的同时，通过适当的动手训练将可以很快掌握多个应用领域里的软件开发技能。此外，教师在上课时也要将 Window 程序设计的学习与就业相联系，告诉学生目前很多公司倾向于招聘有实际应用开发经历的学生，Windows 编程学习的好与坏直接导致将来是否能够顺利就业，从而激发学生学习 Window 程序设计的热情。

二、教学内容的改革

(一) 教学内容的定位

对于计算机专业的学生来说，学习 Windows 编程的目的是掌握 Windows 应用开发的基本技能，学会利用 MFC 库函数和 Win32 系统调用来共同编写程序，以实现特定功能。因此 Windows 编程的重点在于应用型软件开发能力的锻炼以及各种理论知识的实际运用，而不是语言的语法规则等程序开发基本能力。在教学过程中，要把重点放在 windows 绘图程序、windows 对话框程序、windows 文档试图程序所关联的功能设计以及工具函数使用上，通过大量的案例(例如简单的鼠标移动绘图程序、基于对话框的闹钟和计算器程序、简单的文档编辑程序等)来演示 Window 应用程序的实际开发过程，并用来教导学生学会如何自己动手都进行 Windows 应用的编程。

在教学开始时，不能单纯地理论讲解 Windows 编程涉及的各种概念和立足的机制，应该通过大量的操作演示和实践来帮助学生掌握相关的理论知识。在整个教学过程中，如何围绕功能要求而进行程序设计、如何将实际使用的问题进行划分、如何围绕各种 MFC 函数库来实现所需功能、如何将所学的 Windows 理论知识转化为 Windows 程序开发的基础手段是需要着重考虑的教学方面，单纯讲述 Window 应用程序开发的本身并不能很好帮助学生掌握相应技能。学生学习完该课程，应该在 Window 平台下根据功能要求而进行程序设计开发的基本能力，而不是会牢记 Window 平台开发的各种基础知识。

(二) 组织教学内容

对于计算机专业，在确定 Windows 编程的教学内容时，要与先修专业课的教学内容紧密联系，还要为后续专业课做好铺垫。例如，先修课操作系统讲述了多线程程序模型，数据结构课程中学习了典型查询算法，面向对象程序设计语言中介绍了继承重载等基础知识，那么在设置 Windows 课程的教学内容时，可以把这些知识点作为应用程序开发的主要素材来讲解，并通过安排有针对性的案例讲解和实验作业来培养学生对软件功能的理解以及调试的基本能力，从而支持后续的软件工程课程。例如，在案例的讲解时，展现不完全正确的 window 应用案例，通过逐步调试案例并进行修正的方式，来演示在 windows 开发平台下的设置断点、检测数据、堆栈检查等调试技术。

(三) 选取好的教材

改革教学内容，即要选用有针对性、案例较丰富的教材，更要对教学内容进行精选。针对缺乏实际应用开发经验的大学生，应该选取一本容易入门、方便动手的 Windows 编程教材，因此选用了《21 世纪全国应用型本科计算机系列实用规划教材》系列中，北京大学出版社出版的、刘瑞挺编著的《Visual C++ 程序设计和上机指导》[1]。该教材每一章节使用多个案例来引入各种开发知识和开发技巧，从而对于激发学生的学习兴趣会更有效，也有利于学生通过模仿书上案例的形式来熟悉开发过程。

(四)加强实验课的练习

Windows 编程是一门实践性很强的课程，既要理解 Window 平台的基本机制和掌握相关概念，又要动手编程，还要上机调试运行程序，因此在课程中培养学生的实际动手能力尤为重要。衡量这门课学习的好坏，应该是看学生能不能独立编写课程所述领域内的 Window 应用程序，能不能在 Window 应用开发环境中自己对所写程序进行调试改错。因此实验课的学习对于能否学好这门课起着至关重要的作用。在实验课的教学过程中应该做到：

(1)教师应为每次上机精心设计实验内容，尽量将 Windows 编程基本概念、Window 程序设计、Window 程序调试等方面综合在一起，达到系统化的巩固学生知识；

(2)在上机时，要求学生提前将应用程序的模块关联关系和核心功能实现给描述出来，写出完整的上机程序，在上实验课时，只是进行调试，从而提高学生上实验课的效率。

(3)在上机的过程中，对学生的完成情况进行考察，并将考察的结果与期末成绩挂钩，调动学生的上机兴趣，推动学生在实验课之前多做练习。

三、教学方法的改革

在课堂教学中，学生是被动的接受知识，这样的教学效果不好。因此在课堂教学过程中教师应该采用多样的教学方法，使学生从被动接受知识变成主动探索，让学生参与到课堂教学过程中，从而提高 Windows 编程的教学效果。

(一)互动式教学法

互动教学法可以使学生参与到教学过程中，活跃课堂气氛，激发学生学习的兴趣，提高学生的学习质量。互动教学法的方式多样，例如课堂演示、课堂提问、课堂练习等。

在讲完 Windows 编程的一个机制或概念后，可以通过多媒体教学环境直接演示具体的执行效果，既不会使学生感到枯燥无味，又能加深学生对开发过程的理解。例如，在课堂上，也可以让多个学生先后到多媒体教学平台上编写一个捕获鼠标移动过程的 Window 应用程序，其中，先让学生构造一个 Windows 应用程序开发项目，再让一个学生在开发项目中添加捕获鼠标移动的消息处理函数，最后让一个学生上来将鼠标位置信息动态的显示在窗口上。在上述的过程中，结合提问和讲解，将开发过程生动地展示给学生，也容易发现学生没有掌握的内容，从而对症下药，这样的过程会让学生印象深刻，比教师直接讲解的效果更好。

(二)案例教学法

对于比较抽象的内容，学生理解起来比较困难，因此教师要采用案例教学法。运用学生经常使用到的程序实例，将深奥的理论讲得通俗易懂，易于学生接受和理解。

例如，在讲解 Window 界面开发的时候，学生对于画面动态更新的机制比较难于理解。因此在教学过程中采用案例法。在上课时，事先通过 Flash 软件将多个有趣的图片组织在一起，然后在课堂上播放，通过设置 Flash 画面播放的速度让学生意识到动态的画面是由多个静态图片所组成，形成动画效果的根本在于画面切换时间要小于人眼的察觉速度。接着通过引入时钟消息的生成和处理等知识，让学生能通过在界面程序中加入时钟消息相关的实现，进而最终制作出漂亮的动态界面，使学生在案例演示和分析的轻松过程中，掌握画面动态更新的原理，能够自己编写程序，并且在寓教于乐中轻松地学到知识。

(三)启发式教学法

在教学过程中，教师要精心设计富有启发性的问题。科学地提问是开启智慧之战的钥匙，是发明创造的萌芽，是启发式教学成功的关键。

例如，在介绍基于对话框的简单计算器案例时，可以演示数字“1”的按钮控件(CButton)构造和捕获数字“1”的输入动作以及相应的处理操作。然后，询问数字“1”按钮和计算器上其他按钮是否具有功能相似性？

在学生发现控件构造和动作处理的相似性之后，让学生参照着而完成其他数字按钮和计算操作(例如加减乘除等)按钮的构造等基本步骤。

然后提示输入框控件(CEdit)是围绕字符串显示和修改的控件，提示学生利用之前所学的程序设计和数据结构的知识完成相应代码，并学会在多个按钮的消息处理函数中共同完成输入框控件的内容维护。

如此的教学过程，学生会不断的思考相似性和可用到的各种知识，从而这样也将学生的好奇心调动起来，激发学生的学习兴趣。

(四)温故知新教学法

在学习新知识的同时与原有的知识相联系，会增加学生的印象，从而学生会理解得更透彻，记得更牢固。

例如在讲解菜单响应时，该响应也是围绕着消息响应函数而进行的，这与鼠标键盘的消息响应处理有十分类似的地方，那么在讲解菜单响应过程时，与鼠标键盘的消息响应方式相结合，将会收到良好的效果。像这样对比式的教学，使学生既温习了原有的知识，又接受了新知识。

(五)选取好的辅导教材

对于Windows编程的学习，紧紧依靠课堂内容是远远不够的，因此应该选取一些好的辅导教材，要求学生课下除了掌握课堂内容外，再看一些辅导教材，课上课下的内容相辅相成。另外还要求学生课下多上机练习编程，掌握编程思想，提高编程能力。在教学中，使用了机械工业出版社出版的《Visual C++ MFC编程实例》[3]作为教学辅导书，该书通过85个实例全面讲述了应用MFC进行Windows编程的思想，进而给学生的课下学习提供了更多的案例。

四、考试方式的改革

目前这门课程的考核方式是闭卷考试+平时成绩。但是这门课程是一门实践性很强的课程，而学习完本课程，仍然有一些学生不能熟练使用Visual Studio开发平台书写和调试Window应用程序。为了将动手能力体现在理论课的考试过程中，可以降低编程的复杂性，用特定场景下的消息处理编程细节加入到考试命题中，即编程题。在编程题当中，主要有三个组成部分，第一个部分是编程所要达到的功能，第二部分是编程所需要用到的工具函数和必要信息，第三部分是需要进行填写代码的多个函数。具体可如下：

有一个应用程序，在鼠标左键点击时，能从(0，0)坐标到鼠标左键点击的位置画一条直线，该应用程序的视图类为CExamView，请完成下列代码。其中，可用到的函数有CDC类中的MoveTo (int x1, int y1)以及LineTo(int x, int y).

```
void CExamView:: OnLButtonDown(UINT nFlags, CPoint point)
{
//填写位置
}
```

通过上述形式的编程题，很容易区分出动手写过相关作业的学生和没有动手写过相关作业的学生，从而能让理论考试分数有效地体现出学生动手能力高低。

五、结束语

Windows 编程是计算机专业学生进行程序设计的提高课程，是一门实践性较强的课程，只有在教学过程中激发学生的学习兴趣，相信学生一定能学好这门课，并且能够具有良好的编程思想，养成良好的编程习惯。

参考文献：

[1]高志伟. Visual C + +程序设计教程与上机指导[M]. 北京：北京大学出版社，2006，(1).
[2]陈建平，刘维富等. Visual C 程序设计课程建设研究与实践[J]. 计算机教育，2007，(6)：18 ~ 20.
[3]John E Swanke. Visual C + +MFC 编程实例. 北京：机械工业出版社. 2000.

城市规划新技术与方法课程体系教学改革的探讨

王静文[①]，李　翅

（北京林业大学园林学院）

摘要：城市规划专业教学中设置城市规划新技术与方法课程体系是城市规划学科的发展顺应现代科学发展的总体趋势。文章概要阐述城市规划新技术与方法课程体系内涵，探讨城市规划新技术与方法课程体系与城市规划专业培养目标的关系，并分别从专业教育课程体系的改革、课程教学内容分级的安排、教学观念与模式的转变等三方面对城市规划新技术与方法课程体系教学改革进行探讨和建议。

关键词：城市规划专业；新技术；新方法；教学改革

目前我国的城市规划绝大部分然仍停留在物质规划层面，所采用的理论方法主要局限于空间布局技艺。但规划远不止于工匠乃至艺术性的形体勾画，而是一项应该蕴藏着理性的社会科学实践。在规划过程中，不仅需要提供终极方案模式，即“是什么?”的问题，而且需要提供所涉及的各种方案形成的依据，即“为什么?”的问题，并尽可能阐明规划将带来的影响，即“怎么样?”的问题，这却是现阶段传统的城市规划所不能回答的问题。同时在城市规划编制过程中，感性思维、定性分析的大量应用与定量分析和逻辑推理的严重贫乏，以至于使人们对规划的认识更多囿于一种叙述性(descriptive)学科的范畴，而非分析性(analytical)学科，真正的学科是必须有过硬的定量分析方法作为基础的。

70年代以来国际上相继蓬勃发展的计算机与信息技术，以及各类计量分析的城市模型等为城市规划的理性与科学化提供充分的基础技术手段与方法。GIS、城市模型等新技术与方法在城市规划设计与管理工作中的作用与效能已为国外许多国家的实践所证实；我国当前部分的规划实践中，这些新技术与方法的成功应用也正给城市规划工作带来了一系列的影响和冲击，一定程度上促进了传统城市规划思想方法的发展，使规划由“画图”、定性为主的传统操作，演进为定量、科学高效的计算机辅助城市规划设计与决策，实现了规划分析的理性与广泛性、规划论证的严谨与科学性、规划方案的综合与完善性，规划表达的直观与多元性，规划管理的规范与高效性。

对于城市规划专业教学来说，探索在城市规划教学中新的教学方法和手段，充分结合实际的规划教学和科研项目实践与时俱进，将新的信息技术与规划分析方法运用到教学和科研项目中，通过加强地理信息系统、遥感等新技术和城市模型、空间句法等城市规划决策与分析方法在城市规划教学实践中的应用这一交叉型教学研究，探索一种更科学合理的城市规划

依托项目：北京林业大学2008年校级专业建设项目——城市规划专业人才培养模式与课程体系研究。

① 第一作者：王静文，博士。主要研究方向：城市规划与设计。电话：82392001。E-mail：wjwen@mail.tsinghua.edu.cn。通讯地址：北京林业大学10号信箱，100083。

教学体系，并积极与市场接轨培养复合型高素质城市规划人才，积累教学经验和方法，是城市规划学科的发展顺应现代科学发展的总体趋势。

一、城市规划新技术与方法课程体系的内涵

城市规划新技术与方法课程体系涉及内容较为广泛，是多学科知识体系的交叉融合，当前国际上所典型应用的城市规划新技术与方法可归结为3S技术、城市模型及空间句法等几类，主要以辅助城市规划决策与分析为特征，又各具特色。

“3S”即“GIS”、“RS”、“GPS”的简称。其中GIS(geographic information system)，地理信息系统技术主要功能是数据输入与管理、数据查询与空间分析、成果表达与输出等，为城市规划编制和管理的分析、评价和预测服务。RS(remote sensing)，遥感技术是通过传感器获取地球表面图像的技术，通过对遥感图像的处理，可获得反映城市土地利用、交通、绿化、环境等分布状况的可靠信息。GPS(global position system)，全球定位系统则提供实时而准确的定位信息，对于城市空间数据的确定有特殊意义。“3S”技术组成最为完整的信息源、数据采集、数据管理、数据处理、空间分析技术，与通讯技术和现代控制技术相互融合，为城市的数据更新提供快速的更新方法与手段，为数字城市规划和城市的定量规划技术提供数据基础与分析平台，为政府对城市的管理和规划决策提供必要的支持系统。在城市规划专业中，“3S”课程体系是指与信息技术相关的系列课程，包括：测量学、地理信息系统技术基础、数字城市技术、遥感技术基础等课程。

城市规划与管理过程包含从结构化到非结构化的系列问题，涉及从定性到定量的技术方法。“3S”技术的发展为数据处理能力的提高、空间数据分析方法的改善、信息表达手段的提升提供了支持平台，基于此技术基础，出现了如空间句法、城市发展模型等各类城市规划设计与决策分析的新方法。其中，城市模型是对用于检验与探测城市如何发展运行的一系列现实世界目标与现象的提炼与简化[1]，它舍弃一些细枝末节，抽象地表述了空间现象过程。通过对现实系统—逻辑系统—数学系统—仿真系统等一系列的抽象过程，城市模型可实现对城市发展过程有效的模拟和预测以及规划规划方案的效应评估与策略优化等。经典的城市模型如城市扩展模型、城市仿真模型、城市多主体模型、城市CA模型等，在当今国际城市规划实践中得以广泛应用。空间句法(space syntax)是一套基于图论与GIS的城市与建筑空间形态分析的理论与方法，它通过对包括建筑、聚落、城市甚至景观在内的人居空间结构的量化描述，来研究空间组织与人类社会(经济、文化)之间关系。自它在城市研究中产生以来，就为许多研究与应用领域所关注，大量实例成功证明了句法理论对城市和建筑空间理解与模拟的正确与重要性[2]，空间句法是对传统城市空间规划方法的极大突破。在城市规划专业中，城市规划新方法课程体系是指与城市模型、空间句法等各类辅助规划设计与决策分析的新方法系列的课程，包括：城市模型概论(包括城市分形模型、城市CA模型与多主体模型等基础)、空间句法(基础)等课程或系列专题讲座。

二、城市规划新技术与方法课程体系与城市规划专业培养目标的关系

城市规划专业教育在我国经历了半个多世纪的发展，形成了由“公共基础课程→学科基础课程→学科主干课程→专门化课程(专业选修课程)→实践环节”五个部分组成的课程体系。不同规划院校根据自身特点与特长，在保证城市规划普遍教育、坚持统一规格要求的基

础上开设若干方向的专门化课程，以促进学生的个性发展。近年来随着“3S”技术尤其是地理信息系统技术在城市规划中的广泛应用，城市规划新技术与新方法在城市规划教学实践中也得到了加强。通过对学生传授这些新技术与方法的基本原理并结合一些实践案例的分析，结合GIS、RS技术及城市模型等在城市规划设计的前期分析、辅助决策、成果制作等方面的运用，逐步改变了城市规划设计课程传统的教学模式，学生的计算机能力和数据分析、整合、处理等各方面的能力明显得到加强；逐步培养了学生运用科学的方法对规划设计方案进行具体构思的习惯。在此过程中，学生逐渐从非同传统的视角来理解、分析、评价、诊断、预测、规划与设计城市，整体认识城市、分析城市、处理城市问题的能力有较大提高。

一定程度上，这种教育模式是与国际接轨的。从20世纪50年代至今，发达国家的规划教育已走过了以建筑学或工程学为基础的发展阶段，形成规划理论与方法、经济社会分析、环境保护与资源利用、规划分析技术与方法、市政工程五个专门化方向。以英国为例，在20世纪50年代以前，其城市规划工作还以物质规划为主，城市规划专业教育以研究生教育为主，学生主要来自建筑学和工程领域；20世纪50年代~20世纪70年代，英国规划教育的内容从传统的建筑学和工程学扩展到地理学、经济学和统计学等领域。1991年，英国皇家规划师学会(RTPI)提出了以规划职业学位为核心的课程设置，形成了“经济与社会”、“建筑与工程”和“方法与技术”三足鼎立的课程结构[3]。目前在英国许多高校的建筑或城市规划专业课程设计中，辅助设计与决策分析的各类信息技术和定量分析方法的内容设置自成体系。如著名的UCL(英国伦敦大学学院)巴特雷特建筑学院通过GIS、城市模型基础、空间句法基础等一系列课程体系完整的设置，让学生跳出传统的规划设计来省视规划设计。这些新技术与方法的应用不仅使学生对前期规划现状的分析深入、细致而科学，并能决策生成各类优化的规划方案，也使学生规划成果的表达方式愈来愈丰富和多样化，例如以“RS”、“DEM(数字高程模型)”数据和技术基础并充分利用计算机技术的“虚拟现实”、“三维可视化”等可直观而形象地表达规划成果。基于此类表达的规划成果，较之传统成果形式更易于实现规划师、政府和公众之间的沟通与交流。英国规划教育体系还有一突出特点，即英国大学规划等院系对学生在计算机辅助规划设计管理方面的训练侧重于GIS等新技术的应用，而对CAD应用的训练则不太重视(著名的卡迪夫大学城规系迟至1998年才引进一种小型CAD软件为学生开设CAD课程)。这与我国当前的情况正好相反。

我国有实力的高校，无论是哪种办学模式，无一例外的都面向国际化办学。而所谓国际化办学，就是关注、了解和把握国际高等教育的发展趋势和规律，与国际知名大学开展合作与交流，按照国际知名大学的内在规律，实施合乎我国高校实际的措施，其核心是人才培养质量和学术水平的国际化[4]。也即需要我们高校按照国际上通行的人才培养规格来培养学生，造就具有国际竞争力的人才，适应国际交流和资格互认。因而，借鉴国外成功经验，转变教育思想，更新教育观念，在我国现阶段的城市规划课程中逐渐安排设置城市规划新技术与方法的教学，并将其定为我国城市规划专业培养之目标，是我国城市规划教学改革的需要，是我国城市规划教育办学模式国际化的需要。

三、城市规划新技术与方法课程体系的教学改革探讨

(一)专业教育课程体系的改革

我国传统的以适应物质规划需要的城市规划专业人才培养模式和相应的课程体系中缺乏城市规划新技术与方法相关课程教育信息，一定程度上已不能适应我国城市规划教育国际化发展的需要。目前，虽然国内设置有城市规划专业的高等院校都普遍都意识到GIS课程在城市规划专业教学中的重要性，并相继开设了地理信息系统课程，但对其他规划新技术与方法的课程却有所忽略，需在教学体系的改革实践中增加“遥感应用技术基础”、“数字城市”、“城市模型基础”、“空间句法基础”等相关课程，专门培养学生对城市数据处理、规划分析、规划决策和数字城市规划等方面的技能。

(二)课程教学内容分级的安排

地理信息系统、遥感、数字城市、城市模型、空间句法等课程是多学科知识的融合，需要有较深厚的计算机理论基础，要求学生具备的知识是多元化的，包括哲学、地理学、社会科学以及环境科学、公共管理等广阔的课程体系；因而城市规划新技术与方法系列课程教学内容安排应有强烈的针对性，即针对规划专业学生特点，尽量内容精简、循序渐进，保证学生能开阔视野、理解方法、掌握基本技术。具体课程讲授过程中，更多地讲解相关技术与方法在规划实践中的应用，辅以案例详析；并根据学生基础，分别设置课程教学内容，围绕城市规划新技术与方法这条主线，设置5个相互独立又层层递进的环节，如表1、表2所示，在每个环节中制定不同的阶段目标，对学生掌握城市规划新技术与方法的要求逐步提高。

表1 本科阶段城市规划新技术与方法课程体系设置方案

年级	课程	目标	教学手段	备注
三年级下	地理信息系统	掌握基本原理及其在城市规划设计与管理中的基本应用	讲解、案例分析、实际操作训练	理论部分：侧重基础，基本参照注册规划师执业考试中相关要求，同时了解软件应用；上机部分：侧重空间分析的应用，以总体规划层面常用的专题分析为主；介绍几种不同层次的城市规划管理信息系统
三年级下	城市遥感技术基础	掌握基本原理及其在城市规划设计与管理中的基本应用	讲解、案例分析、实际操作训练	利用Google-Earth的强大数据源，结合城市用地分类国际标准进行判读练习
四年级上	数字城市	掌握数字城市基本概念、技术构建及其基本应用	讲解、案例分析	介绍数字城市在实际城市规划及管理中的应用实例，或介绍相关数字城市研究成果，或参观城市规划局及相关部门数字城市系统的实际操作等
四年级下	城市模型基础	掌握基本的城市分析与发展模型及其在城市规划与研究中的基本应用	讲解或网络教学、案例分析、实际操作训练	侧重基础且应用广泛的城市模型，如城市CA模型、城市仿真模型、城市多主体模型等，同时了解相应软件应用
四年级下	空间句法基础	掌握基本的空间句法原理与分析方法及其在规划设计中基本应用	讲解或网络教学、案例分析实际操作训练	侧重空间句法基本原理与方法，侧重其在城市规划设计中诸多典型应用分析，同时了解相应软件应用
五年级上	毕业设计	综合应用	讲解或网络教学、实际操作训练	对各类技术与方法的综合理解与应用

表 2 研究生阶段城市规划新技术与方法课程体系设置方案

年级	课程	目标	教学手段	备注
研究生阶段	城市地理信息系统	掌握城市地理信息系统原理及其在城市规划设计与管理中的综合应用	讲解或网络教学、案例分析、实践操作	理论部分：包括其空间数据结构、空间数据采集和质量控制、空间查询与空间分析等深化内容；上机部分：强化 DEM 及 TIN 的构造应用，叠置分析、缓冲区分析、网络分析等；专题介绍部分：各类专题规划的 GIS 数据分析与应用，地形分析中的 CAD 数据分析及应用等
	城市模型	掌握典型的城市分析与决策模型及其在城市规划与研究中的综合应用	讲解或网络教学、案例分析、实践操作	侧重国际上相关城市模型及其研究进展与应用实践，如城市分形模型、城市 CA 模型、城市仿真模型、城市多主体模型及其研究等，同时了解相应软件应用
	空间句法	掌握空间句法原理与分析方法及其在规划设计中的综合应用	讲解或网络教学、案例分析、实践操作	侧重空间句法当前理论发展及其在城市规划设计中的诸多综合应用分析，同时了解相应软件应用

在当前北京林业大学园林学院的城市规划本科与研究生教学实践中，基于学生原有专业基础与特点，结合课程与专题讲座的形式，给学生开展一系列城市规划新技术与方法内容的讲授，讲解过程中具体案例分析与原理及方法紧密结合，内容广泛而分层级逐步深入，案例典型而详悉生动，极大地激发了学生学习的主动性与兴趣，反响较好。

（三）教学观念与模式的转变

在城市规划新技术与方法教学中主动摒弃传统的以教师为中心、以书本为中心教学模式。强调教学中以学生为本，强调学生自我学习能力的培养，通过引导增强与激发学生学习的主动性和兴趣。非同传统城市规划课程教学，学生初步接受这些知识时会感觉有一定难度，因而在具体教学过程中，通过诸多实际案例的分析讲解入手，再而才是相关原理与方法的讲解，由浅入深，激发学生学习的兴趣，变被动式接受为主动式探求。在教学内容安排上与时俱进，不局限于基本教材，选择通过自备教案或者案例教学的模式以适应形势发展；根据城市规划新技术与方法教学内容特点，借鉴研究生综合培养方式，增加课程实际案例分析操作与论文内容，留给学生在已讲授内容基础上结合自己的兴趣在教师给出的研究性专题范围内自己尝试去操作、发现、分析与解决问题，在设计安排好课程教学内容的基础上，还采用“答辩”的方式进行教学相长研究等。总之，根据城市规划专业特点，深入研究城市规划新技术与方法课程，反复实践，形成鲜明的课程特色。

四、结 语

城市规划发展至今日，已成为一个多学科交叉融合的综合性领域，并且，随着社会、经济的发展仍处于不断的变化之中。未来城市规划学科的突破将是城市规划技术与方法的突破，未来城市规划设计的竞争将是新技术与方法在城市规划领域中运用的竞争。我国城市规划在新技术与方法的研究和推广方面尚属起步，对于全国范围内的城市规划专业而言，在城市规划教学中探索新的教学方法和模式，将新技术与方法运用到教学实践和科研项目中，通过加强新技术与方法在城市规划教学实践中的应用这一交叉型教学研究，构建一种更科学合理的城市规划教学体系，并积极与市场接轨培养复合型人才、积累教学经验和方法，使我国城市规划教育模式面向国际化，是城市规划学科发展顺应现代科学发展的总体趋势。

参考文献：

[1]朱玮，王德．大尺度城市模型与城市规划[J]．城市规划，2003，12(5)：47～54.

[2]段进，比尔·希列尔，邵润青等．空间句法与城市规划[M]．南京：东南大学出版社，2007.

[3]周昇，吴缚龙．英国 GIS 高等教育与城市规划实践[J]．国外城市规划，2001，(3)：13～15.

[4]万艳华．面向国际化的城市规划教学改革[J]．规划师，2006，(8)：59～61.

基于网络的园林植物类精品课程教学的设计与研究

于晓南[1]，吕英民，张启翔

（北京林业大学园林学院）

摘要：园林植物类课程涉及园林树木学等多项专业，该类课程共同的特点是，围绕植物的识别与应用进行知识的传授。随着现代教育技术的飞速发展，网络课堂因不受时空地域的限制，具有可反复学习、随时提问等多项优点，更好地满足不同人群对课程的多元化学习需求，是课程教学改革一个值得探索的方向。园林植物类网络教学的设计包含以下要点：①网络课堂系统可分为教师子系统和学生子系统，不同功能对应不同身份的使用者，系统管理员对本系统做日常维护；②在教师子系统中，具有发布教学通知、添加管理学生、添加修改课程相关信息(知识框架、知识内容、课件等一切课程相关信息)、添加修改课程相关自测试题、在线答疑等功能模块；③在学生子系统中，具有添加删除本课程、浏览下载课程相关的网络资源、在线提问、在线考试等功能模块；④本系统基于linux平台，以Mysql为数据库，网页部分采用Frontpage、Dreamweaver制作，应用PHP脚本语言面向网络。本系统建成后将充分满足不同身份学生对于园林植物类课程的学习需求。

关键词：园林植物；网络课堂；系统功能；教师；学生

在北京林业大学园林学院的课程设置中，园林植物类课程包括园林树木学、园林花卉学、观赏植物学、植物栽培养护等多门必修课和选修课，涉及风景园林、城市规划、园林、观赏园艺、旅游管理等多个专业[1,2,3]。这些课程虽然侧重点各不相同，但有一项共性根本的任务，就是教会学生认识园林植物和使用园林植物。园林设计工作的主题是园林植物，只有在掌握其识别要点、观赏特性、生态习性、应用方式、繁栽要点等知识的基础上，能做到科学合理地选择植物，使其在园林绿地中发挥最大贡献[4]。

随着现代教育技术的飞速发展，园林植物类的教学已不满足于传统的课堂面授形式。网络教学具有不受时空地域的限制、可反复学习、随时提问等多项优点，能很好地满足学生对课程的多元化学习需求，因此正逐渐成为教学改革中的重要探索方向之一[5]。本文结合园林植物类课程的特点，论述了网络课堂的定位，以及系统基本功能与特色模块的设计，并对该类课程的网络教学发展提出了展望。

一、园林植物类课程的设置与特点

北京林业大学园林学院课程设置中，园林植物类课程从第1~7学期均有分布，几乎贯

依托项目：北京林业大学2004年国家级精品课程建设项目——《观赏植物学》；北京林业大学2008年北京市精品课程建设项目——《园林树木学》。

① 第一作者：于晓南，博士，副教授。主要研究方向：园林植物。电话：82371556－8848。E-mail：yuxiaonan626@126.com。通讯地址：北京林业大学10号信箱，100083。

穿大学四年的全部学习生活(图1)，说明植物的识别与应用对该学院的学生来说，是一项基本的技能，其重要性不言而喻。从图1中可见，园林植物类课程主要集中在4~6学期，即大二和大三，正是学生进行专业基础课学习的关键时期，学好该类课程对于后续的专业课学习起着重要的基础性作用。

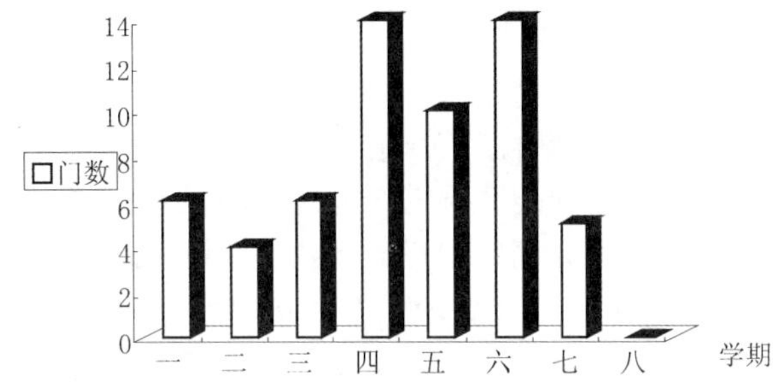

图1　北京林业大学园林学院不同学期园林植物类课程的分布

根据专业性质、培养目标的不同，我院各专业在园林植物类课程的设置上是有区别的(图2)。其中，观赏园艺专业该类课程设置的最多，其次是园林专业、风景园林专业，设置最少的为城市规划、旅游管理两个专业。

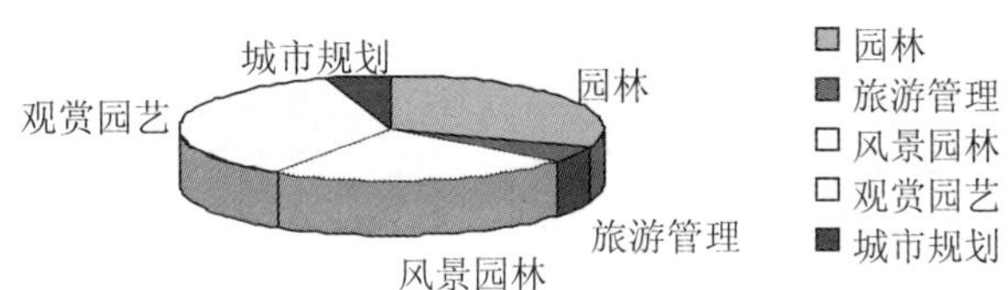

图2　北京林业大学园林学院不同专业园林植物类课程的设置比较

通过对所有园林植物类课程的学时数比较可见(图3)，学时数最多的课程有园林树木学、园林花卉学、植物景观设计，其学时数均为80学时[1]，体现了这三门课程的重要性。前两门课程，以介绍园林中习见的木本和草本植物种类、识别要点、生态习性和园林应用为主要内容[2,3]，后一门课则在前两门课程的知识背景下，重点讲授如何科学合理地运用园林植物进行景观创造。因此，三门课程的学习应该是融汇贯通、一气呵成的。

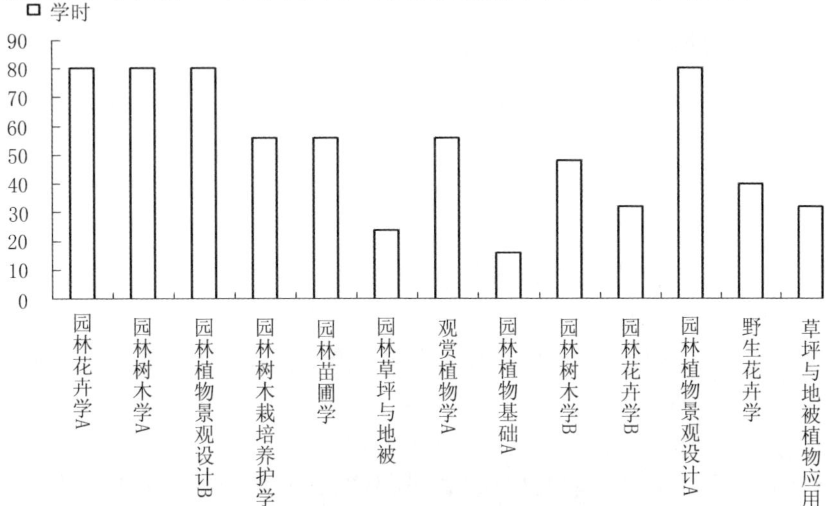

图3　北京林业大学园林学院观赏植物类课程学时数分析

二、基于网络的园林植物类课程的开发

当前，很多网络课程都以网页形式呈现，这是网络教育的特点，也是网络教育课程开发的一个趋势。然而大部分网络课程都以静态网页方式(如文本和静态图像)展现，相当于书本搬家；或直接将教师的PowerPoint课件放到网上；或用多媒体形式将课堂录像呈现在网络上。这3种呈现方式虽然都使用了网络，但是这些单一、静态的呈现形式很难引起学生们的学习兴趣。因此，在设计一门网络课程之前，进行审慎的定位是十分必要的。

一门好的网络课程，应该具备课程系统的开放性、课程内容的丰富性、学习环境的关联性等特点，这样才能充分发挥多媒体网络课程的优越性，体现以人为本的自主学习模式，达到提高学生学习兴趣、强化并延伸课堂教学内容、培养学生创造力的目的[5]。有鉴于此，我们尝试以一种全新的思路构建园林植物类网络课堂，主要遵循以下原则进行：

(一)拓展课堂内容

园林植物类网络课堂，并不是简单地将课堂教学内容换种方式，搬到网上；而是课堂内容的深化，所谓“深化”：从内容上讲应当更全面，是课堂教学内容的课外延伸；从形式上讲应当更丰富，是交互功能完善甚至是视听效果俱佳的虚拟课堂。

(二)强化实践教学

园林植物类课程的网络教学，应充分尊重并体现本课程的教学特点，即：实践与理论并重；植物认知是基础；植物应用是目标。此外，课堂教学由于受到场地、时间季节、学生教师比例等多方面现实因素的制约，不完善之处，可从网络课堂的角度加以补充、提升。

(三)扩大受众对象

园林植物类网络课堂，应最大限度体现“开放”、“共享”的精神，在不侵犯知识产权的前提下，使身份各异但学习需求相似的使用者能了解到本课程的基本内容、最新教学动向，使没有机会参加实习的学生也能通过网络课堂虚拟实习的功能，了解掌握植物。

(四)增加多元互动

园林植物类网络课堂，应成为学生们的网络交流平台。本着相互交流、共同进步的宗旨，给学生们彼此之间提供多元互动的机会。

三、系统基本功能的设计与技术实现

园林植物类网络课堂系统可分为教师子系统和学生子系统，系统管理员负责维护系统的正常运行，此外，由系统管理员管理教师用户(组)，而由教师管理学生用户(组)。即呈现系统管理权限“系统管理员→教师→学生”依次递减的格局，不同管理权限对应不同身份的用户[5]。

在教师子系统中，具有添加管理学生、管理课程信息、管理课程试题、在线答疑等功能模块，其中比较重要的功能是管理课程相关信息。由于本课程既有一般性的基础理论知识、又强调实践认知，知识内容丰富且体系较为庞大，因此，课程相关信息的管理应细化为几个子模块进行。首先，“课件上载”是一个基本功能，在这一模块，教师可对课件实时更新；也可根据用户身份，对课件设置共享权限，限制用户操作。另外，为了更好地体现园林植物识别在本课程中的重要性，本模块计划设置“园林植物查询”这一功能，专为本课程要求掌握的园林植物编制一个小型数据库，方便学生查询。同时，为配合“园林植物查询”、强化

实践认知性学习，本模块还拟设“在线虚拟实习”功能，将校园实习和南北方综合实习的内容，以动态交互网页的形式，呈现给学生；学生通过“在线虚拟实习”，可不受时空限制，提前预习相关内容或反复复习。在“在线答疑”板块，学生可针对自己学习过程中遇到的疑难问题随时提问，教师公开解答。

在学生子系统中，具有添加删除课程、课程学习、在线自测、在线提问、等功能模块。其中，浏览下载课程相关信息是学生子系统的主体，这一功能模块包含的所有内容，与教师子系统中的所有功能均呈一一对应关系。整个系统的功能模块如图4所示。

本系统计划以Linux为开发操作系统，以Mysql 5为数据库[6]，网页部分采用Frontpage、Dreamweaver制作，应用PHP网络脚本语言进行前台网页与后台数据库的对接。系统采用Web流行的Browser/Server模式，即程序逻辑结构分为用户界面层、业务逻辑处理层和数据存储层。三层在实际的物理结构上是互相独立的(图5)。

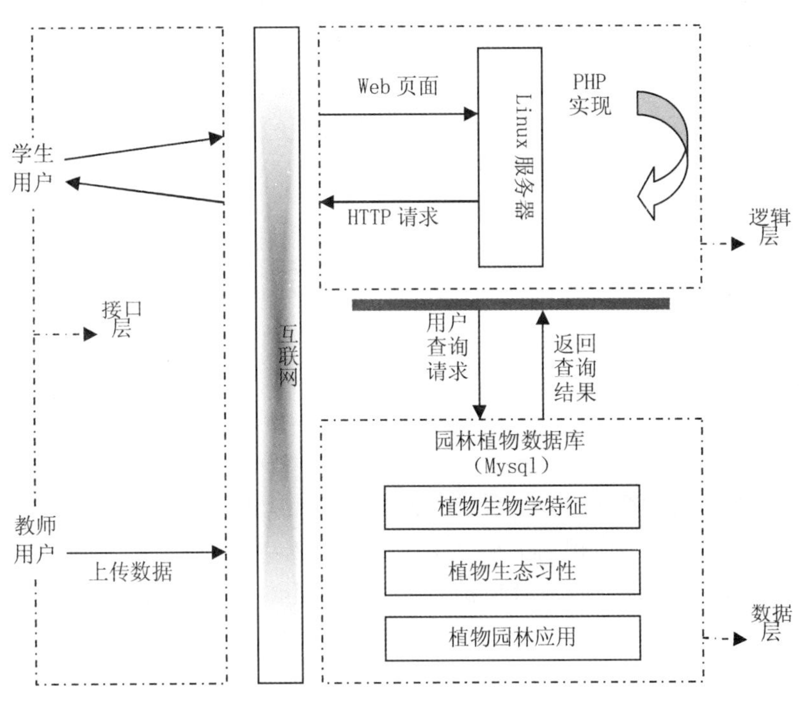

图5 系统体系结构

四、系统特色模块的分析

为了充分发挥园林植物类课程网络教学的优势、体现系统特色，本系统将重点建设“园林植物查询”与“在线虚拟实习”两个功能模块。

其中，“园林植物查询”将以“数据库+网页”的形式呈现；内容上，以陈有民的《园林树木学》、苏雪痕的《植物造景》以及刘燕的《园林花卉学》[1,2,7]；植物的物种范围上，以课程要求学生掌握的北方常见园林木本及草本植物为核心(约500种)，同时外延覆盖华东、华南常见园林植物(约500种)。同时，为了区别于其他一些权威的植物搜索引擎，如中科院数字植物标本馆(CVH)、中国植物志电子查询版(FRPS)等，在植物种类识别的前提下，更侧重该植物的生态习性介绍和观赏特性描述，为其在园林中的应用提供更多信息。因此，“园林植物查询”这一模块的字段设计，主要体现三部分内容：园林植物的生物学特性、生态习性、园林应用。数据库字段设计详见表2。

表2 园林植物查询模块字段名称及字段类型

字段名称	中文名称	拉丁学名	科属名称	园林分类	枝干特征	叶特征	花特征	果实特征	生态习性	园林应用
字段类型	均为字符型									

“在线虚拟实习”是本系统的另一特色模块。传统的园林植物类的教学实习，主要集中在春季，对于一些夏秋观赏的花木，学生在学习起来就会感到有些困难。而且受到学时的限制，让学生在短时间内掌握大量物种的特点，不符合记忆规律，影响学习效果。同时，植物的四季变化是自然界永恒的主题，仅靠一季的识别并不能反映物种的全貌。所以，“在线虚拟实习”可学地弥补了这一缺陷，以展示园林植物的主要观赏季为主，同时兼顾其他三季的季相特征。由于网络教学不受时间、地点的限制，学生可以通过系统，反复查看树木花、叶、果、干各部位近距离拍摄的清晰大图，对较为抽象的文字描述性内容做出更深刻的感性认识，大大增强了学习的主动性，提高学习效率。

五、讨 论

基于网络的园林植物类课程教学，是随着互联网的发展而出现的一新生事物，它的出现赋予了学习者更多的自主权，也为传统的园林植物类教学带来了机遇与挑战。园林植物类课程网络教学的设计与研发，并不是将传统课堂换种形式“搬家”到网上，而是对传统课堂的延伸和发展。大量丰富细致的素材，是网络课堂研建的数据基础，而这些离不开教育者多年工作的积累。

利用好园林植物类课程网络教学系统的关键，在于从学生的实际情况出发，深入发掘各个系统模块的功能。尽管本文提出了建设性的研建思路，但是在实际构建过程中，还应根据现实情况不断加以调整，逐步将园林植物类课程的网络教学系统建设成一个开放、共享、包容的网络学习平台。

参考文献：

[1] 陈有民．园林树木学[M]．北京：中国林业出版社．1988.
[2] 刘燕．园林花卉学[M]．北京：中国林业出版社，2007.
[3] 张秀英．园林树木栽培养护学[M]．北京：高等教育出版社，2008.
[4] http：//www. bjfu. edu. cn/ 北京林业大学精品课程网页．
[5] 刘军．蔡宏伟等．大学基础化学网络课堂建设[J]．大学化学，2009，24(5)：46～48.
[6] Michael Kofler. The Definitive Guide to MySQL 5, Third Edition[M]. Apress. 2005.
[7] 苏雪痕．植物造景．[M]．北京：中国林业出版社，1994.

园林制图类课程的教学改革与实践

李素英①

（北京林业大学园林学院）

摘要：园林制图课程教学应该顺应历史潮流，根据社会发展对园林规划设计和园林工程技术人才的需要，以科学的教育理论作指导，树立教学改革目标，从培养学生的实际操作能力这个中心点出发，改革教学体系和内容，实施启发性、互动式和多媒体教学方法和手段，提高教学质量，努力把学生培养成为具有创造力及创新思维能力的人才。

关键词：园林制图；教学改革；教学内客；教学方法；教学创新

园林专业主要培养能从事各种类型绿地规划与设计和园林施工与管理的高级技术人才。园林制图作为园林专业一门用图形信息表达、图形理解和图样绘制的专业基础课，是学生综合素质培养中重要的知识教育之一，在塑造学生的基础能力方面起着非常重要的作用。但由于该课程的学习需要学生具备较强的抽象思维能力和较高的形象思维能力，对于刚刚进入大学一年级的新生而言，往往感觉理解困难，学习吃力。进入21世纪以来，园林制图课程与我国高等教育一样，面临着新的机遇和挑战。基于近些年来的教学实践，笔者认为，在新形势下，园林制图课程的教学应该顺应历史潮流，根据社会发展对园林规划设计技术人才的需要，以科学的教育理论作指导，勇于改革，勇于创新，树立教学改革目标，改革教学体系和内容，实施有效的教学方法和手段，提高教学质量和学生学习效果，努力把学生培养成为具有创造力及创新思维能力的人才。

一、教学改革的目标

目标是改革和前进的方向，没有目标就会失去方向。那么，园林制图课程的目标是什么呢？园林制图课作为园林专业的专业基础课。其教学目标是培养学生运用各种作图手段识读和绘制园林设计图的实际操作能力，为园林规划设计、施工图纸的识读和绘制奠定基础。这一目标表明，园林制图教学任务有两个基本面一个中心点。两个基本面一是教授学生识读园林规划设计、施工图纸，二是教授学生绘制园林规划设计、施工图纸，一个中心是无论是教授学生识读还是绘制园林规划设计、施工图纸，都要从紧紧围绕培养学生的实际操作能力这个中心点出发。

园林制图课程传统的教学模式也把教授学生识读和绘制园林规划设计、施工图纸作为教

依托项目：北京林业大学2009年国家级特色专业建设项目——风景园林专业。

① 作者简介：李素英，博士，副教授。主要研究方向：园林规划设计。电话：13671398369。E-mail：lisuying8@yahoo.com.cn。通讯地址：北京林业大学园林学院，100083。

师教学主要任务，但是在关注学生识读和绘制图纸时，往往注重基本理论的灌输，忽视学生动手能力的培养，导致教师“一言堂”、“满堂灌”的教学现象盛行。园林制图课程的教学要改革，就必须把培养学生的实际操作能力作为教学内容、教学方式、教学手段及其它方面改革导向。要做到这一点，首先，教学各个环节要重视对学生综合能力的培养。学生的实际操作能力源于学生的综合能力。园林制图课程的内容包括制图基本知识、投影原理、园林设计制图三大部分。园林设计图是设计人员以自己的艺术构思把地形、水体、植物、建筑等造园要素综合起来合理布局所绘制的图样。园林设计图表现的对象千差万别，内容复杂广泛，如千姿百态的自然地势，形形色色的山石、水体，风情万种的花草树木等。这就要求学生具备广泛综合的知识面，不仅要掌握制图的基本知识、绘画基础和投影原理、表现技法、造园要素，还要掌握各类自然科学技术、人文科学的知识，才能画出高品味、高水平的设计图样。因此，无论是教授园林制图基本知识、投影原理，还是园林设计制图课程，教师都应该适当地穿插与专业内容相对应的自然科学技术、人文科学的知识，潜移默化地培养学生综合素质和能力。

其次，要重视学生的空间想象能力、抽象思维能力培养。爱因斯坦曾经说过“想象比知识更重要，因为知识是有限的，而想象力概括着世界的一切，并且是知识进化的源泉。”园林制图课程中投影原理这部分内容最需要学生的空间想象能力，因此，教师授课时就要善于启发学生的空间想象力。比如向学生展示一个圆，那么就要启发学生想象出很多回转体的形状，再启发学生联想空间的物体，投影可以是圆的物体有哪些。投影原理课程也能加强对学生抽象思维能力的培养，因为投影原理是把空间物体用点、线、面的形式在平面上表现出来。由于人世间万物都是由各种形态的点和线组成，即使是再复杂的物体，都可以把它简单地看成是由不同的点或线经过不同的组合而生成。所以人们观察身边事物的角度不尽相同。在每个人的眼中，点有不同的空间位置，线有直线和自由曲线、几何曲线等曲线之分。通过把物体抽象为点和线，学生就能把复杂的物体简单化，园林和施工设计起来就不会无从下手、无的放矢。

二、教学内容的改革

园林制图课程的内容主要包括制图基本知识、投影原理、园林设计制图三大部分[1]。我校园林学院制图课程过去分为画法几何、阴影透视、园林制图三部分，课时数分别为：40学时、60学时、40学时。90年代后期，随着计算机绘图技术的发展，增加了40学时园林计算机辅助设计，加起来总计180学时。然而，课时的增加并未使教学效果得到较大提高。相反，学生反映因课时多，教学内容繁杂，有些内容在学生毕业后用处很少，而应该掌握的知识重点授课内容不突出。针对这种情况，近几年学校打破过去的课程体系，将画法几何、阴影透视、园林制图三部分内容合并为一门课，名称为制图基础A，为园林专业、风景园林专业、城市规划专业基础课，同时本着更新知识、着重应用的原则，精心重组教材内容，大幅度删减与现代园林设计、施工实际不相符合的以手工绘图教学为主的传统内容，浓缩了画法几何中纯理论性内容，重点增加实际动手能力的知识，以达到学以致用的目的，总学时数也减为64学时。

第一，我们大幅度减少了画法几何不实用的内容。画法几何在培养学生空间思维和逻辑思维能力方面有非常重要的作用，是园林制图的基础，它的理论内容多，但实际应用最重要的是正投影图、轴测图、透视图的识读和绘制。因此，我们对画法几何的理论采取保留核心部分，大幅度扬弃实用性较少的部分。比如，因为轴测图须掌握在平面上表达空间形体，轴测投影图是培养学生三维空间表达和分析能力的最重要内容，所以我们把加强轴测图和三视图之间的相互转换，树立三维物体的空间形象和熟悉二维和三维之间转换的关系，及提高学生的空间想象力和造型设计能力作为教学内容的重中之重。突出和增加理解坐标系的作用、前后、左右、上下等方位、空间平行线、轴测图中点位置的意义这些教学内容，尽可能使学生获得强烈的空间感受，有效地提高学生的形象思维能力和空间想象能力。同时，我们在学生作业中增加已知两面投影补第三投影、绘制轴测图的训练，尤其是加大结合庭院、建筑、等二维图(平面和立面图)，利用轴侧图表达他们三维的空间关系的作业内容，使学生学以致用。

第二，在教材中突出实践能力和专业技能的培养。画法几何学的创始人 G·蒙日指出：“这门课，单凭课堂口授是没有效果的”。“必须把实践练习与听课结合起来[2]”。为了改变传统内容中理论性偏多，重视图板作图，对徒手绘图重视不够等不适应实际应用的状况，我们在大量收集阅读相关教材资料，反复听取学生意见，集体讨论的基础上，组织了新教材的编写。在新教材中，我们着力于学生实践能力和专业技能力的培养，精选了园林建筑透视实例，将理论结合实际。同时，新教材还注重加强与后续课程的衔接，在内容组织中，刻意引导学生把园林制图课与正在学习的美术、造形基础等课程相联系，提高学生识图、绘图的能力，开阔视野，初步了解园林设计的思路和方向。

三、教学方法和手段的改革

园林制图课程改革目标最终要通过教学方法和手段的改革来实现。传统的制图教学中，课堂教学模式往往是教师按照教材“满堂灌”，学生洗耳恭听，被教师“牵着走”，被动接受。同时，由于教师在课堂上得不到学生的积极回应，师生间缺乏互动和交流，课堂气氛沉闷，再加上教学用具较为单一，因此教学效果一直不太理想。近些年通过教学改革实践，我们深刻认识到必须在园林制图教学中坚定不移地实施启发性教学原则，采取互动式教学模式，开展多媒体教学。激发学生的学习兴趣，调动学生学习的积极性，才能使学生由被动的学习，学得不快乐，效率低下变为主动的学习，愉快的学习，成功的学习。

启发性教育是指教师在教学过程中充分调动学生学习的自觉性、积极性，引导学生通过独立思考，获得知识，发展能力。依照启发性教学原则，首先，要求教师课前要研究透教材，充分备课。善于抓住课堂教学中每个环节的主要矛盾，找出各个环节不同的关键和要害，备课时注意一个个“启”、一层层“发”，环环紧扣。比如在备课直线和平面的正投影图中，特殊位置直线和特殊位置平面的投影是教学备课的重点，备课时如果把直线或平面的投影完全分开，授课将会使学生感到非常抽象，不好理解。若备课时以一个具体的立体为载体来启示学生，以阐述直线为环节，再连接平面内容，一环扣一环，授课时学生非常容易理解，能达到好的教学效果。其次，在进行教学设计时，要了解学生对园林制图课的兴趣点是什么，充分挖掘课程中令学生感兴趣的内容。园林制图以几何图形为研究对象，以制图为目的。过去设计制作课件时，我们为了使学生掌握基本理论，常常用大段文字说明。由于语言抽象，学生难理解。而以构图和分解图来吸引学生的眼球，能激发学生的好奇心和兴趣，从“构”和“分”中使学生掌握作图方法和看图方法，达到较好的教学效果。比如在讲解轴测图时，教师可以先把一幅轴测图展示给学生，此时学生的兴趣点在完整的构图上。在学生看了轴测图后，老师可以要求学生找出它的正投影分面图，学生的兴趣点就会转移到如何“分解”轴测图上。当学生在老师启发下通过思考把轴测图分解为正投影的立面图、平面图和侧立面图后，老师可以再引导学生把兴趣点转到正投影的分面图的点、线、面构图上，使学生在“分”之后，兴趣又转移到重“构”轴测图上。通过“分”和“构”兴趣的循环转移，寓教于乐，使学生在兴趣和快乐中学到知识。

互动式教学在园林制图课程教学中至关重要。过去学生上课被动地听讲，课后按老师布置被动完成作业，学生主动性学习缺乏，教与学常常是对立的。教学结果总是课上学生似懂非懂，课后作业又无从下手。因此，在园林制图课的教学活动中，必须充分发挥学生学习主动性，采取讲授与自学、讨论相结合互动式教学模式，使教与学紧密结合。在实践中，教师课堂教学主要讲解重点、剖析难点，对于一些条理清晰、较为浅易，较易理解的内容，可布置学生自学并提出问题和疑点，然后把这些问题和疑点反馈给教师，教师归纳总结后课上解答。而对于一些能引导学生发散性思维的问题，如一题多解的问题则可在教师引导下，让学生在课堂上各抒已见，展开讨论，较深理解和应像。互动式教学不仅能活跃课堂气氛，调动学生学习的积极性，达到培养学生分析问题、解决问题能力，而且能密切师生关系，有利于相互理解，相互沟通交流。

园林制图课程教学方法和手段的改革另一个重要内容就是要大力开展多媒体教学。随着信息技术的发展，多媒体技术以图、文、声、像特点展示丰富多彩的画面，使原本抽象而枯燥的教学内容直观形象化，容易实现由空间形体到平面图形及由平面图形到空间形体的认识性的飞跃，激发学生的学习兴趣[3]。举例来说，剖面图的画法需要借助空间想象力，通过动画课件演示以及三维模型的展示可以使剖面图化虚为实，在变化的视觉中能有效地调动学生的兴趣，启发学生空间想象能力，使学生对各种立体、平面空间结构及组成直观理解，培养和发展了学生的抽象思维的能力。此外，为了巩固学习成果，可逐步建立“园林制图”网上答疑系统，该系统主要突出的内容应包括：教学过程中的难点和重点；比较抽象、课堂上难以直观陈述的部分；需要较强空间想象能力的知识点；具体可分为“课堂回顾”、“习题解答”、“逻辑思维和空间想象”等模块。

参考文献：

[1]段大娟，张涛，杜鸿云.《园林制图》课程教学改革探索与实践[J]. 河北农业大学学报(农林教育版) 2006，4：21～22.

[2][法]G·蒙日著，廖先耿译. 蒙日画法几何[M]. 长沙：湖南科技出版社，1984.

[3] 苏艳萍，王鸿钧. 工程图学课程体系改革研究与实践. 中国科技信息[J]，2007，12 ：241～242.

园林综合 Studio 教学实践与思考

尹　豪①

（北京林业大学园林学院）

摘要：Studio 课程是建筑及艺术设计类专业的核心课程，重点培养学生的综合设计实践能力。本文简略介绍了园林综合 Studio 课程的情况，并指出与传统导师工作室制 Studio 课程的不同之处。围绕该课程多单元跨学期组合、强调各科知识与设计实践相联系的特征提出：以观察生活为起点细化教学目标、组织教学活动，强调在现实环境中培养学生的观察分析能力。并以两个单元的 Studio 课程为例，详细探讨了课程的组织方法和步骤，对教学效果进行了评价分析。本文还针对园林综合 Studio 课程面临的其它问题进行了探讨：教师的介入程度和方式、Studio 教室环境的建设、学生成绩的评价方法和方式。

关键词：Studio 课程；风景园林；观察

作为本科生教学计划改革的重要组成部分，园林综合 studio 是园林专业、风景园林专业和城市规划专业必修的一门重要专业实践课。课程目的是培养学生理论联系实践的能力和综合运用知识的能力；有利于学生设计理念的培养、设计环节、步骤和基本方法的掌握以及专业综合素质的提高。由 7 个专题组成，每学期用时 1 周的时间进行教学，总量 7 个教学周。以专题为引导，各教研室分管负责的方式组织教学，突出了各学期 Studio 课程的独立性和特色。但具体的教学方法和细节，没有进行统一的规定，由各任课教师根据实际情况进行调整。那么，如何针对专题展开教学，并引导学生在相对集中的时间内完成设计任务，达到教学目的？或者说，针对每个 Studio 课程专题而言，要求达到何种教学目的？如果这一问题不能进行有效的探索和解答，就会困扰任课教师认知具体的教学任务，也会使学生在学习过程中感到迷惑，从而影响教学效果。因而，结合 Studio 课程的教学实践积极地进行探索和总结并不断完善教学内容和方法显得十分紧迫和必要。

一、以观察生活为起点细化教学目标

Studio 课程，又称之为工作室教学模式，来源于包豪斯的工厂学徒制教学，强调教学走进社会实践的合作办学模式，形成工作室结合社会项目设计教学的教育特色[1,2]。Studio 的教学模式广泛地应用于艺术设计类教学中，甚至被认为是建筑设计教育的核心[3]。但是，在不同的学科门类中 Studio 课程的教学内容、教学目的和实行方式却不尽相同。在职业技术

依托项目：北京林业大学 2009 年国家级特色专业建设项目——风景园林专业。

① 作者简介：尹豪，博士，讲师。主要研究方向：园林设计、园林植物景观。电话：82371556 - 8035。E-mail：yinhaonet@ 163. com。地址：北京林业大学园林学院，100083。

类院校的艺术设计专业中，重视生产实践能力的培养，强调教学、实训、生产一体化的人才培养模式。以专业技术的应用为核心，以专业教师和企业技术人员为主导，学生为主体，以承接设计项目为主要任务，由教师带领学生在承接和完成项目设计的过程中完成综合技能的训练[4]。而建筑设计类院校更加侧重于设计技能的训练，较少的顾虑产品的实施，与校外设计或施工企业协作的较少，倾向于专题研究或项目为导向的 Studio 教学模式[5,6]。但是强调设计实践的训练和实际操作能力的培养始终是各类 Studio 设计课程的主要培养目标。

园林综合 Studio 课程具有不同于普通导师工作室制教学模式的特点，应以实践技能培养为导向制定具体而易于达到的教学目标。目前很多建筑院校模仿设计事务所的组织方式而采用导师工作室制的教学模式，以实际项目设计运作的方式进行设计实践的综合训练，强调学生设计综合能力的培养[7]。由于这种教学模式直接采用真实的设计任务并延续较长教学周期的特点，比较适用于高年级专业课程和毕业设计的教学中。如果设计教学的研究可分为设计基础教学研究和设计应用教学研究两个方面[8]，那么导师工作室制的教学模式则属于重点培养学生的设计应用能力。而园林综合 Studio 分散式多单元的教学计划，涉及本科生学习的大部分重要课程，包含了设计基础和设计应用两大方面的教学内容。教学的首要任务是需要将复杂的教学内容细化在各单元的教学目标中，而便于在教学过程中实施。如，Studio 设计单元 1——生活的“切片”，教学的基本要求是锻炼学生用独特的眼光去观察和了解“生活”的能力，借鉴医学的“切片”

手法，将社会生活中的某一个或某一时段的空间环境进行设计构思和规划设计。在具体的教学实施过程中，将教学重点落在培养学生抽象提炼现实事物或场景并运用设计构成的学科知识予以表达的能力。并在布置设计题目时进一步细化教学内容，要求学生观察清晨或黄昏中校园里植物的形态特征并进行抽象表达，最后完成一幅构成艺术作品。再如，studio 设计单元 4——环境改造—校园环境景观设计。教学的基本要求是：首先让学生了解场地的特色和文化属性，感知场所的意义；其次让学生充分理解设计的目的，相互交流讨论，提出设计构思和想法；最后在有限的时间完成设计成果的表达。如此概括性的教学要求带有很大的模糊性，在具体教学实现中存在很大的难度，需要进一步细化目标。这一单元的教学目标包含两方面的内容：其一培养学生了解户外场地构成的要素与特点；其二，培养学生相互交流的兴趣与能力。在布置设计题目时，要求学生观察分析校园中特定场所的行为特征，如热水供应点、操场、教室楼前场地、校园边角绿地等，并分组进行讨论和总结。以生活行为为依据进行场地空间模型的构建，并重新进行场地设计。相比长达 1 学期的 Studio 课程，制定详细具体而可执行的教学目标是 1 周为单元的 Studio 课程需要注意的首要问题。其次，在较短的时间内无法完成综合能力的培养，注重学生单一设计技能的训练与实践是该种类型 Studio 课程的核心。

二、在现实环境中培养学生的观察分析能力

设计的最大特点就是对客观事物要有敏锐的观察和感知能力。因为观察是分析、研究、判断、想象和艺术创造的依据和前奏，没有观察就没有创意的发生。设计教学要注意增进学生自身天然纯真的观察能力、感受能力和思维能力[9]。自然界一切景物都能激发设计灵感，它们的造型、色彩经过一定的提炼、整理后，都可以作为设计素材，启发设计者的创作思路。人类行为活动特征的观察与分析则是组织功能合理性的直接依据。空间环境如同容器，

而活动于其中的人们才是主角。无论规划设计作品的构思如何新颖，造型如何美观，如果不能符合使用者的行为模式，其实用性就会大打折扣，也不太会成为一个经得起时间检验的成功之作[10]。因而，从观察生活入手引导学生感知设计形式的获取和功能的组织，可以有效地训练学生的设计实践能力。如何有效地组织学生进行观察分析应成为 Studio 课程的重要内容。

(一)教学案例 1：Studio 设计单元 1——生活的“切片”

1. 教学计划分析

该 Studio 课程在第 1 学年秋季课程计划中实施，学生的园林专业知识储备薄弱。专业概论、素描基础、园林植物基础、造型基础等专业基础课程使学生具备了初步的园林专业意识，但是知识点分散，学生并不能够有效地与设计实践相联系。设计对于学生而言是完全陌生的事物，并不理解“设计”的概念。

2. 教学实施方案

采用 6 个分解步骤，从观察植物的基本形态入手，逐步深化观察内容、强化抽象意识，按照“观察—描绘—提取—设计表达”的认知序列进行教学(见表 1)。

表 1　Studio 设计单元 1 教学实施方案

序号	教学步骤描述	教学目的	教学要求
1	观察植物的形态，感知植物枝叶的分布特征。	培养多角度多层次观察自然事物形态特征的意识和能力	观察 3 ~ 4 种植物的单体特征、群体特征、平视特征、仰视特征、俯视特征，并拍摄照片。概略表达各个视角的形体特征的徒手画各 1 张。
2	摹写植物的形态	摹写自然事物的能力	挑选 3 ~ 4 张照片为参照，描绘植物的形态特征。
3	提取植物形态中的形式元素	抽象提取自然事物的形态特征的能力	将步骤 2 中的 1 幅植物摹写图以点线的形式进行表达，取向于步骤 1 中徒手画的表达特征。
4	观察自然环境对植物形态的影响	培养学生关注自然事物与周边环境的关系	观察清晨、正午和旁晚时不同分光线条件下植物形态特征的微妙变化，或者风雨气候下植物形态的不同。以及植物周围建筑、电线、行人对植物生长特点的影响。拍摄照片 3 ~ 4 张。
5	试图表达自然环境影响要素的形式特征	培养抽象表达物体与周围事物关系和影响力的意识	重新整理步骤 3 中的抽象图画，夸张表达植物形态特征对周围事物的反应。
6	以形式构成的语言和手法表达现实场景中的植物形态	培养学生以特定的设计语言形式表达现实场景中事物的能力	在规定的图幅内以平面构成的手法表达植物形态。

3. 教学效果分析

教学效果较好，设计意识增进明显。以风园 09 - 2 为例，全班约有 1/3 学生的作品能够很好地体现 Studio 课程的教学目的。但是也存在抽象表达意识淡薄，形式构成语言运用能力差的现象。学生表现出完全以素描的手段，详细描绘植物的形体，抽象提炼形式语言的过程缓慢。学生在进行以形式构成的严谨形式表达观察物体的形式规律时，更多表现出以抽象的植物形体表达场景或寓意的倾向，需注意引导。抽象是设计实践要经历的必然过程，培养学生的抽象意识应该成为本 Studio 教学单元的核心。

(二)教学案例2：Studio设计单元4——环境改造—校园环境景观设计

1. 教学计划分析

该Studio课程在二年级春季课程计划中实施，学生已充分学习了专业理论知识和表现手法。园林史学、园林艺术原理、城市规划原理等专业课程的学习使学生积累了较多的园林理论知识，但没有接触过设计课程，缺少理论与实践的联系。园林设计、建筑设计等强调设计实践能力培养的课程将在三年级开课。因而，本Studio课程单元具有承担培养学生由理论知识向实践技能过度的教学任务。

2. 教学实施方案

采用5个基本步骤，从观察行为特征入手，了解场地功能的成因，逐步引导学生了解常见的园林设计表达程序和方法(见表2)。

表2 Studio设计单元4教学实施方案

序号	教学步骤描述	教学目的	教学要求
1	观察人类行为特征	学习观察分析人类行为的特殊性与场地的关联	观察分析并提取1~2种特殊行为分小组予以讨论，如打水—热水供应点、晨读—操场、课间休息—教室楼前场地、情感交流—校园边角绿地。以照片和图示的形式予以表达。
2	观察分析特殊行为对场地环境的要求	培养学生由行为现象推导分析发生特定行为的场地特征，感知设计概念的来源。	选择1种行为现象分析导致行为发生的场地特征。以词汇罗列的形式分别表述场地特点和行为特征，并分析两者之间的联系。
3	以满足特定行为为目标，研究设计场地空间模型	引导学生形成设计的初步概念，体验设计概念的形成和表达。	以场地的特征总结为依据，设计2~3个空间图示，要清楚标明空间尺寸，采用平、立、剖、轴测的形式予以表达。
4	运用熟悉的设计要素实现空间模型	体会运用园林设计的手法实现设计概念的途径	运用园林设计要素(建筑、山、水、路、石、雕塑、植物)实现其中1个空间概念模型。
5	了解实施各设计要素所采用的材料或方式	引导学生初步了解园林工程方面的知识	收集体现设计意图的图片或图示，以拼贴的形式完成设计方案的表达。

3. 教学效果分析

教学实践中，学生观察分析的意识表现突出，观察生活行为的兴趣积极，针对性的场地分析方法较易学习和掌握，并能够提出富于创意的设计概念。比如学生观察发现热水供应点暖瓶沿墙堆置的现象，操场上晨读的同学面壁而立的有趣行为，校园僻静绿地中恋人均匀分布的现象。学生针对这些有趣的生活想象，进行了大胆的设计实践。但是当知识跨度较大时，学生认知和掌握困难。涉及建筑空间概念(步骤3)和园林工程知识(步骤5)部分内容时，学习进程缓慢，需反复引导和讨论。

观察场地内人的行为与场地的关系，能够更好地解读场地的功能需求。在教学实践中激发学生观察生活的兴趣并积极地开展讨论，可以有效拓展学生的认知范围和角度。设计实践是对理论知识的综合运用，通过Studio课程培养学生综合运用知识的能力应成为本Studio课程单元的核心。

三、Studio 课程教学中需要注意的其它问题

作为 Studio 课程的一种变化形式，园林综合 Studio 课程尚存在许多需要探讨和亟待解决的问题：指导教师的角色、Studio 课程的环境、评价标准与方式等问题。

(一)教师的角色

在 Studio 课程中指导教师介入的方式和程度影响着课程实施的效果。许多观点都认为 Studio 课程中教师的介入要尽量克制，教师在整个过程中的角色从纯粹的讲课转为指导，不仅是知识的传授者，更是教学过程的组织者、引导者、咨询者和评价者，教师关注的是学生自主学习的过程[6,11]。但是对于园林综合 Studio 课程组成的复杂性，教师的介入程度应有所区分。对于着重于设计基础能力训练的 Studio 单元，如单元 1、3、4，由于学生缺少基本设计方法和分析能力，教师引导、示范的力度要加强，讲解的部分内容要详细而具体。而针对偏重设计应用能力培养的 Studio 单元，教师以偏重于组织者、咨询者的身份介入则更为有效。不论教师的介入方式和程度存在多大的差别，要注重发挥学生的主观能动性，让其自主构建知识框架体系。

(二)课程的教室环境

如同教师的介入和课程目标一样重要，学习的环境条件同样影响着学习效果。基于在实践中学习的观点，Studio 课程可以提供协作的、多重体验的、以学习者为中心的、基于问题的经验性教学氛围，而教室的环境则是物质载体。Taylor, S. S. 在研究了教室环境对教师授课和学生学习的效果影响之后，提出了 Studio 教室环境应具备的要素：①便于移动的家具；②相对较小的课桌；③舒适而不同寻常的座椅；④桌椅不能占据所有的空间，要留有较大的空地；⑤可用于交流的白色涂写板[12]。这些教室环境要素围绕的核心是减少学生的拘束感，增加自由度，创造开放友好的气氛，从而诱发学生的激情与信心。另外，这样的教室环境为多种交流方式的开展提供了可能性。

(三)学生成绩的评价内容与方式

作为设计课程变化的一种形式，园林综合 Studio 课程沿用以最终呈交的作业质量作为唯一的评价内容和标准的传统做法。这种评价体系所带来的直接结果就是学生过于重视最终图面表现而忽略综合能力的提高。而 Studio 课程的评价应该涉及：设计成果、设计程序、知识与技能、学习方法等多方面的内容[12]。尤其是学生技能的培养应成为考察的重要内容，这些技能包括创造力、创新能力、问题解答、批判性思考，交流、合作、社会和生态意识。有关研究在对建筑学学生的最终设计成果进行评定时，口头表达能力占比 10%[13]，但是设计思维、社会协作能力等更多综合反映学生素质的因素依然没有考虑。采用阶段性评价和小组成绩考查的方式能够更好的反应学生各种层面的设计能力和综合素质。

四、结语

培养学生观察分析自然事物及现实生活的意识和能力，是园林综合 Studio 课程教学的最佳切入点。多单元跨学期组合的综合 Studio 是一种全新的课程形式，强调学生设计实践能力的培养。实践始于观察，引导学生运用所学知识及技能观察分析自然景象及人类行为，然后展开设计过程，综合各科知识完成设计作品。分单元详细设置观察焦点和方法能够保障教学活动的有序开展，但是知识综合部分尚存在许多问题，需要进一步探索教学方法。

园林综合 Studio 课程面临的问题不只是教学内容的细化与组织，教师的介入程度和方式、教室环境的建设、学生成绩的评价方法和方式都影响该课程教学的总体效果，存在继续探讨和研究的必要。强调实践技能的培养、综合素质的全面提高是 Studio 课程教学的中心目的，教师教学方式的选择、交流氛围的营造和最终的综合性评价方式的选用都应围绕这一核心展开。

参考文献：

[1] 左义林．在启示和反思中构想——关于艺术设计专业工作室教学模式的探索[J]．甘肃高师学报，2008(03)：64.

[2] 俞伟忠．高职艺术设计类专业工作室制教学模式的探索与实践[J]．浙江工商职业技术学院学报，2008(02)：76.

[3] Jeffrey Karl Ochsner. Behind the Mask[J]. Journal of Architectural Education, May 2000 JAE 53/4: 194～206.

[4] 华玉亮．设计工作室制项目教学的探索[J]．高等职业教育(天津职业大学学报)，2008(06)：50.

[5] 傅伟．以专题研究为导向：中央美术学院建筑学院本科毕业班导师工作室教学模式初探[J]．建筑创作，2009(5)：140.

[6] 曾赛军．以专业项目为导向的艺术设计工作室教学模式探析[J]．艺术教育，2009(7)：61.

[7] 陈坚．建筑课程教育与设计实践——谈建筑专业课程教育、工作室创作研究和设计院设计实践三位一体教学模式的构建[J]．建筑与文化，2008(4)：68.

[8] 顾大庆．作为研究的设计教学及其对中国建筑教育发展的意义[J]．时代建筑，2007(3)：14.

[9] 孙红岩．设计教学漫谈[J]．长春理工大学学报(社会科学版)，2004(2)：103.

[10] 戴菲，章俊华．规划设计学中的调查方法[J]．中国园林，2008(12)：83.

[11] 张锋美，姚蕊．以"工作室"教学模式培养艺术设计人才的探索与实践[J]．广东技术师范学院学报，2005(6)：94.

[12] Summer SmithTaylor. Effects of Studio Space on Teaching and Learning[J]. Innov High Educ ,(2009) 33: 217～228.

[13] Thomas Kvan , Jia Yunyan. Students'learning styles and their correlation with performance in architectural design studio[J]. Design Studies 26 (2005) : 19～34.

《园林设计》教学中4个问题的思考和探索

朱建宁[①]，张晋石
（北京林业大学园林学院）

摘要：《园林设计》课程是风景园林专业和园林专业的核心课程，在2009年度的教改中，从园林设计元素的特性、空间单元的设计、场地的细腻性和培养学生创造性思维方式等4个方面入手，帮助学生根据场地的特征选择适宜的设计元素，组织适宜的园林空间。此外，通过设计案例的分析和师生之间的交流，帮助学生提高对园林设计的理性认识，进而培养学生对园林设计的个性认识和创造能力。

关键词：风景园林 教改 设计元素 创造性思维

《园林设计》课程是园林和风景园林专业的核心课程之一，也是任课教师投入最大的课程，原因在于园林设计的涉及面非常广泛，受到多方面因素的综合影响，考察的是学生综合运用所学知识的能力。在课程内容繁多、课时有限的情况下，如何提高学生的综合设计能力，是《园林设计》课程教学亟待解决的问题。

在2009年度的教学实践中，我们根据以往教学中出现的各种问题，保持总体教学秩序和教学内容不变，从学生最为薄弱的环节入手，从教学方法的细节着眼，进行了初步的教学思考和改革探索，期望对即将走上园林设计之路的学生能够有所启示和帮助，加深学生们对园林设计的理解。

在以往的《园林设计》课程教学中，教师和学生往往关注的是园林设计的外在形式和表现技法，却忽视了设计方法的教学，导致学生们将园林设计看作是构图练习，将各种设计要素罗列在一起，追求图面的视觉效果，实际背离了园林设计的基本方向。因此，在我们的教改计划中，希望从园林设计元素的特性以及对设计场地的细腻认识入手，帮助学生根据场地的特征选择适宜的设计元素，组织适宜的园林空间。此外，通过设计案例的分析和师生之间的交流，帮助学生提高对园林设计的理性认识，进而培养学生对园林设计的个性认识和创造能力。为此，我们从四个方面入手，结合学生们普遍存在的问题，提出了相应的教学对策。

一、教学内容的改革和探索

（一）强化对园林设计元素的认知和应用能力

1. 存在问题

园林设计离不开各种设计要素，然而将各种设计要素简单地罗列在一起，绝不能产生一

依托项目：北京林业大学2009年国家级特色专业建设项目——风景园林专业。

① 第一作者：朱建宁，教授、博士生导师。主要研究方向：风景园林规划与设计。E-mail：blzjl@ vip. sina. com。通讯地址：北京林业大学园林学院，100083。

个好的园林设计作品。作为园林设计师，首先要了解各种设计要素的基本特性和表达出的设计含义，学会正确运用各种设计要素的方法。许多优秀作品的产生，就在于设计师对造园材料和设计要素有着独到的见解和创造性的应用能力。

在以往的教学中，尽管学生们知道园林主要由哪些设计要素组成，然而对设计要素的丰富性，以及设计要素的特性和寓意缺乏必要的认识，无法产生富有创造性的园林作品。究其原因，还是学生们对园林设计要素的认识不够深入所致，更不用说将各种元素组合起来，塑造具有趣味性、创造性的环境空间和气氛了。

即使学生掌握了某一类型场地的空间布局规律和方法之后，可以从平面构成方面对园子的总体布局进行把握；但是由于对每一类设计元素在园林设计中的作用、可能性以及潜在的设计“魔力”却不甚了解的情况下，始终无法真正提高设计水准，更不可能在园林的艺术水准方面得取得更大的提高。

2. 教学对策

(1)目的：强化对园林设计元素的认知和进行基本的创造性的应用。

(2)内容：对于每个设计元素进行一周的授课和课后练习、课堂分析。

(3)方式：对每一类设计元素在园林设计中的作用、可能性以及潜在的设计魔力进行深入挖掘，进行专题研究，探索元素对于“设计语言”的形成，特别是这些元素在空间中的作用。

园林的设计元素可以分为地形、水系、植物、构筑物和园路等五类要素，其中地形、水系、植物是构成园林空间的主要元素；构筑物能够满足游人的驻足和休憩等服务功能，并起到画龙点睛的作用；园路是游人游览、观赏远景必不可少的设施，用于解决观景和交通问题。不同的材料和不同的做法，产生不同的设计效果。我们有目的的将地形、水系、植物、构筑物、园路分别拿出来，进行单一的认知、理解、分析和设计应用，强化学生对这些元素的理解和认知。

由于无法、也根本不可能一次性完整地认知某一要素的全部意义和设计的可能性，这一过程的重要性在于培养学生的意识，使其能够有意识地关注各种设计要素的作用和运用手法，并在以后的学习中进行不断的自我学习和实践，即提高自我更新的能力。

例如，从地形设计的角度出发，首先让学生认识到地形的作用可以是塑造空间、营造景观、解决排水问题等作用，甚至可以改善园林的小气候。而地形的形态设计千变万化，可以以自然地貌，也可以以几何形体或造型为设计参照。地形设计对水系、植物、园路等设计产生重大的影响，是园林设计的基础和首要环节。

为此，我们一方面通过地形设计的专题，加深学生对地形设计方法的认识；另一方面给定一个主题，让学生们运用地形来表达设计含义。从单一设计要素出发，在对单一要素进行分析和理解的基础上，逐渐增加其他要素的相互影响作用，进而提高学生对各种设计要素的认识，加深对设计过程和设计方法的理解。

通过这个教学过程，使学生们理解地形设计作为园林设计的起点，是与设计的主题构思一起，共同控制并延续整个设计过程的。这样一来，学生便能够掌握园林设计的基本步骤，并了解在每个园子中地形要素的作用，以及在不同园子中地形的表达方式，进而归纳出地形的设计方法和在设计中应用的可能性，形成学生对于地形要素的个性化理解，有助于其自主地进行创造性实践，进一步探索地形的“魅力”。对于其他设计要素的运用也是如此，从单体到综合，由浅入深，从局部把握整体。

（二）强化空间单元的设计能力

1. 存在问题

各个元素的认识和应用可以帮助学生开展设计工作，但了解了设计要素并不意味着能够做好做设计，必须培养学生综合运用园林要素、创造具有功能性空间的能力。在以往的教学方式中，我们发现，学生对于单元空间的设计能力还比较欠缺，缺乏设计的创意性，设计的趣味性。

实际上，单元空间既是通过园林要素综合运用、形成一个具有特定功能空间的一个成果，也是组成一个园林的空间单元基础。在较大的场地设计或公园设计中，必然包含许多更为小尺度的、独立单元空间，比如说轴线、入口、中心广场、林荫道、停车场等的功能性空间。

因此，只有强化这种空间单元的设计，才能渐渐培养学生对于小尺度的“设计感”，而不仅仅是在今后的园林设计中，将其作为一个“功能区”简单处理。

2. 教学对策

（1）目的：强化单元空间的设计能力。

（2）内容：选定几组类型的单元空间，轴线、入口、广场、林荫道、花圃、停车场等，进行单元空间的练习和分析，为期3周。

（3）方式：我们给出具有特定功能的某种空间单元类型，如轴线、入口、停车场、林荫道等，让学生通过思考、查阅、考察、分析一些这些空间单元的实例，既包括以往在园林史所学习过的经典园林案例，也包括现今的一些优秀案例，甚至是一些不成功的案例。通过让学生分析对比大量的案例，得出某种空间单元类型的设计普遍规律。同时，也鼓励学生的创造性，能够运用设计元素的组织，设计出令人感觉出其不意的空间单元来。

（三）提高观察场地的细腻性和设计眼光的敏锐性

1. 存在问题

根据以往的教学经验，我们不难发现学生在设计创造的过程中，往往只关心设计场地的规模和形状，却忽视了场地本身的特性。在设计中随意改变场地的空间特性，增加大量与场地毫不相干的设计元素，将设计场地看作是可以随便改动的、毫无特征可言的一张白纸。

一方面，尽管学过许多相关的课程，但是学生们依然不具备从测绘图中认知场地特性的能力；另一方面，学生对场地的原有的要素、空间特性、景观资源等不甚敏感，设计创作往往忽视场地本身所具有的各种特性的影响。这种封闭、自我的设计行为不仅难以创造好的园林作品，而且学生们易于带来许多难以协调的问题。因此，从场地中复杂的现状条件出发，了解各种影响设计行为的因素，发现问题并解决问题，是正确开展设计的基础。必须提高学生对场地现状的敏感性和观察场地眼光的敏锐性，进而从场地现状的细腻特征中敏锐地发现设计的出发点和突破口。

2. 教学对策

（1）目的：方案设计与场地分析，是贯穿整个设计过程并不可分离的两个方面。在着手设计前，应充分了解场地的各种特性，从中发现主要问题和解决问题的主要环节，是园林设计师必备的基本素质。好的设计如同好的整容，首先要仔细观察整容对象，了解对象需要保留的好的方面，以及需要改造的各种缺陷，绝不能按照自己的理想模式随意改变对象。好的设计又犹如好的影片，高水平的导演能够对生活中的细节进行挖掘、夸张和放大，展现出其背后所蕴含的深层生活哲理。好的园林设计设计师也能够敏感的从场地的细腻特征中找到设计的突破点，形成优秀的设计作品。这就是常说的：艺术源于生活。设计也是一样，一些为大众所常见的现象，通过受过训练的设计师的眼睛，便能够发现有趣的、美的潜力。

(2)内容：加强图纸识别、实地感受和三维模拟训练，提高学生感知场地的能力。帮助学生在对场地的感知认识过程中发现场地上潜在的、容易被忽略的景观资源和空间特性，学会利用场地并融入场地的设计方法。

(3)方式：首先通过对现状测绘图的讲解，让学生了解各种符号的基本含义，学会从图纸上想象场地空间的方法。其次是通过模型的制作，一方面了解场地的空间特性，另一方面将学生的设计形象化，通过3维模型的展示，增强学生的直观感受。

同时，我们结合案例，将一些善于利用场地特征形成方案设计的优秀案例介绍给学生，启发学生认识到场地特征对于设计方案形成的重要作用，从不同方面和尺度上把握场地的特性。并在设计中巧妙运用。

(四)加强设计中创造性思维方式的训练

1. 存在问题

教学过程中我们发现：设计中，学生缺乏理性，总是想到什么画什么，目的就是把图占满；而且，学生还缺乏自我批判的能力，在占满图纸之后，学生会问："老师，这样做行不行?""这样做可以吗?""应该怎么做?"。这种现象反映了一个问题，学生并没有掌握设计学科的思维方式，也无法肯定自己的思维过程和思维的结果，而这是最严重的问题。

如果只讲授些基本的规范和技能，这在一定程度上可以满足社会的需要，但是创造性人才的培养依然是重要的。对设计的茫然了解会让学生按照以往的经验来做设计，这样就失去了创造性，也就失去了学生对设计学科的兴趣，对他们的职业生涯来说是最不幸的。

2. 教学对策

(1)目的：在教学中，我们竭力将设计的一个较高的标准传递给学生，

培养学生对设计的认识以及理性的设计思维方式。

(2)内容：给定一个主题，让学生展开主题，围绕主题，选定一条主线，展开设计。

(3)方式：

首先，给定一个设计的主题，让学生根据这个主题，展开思路进行阐释，形成很多设计的思索"片段"。

然后，再根据场地的特征、元素的筛选，采用一种逻辑的方式，对"片段"进行筛选和组织，确定一条设计主线。

然后，围绕着主题，依据这条主线，完成园林空间的表达。

最后，将方案进行自我批判性的调整，肯定自己之后，再与老师和同学交流。

以上4个阶段，在园林设计的教学中是循序渐进的，从要素的了解、单体设计、场地的认识到设计思维方式的训练，并且，这4个阶段应该是学习、反思、再学习、再反思的过程。

二、关于教学方法上的考虑

1. 存在问题

现实中，学生特别喜欢听老师讲解案例。案例确实给了实际的设计工作非常重要的启

发，能让学生认识到园林设计的丰富和生动，但我们发现，依赖于案例，学生绝对学不会设计。因为，设计课是实践的课程，如果将案例作为园林教学的主要工具，会有两方面的问题：一个是案例和学生的设计工作脱节，案例被单独研究后能形成许多成果，但是学生会发现，要把这些成果落实到随后开始的具体设计上去有很大的难度。其次，在设计课中引进案例，也容易引发学生在作业中对案例形式简单的抄袭。这时案例容易变成学生抄袭设计形式的对象，反而阻碍了学生对设计的主动思考。

2. 教学对策

(1)目的：让学生多做些设计，多交流，在适时的时候，通过案例的讲解，老师的参与，让学生更好的了解设计和做设计的方法。

(2)方式：

①通过学生的自己动手、动脑，老师的思路引导，案例的适当示范，让学生提出设计的方案。

案例可以根据教学目的的不同分为不同的层级。一种是与教学目标直接相关的，在教学中不停地出现，以保证教学控制点的落实。对于教学来说它们是高等级的案例。比如说，同一类型的项目具有共同的设计共性，便可以将几个案例共同组织起来，在教学过程中不断的解读。有的案例在教学某些阶段出现，它们是针对某一时期学生设计中共同存在的困难被提出来讨论的，它们是教学中次等级的案例。还有的案例是针对个别小组的特殊问题为了与特定学生的特定设计相类比而被讨论的，它们是教学中再次一等级的案例。

②学生提出方案之后，老师参与到方案之中，对方案提出建议和意见。而学生在教学过程中提出的设计对其他学生来说也是非常好的案例。由于思考模式和思考习惯的差异，学生在设计的不同阶段完成的设计在设计手法、深度、表现方法、空间组合技巧等许多地方都存在很大差异。课程过程中，学生设计多次完整地完成，这给学生多次理解和学习其他学生设计的机会，使学生作业在中间阶段真正成为案例的一部分。在某些阶段，一些学生的设计自然表现出示范作用，起到这一阶段的领头作用，带动设计组整体设计的深入和提高。

③方案完成之后，让学生进行方案的15分钟汇报和10分钟的答辩。这个阶段可以邀请其他的老师参与，让学生对设计类型的汇报方式有一个了解，也有助于学生了解多方面的评价。

三、结　语

园林设计课，实际上存在“道”与“术”两方面问题，即设计哲学和设计技能两方面，决定了园林设计课应该为理论课、研讨课和实践课程的统一。在教师的引导下，通过设计题目的训练，使学生自主的走向正确的园林设计师道路，未来的画图匠或者是侃侃而谈、不切实际的“妄语者”都不是我们培养的目标。以上几个方面的教学思考和改革，既有实践上的，也有观念上的，都在园林设计专业的教学中具有基础性的位置，对学生设计意识的培养有着长远的作用。

《旅游经济学》课程建设的提出与实践

赵雅敏[①]

（北京林业大学园林学院）

摘要：根据调整后的2007年版旅游管理专业教学计划，2009年园林学院院级教改项目“《旅游经济学》课程建设”设定的主要任务是搭建以教案讲义、教学课件、教学案例、试题库为支撑的、系统化的立体教学资源体系。本文对该教改项目的完成情况进行了总结，并就《旅游经济学》课程建设下一阶段的目标与任务提出了设想。

关键词：课程建设；旅游经济学；讲义；课件；案例；试题库

一、问题的提出

《旅游经济学》为旅游管理专业本科生的必修课，旨在使学生以经济视角研究旅游活动，理解旅游活动的经济属性，掌握支配旅游经济活动运行的基本规律，并鼓励学生尝试使用经济学的基本理论和方法去描述、解决现实生活中的旅游经济问题。

2002版旅游管理专业教学计划存在特色不够突出，课程数量多，且课程之间的关系不够紧密等问题。2005年，旅游管理教研室在蔡君教授的组织下启动了以教学计划修订为目标的教改项目。课题组成员经过广泛而深入的调研，了解旅游相关行业的用人需求，并结合园林学院的优势、特色与专长，将“强化规划，兼顾管理”作为制订2007版教学计划主导思想，并据此搭建了全新的教学课程体系。

在新版教学计划中，《旅游经济学》作为旅游管理专业必修的“专业基础课”的地位没有发生改变，但定位有所调整。2002版教学计划中经济学方面的入门课程为《宏观经济学》（其理论体系参见图1A），而2007新版教学计划将经济学方面的入门课程调整为《微观经济学》（其理论体系参见图1B）。依据2002版教学计划制订的《旅游经济学》教学大纲以及教学内容偏重于宏观层面，在教学计划调整后将与《微观经济学》的课程内容无法有效衔接。因此，需要根据新版教学计划重新安排、组织本课程的教学内容。

其次，《旅游经济学》为《微观经济学》的后续课程。学生经过《微观经济学》的学习已掌握了微观经济学的基本理论与方法。因此，《旅游经济学》课程建设的目标应在于强化“应用性”，弱化“理论性”。

此外，该课程开课时间从第6学期调整到第4学期，且课时从原来的40课时缩短到32课时。课时缩短要求教师更应考虑本课程与先导课程、后续课程之间的关系，及本课程在新

---

① 作者简介：赵雅敏，硕士，讲师，主要研究方向：旅游企业管理。电话：13601395066。E-mail：ymzhao@jianqiao.cn。通讯地址：北京林业大学园林学院旅游管理教研室，100083。

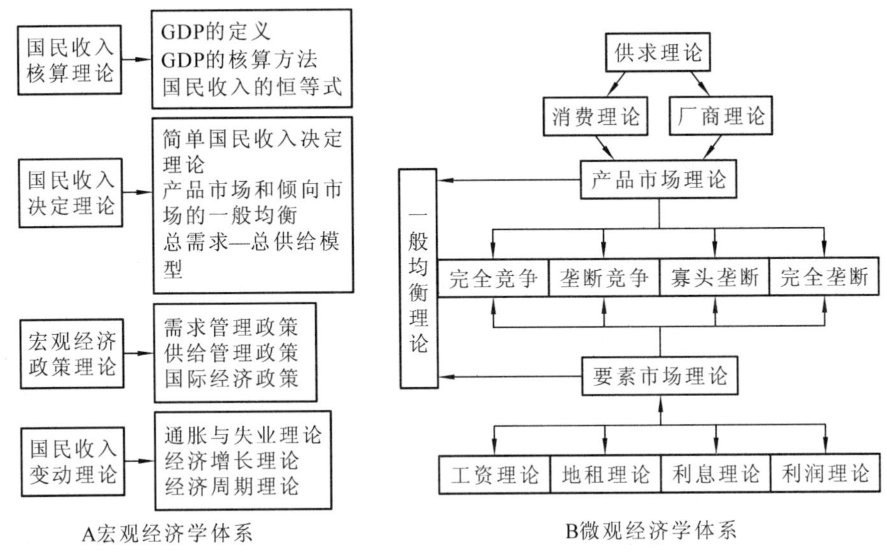

图 1　宏观经济学与微观经济学的理论体系比较

版教学计划中“应用性”定位强化的实际情况合理选择教学内容。

二、研究思路与研究成果

(一)研究思路

教学计划调整后,《旅游经济学》原有的教学活动安排已不能满足实际要求,需要在原有教学内容、教学方法等相关内容的基础上进一步完善,形成以教学大纲为核心,以教案讲义、教学课件、教学案例、试题库为支撑的、系统化的立体教学资源体系(见图2)。

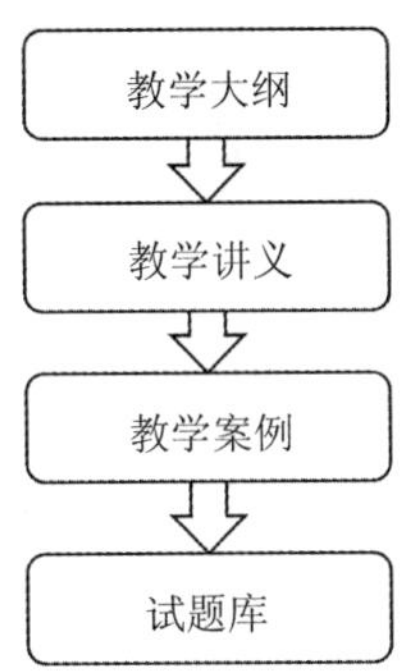

图 2　《旅游经济学》课程建设研究思路

(二)教学大纲的修订

目前,各高校旅游管理专业在《旅游经济学》授课过程中通常选用林南枝教授(南开大学出版社)或罗明义教授(云南大学出版社、高等教育出版社)主编的相关教材[1][2](其章节体系参见图3A),或是与之类似的、偏“宏观”体系的教材。由于我校旅游管理专业02版教学计划中经济学方面的入门课程为《宏观经济学》,因此主讲教师在该教学计划的执行中亦选用了罗版教材。此种章节体系安排为国内外旅游经济领域多年研究成果的积累与沉淀,得到了众多研究学者与教学人员的认可,并被多所高校作为旅游管理专业研究生考试参考用书。

但主讲教师在具体使用过程中发现此种章节体系安排也有些不足之处，即其内容经常与本专业其他课程(如《旅游学概论》、《旅游地理学》、《旅游营销学》、《旅游规划》等)有重复之处。目前，不同高校、不同学院背景下的旅游管理专业在课程设置方面仍未构建起统一的课程体系，大多会根据本校、本学院的学科特点来安排专业课程。不以规划为特色、未开设诸如《旅游地理学》之类课程学校的旅游管理专业选择罗版教材自然无此问题。但我校旅游管理专业以旅游规划为特色，《旅游地理学》、《旅游规划》为本专业必修课。因此，如何解决《旅游经济学》与其它专业课程内容重复问题成为本次课程建设的目标之一。

2002 年，东北财经大学出版社推出了厉新建主编的《旅游经济学——理论与发展》[3](其章节体系安排参见图 3B)。此教材的章节体系安排借助了微观经济学和产业经济学的部分理论框架，以此来研究旅游领域的相关现象。虽然该教材的章节安排及其中部分观点有待商榷，但仍不失一种有益尝试。此后，旅游教育出版社又推出了张辉、厉新建主编的《旅游经济学》[4]，进一步完善了上一教材的框架与内容。07 版新版教学计划弃“宏观”改“微观”后，此种章节体系安排的教材更能满足我校旅游管理专业《旅游经济学》课程教学的实际要求。

A：罗明义	B：厉新建，张辉
绪论 旅游经济学的研究对象和方法	0.0 旅游经济研究回顾
第一章 现代旅游经济总论	0.1 导论
第二章 庄稼活产品与开发	客源地篇：旅游需求基本理论与旅游消费行为
第三章 旅游需求与供给	第 1 章 旅游需求基本理论
第四章 旅游价格与供求平衡	第 2 章旅游消费行为
第五章 旅游市场与竞争	目的地篇：旅游供给与目的地竞争
第六章 旅游消费与效果	第 3 章 旅游供给基本理论
第七章 旅游经济运行与调控	第 4 章 旅游目的地竞争与发展
第八章 旅游收与分配	市场与政府篇：旅游经济发展中的市场与政府
第九章 旅游投资与决策	第 5 章 旅游供给与需求的均衡
第十章 旅游经济结构与优化	第 6 章 旅游经济发展中的政府
第十一章 旅游经济效益与评价	第 7 章 旅游产业市场结构
第十二章 旅游经济增长与发展	第 9 章 旅游经济影响与衡量

图 3 《旅游经济学》常用教材章节体系的比较

本课程教学大纲的修订即根据厉新建、张辉主编的系列《旅游经济学》教材搭建框架，形成了概论、旅游需求基本理论(含旅游消费行为)、旅游供给基本理论(含旅游目的地竞争与发展)、旅游供求的均衡、旅游产业市场结构、旅游产业市场行为、旅游经济发展中的政府以及旅游经济影响与衡量等章节。

为突出本课程“应用性”，在教学大纲修订时即引入“课堂宣讲”环节，从 32 学时中拿出 6 个学时给学生，要求学生分组，利用课余时间用同期课堂所学理论知识去认识现实旅游经济生活的现象，通过小组讨论、激辩、碰撞形成统一观点，并在课堂上与全体同学分享。“课堂宣讲”环节教学中唱主角的是学生而不是教师。学生从被动接受转为主动研究学习，教师从演讲者、解惑者和裁判者转换为组织者、引导者、鼓动者和协调者。

(三)教学案例的选择

教学案例选择时首先考虑案例内容与所属章节内容契合度，首选那些能反映章节授课重点、难点的案例，以便于帮助学生进一步理解课堂教学内容[5]。如根据定义，“产业是指国民经济内部按照一定的社会分工，专门从事同类经济活动的企业和事业单位的总称”。但旅游经济研究所涉及的景区、饭店、旅游交通、旅行社等企业向旅游者提供的产品和服务并不同，因此导论部分的重点、难点即围绕“旅游业究竟是否可以被称之为一个产业”展开。选择《旅游业的构成》作为本章案例目的就在于帮助学生理解旅游景区、饭店、旅游交通、旅行社它们向旅游者提供的产品与服务不尽相同，而大家又常把它们通称为“旅游业”的原因。

教学案例的选择其次会考虑案例具有典型性，不仅要使学生了解当前我国旅游经济实践的发展动态，而且也有助于提高学生分析问题和解决问题的实际能力。同样是景区免票，安阳景区对外籍游客的免票措施与西湖免票的作为所取得的效果却大不一样。解释两者差异的工具除了旅游需求的价格弹性理论外，还需要综合考虑旅游需求特点等多种因素。通过这两个例子更多地是想让学生明白课堂所学理论不是束之高阁的，而是可以用来解释、解决日常生活现象与问题。

表1 《旅游经济学》各章节名称所涉及案例汇总

章节名称	案例
01、导论暨旅游经济概述	旅游业的构成；旅游支柱产业热的冷思考
02、旅游需求基本理论	两派学者做客央视激辩恢复五一长假；安阳景区外籍游客免票的经济学思考；西湖免票的经济学分析；入境旅游消费结构分析
03、旅游供给基本理论	武广航线元旦机票价格因高铁压力大幅下跌；景区两权分离——“卖掉”兵马俑；景区两权分离——有多少景区被转卖；美国国家公园管理之借鉴
04、旅游供给与需求的均衡	调查：五一出境游指导价形同虚设；家庭旅馆服务值得推广
05、旅游产业市场结构	携程与艺龙：资源壁垒定天下
06、旅游产业市场行为与市场绩效	台湾游的价格联盟；王正华的平民经济学；携程的创新；在线旅游公司
07、旅游经济发展中的政府	栾川模式；新版《旅行社条例》
08、旅游经济影响与衡量	2004 年中国(大陆地区)旅游业经济影响；秦皇岛旅游收入乘数效应

(四)试题库

试题库的题型包括了单项选择题、多项选择题、填空题、判断题、名词解释、简答题、论述题以及案例分析题等题型(见表2)。

表2 《旅游经济学》试题库清单

题型	数量
单项选择题	186
多项选择题	52
填空题	52
判断题	34
名词解释	61
简答题	61
论述题	26
案例分析题	26

试题库建设遵循两个原则，其一，既注意突出重点，又注意覆盖面；其二，既注意考察学生对基础概念、基础知识的理解，又注意考察学生应用理论工具分析问题的能力，具有一定的灵活性。如下题，旅游动机、支付能力、余暇时间乃是形成有效旅游需求三个必要条件，缺一不可。题干直接设计成“形成旅游需求的要件是________。”亦无不可，但采用下列表述方式一方面可以激发学生兴趣，另一方面也可以帮助学生加深对基础概念的理解。

表 3 《旅游经济学》试题示例

“我想去桂林呀，我想去桂林，可是有时间的时候我却没有钱；我想去桂林呀，我想去桂林，可是有了钱的时候我却没时间。”从题干中可看出形成旅游需求的要件是________。			
A. 旅游动机	B. 支付能力	C. 余暇时间	D. 旅游存在

三、后续研究

旅游经济现象和矛盾日新月异，层出不穷，旅游经济研究和教学都应该紧跟实践发展，发现新现象，研究新问题。今后主讲教师应紧跟旅游经济实践活动以及旅游经济研究的进展情况定期对教学讲义、教学课件、教学案例、试题库进行调整。

此外，随着 2009 年教改项目的完成，《旅游经济学》课程建设的侧重点已由内容建设转向教学方法建设上，主讲教师应进一步探索如何将立体化的教学资源体系呈献给受众——学生，既能使学生更好地理解与接受课程的理论知识点，又能激发学生的积极性与主动性，以取得良好的教学效果。

参考文献：

[1]罗明义. 旅游经济学[M]. 昆明：云南大学出版社，1997.
[2]罗明义. 旅游经济学[M]. 北京：高等教育出版社，2006.
[3]厉新建. 旅游经济学——理论与发展[M]. 大连：东北财经大学出版社，2002.
[4]厉新建，张辉. 旅游经济学原理[M]. 北京：旅游教育出版社，2008.
[5]谢雨萍，李肇荣，关俊利.《旅游经济学》精品课程建设的实践与探索[J]. 桂林旅游高等专科学校学报，2007，18(6)：938.

北京林业大学园林专业园林树木学 A 课程教学改革初探

陈瑞丹①，刘秀丽，于晓南

（北京林业大学园林学院）

摘要：作者围绕北京林业大学园林学院园林专业园林树木学 A 课程在 2007 年课程设置改革前后的课程安排及学时分配、教学内容等变化，指出课程的重要性。并针对该专业特点，为培养优质园林综合型人才，尝试进行了针对加强学生实习环节，提高多媒体教学质量、提高学生学习兴趣等环节的改革。为今后进一步深化教学改革，提高教学质量提供了有益的参考。

关键词：园林；园林树木学 A；本科教育；教学改革

园林树木学是园林专业、风景园林专业及观赏园艺专业的重要专业基础课之一。它涉及到多项领域，是研究园林树木的种类、习性、栽培繁殖、应用的一门学科[1,2]。在北京林业大学园林学院各专业的课程体系中，将栽培繁殖划出成另一门专业课程。本课程对于园林专业同学的其它专业课程学习有非常重要的作用。前有植物学为基础，后为植物景观设计的基础。具有承上启下的重要作用。

一、课程安排

园林树木学 A 与园林树木学 B 是两门独立的课程，由于专业、教学改革进程而不断改变，二者之间又有不可分割的联系。园林树木学 B 的授课对象专业为风景园林专业。而园林树木学 A 课程是园林专业的重要专业基础课(学时安排见表 1)。二者在授课对象，总学时及教学安排上有较大区别。实际上，园林专业的园林树木学 A 课程与风景园林专业的园林树木学 B 相比，总课时更多，为 80 课时，涵盖整个学年，更有利于学生观察树种在全年的生长状况。

园林树木学 A 课程在 2007 年以前及 2008 年教学改革以后课程安排有三大区别。第一点区别在于 2007 年以后招收的园林专业和 2007 年及以前招收的园林专业相比整体园林树木学课程前移[3]。其授课开始学期由原来的第 II 学年第二学期(整体第 IV 学期)提前到第 II 学年第一学期(整体第 III 学期)。第二点区别为授课内容与季节的配合上。原来先讲总论的学期为春节学期，总论与以各论为基础的实习联系不太紧密。改革后总论在秋季学期授课，而春

依托项目：北京林业大学 2007 年国家级特色专业建设项目——园林专业项目、北京林业大学 2008 年北京市级精品课程建设项目——《园林树木学》。

① 第一作者：陈瑞丹，博士，副教授。主要研究方向：园林植物。电话：62338935。E-mail：chenruidan@163.com。通讯地址：北京林业大学 123 号信箱，100083。

季学期可以达到课堂授课与实习的结合。第三点区别在于授课内容及总论各论学时分配的改革。2007 级园林专业增加了植物景观设计的课程。根据这种情况，园林树木学总论部分对与植物景观设计相关的园林树木配植章节的内容进行了删减。达到与后续课程更良好衔接的目的。这样，在总学时 80 学时不变的基础上，减少总论授课 2 学时，增加了各论授课 2 学时。一定程度上缓解了各论课时紧张的问题。

表 1 园林树木学 A 教学安排调整前后课程学时安排表

<table>
<tr><td rowspan="4"></td><td rowspan="4">专 业</td><td rowspan="4">授课年份</td><td colspan="6">学期课程学时</td></tr>
<tr><td colspan="5">第 II 学年</td><td>第 III 学年</td></tr>
<tr><td>III 学期</td><td colspan="4">IV 学期</td><td>V 学期</td></tr>
<tr><td>总学时</td><td>总学时</td><td>授课</td><td>实习</td><td>校外实习环节学时</td><td>授课总学时</td></tr>
<tr><td>园林树木学 A</td><td>园 林</td><td>2001 ~ 2007</td><td></td><td>50</td><td>34</td><td>16</td><td>16</td><td>30</td></tr>
<tr><td>园林树木学 A</td><td>园 林</td><td>2008 ~ 2010</td><td>32</td><td>48</td><td>32</td><td>16</td><td>16</td><td></td></tr>
</table>

注：总学时 = 授课学时数 + 实习学时数，校外实习为独立课程，单独核算。

二、教学实践改革

在对园林 08 级 3，4，5，6 班的调查问卷中，有 63.9% 的同学认为园林树木学 A 是他们在大学 3 年级以前所有课程中信息量最大的课程；有 27.9% 的同学认为其是信息量中等的课程。园林树木学 A 是重要的专业基础课，确实具有信息量大的特点，对于年轻教师的教学有更高的要求。作者在老教师多年教学经验累积的基础上进行了课程内容的丰富与创新，做到更好地与教师所做科研结合、国际研究动态结合等。为提高教学质量，具体做到了以下几个方面：

(一) 强调实习环节

园林树木学课程安排了校内课程实习及校外实习两部分内容。实习环节中树种识别非常重要，校内实习根据校园内树种开花的情况进行。共分 5 次。每次以 30 ~ 40 种左右的树种为一组。校内实习安排在前(从开学到 4 月底)，校外实习安排在 5 月中旬左右，选择植物种类多、植物景观好的地点进行。具体安排及学时分配，如表 2 所示：

表 2 园林树木学校外实习教学内容学时分配表

	树种数量(种)	主要内容	课时工作量	实用课时
北京植物园	40 ~ 50 种	植物专类园树种	3	6
中科院北京植物园	40 ~ 50 种	具有园林应用前景的园林树种	3	6
紫竹院公园	30 ~ 40 种	北京竹类引种及园林植物栽培群落	3	6
其它公园调查	种类因地点而定	园林植物栽培群落	7	0

由表 2 可知，教学工作量按照学校的要求为一周 16 学时，约每天 3 课时左右。但是在实际实习教学中，为保证教学质量，授课团队按照每个实习地点的特点及所需识别树种的多少、实习主要内容的变化来安排具体的课时。由老师分 3 天带领同学到 3 个不同的植物园或公园，并讲解树种识别、应用等内容。学生在这 3 天中识别新树种，并进一步复习在校园实习树种，实际共用 18 个学时。另外，老师将学生分成若干组，每组选择 1 ~ 2 个公园、绿

地、校园等进行园林树种调查和植物栽培群落的调查。这部分用 1 ~ 1.5 天时间进行，由学生自己完成。最后，老师用 4 学时时间，完成与学生的互动教学。其中由每个调查小组向全班进行汇报调查概况、树种使用情况、植物群落特色等，老师就其发言进行点评。作者认为这种教学形式在一周中，实际总课时为 22 个，比学校安排的 16 课时能更好地使学生进行包括树种形态识别、生态习性、园林应用等多方面的学习。既有老师实地授课，又有学生相对独立的调查，还有互动点评等教学环节相结合。对于锻炼学生认识树种，加深其对园林植物群落应用的理解等多方面都具有促进作用。

(二)启发同学用全身心认识树种

学生在学习过程中，听觉和视觉并用可以提高学习效率[4]。在园林树木学的实习教学中，要具体结合不同树种的特点，发挥学生的能动性，以增加其学习兴趣。这个过程包括对实习教学路线、教学过程设计。采用同学在老师的带领下自己看、听、摸、品尝、闻等方式，发挥他们所有感官的参与作用，使之联动在一起对所授树种进行全面的认识(具体如表 3 所示)，并加深记忆。比如：蜡梅(*Chimonanthus Praecox*)在北京冬末春初开花的芳香气味能够给同学留学深刻的印象。但是 2009 ~2010 年北京经历了近 10 年来最冷的冬天，由于蜡梅抗寒性相对弱，其花蕾受冻现象严重，导致实习时只有十几朵花在开，位置很高，同学未能闻到其芳香，对这一点的理解很不深刻。在应用时，就较难想到它的芳香特性。

表 3 树种识别除视觉外可附加使用其它感官举例

	树 种
触觉	蜡梅(*Chimonanthus Praecox*)、月季(*Rosa* cvs.)、沙地柏(*Sabina vulgalis*)、紫叶小檗(*Berberis thunbergii* ‘Atropurpurea’)等
嗅觉	蜡梅、香荚蒾(*Viburnum farreri*)、梅(*Prunus mume*)、木兰属(*Magnolia*)、香茶藨子(*Ribes odoratum*)、木香(*Rosa banksiea*)、特殊气味：山桃(*P. davidiana*)、暴马丁香(*Syringa*)等
听觉	毛白杨(*Populus tomentosa*)、加杨(*P. canadensis*)、刚竹属(*Phyllostachys*)等
味觉	刺槐(*Robinia pseudoacacia*)白刺花(*Sorphora davidii*)等

经过 2009 ~2010 学年第二学期的实践，作者认为实习是特殊的教学环节，由于园林树木的物候期与气候变化的紧密联系(涉及到花期变化等问题)，教师在教学过程中更应该根据具体的物候变化讲授实习内容，启发同学对相关问题的思考，鼓励他们更多的主动观察与学习；鼓励学生提出更多的问题，经过一个自我思考、解答的过程，完善学生的园林知识体系并提高其能力。

(三)本科实习与研究生教育结合

在以往的教学实习中，教师: 学生比例为 1∶32 左右。2009 年尝试让研究生参与教学实习，达到教师：学生比例为 1∶15 左右，收到了良好的效果。这样使同学们实习时能够更清楚地听老师讲解，更清楚地观察植物的形态特点。能够更好的增加师生之间的交流和互动。同时，在研究生的教育中，这种代课方式也提高了研究生的植物识别能力和实际工作能力，是一举两得的教学方法[2]。

同一班同学分为两组同时由不同老师带领实习的授课方式，必须保证实习内容的一致性。实践中采用统一备课的方式，把每次需要讲授的树种做出统一的规定。在授课时根据具体情况可以调整先后顺序和实习路线。教师备课时会将以往的教学经验传授给研究生，提高他们授课的水平，进而也提高了本科学生对教学的满意度[2]。但是这种授课方式目前不被学校的教学工作量计量方法支持，在一位教师教4个班时会加大工作量。而且半个班的实习授课需要较多的研究生做后盾，对教师提出了更高的要求。在2010年的教学中(授课对象包括园林08级3，4，5，6班及风园08级1，2，3，4班)，由于一位教师授课班级达到8个而未能继续采用分小班实习的方法。在对园林08级3，4，5，6班的教学调查问卷中，有很多同学提出希望实习中采用小班授课的方法，使同学与教师可以更好的互动，从而达到提高教学质量的目的。

(四)不同实习报告的内容对促进学生课后复习的影响

在以往的实习之后安排作业，完成实习报告，要求同学将树种的中文名称、拉丁学名、科属、简单识别要点、生态习性及观赏特性进行总结[2]。这种方法会产生学生大量抄书，成段抄写形态特征的问题。任课教师需要强调要点的简洁性，锻炼学生高度总结、概况的能力。在园林08级的实习中，教师尝试改变实习报告的内容，只要求写实习树种中文名称、拉丁学名、科属，并加上其在《园林树木1200种》上的页码和标号，目的在于提醒学生课后复习树种知识。但使用这种方法，需要有进一步的考核工作配合才能达到促进学生较好的复习实习内容的目的。

(五)拉丁名记忆法

拉丁名是一种特殊语言。目前被极少数人使用，语言相对稳定，成为世界范围内统一表示科学研究领域各种名称的语言。园林树木拉丁名对于专业人士进行国际交流、规范种植树种等有非常重要的作用。但是，由于中文与拉丁文体系的巨大差异，学生感觉拉丁文的背诵比较枯燥，是学生相对不太感兴趣的学习内容。教师在教学中不仅首先强调拉丁名的重要性，更要教会学生拉丁名的读音。学生在熟练朗读的基础上能更好、更快地记住其拼写。所以，教师录制了150中园林树木拉丁名读音的音频文件，发给学生。让他们如锻炼英语听力一样进行园林树木拉丁文的学习，每晚听一遍，自己跟着朗读一遍。这种方法受到了学生的普遍欢迎。

三、小　结

在2008～2010年2个学年的园林专业园林树木学A课程中，以上方法的运用是行之有效的。今后作者会再继续将之完善，争取取得更好的教学效果。园林树木学是一门综合性、实践性都很强的课程，今后要继续加大对学生学习积极性的调动，转被动学习为主动自觉的学习，更多地培养综合素质高、创造性强的园林人才。

参考文献：

[1]陈有民．园林树木学．北京：中国林业出版社，1991.

[2]陈瑞丹．北京林业大学风景园林专业园林树木学B课程教学改革初探．中国风景园林学会2009年会论文集．北京：中国建筑工业出版社，2009：176～178.

[3]李雄．北京林业大学风景园林专业本科教学体系改革的研究与实践[J]．中国园林，2008，24/145(1)：1～5.

[4]刘华英．植物细胞的结构与功能多媒体教学．广西师范大学[硕士学位论文]，2000.

“文本细读”与英美文学课教学改革

南宫梅芳①

（北京林业大学外语学院）

摘要：文学课是英语专业训练学生语言能力，培养学生分析和批评能力，全面提高学生人文素质的重要课程之一。但是由于种种原因，文学课在课程设置、教材编写和使用、教学方法等方面不能满足需要，亟需改革。笔者以教学改革项目为依托，对所教授的英国文学和美国文学课程进行了调研、理论探索和试验，初步起到了较好的效果。

关键词：文本细读；文学课；教学改革

“文学”一词最早出现在《论语》中，孔子教授门人弟子分为“四科”，即“德行”、“言语”、“政事”和“文学”。《论语》说“文学子游、子夏”，意为“文章”和“博学”，即有一定文采的语言作品以及人的学识渊博。英语中的文学(literature)一词源于拉丁词 littera，意为文字，美国当代著名学者韦勒克在其《文学理论》中将“文学”定义为有创新性、想象性的文字作品。可见学文学不仅能够学到语言，还能够领略到语言运用的艺术魅力和作品所表现的动人情感。对于中国学生来说，研读英语文学作品既能够帮助学生在语言文字的运用上得到潜移默化的提高，又可以获取语言文字之外的审美享受。

英美文学课自从 20 世纪 50 年代进入国内的大学课堂以来，一直作为我国高校外语院系的主干课程之一，在高校外语院系的教学计划中占有重要地位。但是伴随着改革开放和市场经济的冲击，大多数学生将学习英语与阅读英语文学作品割裂开来，学习英语成为了一种短期的、纯功利性的行为，“英语”一词的内涵缩短成了为了应付考试、出国、求职等的一种语言工具，语言与文学几乎再不相干。据笔者调查，有 70% 的学生认为文学课只是为了提高学生的文学欣赏水平，而不认为文学课是一种能够帮助他们扩大知识面、扩大词汇量和提高写作水平，从而提高他们的英文总体水平的基础专业课。在这种认识下，学生对文学课的重视程度越来越低，对文学课的兴趣越来越少，成为高校普遍存在的一个令人堪忧的现象。[1]

笔者于 2009 年对附近高校英语专业的文学课的现状进行了调查和分析，共收回有效问卷 91 份。主要数据如下：

对文学课的兴趣	很有兴趣 26 人	较有兴趣 35 人	不太有兴趣 21 人	没兴趣 9 人
参与课堂讨论	经常 11 人	有时 26 人	很少 38 人	从不 16 人
课下阅读	经常 4 人	有时 25 人	很少 38 人	从不 12 人

依托项目：北京林业大学 2009 年校级教学改革研究项目——“文本细读”与英美文学课教学改革。

① 作者简介：南宫梅芳，博士在读，副教授。主要研究方向：英美文学。电话：62338274。E-mail：mf. nangong@gmail. com。通讯地址：北京林业大学外语学院，100083。

学习方式	大量阅读 18 人	课下讨论 23 人	阅读加讨论 16 人	死记硬背 34 人
授课方式	教师主讲 46 人	课题研讨 15 人	讲授加讨论 18 人	学生演示 + 教师讲授 12 人
授课内容	作家作品介绍 48 人	文学史 23 人	作品分析 17 人	理论介绍 11 人

经分析发现目前存在如下几个问题：

（一）课程设置单薄

文学课大多被设置为选修课，对于那些认为英语不过是一种语言工具的同学来说，他们可以不选文学课。笔者对此找过一些同学座谈，他们不选文学课还有一个原因是阅读量太大，太麻烦，他们对于在浩瀚的文学海洋中摸索学习过程采取了逃避。一些人打着“学以致用”的旗号，认为自己将来不会从事文学类的工作，因此就不用学文学。也许正是在这种思想的支配下，大多数学校的文学课课时都偏少。很多学校英国文学和美国文学一共只占用 3 个学期，总课时不超过 100 学时，这对于既要涵盖文学史，又要进行作品选读的文学课来说是明显不够的。[2]根据南京师范大学程爱民教授等的调查结果，他们建议将英语专业文学课每周的课时增至 4 课时，学习时间应包括三年级一年和四年级的上学期。这样以每学期 16 个教学周为例，文学课的总学时就应该达到近 200 个学时。[3]

我校的文学课目前有外国文学史、英国文学、美国文学、英美文学专题、英语散文选读等 5 门课程，总学时超过了 200，更为可喜的是其中英国文学和美国文学已经在 2007 年的新版教学大纲中由选修课调整为必修课，目的是加强学生文学素养的普遍提高。但是还应看到，作为核心课程的英国文学和美国文学却由于课时的压缩，从过去的 100 学时和 60 学时分别缩减为 56 和 32 学时，使授课内容被迫大大缩减，无形中增加了上课的难度，对于一些作家作品的被迫放弃使课堂教学的系统性大受影响。

（二）教学方法单一

一方面由于文学课在社会上受重视的程度不够和学生的轻视，另一方面由于文学课几乎处于边缘地位，教师积极性不高，文学课的教学方法几十年来发展变化很少。大多数教师仍然沿用传统的教学方法，即注重教师的讲解，对学生参与的要求不高。同常是时代背景 + 作家生平 + 作品的思想内容 + 艺术特点的四段论的程式化教学，这种教学方式极易使课堂气氛变得沉闷。学生在课堂上只是被动地被“填鸭”，他们不但对课堂教学没有什么兴趣，课后阅读更是一句空话，这毫无疑问地加大了英美文学教学的难度。没有了课下的准备，学生在对作家作品知之甚少的情况下，根本不可能主动参与讨论，而教师除了“填鸭式”教学似乎也别无选择。这样的恶性循环是造成学生对文学课的兴趣下降的重要原因。[4]

这种教学方式延续的直接结果就是：学生习惯于听老师讲解，自己对具体文学作品的解读相对很少，以至于相当一批学生满足于跳过作品阅读，直接背诵别人关于该作品的各种观点和结论以应付考试。到了撰写毕业论文的阶段，学生更是脑子空空如也，东抄西拼，根本不会进行基本的独立阅读和批评。

（三）教材过时

教材的重要性众所周知。目前英语专业文学课常用的教材总得来说有以下几个问题，一是不够全面；二是缺少思考题和参考书目；三是缺乏相关文学理论的介绍。以北大出版社罗经国编著的《英国文学选读》为例，教材的优点是提纲挈领，文学史脉络清晰，有助于学生对文学史总体发展的掌握。同时语言浅显易懂，适合学生自学。所选的作家作品也都是传统公认的经典作家和作品，但是由于受到本国意识形态、编著者个人好恶等因素的影响，许多公认的重要作家作品并没有出现在教材之中，比如简·奥斯丁、D. H·劳伦斯、W. B·叶芝、弗吉尼亚·沃尔夫等。除此之外，由于缺乏思考题，使得学生在自学过程中摸不着重点，以至于对作品的理解产生比较明显的失误，在培养学生对作家作品及相关文学思潮的思考能力上起不到应有的作用。同时，在作品的选用上也有很多欠缺，有的节选代表性和典型性不够，对于一些名篇、名段、名句没有提及。第三，教材没有提供相关的参考书目，使学生在拓展阅读方面不能得到有效帮助。

(四)考核方式单一

据笔者不完全统计，大部分教师最常用的考核方式主要是闭卷考试和写学期论文两种。闭卷考试较为方便，也有助于考查学生对基础知识和基本文学背景的掌握，但是无法衡量学生的综合水平，比如调研、收集整理资料的能力。学期论文要求老师花费大量的时间批改，在反映学生的综合水平方面有更大优势，但是容易流于形式，学生常常会从互联网上下载资料，进行复制粘贴等简单处理后就完工，达不到考核的目的，即督促学生自学，提高独立分析问题和解决问题的能力。

由于上述英美文学课目前所存在的问题，文本阅读受到了前所未有的忽视。为了图方便，也由于课时的限制，有的教师干脆把文学课变成了文学史课，以讲述英、美文学发展的历史为重要任务，学生的学习也不再以文本为中心，只求背诵一些基本的文学概念、文学发展现象和历史背景来应付考试。[5]

文学课变成了历史课，不但离文学课提高人文素质的目标有距离，对于学生语言基本功的提高更是相差甚远，这不能不说是一个浪费，对于英语专业文学课的发展和建设也产生了极为不利的影响。《高等学校英语专业英语教学大纲》提出："英语专业人才不应局限于掌握听、说、读、写、译等语言运用技能，而应具有较高的文化素养。"同时对于文学课明确规定："文学课程的目的在于培养学生阅读、欣赏、理解英语文学原著的能力，掌握文学批评的基本知识和方法。通过阅读和分析英美文学作品，促进学生语言基本功和人文素质的提高，增强学生对西方文学及文化的了解。"[6]可见开设文学课程的目的不仅仅是提高学生的英语水平，还要提高学生的文化修养和审美情趣。

要解决上述问题，实现大纲对英语专业学生的要求，笔者认为在英美文学课的教学中，应该以文本细读为立足点，回到对基本的文本分析训练上来，为学生提供自由思考的空间，才能有机会激发他们的学习兴趣。对于文学作品的阅读和分析同样能够提高学生的基本素质，不仅能帮助学生的听、说、读、写等语言运用技能得到提高，同时帮助他们形成良好的思维习惯，培养基本的发现问题、发现问题和解决问题的能力，也就能使他们在日后的毕业论文、乃至未来的学习和生活中受益。

笔者在调查和分析的基础上在我校试行了对文学课的全面改革。改革的核心目标是通过训练学生对文学作品进行"文本细读"而实现既提高学生的语言能力，又培养他们文学欣赏和文学批评的基本技能，同时在更高的层次上，帮助学生形成良好的思维和提问的习惯的目标，达到大纲的要求。"文本细读"一词来自于20世纪英美新批评文论，要求对文学作品的语言文字进行细密地阅读和研究，从而发现词句之间的精微联系，推测上下文及其言外之意，最终见出一部作品的总体艺术价值。美国当代著名文艺理论家艾布拉姆斯在其名著《镜与灯——浪漫主义文论及批评传统》中提出，读者只有在与文本有了足够的亲密接触的基础上，才能真正理解文学的艺术魅力并进而进行研究和解说。[7]对作品文本进行细读不仅包括字面阅读、还需要学生在字面阅读的基础上，学会综合、分析、推理、判断等逻辑思维方式，从而对作品形成自己的评论，在表述自己的见解时又包括了对口语表达和写作技巧的锻炼。从这个意义上来讲，文学课程正是培养高层次的阅读和写作能力的最好课程。因此改革的首要任务就是要为学生营造一个进行文学文本阅读的氛围、环境，才能使其可以更快、更好地融入文学作品中去，获得对文学审美能力、文学想象能力以及写作能力的全方位提高，从而以更加饱满的热情接触经典、感受艺术魅力。在具体的操作中，笔者采取了以下措施：

一、教学内容的研究

主张“一本为主，多本参照”的教材观。目前我们采用的教材及教辅资料是北京大学出版社出版，罗经国编著的《新编英国文学选读》(上、下)，吴翔林的《英美文学选读》，外研社出版，王佐良、周珏良主编的《英国文学史》等等。这些教材的特点是：体例简易，条理清楚，有相关的作品简介或分析，便于初学者自学。但某种程度上失之简易，且内容更新少，有的选读由于编者的喜好和研究侧重不能做到全面和典型，在教学过程中常常不能满足教学需要，需要教师增补大量的材料印发给学生。因此，笔者在改革教学的过程中，正在不断积累教学经验和教训，力求能在综合各种教材的基础上编写出适应学生需要和时代发展的教学课件。

二、教学过程的研究

(一)尝试进行研讨式教学，促进学生的主动思维

改变以往教师“一言堂”的授课形式，开展有的放矢的课堂专题讨论，针对某一作家的某一方面鼓励学生自主调查研究，进行发散式的思维。让亲自参与课堂设计和资料的搜索、查找工作，发表看法和感受。学生自己动手制作课件，避免了培养学生的惰性，促使学生主动地、有意识地寻找知识的重点，针对较有价值的一点，挖掘更深一层的涵义和蕴藏的价值。同时促使学生对于知识的来源、看待问题的视野不再局限于教科书，而是把目光投向了图书馆、阅览室以及网络上，培养并锻炼了学生的自主学习能力。由学生自己进行课堂设计和讲授，促使学生自觉地对某个作家、作品或背景知识进行了解，包括作者生平、人物塑造、主题等方面。学生在自己消化吸收并形成自己的看法和感想后，还要组织语言进行授课，和同学们一起讨论，这就要求授课者必须对作品有非常透彻的了解。这种做法大大增强了学生对文学作品的鉴赏能力。使学生在切身感受语言大师们的语言艺术、学习巩固语言知识的同时，也培养了学生的鉴赏力，分析问题的能力，以及书面表达能力。同时，调研，收集整理资料等锻炼也为学生将来对毕业论文的选题和写作打下了扎实的科研基础。

(二)有效渗透相关文学理论，提高学生认知水平

文学理论的发展为我们读者理解文学作品提供了不同的认知方式和角度，要深入理解英美文学作品，就必须了解一些西方文学、哲学理论。学生在了解了诸如结构主义、形式主义、新历史主义、女性主义和后殖民主义等当代常见的文学批评方法后，能够拓宽他们解读作品的思路和眼界，对文学的掌握和讲授也获得更多的张力。古人云：“授人鱼，不如授人以渔”。相关文学理论的介绍能够在更高的层次上引导了学生的专业学习，培养他们的创新和科研能力，笔者在课堂中已经做过尝试，深受学生欢迎。

(三)充分利用现代教育技术手段，加强师生课后交流

课堂上利用多媒体进行教学已经不是什么新鲜做法。文学课信息量大，理论色彩浓厚，学生课后学习非常重要，因此很有必要对他们的课前课后学习进行指导。笔者一般采用课前设计问题，指导学生通过网络寻找相关信息进行阅读和思考；课堂上引入名家或自己观点对学生的观点和讨论进行指导或点评；课后留思考题指导学生继续阅读，进一步思考以达到深化学习的目的。课后作业的形式多种多样，比如根据所学知识和内容，要求学生翻译诗歌，尝试创作英文诗歌、短篇小说、续写故事、组织戏剧表演等，并建立公共邮箱，教师和学生可以把自己的学习体会和成果上载，一方面大家可以共享信息资源，另一方面鼓励学生互相点评，以培养了学生独立分析和解决问题的能力。学生对于文学的学习不再局限于只是背诵某本教材上的分析结论，而是引发了多方面的感悟和思考，从而激发了学生对文学和学术研究的兴趣，并培养了主动学习和主动思维的能力。

三、考试模式改革

1. 课堂讨论与读书报告相结合

在教师的指导下学生对自己主要负责的作家作品做读书报告演示，其他同学提问和讨论。这样一方面能够锻炼学生，提高他们的成熟和自信，另一方面能有效激发学习兴趣，深化对学习内容的理解。

2. 学生自己出题自己解答

要求每个学生根据自己所负责的作家作品，给出一定数量的知识题和思考题，并请出卷人对题目进行讲解，其他同学进行点评。这样不但能体现出学生对基本概念的掌握情况，还使他们在讨论中提出自己的见解，发现自己的不足。

3. 细化平时成绩

教学过程中根据学生的课件和课堂讨论参与严格平时成绩，以确保每位同学能积极认真地参与到学习的各个环节中去。

以上做法不仅能够提高学生的学习兴趣，增强学生主动参与的积极性，还能够训练学生的适应能力，培养学生的独立性和创造性。同时也联络了师生的感情，使教师认识到自己应如何做好教学工作。当然，在具体操作过程中，由于课程性质的不同，又会出现不同的问题，还需要不断的总结和完善。

一年多的改革到现在已经初见成效，学生对文学课的兴趣大大增强，在对教师的评价系统中，有很多同学表示在文学课上学到了很多课本之外的东西，有同学在自学和课堂学习的基础上尝试自己进行文学创作和文学评论的写作。2006 级应届毕业生在选择文学和文化研究作为他们的毕业论文选题时，相比以往有了更为明确的选题和思路。在 2010 年对美国文学 37 名学生的问卷调查中，其中有 80% 以上的学生将本课程认定为教学研讨型课程，近 90% 的学生认为美国文学课为他们的打开了思路，培养了多角度分析和解决问题的能力。

参考文献：

[1] 程爱民．关于我国高校英美文学教学现状的调查报告Ⅰ[J]．外语研究，2002，(1)：14～18.

[2] 范谊．英美文学教学的目标内涵与层次定位[J]．外国文学研究，2005，(3)：150～156.

[3] 程爱民．关于我国高校英美文学教学现状的调查报告Ⅱ[J]．外语研究，2002，(6)：12～14.

[4] 谷启楠．英语文学教学与研究中的三个问题[J]．外语教学，2003，(5)：57~59.
[5] 王守仁．应该终结“文学史+选读”模式[J]．郑州大学学报，2002(5)：10~11.
[6] 高等学校英语专业英语教学大纲．高等学校外语专业教学指导委员会英语组．北京：外语教学与研究出版社，2000.
[7] M·H·艾布拉姆斯．镜与灯[M]．郦稚牛等译．北京：北京大学出版社，2004.

英语专业基础阶段课程建设与实践

祖国霞[①]，李　兵
（北京林业大学外语学院）

摘要：该文全面讨论了北京林业大学外语学院英语系基础阶段的课程建设与实践状况。该阶段的课程分为两大类：专业技能课和专业知识课。对于前者，我们丰富了教学内容，引进了多种教学方法和手段，编写同课程配套的电子教案，提高了学生对课堂的兴趣和学习的主动性。对于后者，我们强调学生的实践能力和相应的科学研究能力，激发他们探知的欲望。

关键词：基础阶段；课程建设；阅读；听说

英语专业基础阶段指该专业的本科一、二年级，这一阶段的主要教学任务是传授英语基础知识，对学生进行全面、严格的基本技能训练，培养学生实际运用语言的能力、良好的学风和正确的学习方法，为进入高年级打下坚实的专业基础。[1]该阶段的重要性是不言而喻的，因为它的教学效果直接影响着高年级阶段的成绩，如果学生通过一、二年级的学习，获得了牢固的语言基本功，那么他们在进一步学习相关专业知识时，就能避免语言的干扰，并可以利用英语来思维、交际，并真正掌握那些知识的内核。因此我校历来重视基础阶段的教学。

我校基础阶段的课程主要分为两大类：英语专业技能课程和英语专业知识课程。前者指综合训练课程和各种英语技能的单项训练课程，如：基础英语、听力、口语、阅读、写作、语音、语法等，后者则指英语语言、文化、文学等方面的课程，包括语言导论、英语国家社会文化、语言与文化、西方文学史等。在这次课程建设项目中，我们根据我校学生的实际情况和以往的教学经验、并紧扣高等学校外语专业教学指导委员会编撰的高等学校英语专业教学大纲从课时量、教学内容、教学方法和手段等各方面对以上课程进行了大胆的改革，并取得了显著的成效。本文将基础阶段的课程分为阅读、听说、写作与语法、专业知识四大板块，逐一介绍它们的建设及实践情况。

一、阅读教学的建设与实践

在阅读板块中，我校英语专业开设了基础英语和英语阅读两门主干课程。前者是我们通常所称的“精读”课，后者则更贴近传统意义上的“泛读”课。

基础英语课是是英语专业基础阶段的一门综合技能课，目的是培养和提高学生综合运用

依托项目：北京林业大学2007年校级专业建设项目——英语专业创新型人才培养模式的进一步研究与实践。

① 第一作者：祖国霞，博士，副教授。主要研究方向：英语教学法、西方思想史。电话：13693315238。E-mail：zuguoxia@163. com。通讯地址：北京林业大学外语学院，100083。

英语的能力。它通过语言基础训练和篇章讲解分析，使学生逐步提高语篇阅读理解能力，了解英语各种问题的表达方式和特点，扩大词汇量和熟悉英语常用句型，具备基本的口头与笔头表达能力。[2]基础英语课的重要性，一直为英语教学工作者所公认，因此它是国内所有高校英语专业本科一、二年级的一门必修课，它共开设四个学期，总计240学时。英语阅读课的开课时间也是第一、二、三、四学期，总计180学时。它的目的是培养学生快速、准确、有效地获取信息、把握文章中心思想的能力，训练学生见“树”又见“林”的能力。另外，通过较大的阅读量，扩大英语词汇量，并增加文化背景知识，打好语言基础，为以后英语知识的学习做准备。这两门课程的重要性使我们将它们都定为了英语专业基础阶段的校级精品课程，前者已于2009年5月完成了相关的建设工作，通过了结题验收，后者正在建设中。

在实践中，我们将以下几个方面始终贯彻于教学过程：

首先，我们充分利用课堂时间，进行更为丰富、全面的教学。这两门课程的特点都是信息量很大，过去传统的做法是课堂上只教授每单元中的课文A，忽略课文B。在这次改革中，我们制定了统一的教学原则，即教材中的内容要全部学到，期末考试要涉及所有的内容。这为教师们的课堂教学方法和设计提出了更大的挑战，课堂上的一分一秒都不容忽视，因此教师们更加珍惜课堂上的点点滴滴的时间。其次，教材所含的阅读作品体裁多样，传统教学中往往比较重视议论文和说明文的教学，而忽视其它体裁，现在我们几种体裁并重，根据它们的不同特点确定适宜的教学手段与策略，如在戏剧体裁课文的教学中我们开展了戏剧化教学，调动了学生们的学习热情，加深了他们对课文的理解。当然，这两门课根据教学目的的不同，训练的侧重点也不同，基础英语课强调语言基本功的训练，阅读课则更偏重阅读技巧方面的练习。

其次，在原有教学方法的基础上，设计并实施了启发式教学方法。启发式教学是以学生为主体，充分调动学生的主动性、能动性的教学方法，教师在课堂中可以通过点拨、设疑、故缪等方法来启迪学生的思维。[3]学起于思，思源于疑，为了增强学生的学习积极性，在讲解每课的课文前，我们都设计了同课文主题有关的问题，指导学生现场讨论，他们回答问题的次数和质量都计入平时成绩中，成为期末评价的指标之一。每次课结束时都布置思考题，在下次课开始时要求学生回答。

在改进教学方法的同时，我们也给予了教师在教学组织安排方面更多的灵活性，他们可结合实际情况适当调整所讲单元的次序和所占课时量，将学生演讲、课堂辩论、教师讲解、随堂测验等教学形式有机地结合起来，提高学生的兴趣，激发他们的学习动机。

最后，我们重视培养学生的文化内涵。众所周知，语言与文化具有水乳交融、密不可分的关系，对于文化的习得能反过来促进语言的习得。早在1921年，美国语言学家萨丕尔就指出，语言不能脱离文化而存在，不能脱离社会继承下来的各种做法和习惯。[4]此后，其他的语言教学研究者也纷纷对语言教学中文化的重要性进行了论证。因此对于教材中涉及的文化现象，我们指导学生进行深入的分析和讨论，并督促他们不断关注身边的社会、文化问题，提高他们的人文素质，培养他们的跨文化交际能力。

二、听说教学的课程建设与实践

在听说这个板块中，我们共设置了三门课程：英语语音、英语听力、和口语，它们相辅相成，对于提高学生的口语交际能力和理解能力都是不可或缺的。

发音是英语学习的基本功，也是英语专业学生口头表达的“门面”。正确的发音是顺利提高英语听说的前提，所以，语音课是各门课程的基础。在本项目中，我们在语音课的建设上重点做了四项工作：①适当增加了语音课的课时。②丰富了教材内容，除了传统所用的《大学一年级英语语音练习手册》外，我们辅之以新版的《英语语音教程》，后者的内容更为丰富、更具时代感。③确定了该课的教学原则，将之定位以实践为主的必修课，重点是使学生掌握英语语音的基础知识，课程中要少讲多练。④确定教学重点，指导学生进行大量的发音练习和针对性的练习，以纠正不正确的发音习惯，最终达到准确、清晰、流畅、熟练、自然地朗读英语和发音。

听力是英语教学中四项基本技能之一，也是中国学生的一个难点。突破这个难关不仅有助于其它单项技能的训练，同时也为培养学生的交际能力奠定了一个良好的基础。我校英语专业的听力课贯穿于基础阶段的每一个学期。英语口语也是同等重要的专业基础课，目的是使学生们掌握日常口语交际功能，在不同场合下能够运用正确的语言形式和恰当的语体有效地表达思想，为全面提高英语交际能力打下扎实的基础。

这三门都是以实践训练为主的技能课，如何调动学生积极性，在课堂上营造英语环境是最重要的问题。因此，在实践中，我们坚持做到以下几点：①教学内容以教材为主，但不拘泥于教材，而是适当穿插与课程有关的形式多样的视听活动，如在课堂上组织演讲、小品表演、电影片段配音等练习，极大地激发了学生的兴趣。②加大语言的输入量。著名的二语习得理论家克拉申认为，二语习得产生的一个重要条件是习得者需要比他现有水平更高一点的语言输入量，如果学生的现有水平为 i，那么他可以理解的输入就应该为 i + 1。[5] 因此，我们精心选择了略高于学生水平的听力辅导资料，给予学生更大的挑战。③在课堂上巧妙地创设情境，启动学生想像的火花，为学生的形象思维提供更为直观，更为具体的形象，使学生饶有兴趣地主动投入到语言训练中去，积极地观察、思考、想象。这样，他们的语言才会如涓涓细流，流出心田。④督促和鼓励学生进行课外实践。听和说的能力不可能靠有限的课堂时间来练就，而是要靠大量的实践和练习，因此我们的任课教师不断地鼓励学生参加英语角、英语小品大赛、英语辩论赛等活动。这些都给了学生锻炼语言的机会，增加了他们的自信心和使用英语的勇气。

三、语法与写作课程建设与实践

英语语法是英语专业的基础理论课程之一，是对具体语言进行具体研究的一门学问。它以语言学理论作指导，对英语语法进行专门的教学。同英语技能课中的语法学习相比，英语语法主要起整理语法知识、指导提高语言实践能力的作用。因此，本课程不求语法系统的完整，重点在于语法难点的补充整理，帮助学生系统地复习和归纳英语语法的主要概念和用法，提高灵活正确运用语法知识的能力，并熟悉如何用英语表达重要的语法概念。语法对于写作的重要性也是显而易见的，如果没有清晰实用的语法概念，文章质量将会受到严重的影响。

在语法课上，我们重点针对中国学生容易出错的语法项目进行练习，一方面给学生讲清楚它们的规则，另一方面设计各种情景，为学生提供使用这些规则的机会。对于一些较复杂的项目我们通过教师的讲解，使学生在理解的基础上掌握并选择最典型的例子进行解剖，一次讲透，从而留下深刻、准确的印象。在授课形式上，强调讲座、讨论和学生主持研讨等教学方式的有机结合。

基础阶段的写作课程名称为英语写作基础，第三、四学期开课，包括56学时的理论课和20学时的写作实习。目的是通过系统的讲授和训练，解决学生用英语写文章的问题，为学习高级英语写作打下基础。

在写作课的教学中，我们坚持以下教学方法。首先，坚持大量的练习。除了讲解必要的写作理论外，我们为学生设置了大量练习的机会，要求他们每周写一到两篇相关的文章，期末的写作实习中，要求他们写作800~1000字的较长的文章。大量的练习使学生逐渐适应了英文写作，消除了他们对写作的恐惧心理。其次，消除学生的被动心理，提高他们写作的兴趣。每布置一个写作题目，教师都会组织学生在课堂上对该题目相关的知识、语言等方面进行梳理，帮助他们开阔思路，丰富写作内容。在学生交上作文后，教师进行认真的批改，给与他们适当的、鼓励性的评语，满足学生写作的心理需求和反馈需求。[6]最后，坚持对学生作文进行课堂讲评，将其中出现的错误、问题进行详细的归纳、整理，激励学生逐渐克服这些问题。

语法和写作课充分体现了教师和学生的合作，如兰托夫·詹姆斯(James P. Lantolf)教授所说："教育不是一个以老师为中心还是以学生为中心的问题，而是师生协作的活动。"[7]教师对学生的启发并对学生作文的及时反馈产生了良好的教学效果。

四、专业知识课程建设与实践

在英语专业基础阶段，专业知识课包括英语国家社会文化、语言与文化、外国文学史、语言导论四门课程，前三门是专业选修课，最后一门为专业必修课。

对于这些课程，我们的建设主要包括三个方面：①修订各自的教学大纲，确定教学重点。②改进教学手段和方法，制作音、像、文相结合的多媒体课件，向学生传达更为丰富、直观的知识信息。③指导学生利用所学知识进行实践和相应的科学研究，激发他们探知的欲望，培养他们进行科学研究的基本素质和习惯。

在实践中，我们将这些原则充分地贯彻到了日常教学中，教师们制作的精彩纷呈、多维度的教学课件将学生的注意力牢牢地吸引到课堂内容上；每门课上都布置了让学生进行分工协作的presentation，以及根据课程内容写作论文的任务，在此过程中他们培养了团队精神、加深了对所研究题目的理解。在语言与文化课上，学生们充分地了解、熟悉并掌握中西文化传统差异造成的语言上的差别，为在今后的交际使用中正确、恰当地驾驭语言，进一步提高语言运用能力奠定了基础。外国文学史课则为学生大致勾勒出整个外国文学尤其是欧美文学由古至今发展的基本脉络，使学生了解和掌握了外国文学的基本知识，扩大了学生的视野，加强了文化知识体系的空间感和时代感。英语国家社会文化课为学生全面介绍了英国和美国这两个主要英语国家的政治文化历史及社会情况，以及其他英语国家的概况，提高了学生的文化素养和英文应用能力。语言导论课则帮助学生了解和掌握了关于语言学的基本概念和基本知识、语言的主要研究方法，为他们进一步学习好英语语言打下良好的基础。

五、改革的效果

自本项目实施以来，英语专业基础阶段的各门课程在整体的教学水平和教学效果上均有了较大的进步。在过去的三年中，英语专业二年级学生的一次性四级通过率一直保持在较高的水平，05 级的一次通过率为 85.44%，超过全国平均值 26.4%，超过全国理工科大学平均值21.93%，06 级的一次性通过率为 88.78%，比 05 级提高了 3.34%，高于全国综合性大学的平均分26.95%，高于全国理工科大学的平均分21.65%。07 级的一次性通过率为87%，高于全国综合性大学的平均分28.4%，高于全国理工科大学的平均分 22.55%。同时学生的各类实践活动也大大增多，在 2008 年的北京奥运会上，英语专业学生争当志愿者，他们利用自己的语言特长，为外国游客提供了出色的服务，他们中有场馆志愿者、公共区志愿者、宾馆志愿者以及美国奥运会赞助商服务志愿者等，在各种志愿服务活动中，他们将自己的专业知识付诸实践，使各方面的能力得到了提升，并为我校英语专业赢得了良好的声誉。此外，他们也表现出了越来越浓厚的科研兴趣，多人次参加学校和北京市的学生科研创新项目，这增强了我们进一步向研究型教学靠近的决心。

参考文献：

[1]高等学校外语专业教学指导委员会英语组．高等学校英语专业英语教学大纲［M］. 北京：外语教学与研究出版社，2000：2.

[2]时秀梅，王洪来．高等学校英语专业基础英语课教学思考[J].《沈阳农业大学学报》(社会科学版)，2005(4)：487.

[3]雷启平．启发式教学在英语教学中的应用[J].《西南农业大学学报》(社会科学版)，2009(3)：191 ~ 192.

[4] Sapir，E，Language：An Introduction to the Study of Speech [M]，New York：Harcourt，Brace & Company，1921.

[5]Krashen S D，The Input Hypothesis，Principles and Practice in Second Language Acquisition [M]，London：Longman，1985.

[6]汪敏飞．英语专业写作中的反馈方式刍议[J].《牡丹江师范学院学报》(哲社版)，2009(3)：85.

[7] 李稚阳．大学英语写作教学模式初探[J].《首都师范大学学报》(社会科学版)，2008 年增刊：81.

第二外语日语教学实践分析

刘笑非[1①]，段克勤[1]，李　炎[2]

（1. 北京林业大学外语学院；

2. 高等教育出版社国际汉语出版中心）

摘要：第二外语日语是英语专业的必修课，其主要目的在于培养学生使用日语的能力，主要通过语言基础训练与篇章讲解分析，使学生逐步掌握对日语的理解能力，了解日语的各种表达方式和特点，具备基本的听力和口语表达能力，从而最终达到国际日语水平能力测试三级标准的水平。本文从第二外语日语课程设置、教学方法和教学效果等方面对该门课程的教学实践进行分析。

关键词：第二外语日语；教学实践；多媒体教学；日本社会文化

第二外语日语是英语专业的必修课，其主要目的在于培养学生掌握日语的能力。该课程主要通过语言基础训练与篇章讲解分析，使学生逐步掌握对日语的理解能力，了解日语的各种表达方式和特点，具备基本的听力和口语表达能力，从而最终达到国际日语水平能力测试三级标准的水平。2009 年我校将《第二外语日语》评为校级精品课程，并对本门课程的教学内容、教学方法等方面进行改革和建设，从而达到提高学生学习兴趣和语言运用能力的教学目标。

一、第二外语日语的课程设置

本门课程是英语专业三年级学生作为第二外语从零开始学习日语语音、文字、词汇、语法、句型、功能用语等方面的内容。课程总学时为 280 学时，分别在第五、六、七学期开设。每学期有 200 名英语专业学生学习第二外语日语课程。

自 2007 年开始使用新版《中日交流标准日本语》，克服了以往教材内容陈旧、个别语法表达不严谨的不足，同时增加介绍日本社会文化的小专题和词汇专题。配合使用多媒体教学手段大大提高了学生的学习热情，激发了学生学习的主观能动性。

二、教学形式的改革

（一）教学与实践并重

一般人们认为第二外语日语的教学受到课时不够等客观因素的影响只是教日语的基础知识或者语法就够了，从而忽略了学生的语言实际运用能力的培养[1]。我们必须改变这种传

依托项目：北京林业大学 2009 年校级精品课程建设项目——《第二外语（日语）》。

① 第一作者：刘笑非，硕士，副教授。主要研究方向：日本文化、日语教育。电话：62338272。E-mail：imlxf@ sina. com。通讯地址：北京林业大学外语学院，100083。

统意义上的第二外语日语教学形式，在教授基础知识和基本概念的同时注重培养学生的语言实际运用能力，从而做到鱼与熊掌兼得。如何正确处理好两者之间的关系，是第二外语日语教学实践中需要解决的问题。在教学实践过程中，讲解完基本的文字词汇、语法、句型和背景知识后，授课教师可以组织学生进行跟读练习、模仿会话、回答问题、日汉互译等多种形式的练习。通过这些听说读写方面的练习，让学生对所学的内容能够做到举一反三、灵活运用。

另外，鼓励学生参加课外与日语相关的活动。如日语俱乐部活动、日语朗读比赛、日语演讲比赛等。通过这些活动不仅可以大大提高学生们语言学习的兴趣，还可以让他们把自己学到的日语知识灵活运用到实践中，从而检验自己的学习效果。

(二)加强教师讲解与学生互动

课堂教学不是教师一个人的“独角戏”，应该是有所有听课学生参与的群众戏[2]。以往的教学形式都是教师一个人站在讲台上滔滔不绝地讲解语法、课文等，现在我们的授课形式更多地强调与学生之间的互动。教师应该是走动在学生中间，而不是“高高在上”。另外，讲解完一个语法点就要观察学生的反馈。这时可以采取提问或者自由回答的方式与学生互动，在确认学生已经理解这个知识点后再进行下一个知识点的讲解。

加强教师的讲解与学生的互动不仅有助于学生及时消化吸收所学的知识点，还有助于加强学生与授课教师之间的感情交流。这种互动既能提高教学效果，又能加深学生和教师之间的感情，所以应该被广泛运用在各门课程的教学实践中。

三、教学方法的改革

(一)用中英日对比的方法提高学习效率

日语与汉语有着千丝万缕的关系，日语中有大量的汉字。这些日语中的汉字与有的中文同形异义，如“丈夫”、(日语的意思是结实)“娘”(日语的意思是女儿)、“大丈夫”(日语的意思是没关系)、“野菜”(日语的意思是蔬菜)等；有的同义异形，如「会議」「図書館」「涙」「小説」等；还有的则是“和制汉字”，最有代表性的就是「峠」(读作とうげ)，它的意思是半山腰，分别用了“山”和“上下”来形象地表示出了这个词的意思。

日语中还有大量的外来语，这些外来语的百分之八十来自于英语。我们完全可以利用日语的这个特点来发挥英语专业学生学习日语的优势，通过“还原法”来记忆日语的外来语单词。比如，「デパート」(商店)来自于英语单词“department”；「ターミナル」(始发站、总店站)来自英语单词 terminal；「インスタント」(即席、速成)来自于英语单词 instant；「ハンカチ」(手绢)来自于英语单词 handkerchief 等。第二外语学生往往在接触到片假名时有种一时反应不过来意思的感觉，但是如果让他们把这个单词“还原”成英语，他们马上就会有种恍然大悟的感觉并牢牢记住了这个单词的意思。通过这种中英日词语外形、发音和意义的比较，能够加深学生对日语词语的印象，并提高学习的兴趣。[3]

另外，从语法的角度来看，英语与日语是完全不同的语系。英语属于屈折语，日语属于粘着语。在语序上，英语和中文一样是“主谓宾”结构，而日语则是“主宾谓”结构。英语时态的划分比日语复杂多样，修饰语的位置也不同。通过这些对比学习，当学生用母语或者自己已经相当熟悉的英语来对照着学习日语时就不会感到吃力或者难解。

（二）充分利用多媒体教学手段提高教学质量

多媒体教学在大学外语辅助教学上已经得到普遍的应用，并在促进外语教学改革方面发挥着重要的作用。学生在多媒体教学环境中学习外语的积极性比普通环境中学习的积极性高，而且在课堂上更能集中精力听讲。

多媒体教学使第二外语日语教学跳出了文字表达的局限，使课堂教学更为丰富和轻松。[4]尤其是通过大量丰富的图片、电影、动画、与课文相关的音频和视频等内容开展教学活动，使学生更为感性地理解日本社会文化，从而更好地掌握日语语言，最终达到提高教学效果和教学质量的目的。

（三）将日本社会文化知识融入课堂教学实践

外语教学中语言与文化是不可分割的。语言本身就是一种文化现象，它是文化的载体，也是文化的重要组成部分。因此，在第二外语日语的教学实践过程中，要将单纯的语言教学与日本社会文化知识融合到一起，有机地将二者结合起来。

在讲解词汇时，作为文化背景知识可以适当引入日本社会文化来增加学生的学习兴趣。如讲到「花見」(赏花)，可以给学生介绍日本的国花是樱花。日本人普遍有种“樱花情节”，樱花虽然花期短，但是盛开时却是“犹如天空彩霞和云朵”(日本民谣《樱花》的歌词)，所以备受日本人的喜爱。日本人每年春天都会去「花見」，而且主要是赏樱花，同时从中也可以看出日本人强烈地热爱大自然的“自然观”。[5]

在讲解相关课文内容时还可以介绍日本人日常生活中的文化特色，如见面时的寒暄、饭前饭后的致谢、送礼时的禁忌等等。在第二外语日语教学实践中适当地导入日本社会文化知识不仅能提高学生对日语学习的兴趣，还可以帮助学生理解文章、开拓视野，提高语言的实际运用能力。

四、结 语

第二外语日语教学在使用新版教材的基础上，充分利用多媒体教学和师生互动等途径改革了以往的教学方法和形式，为学生提供新型的良好学习环境和氛围。尤其是将日本社会文化知识导入日语教学实践中的做法，提高了学生的学习兴趣、增强了学生对所学语言的理解和认识，使学生能真正掌握这门语言，从而达到提高第二外语日语教学质量和教学效果的目的。

参考文献：

[1]贾述评，郭宁．二外日语教学的若干思考[J]．长春理工大学学报(社会科学版)，2004.9(3)：74～75.

[2]石田敏子．日本语教授法[M]．大修馆书店，1998.

[3]陈岩．谈中日跨文化交流中摩擦的主要原因[J]．日语学习与研究，2002，1：24～27.

[4]黄双颖．谈高校第二外语日语教学与日本文化[J]．消费导刊，2008.10：209～211.

[5]陈申．外语教育中的文化教学[M]．北京语言文化大学出版社，1999.

日语专业视听说课程教学改革与实践

祝　葵[①]，段克勤
（北京林业大学外语学院）

摘要：本文针对我国高校日语视听说课程中存在的问题，从教学大纲、教学计划的修订，教学内容、方法与手段的改革，教学实践创新等方面进行了分析和探讨，为完善日语视听说课程的教学模式，提出了改进意见。

关键词：日语视听说；教学大纲；教学内容；教学方法

日语视听说课程为日语专业高年级的主干课程，它以日语听力和会话课程为基础，实践性很强。在本课程的传统教学中，往往存在着教材范围比较狭窄、教学辅助资料不足、设施不配套、缺少语言环境等若干急待解决的问题。为全面提高本课程的教学质量，拓宽学生实际解决问题的能力，我们从教学大纲和计划、教学内容、教学方法、教学手段等多方面对本课程体系和课堂教学模式进行调整和探索。对“交互性视听说的教学模式和教学体系”进行了研究和实践。采用启发式、研究式、讨论式、参与式等多种教学方法，调动学生的学习主动性。努力开发和使用立体化、实践性较强的教材和辅助性材料，最大限度地运用多媒体和网络教学等现代技术手段，从而大幅度提高学生的实际听说能力，激发学生自主学习的动力，为培养高素质的日语专业人才，提高学生适应社会需求和国际竞争能力奠定良好基础。

一、教学大纲和教学计划的修订

以我校日语专业为例，教学大纲和教学计划由任课教师和课程负责人、专业负责人共同协商，共同制定，精心准备每学期的教学内容。针对实际存在的问题，我们对 2002 年版的人才培养方案和教学大纲、教学计划进行了大幅度修改，将原高年级(3，4 年级)的日语听力和会话课程整合为视听说为一体的主干课程，总学时调整为 72 学时，分别在第五、六、七学期开设。

新版(2007 版)的高级日语视听说大纲更加明确了课程的目的：进一步培养学生的视听说能力，拓宽学生的知识面、激发学生的学习兴趣、最大限度地发挥学生的积极性和主动性，结合多媒体教学，加深学生对日本的政治、经济、社会、文化等多方面的认识和了解。通过视听说多种语言活动，在进一步提高学生的听力和口语的基础上，同时也培养和提高学生的鉴赏能力、批判能力、逻辑思维能力、创新思辨能力。也就是说，在第一到第四学期的

依托项目：北京林业大学 2009 年校级教学改革研究项目——高级日语视听说课程的改革创新与实践。

① 第一作者：祝葵，硕士，副教授。主要研究方向：日语教育。电话：62338272。E-mail：kuizhu2000@126. com。通讯地址：北京林业大学，100083。

听力和会话课内容的基础上，不再利用第二语言和文字的帮助，而是注重培养学生用日语思维的方式来直接理解日语内容与概念的能力。

二、教学内容的改革

(一)大胆创新，编写与时代同步的教材

进入21世纪之后，日语视听说课程面临着一个新的挑战，传统的日语教学模式及相关的教材已经不能满足当前教学的要求。在教学实践中可以发现，仅有课本文字而没有多媒体

声像的外语教材或读物已经不再受教师或学生的青睐。[1]因此，认真研究和探索新的教学模式，研发适合新时代的教材，积极推进教学改革势在必行。我们以注重教材的广度和深度为策略，开发和补充大量富有时代气息而实践性强的立体化视听说教材和辅助性材料，提高学生运用语言的实际能力。精心编制了生动的、丰富的网络版有声材料和练习，这些视听说材料题材贴近时代，体裁具有多样性的特点。题材内容涉及到政治、经济、社会、文化、地理、体育、现代科技等多方面领域，体裁有访谈、论文、书信、小说、新闻报道、说明书等形式。

先以新闻选材为例。我们将新近的日本电视的视频资料精编成册，在编排上注意各方面的信息。既有文字，又有新闻画面，由发音纯正的播音员播报，并有日语注释和课后问题，给学生提供了内容丰富、生动有趣的素材，给传统的日语教学带来了一种新的尝试。学生告别以往单纯的文字或声音听力练习的枯燥，极大地提高了学习的兴趣，不但可以了解日本国内外的新闻动态，同时还可以提高听力，也可以模仿新闻的语音语调，熟悉日语新闻的语速，还可以学到一些新事物的表达以及一些背景知识。

再以选编日本优秀影视剧作素材为例。

对中国学生来说日本影视剧中蕴藏着大量的语言文化信息，开发利用好这一宝贵资源具有重要的现实意义。我们选择一些趣味性强且具有代表性的原版影视片材料作为视听说教材，实践证明它可以吸引住学生的眼球，使他们有进一步学习的欲望。

影视片中丰富而规范的情景对话可以全方位熏陶学生。在观看影片的过程中，地道的语言会不知不觉地进入学生的视听感官。由于印象深刻，学生们对一些精彩场面的台词往往过耳不忘，在不知不觉中可以迅速提高自己的语言能力。同时，由于片中人物的声音高低、表情变化、肢体动作等体态语言在特定情形下往往也能透露出语句本身不曾表达或无法表达的含义，学习这些非语言的文化要素对我国学生显得尤其重要。[2]

视频资源使学生不仅能亲耳听到人们在各种场合进行的言语交际，而且还能亲眼看到他们进行的各种具有某种文化特征的非言语交际(包括如前所述的手势、表情、姿势等)，以及各种不同的交际背景。因此，视听说课程所展示的目标语及其包涵的文化背景知识就更加具体、全面而真实。这无疑对培养和增强学生的交叉文化意识起到了积极的作用，也为学生更加全面地掌握和灵活恰当地运用目标语提供了有利的环境。

(二)教学内容的丰富性和实用性

第一，在教学内容上，注重题材和体裁的多样性、前瞻性、文章的趣味性及语言的规范性。教学过程中注重培养学生语言表达能力及独立思维创造能力。要求学生不仅要听懂信息，还要对所视听的事件做出评述，以巩固和提高日语语言技能，掌握地道的日语。

课堂上的练习形式多样化和实用化，更加突出实践性。在原基础上丰富和增加了一些项

目练习，现主要包括口头表达、中日口译、听说与写作练习等形式，以巩固和提高日语语言技能，掌握地道的日语。

其次，在视听说教学内容上注重实用性特征。

目前，大学生就业难在一定程度上反映了教学内容与社会实际需要不符，结果造成很多毕业生找不到合适的工作。另一方面，造成了人才浪费，许多领域急需的人才，高校却没有培养。这就充分说明教学内容缺乏实用性。所以教学内容必须在指导思想上由“知识立意”向“能力立意”转变，考试内容和考试方式由以前的“为考而考”向“为用而考”进步，这也是日语视听说课程改革的一个重要体现，也是注重实用性的一个导向。[3]在大学四年级上学期我们安排了新闻报道与采访内容的视听说课程，让学生模仿新闻报导记者，进行新闻采访编写等工作，为今后找工作奠定一个语言表达基础。

(三)教学中加强了背景知识的输入

语言是文化的重要组成部分，也是文化的载体，它既受文化的影响，又反过来影响文化。学习日语，如果不了解它背后的文化背景和内涵，是不能做到真正掌握和熟练使用的。在相当多的日语听力材料中，对其语义和内容的理解是要建立在对日本的社会背景、语言习惯、民族心理、风土习俗等文化特征的一定程度的理解之上的。单纯进行以词汇、语法为内容的日语训练的学生，在理解传达文化信息的日语材料时，由于对日本文化的了解不足及中日文化上的差异性，往往导致误解或理解和提高上的事倍功半。

由于受传统的精读式教学法的影响，学生往往只留意字面的、孤立语句的含义，忽视文字背后的文化背景知识所造成的意义上的差异，这反映在语言交际能力的各个方面包括听说读写等，在视听说方面更为突出。因此我们努力打破这个传统的听力教学模式，把这些属语言本身以外的背景知识在听前或听的过程中结合教材有计划、有步骤地介绍给学生。充分利用多媒体播放电影和电视片，让他们直观地了解日本的生活方式、社会文化习俗和礼仪、思维方式以及价值观等等。引导学生注意观察日本的社会文化等各方面的情况：各阶层人们吃什么，穿什么，住什么样的房子，如何与朋友交往，进行什么娱乐活动，什么节日对他们最重要，在节日如何庆祝等等。这样通过大量信息输入，可以开阔学生视野，丰富他们有关日本社会方面的知识，逐步提高学生的文化移情能力，进而提高他们的听解和表达能力。[4]

总而言之，视听说课程不仅要教日语语言知识，还必须把社会文化知识传授给学习者，重视培养学生的文化内涵和人文价值，使学生能够通过文化背景知识充分理解说话者的表达的意图。

三、教学方法与手段的改革

在教学方法与手段的改革方面，首先用师生互动的灵活性教学方法取代了教师单向播放和讲解的灌输式的课堂教学方法。目前，听力教学法的研究成果很多，主要有任务教学法、基于关联理论的事先预测法、基于“有意义学习”的事前提示法、“听抄—听述”教学法、情景教学法、交际教学法等等。[5]视听说教学既然是一门综合性很强的课程，那么单靠某一种教学法来进行教学是不够的，它应该是多种教学法的综合运用。因此，我们对这些教法应该有一定的了解，并根据实际情况加以选择和灵活运用。

其次充分调动学生的学习积极性。学生积极主动地掌握专业知识，并主动关注社会、经济、文化等焦点问题。拓宽了学生的知识面和视野，同时还能够陶冶他们的情操，培养良好的道德修养。

最后，日语视听说教学的新模式既要突出实用性又要紧密联系现代化的教学手段，采用新的教学方式，教学环境，为学生营造身临其境的日语学习氛围。妥善运用现代外语教学原理，采用灵活多样的教学手段帮助学生理解并掌握难点。强调理论与实践相结合，改变传统外语听说教学模式，最大限度地采用多媒体和因特网等现代教学手段组织日语视听说课程的教学。例如，通过观看日本传统文化的图片、新闻及热点影视剧，不仅使学生学到日本现实生活中活的语言而且接触和感受最新的日本社会热点内容。同时，也鼓励学生充分利用网络制作视频资料，展示、讲解给其他学生。学生可以提问、补充等，最后由教师进行评说和指导。开始时以信息类为主，随着学习的深入，逐步转换到具有一定深度的内容，注重培养学生的自学能力和独立解决问题的能力。

四、教学实践的改革

我们充分利用现代化的教学工具进行视听说教学实践。视听说课上也可以利用投影、幻灯、录像或影碟等所表现出来的情景画面，有目的的选一特定情景，例如“旅游”、“商务谈判”、“参观工厂”等，让学生边听边看，指导学生观察画面上的具体形象，启发学生去发现问题和提出问题，当学生完全听懂画面上的内容之后，再分角色让学生来模拟表演，这样不但激发学生“说”的兴趣、提供“说”的话题，而且还复习巩固了“说”到语言材料，进而熟练掌握。另外，由于情景画面渲染环境，创造了深厚的外语氛围，加之学生的参与，更使学生犹如身临其境，触景生情，产生共鸣，大大增强了在特定语言环境中准确使用语言的技能。

指导和派遣学生参加会场翻译、陪同参观以及假期实践等各项活动。注意培养学生自主使用语言的能力，鼓励他们大胆实践，学以致用。通过这些实践活动，学生们不仅熟悉了常用语言，掌握了较好的日语表达能力之外，对语言运用的现场也有了切身感受，还能充分了解中日两国在文化习俗上存在的各种差异，有效地提高了学生实际运用语言的能力。

举办学术报告会和名师讲堂。聘请日语届名师和日本外籍专家讲授语言学。为营造一个日语语言学习的氛围，调动学生学习热情，引导学生科学地认识日本社会与文化提供一个好的平台。

我校每学期都会举办日语配音、日语演讲比赛，定期开办日语角，聘请归国人员和外籍教师讲解日本的风土人情及留日经历等。同时，开放多媒体教室的“自主学习”，为学生提供一个自主学习的理想园地，在开放式的学习中学生可以进行自主学习，同伴合作，小组讨论；可以查到各种各样的资料，包括音像资料，听读资料，并可以自主上网学习。通过这些课外语言实践活动，营造良好的学习氛围，达到提高教学质量的整体目的。

五、结束语

经过两年的实践，本项研究和改革取得一定的成效。第一，精心编制生动的网络数字化的日语视听说材料丰富了日语视听说课程的教学内容，对促进学生的自主学习能力、提高听说能力具有较强的指导意义。第二，灵活多样的教学方法取代了教师单向播放和讲解的灌输式的课堂教学方法，充分调动了教师教学的主动性和学生的学习积极性。第三，学生在国际日语能力测试、专业等级及就职面试等多项考试中，语言表达能力和听力的成绩有了一个明显的提高。第四，学生对学习该门课程的积极性很高，反馈信息良好。

如果说本课题的实践取得了一定得的成效的话，这些经验可以概括为：注重理论与实践相合；突出对学生实践能力的培养；加强教材的实用性和趣味性；拓宽教学内容的广泛性；运用教学法和课堂教学形式的多样性；保持教学手段的先进性。

但本实践还需要不断发展和完善，高级日语视听说课程的教学内容应契合时代的需要。教学中应始终把握不断变化的社会动态和需要，及时调整教学任务和教学内容，以期培养出为社会所需、为社会所用的人才。[6]因此，教学内容必须及时更新，避免听力教学内容与时代发展相对滞后甚至脱节的现象出现。

为解决这一问题，我们将充分利用网络资源来充实听力教学内容。可以通过 NHK 国际网站、沪江日语学习网站、日语港学习网站、可可日语学习网站等，适时更新教学内容，同时兼顾教学内容的趣味性以激发学生的主动性。

参考文献：

[1]刘林利．日语视听说教程．外语教学与研究出版社[M]，2009，9.
[2]张守祥，于湘泳．新世纪日语专业人才培养模式的研究与实践[J]．佳木斯大学社会科学学报，2005，5：142.
[3]高升．浅议日语听力试题的设计与命制[J]．日语学习与研究，2004，4：89.
[4]陈朝阳．探讨日语听力教学中的文化渗透．湖北第二师范学院学报[J]，2008，6：98.
[5]尹松．“事前提示”对日语专业大学生听力的影响[J]．日语学习与研究，1999，4 ：46.
[6]侯志公．高校日语听力教学的改革实践和创新研究[J]．山东教育学院学报，2009，2：22.

对日语专业基础阶段精读课教学的思考

魏　萍[①]，段克勤，祝　葵
（北京林业大学外语学院）

摘要：面对21世纪日语专业教学的新要求，以及新国际日语水平考试标准的调整，如何优化日语专业的教学，尤其是如何加强基础阶段精读课的教学，已经成为一个紧迫的问题。本文从日语专业基础阶段精读课教学的实际出发，探讨了与教学紧密相关的教材选用、学习难点和教学原则等几个关键问题。在此基础上，提出了在钻研精读教材、了解学生特点的前提下，以人为本、以任务为纲、重视汉日对比的精读课教学原则，力求能够为精读课的教学法改革提供有益的参考。

关键词：日语专业；精读课；教材；难点；教学原则

《高等院校日语专业基础阶段教学大纲》明确规定：高等院校日语专业基础阶段的教学目的是："引导学生扎实学习，掌握日语基础知识；训练听、说、读、写的基本技能；培养实际运用语言的能力；丰富学生的日本社会文化知识，培养文化理解能力，为高年级阶段学习打下坚实的基础。"[1]

在教学要求上，大纲规定"第一学年所学词汇约为3000个，第二学年应达到5600个"。在语法方面，规定第一学年"掌握下列语法内容：①所学各类词的概念和主要用法。②句子的基本形式、种类、成分。③语序及语体。"第二学年"掌握下列语法内容：①时、体、态。②复句的种类及结构。③敬语的一般表达方式。""1、2学年"累计掌握句型共246个"等。

由于基础阶段本身固有的特点，精读课成为此阶段最重要的课程，也是实现上述培养目标的主要依靠。在教学中，教师面对的是零起点的学生和大容量的教材。如何顺利地搭建起知识传递的桥梁，是个值得反复深思、不断探寻的问题。以下，就日语专业基础阶段精读课教学所涉及的教材选用、学习难点、教学原则等几个重点问题，进行探讨和分析。

一、日语专业基础阶段精读课教材的选用

日语专业基础阶段的精读课教材通常是1、2年级配套使用的。一套优秀的精读教材，不但能够很好地满足基础阶段教学在各方面的要求，同时还应该具有时代感、科学性和趣味性。

依托项目：北京林业大学2006年校级精品课程建设项目——《综合日语》。

① 第一作者：魏萍，硕士，讲师。主要研究方向：日语语言学、日本文化。电话：62338272。E-mail：bjfu_ weiping@yahoo.com.cn。通讯地址：北京林业大学外语学院，100083。

(一)精读课教材要紧跟时代

王婉莹(2004)曾就我国大学日语专业基础阶段的主流精读课教材作了详细的比较和分析，其对象包括《新编日语》(上外)，《新编基础日语》(上海译文)，《大学日语》(大连理工)，和《基础日语教程》(外研社)。这些教材在1991～2000年间出版，反映了我国20世纪80年代至90年代日语教材编辑的最高水平。其中，《新编日语》出版的年代最早，是采用面最广的经典教材。[2]

21世纪以来，随着日语学习热潮的兴起和日语教学研究的深入，一大批日语新教材应运而生。其中，《综合日语》(北京大学)是在这股大潮中诞生的以日语专业为使用对象的新兴教材。目前在北京地区，已经有相当一部分高校的日语专业开始使用这本教材。相比出版年代距今已近20年《新编日语》，《综合日语》的情景设定更贴近今天的现实，词汇更新更自然，双色套印并配有大量故事插图，让学生感觉轻松有趣。同时，教材的对话设计了特定的人物关系，有清楚的故事线，方便学生学到更得体的日语表达。

我校日语专业也在2008年开始使用《综合日语》作为基础阶段精读课教材。试用之初，其时代感和故事性就赢得了学生的广泛喜爱。

(二)精读课教材要横向比较

为了更好地运用手中的教材，必须充分了解教材的特点，尤其是构成教学难点的重点知识，更应与其他教材进行横向比较，做到清楚把握、心中有数。以下，以语体变换和相关动词活用形的导入顺序为例，对目前的4套主流基础日语教材试作比较分析。

- 《新编日语》(上海外语教育出版社) 1册(1～20课)，2册(1～20课)
- 《综合日语》(北京大学出版社) 1册(1～15课，其中1～4课为语音阶段)，2册(16～30课)
- 《新版中日交流标准日本语》初级(人民教育出版社) 上册(1～24课)，下册(25～48课)
- 《大家的日语》(外语教学与研究出版社) 1册(1～25课)，2册(26～50课)

统计结果如下：

表1.1 各教材语体导入情况的比较

语体	句子类型	教材名称(略称)和课次			
		《新编》1～2册	《综合》1～2册	《新标日》初级上下	《大家》1～2册
敬体	名词谓语句	2(肯),3(否),7(过)	5,7(过)	1,10(过)	1,12(过)
	形容动词谓语句	4(肯),7(否),8(过)	7	10	8,12(过)
	形容词谓语句	4(肯),7(否),8(过)	7	9	8,12(过)
	动词谓语句	3,7(过),16(ましょう)	8,9(过),11(ましょう)	4,5(过),17(ましょう)	4,14(ましょう)
简体	名词谓语句	19	7	22	20
	形容动词谓语句	19	7	22	20
	形容词谓语句	19	7	22	20
	动词谓语句	18	8,9(过)	22	20

表 1.2　各教材动词活用形导入情况的比较

与语体的关系	动词的活用形	教材名称(略称)和课次			
		《新编》1～2 册	《综合》1～2 册	《新标日》初级上下	《大家》1～2 册
涉及简、敬体的语体转换	基本形	6(概念介绍)	8(谓语)	20(句型)	18(句型)
	连用形 1(－ます)	6(谓语)	8(谓语)	13(句型)	13(句型)
	连用形 2(－た)	11(定语)	9(谓语)	21(句型)	19(句型)
	未然形 1(－ない)	12(句型)	8(谓语)	19(句型)	17(句型)
	未然形 2(－う)	13(句型)	15(谓语；句型)	30(谓语；句型)	31(谓语；句型)
不涉及语体转换	命令形	17(谓语)	27(谓语)	29(谓语)	33(谓语)
	假定形	17(句型)	19(句型)	37(句型)	35(句型)

从表中可以看出,《综合日语》教材几乎同时导入敬体和简体，前后相差小于 2 课；另三套教材中，简体的导入则比敬体的导入基本滞后 10 课以上。在与语体转换相关的动词活用形的导入方面,《综合日语》借助简体概念本身来导入各种相关动词活用形，而另三套教材基本都采取了通过句型提前教授相关动词活用形，最后提出简体概念的方法。

这说明：在语体变换和动词活用形的导入上,《综合日语》与另三套教材有着截然不同的思路。它力图同步教授敬体、简体，让学习者在接触日语的初期就树立起语体转换的概念；教材内容也采用敬体与简体的并行编排，注重两种语体能力的共同发展。这种思路从一个侧面反映了专业日语学习的高标准和严要求。其缺点是：学习者必须在短时期内熟练掌握大量动词活用形，记忆负担重。

与之相比，另三套教材导入敬体表达后，就长期停留于敬体而不导入简体。它们让学习者通过句型先行学习与语体转换相关的多种动词活用形。等这些活用形全部教授完毕，再提出简体动词句的概念。这样的编排有利于学习者充分熟悉敬体，同时减轻在短期内记忆大量动词活用形的负担。但其缺点也非常明显：首先，长期习惯于敬体，会形成先入为主的观念，让后来学习的简体不易掌握；其次，长期只学敬体，会导致与自然语言的脱节，出现学了很久却听不懂简单的影视对白或者不敢使用简体的现象，对于学习者获得成就感和树立自信心都有不良的影响。

由上述比较综合来看，可以得到如下结论：《综合日语》的编排方式虽然在前期给学生的负担较重，但仍然是值得推荐的比较自然的语言学习方式。同时，在使用这本教材进行日语教学时，必须重视减轻学生的记忆负担。具体来说，教师应充分利用多媒体教学的优势，把枯燥、复杂而且量大的活用变形规则用精简、联想、口诀、图片、听力等高效有趣、综合感知的方式总结和重现出来，化繁为简，帮助学生快速掌握。

类似的教材横向比较还可以运用于词汇、句型、练习等。教师只有清楚把握了教材各类知识点导入的形式和特点，才能更好地活用教材，以获得最佳的教学效果。

二、日语专业基础阶段精读课的学习难点

(一) 日语假名、单词的记忆

日语入门由日语假名的学习开始。日语的清音音节表又名“五十音图”，每个清音音节对应着平假名、片假名两种文字书写方式。除去重复的音节，五十音图对应的假名文字为

46对、92个，字形比较复杂。相比之下，英语只有26个字母，区分大小写也仅52个，相当于日语假名数量的一半稍多。而且，大部分小写字母在学习汉语拼音时已经掌握，这使得日语的入门比起英语的入门困难很多。

假名阶段过去之后，单词的记忆迅速成为日语学习的另一个难关。英语单词具有可拼读的特点，书写上无清浊音和长短音的区别。而日语的读音体系比较复杂，有清浊音和长短音之分；一个汉字通常对应多个读音，这也给单词记忆增加了困难。对于习惯了汉语和英语的中国学生来说，日语的读音和书写系统显得比较另类，常常有学生为记不住假名、单词而倍感苦恼，学习信心受挫。

（二）词形变化和语体转换

日语的另一大特点是复杂的词形、语体变化。日语的词汇分为独立词和附属词两大类。附属词中的助动词数量众多且有词形变化。独立词分为无词形变化的“体言”和有词形变化的“用言”——动词、形容词和形容动词。日语中称词形变化为“活用形”。动词有未然形、连用形、基本形等6个活用形，形容词、形容动词各有5个活用形。

在日语中，说话人还需要根据听话人与自己的人际关系（亲疏、长幼、地位高低等）以及说话场合，选择用敬体或简体来发言。当二人关系、说话场合发生改变时，语体也会相应地发生转换。语体的转换不特别针对某类词汇，而是针对所有句式。因此，即使是本身没有词形变化的名词，当它构成名词谓语判断句时，也有两种不同语体的表达形式。动词本身就有复杂的词形变化，语体的存在使得发言中涉及的动词变化更为复杂。

由于汉语无词形变化，英语只有少量的词形变化，且汉语、英语均无语体概念，因此，在日语基础阶段的学习中，词形变化和语体转换不可避免地成为学习的难点。从学生角度来看，敬体、简体、基本形、连用形、未然形、肯定、否定……，概念杂多且纠缠不清，导致部分学生对日语“知难而退”。

（三）母语干扰下的句型学习

日语中有大量句型。日语专业基础阶段教学大纲规定第1、2学年应“累计掌握句型共246个”[1]。句型学习的好坏，直接影响到日语综合能力的提升。然而，不少学生学习句型时死记句型意思的汉语翻译，结果造成误用和无谓的混淆。下面试举几例说明。

基础阶段句型「～ましょう」一般译成“……吧”，表示说话人主动申请做某事或邀请对方一同做某事。部分学生死记“……吧”这个汉语翻译，因而发生如下误用：「あなたが行きましょう」（你去吧）。又如句型「～てもいいですか」通常译为“可以……吗?”，表示说话人就自己意图实施的行为请求对方的许可。学生照着汉语思维去套日语，常常出现「私を手伝ってもいいですか」（你可以帮我吗?）这样的误用。再如使役句「～（さ）せる」一般译为“让……”。受汉语思维的影响，学生往往脱口而出「先生はあなたを事務室に行かせます」（老师让你去办公室）。实际上，这句汉语中的“让”字表达的是“老师这么说了”的意思，因此，正确的说法是「先生が事務室に来るようにおっしゃいました」。

三、日语专业基础阶段精读课的教学原则

钻研精读教材、了解学生的基本特点和学习难点，这是上好基础阶段精读课的三个前提条件。在具体的教学实践中，除了精心准备教案、教具，并制作配套的课件外，笔者认为还应当坚持以下两条原则：

(一)以人为本，以任务为纲

在精读课的教学中要做到以人为本，就是要配合学生的年龄特点，重视学习动机和自主学习能力的培养，采用任务型教学法等参与面广、互动性强、灵活多样、有利于发挥学生主体性和积极性的教学方法，把“静”的课堂变成“动”的。此外，还要充分利用现代化多媒体教学手段，丰富课堂内容，增加输入知识的总量，让学生接触鲜活的日语，充分调动脑、眼、耳、口，培养浓厚的学习兴趣。

例如，课堂教学中可以插入与主题相关的简短会话、名人采访、新闻报道或情景短剧，要求学生们运用所学词汇和知识点回答问题，或扮演其中的角色进行复述练习；课间可以播放内容健康、语言生动的日本动漫，让学生熟悉日语的语音语调，了解日本人的生活交际习惯，培养初步的跨文化交流能力。

以人为本还需要根据学生对知识的接受和掌握情况，适当调整教学进度。对于比较困难的知识点，一方面要多给学生消化的时间，不急于求成；另一方面要精心设计教学环节，以问答、游戏、情景对话等任务化的方式鼓励学生参与[3]，强化知识输入的第一印象。在教学中，应始终把握精讲多练的原则，努力为学生创造听、说、读、写多项技能同时运用的机会，以促进学生的全面发展为最终培养目标。

(二)重视汉日比较

成年人在学习外语时无法摆脱母语的影响。因此，在教学中积极开展汉日比较，能够显著促进知识的理解和吸收。例如，在假名学习阶段，面对数目众多、笔画复杂的日语假名，必须努力加深知识输入时的第一印象。要达到这一目的，最有效的方法就是将假名与其汉字字源进行关联比较。教学实践中，可以将汉字到假名的演变过程倒过来，由假名开始步步倒推，让学生通过字形、读音相似性的比对，自己找到假名的汉字字源。这种做法，可以调动学生积极思考，有趣而又印象深刻。

在词汇的学习中，也要注重汉日比较。例如：在汉字词汇的读音方面，汉语中以声母“g、k、h”开头的音节，一般对应日语的“カ”行音节；以声母“b、p、f”开头的音节，一般对应日语的“ハ”行或“バ”行音节；汉语的后鼻韵音节“-ang”“-eng”“-ing”“-ong”和复韵母音节“-ao”“-ou”在日语中多读长音[4]。在词义方面，汉日近义词(如：“勉強する”“学習する”“学ぶ”“習う”这些日语动词都译成汉语的“学习”)采用汉日对比法来解释它们的区别最为有效[5]。

句型的学习同样应该高度重视汉日比较。要从根源上解决母语干扰带来的句型误用问题，必须从汉日比较上着手。试举一例。“……ないわけにはいかない”和“……ずにはいられない”都可对应汉语的“不能不……”。汉语表达“不能不……”不论原因为何皆可使用，日语表达却要根据内因、外因来区分使用上述两个句型。指出这一点，引导学生认识到汉日语言的差异，句型的混淆立刻迎刃而解。

四、结　语

2010年7月，新的国际日语水平考试即将实施。考察标准较前发生了两大变更：一是听解的分值比例由1/4升至1/3；二是增加了对交流能力的考察。面对这一调整，如何优化目前的日语专业教学，尤其是基础阶段精读课的教学，已经成为一个紧迫的问题。

本文立足于日语专业基础阶段精读课的教学，探讨了与教学紧密相关的教材选用、学习难点和教学原则等几个关键问题。提出了在钻研精读教材、了解学生特点和教学难点的前提下，以人为本、以任务为纲、重视汉日对比的教学原则。今后将结合更多的教学实际，对如何通过精读课提高日语交流能力做进一步探讨。

参考文献：

[1]教育部高等学校外语专业教学指导委员会日语组．高等院校日语专业基础阶段教学大纲[M]．大连：大连理工大学出版社，2001.

[2] 王婉莹．日语专业低年级精读课教材分析[J]．清华大学学报(哲学社会科学版)，2004，S1：96~99.

[3] 铁军．关于高校日语专业本科教学方法与手段的探讨[J]．日语学习与研究，2003，1：53~56.

[4] 顾海根．日本语概论[M]．北京：北京大学出版社，1998.

[5] 李中林．论日语专业的基础教学[J]．天津理工学院学报，2001，S1：69~71.

第二部分　教学方法改革

艺术理论与艺术鉴赏课程的考查评价方法革新

高　阳[①]，李汉平
（北京林业大学材料科学与技术学院）

摘要：本文重点研究在艺术设计专业开设的设计理论与鉴赏课程教学中，如何使学生真正重视此类课程的学习并从中获益。除了改革教学方式和教学内容之外，对课程的考查评价方法也进行重要的革新，使学生需要对课上讲授的理论内容真正深入理解并经过实践检验才能获得优秀的成绩，并在这一过程中培养学生独立思考、研究和理论联系实际的能力，真正达到学以致用的目的。

关键词：艺术；理论；鉴赏；考查；革新

一、艺术理论和艺术鉴赏课程设置的背景与重要意义

在当代高等艺术院校的教学中，要培养优秀的具有全面素质的艺术设计人才，不仅仅要重视设计专业技能课程的教学，同样要重视艺术史、设计史、工艺美术、民间艺术等艺术理论课程和鉴赏课程的教学。学生只有具备了开阔的视野和深厚的底蕴，全面提高人文素质和文化修养，将来的设计潜力也才能厚积薄发，在工作岗位上成为有“可持续发展力”的设计工作者。

在艺术设计专业的教学体系中，艺术理论和艺术鉴赏课程是重要的教学内容组成部分，也是必不可少的教学环节。目前，北京林业大学材料科学与技术学院艺术设计系开设的艺术理论与艺术鉴赏课程包括以下类别的课程：

（1）装饰艺术理论与鉴赏课程：“中国传统装饰”、“中外装饰艺术史”。

（2）美术与设计理论课程：“设计史”、“美术史”、“艺术概论”。

（3）美术鉴赏课程：“大学美术”。

通过学习这一系列课程，学生能够从不同层面和不同角度了解中外艺术与设计发展的历史，丰富理论知识，提高对作品的鉴赏、理解、分析、评价能力，开拓艺术视野，为今后各门专业课程的学习奠定全面而坚实的基础。更重要的是，要通过这些课程的学习，真正贯彻“理论联系实际”、“古为中用、洋为中用”的精神，并能在立足历史文化和继承传统的基础上获得启发，找到规律，将艺术理论应用到设计实践和艺术创作实践中去。

二、艺术理论和艺术鉴赏课程考查评价方法的现状与存在的问题

在我们目前所处的这一经济高速发展、社会变革加剧的时代，大学教育面临着如何应对

依托项目：北京林业大学2007年校级专业建设项目——艺术设计专业人才培养模式改革研究与实践。

① 第一作者：高阳，硕士，副教授。主要研究方向：设计艺术学。电话：15010599107。E-mail：jiafm888@ sohu.com。通讯地址：北京市朝阳区安翔北路10号院甲2号楼403，100101。

社会需要、市场需求的问题；专注的学术精神与浮躁的社会风气之间存在着矛盾；长远的培养人才目标与功利化的价值观念更是南辕北辙。有部分学生的学习目的和学习态度发生了偏差，满足于混学分混文凭而缺少认真思考和钻研精神。当然，大学教育也存在着理论与实践相脱节，课堂知识与社会相脱节的弊病。这些共性的问题在艺术设计教育中也同样普遍存在，特别是在艺术理论和艺术鉴赏课程的教学中集中体现这些问题。

在各个专业艺术高校和综合院校的艺术设计专业，艺术理论和艺术鉴赏课程如何引起学生的兴趣与重视；如何让学生真正学以致用，能够理论联系实际，都是任课教师们关注和思考的问题。要解决这一问题，除了改革教学内容和教学方式之外，在课程的考查评价方法上也进行革新非常重要。以前这类课程一般简单地以一篇课程论文或一张由教师出题的考试试卷作为考查方法，方式单一且枯燥陈旧。学生为了能轻松取得学分，常常敷衍塞责，特别是写作课程论文过程中抄袭现象严重，在信息传播便捷的网络时代，从网上搜罗与论文题目相似甚至相同的文章轻而易举，甚至完全不经思考全文抄袭的情形也屡有发生。即便是考试的形式，学生也往往死记硬背教科书或课堂笔记上内容应付答题，很少去自己发挥，表达自己的想法，这种考查方式没有真正锻炼出学生独立分析和深入研究与理解的能力。因此，考查评价方式的不尽合理使学生认为艺术理论课枯燥乏味，甚至是没有太大用处的，直接影响到课程的教学效果，达不到教学的预期目的。

三、艺术理论和艺术鉴赏课程考查评价方法革新的具体措施与经验

针对上文所提到的问题，任课教师在教学过程中，对于如何改进课程考查与评价方式进行了初步的改革实践，并总结出一定经验，主要包括以下方面：

（一）实地考察报告

组织学生结合课程内容进行实地考察，将考察实践报告作为评价学习效果的重要内容。通过在教学中增加实地考察，激发学生主动学习的兴趣，在自己的观察与发现中验证课堂上学习的理论知识，培养学生主动探究问题的能力，以及归纳整合资源，提出自己的观点与看法的能力。并把考察报告作为考核成绩，对考察报告作业的评分标准细化，力求准确反映学生掌握知识的程度与理解知识的水平。

以“中国传统建筑装饰”的课外考察教学设计为例，在基本理论讲授之后，教师对考察内容和目的做出详细规划，布置给全体学生，考察要求与内容如下：

通过对北京地区传统建筑的实地考察，加强理论认识，获得直观感受，收集传统建筑装饰资料，完成一份考察报告。

根据北京地区传统建筑的功能、特点不同，将考察地点分为下列几组：

(1)园林组——传统皇家园林(北海、景山、颐和园、圆明园等)。

(2)坛庙组——传统坛庙建筑(天坛、地坛、雍和宫、东岳庙等)。

(3)民居组——传统民居建筑(什刹海、后海一带的胡同)。

(4)商铺组——传统商业建筑(前门大街老北京传统商铺)。

(5)宫殿组——传统皇家宫殿(故宫)。

学生从以上类别和地点中进行选择，分组进行考察。

考察报告的写作内容与评分标准如下：

(1)简介考察地点历史文化概况。(20 分)

(2)分析考察地点建筑和建筑装饰的艺术特色。(30分)

(3)包含现场拍摄的建筑照片和手绘的建筑装饰细部图案若干，注明名称。(30分)

(4)报告文字与图片的整体编排效果。(20分)

学生对于考察任务有明确的目的和系统的规划，同时又有很大的自主性。课程学习不再流于形式，学生的兴趣也很高。多数学生都上交了内容详尽、编排精美的考察报告，取得了较好的教学效果。

(二)设计实践作品

将理论与设计实践结合起来，学生通过设计实践来理解和验证学习到的理论知识，并阐述设计心得与体会，展示作品成果，这样考查结果可以突出每个学生的个性，并能够检验出每个学生的水平。艺术理论和艺术鉴赏课程学习的最终目的是使理论知识与学生的专业学习结合，检验学生最终学习效果与评定成绩的标准不在于掌握多少书本知识，而在于是否能够将传统装饰艺术的外在形式元素与内在文化内涵融入自己的专业设计与创作。增强考查标准中理论联系实际的效果是关键。另一方面，艺术理论和艺术鉴赏课程面对环境艺术设计、平面设计、动画设计不同专业的学生开设，所以在设计考查题目时要注意体现不同专业的特点，鼓励学生体现专业性与个性的发挥。

在“中国传统装饰”和“中外装饰艺术史”课程的考查方式上，变单一论文、试卷为设计作品和设计思想陈述，围绕室内设计、家具设计、广告设计、标志设计、书籍装帧设计、动画造型设计、工业造型设计、服装设计等专业设计领域，指导学生设计有中国文化气韵和民族风格的作品。学生在选择作品设计门类时，可以结合自己所学专业，也可以打破专业界限，在其他领域中进行尝试，极大激发了学生的创造力。多数学生积极开发创意思路，创作了新颖独特，具有文化内涵，同时又充满现代感和实用性的设计作品，达到了教学的实际目的，同时也展现了学生的创意才华。

具体考查内容与要求：

通过对中国装饰艺术史的学习，借鉴中国传统装饰艺术作品的造型、色彩、风格、工艺、内涵等元素，进行现代设计，设计领域不限(装饰画设计、服装设计、工业产品设计、室内设计、平面设计、动画设计等。)要求巧妙借鉴传统装饰元素的同时体现创新意识，作品有一定的实用价值和较强的装饰美感。

上交作品包括：设计效果图、设计说明、如做成实物，加实物照片。进行设计构思与完成时间为2周。

以下为部分学生优秀作品分析：

(1)艺术设计系08-1班王雪垠“悬”书架设计。

艺术设计系08-1班王雪垠同学在完成本考查设计作业时，注意从生活中寻找创意点。由于发现在学习中自己书桌上的书越来越多，但是书桌的设计局限使得放书的空间十分有限，导致书桌的空间越来越小。引发了设计一个能够充分利用自己桌面空间的书架来缓解空间不足的问题。他将注意力转移到立体的空间中，利用书桌旁边的位置，设计了能悬挂起来的书架。在设计与中国传统装饰元素结合的要点上，他将书架的形态与中国传统灯笼的造型感觉相结合，书架的悬挂形式是“大红灯笼高高挂”激发的灵感；书架整体的造型选取了大红灯笼那优美的外观并将其简化；流苏部分用简洁的绳线代替，取其形式美感同时实现功能，用绳线固定容易左右摇摆的框架；并在书架结构设计中融入了灯笼骨架排列的感觉。设计图稿完成后，该同学还自己动手做出了实物作品，并应用到宿舍生活中。该作品形态简洁，内涵丰富，功能实用，体现了学生深入钻研，实践动手的成果(图1)。

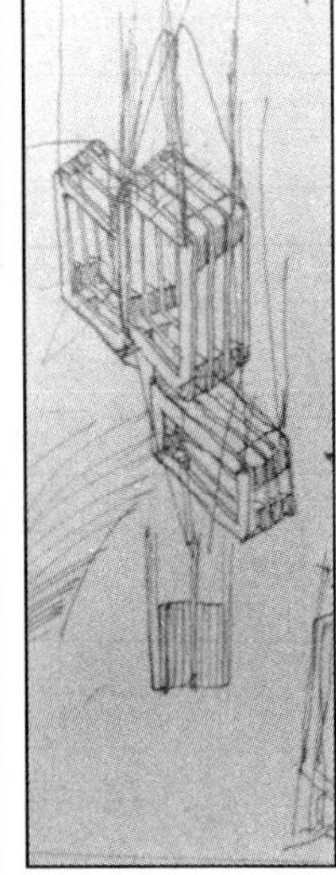

图1　王雪垠“悬”书架设计

(2)艺术设计系08－1班刘晓武“书之韵”沙发设计。

艺术设计系08－1班刘晓武同学的设计作品是以书本形态为创意灵感设计的沙发，沙发的造型如一页页翻开的书，在每个翻页上精心设计了书法、国画、剪纸、年画等七种不同感受的艺术图案，每一页即统一又有变化，每一天可以根据自己不同的需要更换其图案，使家具的主人时刻都有新鲜感，增添了室内的情调，同时增添了室内的书香气息。沙发的靠背为国画中常见的画轴造型，沙发的靠垫为阴阳两种不同的篆刻印章图案。材料采用硬质海绵和麻布制作而成，舒适自然、简洁大方。该作品主题鲜明，创意新颖独特，把中国书法、国画、篆刻冶印、民间艺术等不同的文化艺术形象有机地融合到现代家具设计中去，作品体现了传统特色，又不失现代功能与审美。除了绘出设计图稿之外，该同学还用三维软件制作了实物效果图，充分展示了作品的特点(图2)。

(3)艺术设计系08－1班高磊“僵尸”笔筒设计。

相比前两位同学作品借鉴传统艺术深沉优雅的文化气息，艺术设计系08－1班高磊同学的作品则是在借鉴传统的同时融入了现代文化元素和年轻人的幽默搞笑元素，在形象刻画上采用卡通造型变形夸张的特点。他设计的灵感来自清代官员官服样式与装饰图案，又从而联想到香港娱乐电影中常见的搞笑形象“僵尸”，综合这些印象设计了一个笔筒，将清朝官服的外形与装饰特点和现代元素相结合，沿袭了官服胸前的补子和底边云纹、海浪纹的装饰，同时在胸前的图案上加入了现代元素——一个QQ表情中代表快乐的黄色笑脸；左臂上装饰了“三道杠”。人物脸上符咒上“不好好学习变僵尸”这句戏谑的话，既是一种对学习的鼓励，也是对快乐学习思想的表达。人物口部是一个小抽屉，可以放置小杂物等等，舌头是拖拉抽屉的把手，实用而方便。名为“僵尸”但作品给人的感觉却是幽默、愉快，令人学习之余莞尔一笑，将传统的元素与现代的趣味以别致的方式结合在一起。该同学画好设计图之后，也用硬纸等材料精心制作了实物，体现了很强的动手能力(图3)。

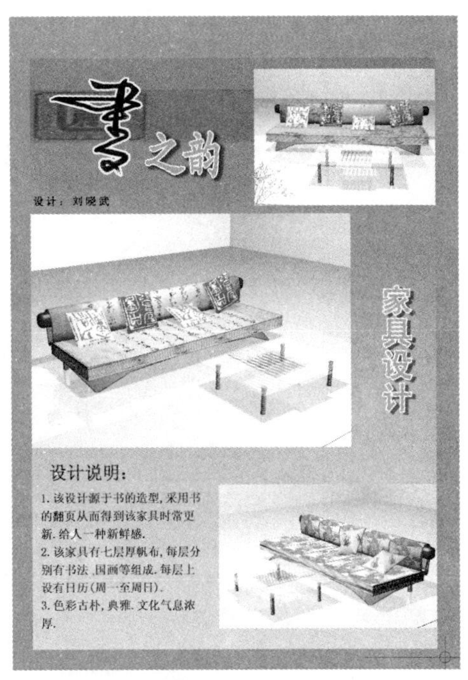

图2　刘晓武“书之韵”沙发设计

四、结束语

艺术理论与鉴赏课程的考查评价方法的革新是针对目前高等艺术教育中重现实功利，轻视学术理论学习研究的不良趋势，对艺术理论与鉴赏课程投以更多的关注。同时也针对艺术理论学习与艺术创作实践脱节的普遍问题，从考查评价方法的改革这一角度入手，通过改革使学生能够通过设计实践、研究实践的成果，检验自己理论学习的水平，使学生认识到艺术理论系统学习与艺术视野开拓的必要性和重要性，真正贯彻“理论联系实际”的精神。学生在这样的考查评价方式下，能很快体会到学以致用的乐趣，用切身的体验和成功的设计作品来展示自己学习的效果，而不是象以前一样被动地应付考试题目和论文，从而教师能够更好地达到教学的真正目的，学生的个性和能力也能够被全面地挖掘和展现。本文只是提出了一些初步的改革手段和粗浅的经验，在今后的教学中还将结合实际，总结此前教学中的经验，针对不同课程的特点深入系统研究，如改进课程论文的命题方式，使论文题目有一定的灵活性，学生可以结合自己感兴趣的知识点，设计课程论文写作角度与范畴；改进考试题目的命题方式，增加客观题目，减少死记硬背的因素，加强考查学生的综合分析与理解能力；课外阅读的读书笔记与感想列入考查标准之中等。最终将考查评价方式进一步系统化标准化，付诸教学实践，力争更好的效果。

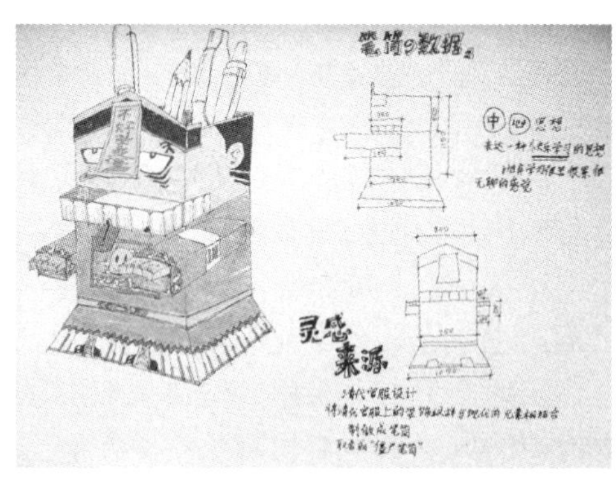

图3 高磊“僵尸”笔筒设计

提高植物纤维化学教学效果的几点建议

宋先亮[①]
（北京林业大学材料科学与技术学院）

摘要：植物纤维化学是林产化工专业的一门专业基础课，本文在分析该课程的特点及课堂教学存在的问题的基础上，提出了运用课堂教学技巧、注重课前复习、合理使用各种教学手段、合理安排实验环节和改革考核方式等手段来提高课堂教学效果的建议。

关键词：植物纤维化学；教学效果；课程特点；存在问题；建议

植物纤维化学是研究植物纤维原料的结构、性质和化学成分及各化学成分的结构、性质、分离提取利用的科学，是理论与实际技能相结合的一门学科。它以有机化学、分析化学、仪器分析、物理化学、植物学为基础，是林产化工、制浆造纸等专业的一门重要专业基础课，它是学习林产化工工艺学、精细化学品生产工艺学、生物质能源与工程、木材保护与改性、制浆工程原理、造纸工程原理等课程的先修课程。通过本课程学习，使学生掌握与专业课有关的基本理论、基本知识和基本技能，为专业课学习打下基础，并能从事有关林产化学加工科学研究、木材化学改性及新产品开发工作。因此该课程在本科教学过程中处于非常重要的地位[1]。同时该课程又是一门难学的课程，作为该课程的任课教师，根据多年的教学经验，就如何提高该课程的教学效果提出一些建议。

一、该课程的特点

(一) 基本概念多，内容繁杂

植物纤维化学内容包括植物原料的生物结构和细胞形态、植物纤维的物理性质和化学成分、提取物、木素、纤维素和半纤维素，涉及的基本概念较多，化学反应式较多，又涉及到植物各组分的生物合成及基本结构，有些结构和内容又是看不见摸不着，非常抽象，给课堂教学带来很大的困难。

(二) 实践性强，与生产实际结合紧密

植物纤维化学是一门实践性较强的课程，学生学习完理论知识后，要通过实验来巩固所学知识，如植物纤维原料的微观结构、各组分的提取测定、木素的显色反应等。同时植物纤维化学与我们的日常生活联系紧密，如纸张、棉花、木材这些原料均是人类生活中不可缺少的，也是比较热门的生物质能源的基础课程。

依托项目：北京林业大学2009年校级教学团队建设项目——林产化工专业教学团队、北京林业大学2009年国家级特色专业建设项目——林产化工专业。

① 作者简介：宋先亮，博士，副教授。主要研究方向：天然产物化学、废纸的回收利用。电话：62338152。E-mail：hdmsxl@ sohu. com。通讯地址：北京林业大学25号信箱，100083。

(三)课时较少，内容多

高等教育扩大规模后，教育目标转变为“厚基础、宽口径、高素质、强能力”，大学的教学课程体系进行了相应的改革，专业课和专业基础课的课时逐渐减少，植物纤维化学课程课时量大幅度下降．由原来的50学时变成30~40学时，课时少、内容多，增加了课堂教学的难度。

二、目前植物纤维化学课堂教学中存在的问题

(一)课堂教学方式单一

我国目前大学课堂教学的方式还是比较单一，采取的是填鸭式教学方式，教师在讲台上讲，学生在下面听，方式单一，特别是讲到难点时，枯燥无味，学生容易发困，注意力不集中，有些会在课堂上睡觉。特别是多媒体教学方式的实施，讲解速度加快，课堂信息量加大，越发使学生感觉到该课程内容很难接受。经验不足的年轻老师还出现在讲台上念课件的现象，课堂教学效果可想而知。

(二)实验课程进度与理论教学进度不匹配

新的教学改革后，学时超过16学时的实验课程要单独排课，列为实习周，这样学生可以集中精力做实验，也便于实验安排，但从学习效果看，由于实验课程进度与理论教学进度不匹配，造成理论知识学完后不能及时巩固，影响了课堂教学效果。

(三)考核方式单一

考试是检查教学质量的一个重要手段，也是督促学生学习的动力之一，目前的考核方式过于单一，集中于期末一次考试，往往会造成学生考前要重点，一人准备答案，大家集中背的考前突击模式，严重影响了平时学习的积极性，也使课堂教学效果打折扣。

三、植物纤维化学课程教学的几点建议

(一)合理运用课堂教学技巧

1．举例法

针对植物纤维化学基本概念多、内容繁杂的特点，为了加深学生的印象，增强学生的学习效果，任课教师要运用课堂教学技巧，如讲到纤维的结构时，纤维素是一种聚糖，既然是聚糖，纤维素能不能溶于水？可以举例，我们穿的棉衣是纤维素，是否淋过一场雨后，我们的棉衣就不见了，以此例来说明纤维素是不溶于水的，对于纤维素的水不溶性，学生的印象很深刻。为了说明纤维素的D-葡萄糖β1-4连接的稳定性，举例说明同样是D-葡萄糖1-4连接的淀粉的稳定性为何不如纤维素，是因为淀粉是D-葡萄糖α1-4连接，α1-4连接的稳定性不如β1-4连接[2]。

2．比较法

合理运用比较法，使学生容易掌握相似或相反的知识，如讲解到半纤维素时，半纤维素的结构与纤维素差别较大，但它们能发生的化学反应是相似的，为了便于掌握这部分知识，我们在讲解半纤维素的化学反应时，先把纤维素和半纤维素的结构进行对比，列出二者结构上的区别，然后根据结构对比说明半纤维素的酸性水解速度比纤维素快，半纤维素也能发生剥皮反应，半纤维素的1－4连接剥皮反应同纤维素，1－3连接不需烯醇化，可以直接发生剥皮反应，1－6、1－2连接不具有β-烷氧基羰基结构，不能发生剥皮反应。通过这样对比，

学生非常容易掌握半纤维素的化学反应，提高了课堂教学效果。

3．善于运用模型

在讲到比较抽象的内容时，看不见、摸不着，讲解时教师费尽口舌，学生还是听不懂，如果能合理运用模型，可以起到意想不到的效果。比如在讲解纤维素 I 和纤维素 II 的单斜晶体结构时，比较抽象，特别是讲到链分子平面与 AC 面所成的角度时，学生更是一塌糊涂，笔者在近两年的教学中运用相应的纸盒做成了单斜晶体模型，再做成纤维素链分子贴在单斜晶体模型的角上和中心，讲课时通过模型演示分子链的成角角度，学生比较容易接受，理解掌握的较快。

4．归纳总结

在学完每一章时，要进行归纳总结，给出本章的重点，当然课堂上讲课时也可以强调重点，但容易造成学生在非重点时不听讲，影响课程学习的系统性。

（二）上课前出复习题

为了督促学生复习，建议在每次上课前根据上节课学习的内容出一些复习题，因为时间短，建议最好出一些名词解释、填空题和判断题，上课前 5 ~ 10 分钟放在多媒体上，让学生进行思考和复习，不定期的要求学生在课堂上 5 ~ 8 分钟内完成上交，学生完成后，教师就这些题再给学生讲解一下。这样可以督促学生课下复习上节课学过的知识，也可以根据测试情况了解学生对上节课所学内容的掌握程度，以及学生上课的出勤情况。除此之外，每次上课时再用几分钟把上节课所讲的重点内容复习一下，然后再接着学习新的内容，使前后课内容更好衔接。

（三）合理使用各种教学手段

植物纤维化学课程教学内容中含有大量的化学分子式、反应式、微观结构图以及所用的分析仪器，采用多媒体教学，学生可以直观地看到这些内容，便于学生理解和掌握，并节省大量的板书时间。但如果一味的强调利用多媒体，把大篇幅的文字放在上面，更有甚者，教师站在讲台上念多媒体课件，学生会感到信息量大、难于接受，甚至枯燥无味，没有学习的动力。建议多媒体课件上仅放木材的微观结构图、分子式、反应式等内容，并配上黑板板书，边讲解、边写，不时的通过提问与学生进行互动，可调动学生学习的积极性，提高教学效果。近几年的课堂教学实践证明，合理使用各种教学手段，能够活跃课堂气氛，加深学生的记忆，提高课堂教学质量[3]。

（四）合理安排实验环节，与理论课相辅相承

理论课程的学习离不开实验环节，实验能巩固所学的理论知识，特别是植物纤维原料的微观结构部分，学完理论知识，最好通过实验来巩固，因此，需要合理安排实验室，尽量做到理论课与实验课协调，以促进教学效果。另外，在课堂教学时，也要讲解实验的原理、实验步骤、各试剂的作用，以便于学生在理解的基础上做实验，实现实验环节与理论教学相辅相承[4]。

（五）改革考核方式，注重平时成绩

课程的考核是课程教学过程中的一个重要的环节，主要了解学生对所学的基础知识掌握程度，又要考查学生运用知识进行分析和解决问题的能力。因此在命题时，注重题型的多样性，我们目前出题的题型有名词解释、填空、判断题和论述题，在判断题中，要求学生给出对错的原因。以往的课程考试主要注重期末考试，这样容易造成学生平时不学习、期末考试搞突击，不利于提高课堂教学质量。针对这种情况，建议加大平时成绩的比例，可以提高到40%，平时成绩包括作业成绩占10%，课堂上的小测试占10%，学完每一章内容的小测试占10%，考勤、课堂听讲、讨论占10%，通过教学实践表明，注重平时成绩，可以促进学生的学习效果[5]。

总之，教师的课堂教学方式会直接影响学生的学习兴趣和效果，植物纤维化学是一门较难掌握的一门课程，我们在教学实践中运用课堂教学技巧、注重课前复习、合理使用各种教学手段、合理安排实验环节和改革考核方式等手段来提高植物纤维化学的课堂教学效果，这几年的教学实践证明，这些方法对提高课堂教学质量有一定的效果，学生的平均成绩比前几年提高了3~4分，实验动手能力有了明显增强，学生给教师的教学效果评价提高了5~6分。为了教好这门课程，我们将会在教学实践中继续努力，探索如何教好这门课程。

参考文献：

[1]郭明辉，王勇，王莹．“木材学”教学改革中的新思考[J]．继续教育研究，2007，(3)：131~133.

[2]陈广美，杨明娣，王亚琴．化工原理教学中的几点体会[J]．中国科技创新导报，2009，(20)：92~93.

[3]叶君．《植物纤维化学》中的天然高分子教学的改革实践[J]．高分子通报，2007，(3)：67~70.

[4]胡华宇，黎跃，陈丛瑾，等．浅谈林化专业木材化学实验课程的改革及创新[J]．广西大学学报(增刊)，2008，33：255~257.

[5]肖新敏．浅谈林产化工专业《化工原理》课程教学[J]．科技咨询，2009，(15)：199.

基于三维设计的制图多种教学方法综合应用

郑嫦娥[①]，霍光青，刘　洁
（北京林业大学工学院）

摘要：三维设计技术的发展在很大程度上改变了工程设计的方法，这使得制图课程的教学内容和方法都发生了重要变化。在基于三维设计的制图课程教学中，课堂、上机及课后学习等不同环节需要采用不同的教学方法和手段。在课堂讲授时，三维设计环境有助于基本概念的讲解；在上机实验时，Mediakey 多媒体教学环境有助于三维设计软件的讲解；在学生课后学习时，教学录像有助于三维设计软件的学习和电子作业的完成。通过学校教改项目研究和教学实践证明，这些教学方法的综合应用有效提高了教学效果。

关键词：三维设计；制图课程；教学方法

随着三维技术的发展，三维 CAD 模型已经成为产品设计、分析及加工的基础。工程设计人员通过三维设计软件进行产品结构设计、零件装配、干涉检查及运动分析，生成三维 CAD 模型。CAM 软件调用产品三维 CAD 模型，进行加工参数设置，转换成数控代码直接进行加工。实际上，三维设计软件不仅可以完成三维 CAD 模型设计，而且能直接将三维 CAD 模型转换成二维工程图。实际上，三维设计技术把工程技术人员从三维空间结构与二维平面图形之间的转换中解脱出来，工程师可以将设计工作的重点完全放在产品结构设计和工程图样的综合表达上。因此，传统的基于二维工程图的图学教育受到了极大挑战，基于三维设计的工程图学教学内容和重点发生了重大变化。为了适应教学内容的变化，基于三维设计的工程图学教学方法需要进行改革[1~5]。

北京林业大学工学院工程图学教研室在学校教改课题的资助下，开展了基于三维设计的工程图学教学的教改研究和实践，对基于三维设计的工程图学教学方法进行了不同尝试。其中采用的三维设计软件是 SolidEdge。本文的主要内容是探讨基于三维设计的工程图学在课堂讲授、上机实践及课后学习中教学方法和手段的综合应用。

一、基于三维设计的工程图学教学中多种教学方法的综合应用

（一）课堂讲授中，三维设计环境有助于基本概念的阐述

工程图学中存在不少抽象概念，不易讲解。其中，物体表达方法主要是介绍国家标准所规定的表达方法，如视图、剖视图、断面图等，该部分内容对综合应用各种表达方法来绘制

依托项目：北京林业大学 2009 年校级精品课程建设项目——《工程图学》。

① 第一作者：郑嫦娥，博士，讲师，主要研究方向：工程图学、机器人技术。电话：62338153 - 603，E-mail：zhengchange@ gmail. com，通讯地址：北京林业大学工学院 8 号信箱，100083。

工程设计图有重要意义。物体表达方法的教学重点是各种表达方法的基本概念、适用场合和生成方法。但是，剖视图教学中存在概念抽象、不易理解，且相似概念容易混淆的问题，单纯通过平面图形的讲解不易理解基本概念。而 SolidEdge 的三维设计环境能提供三维的、直观的虚拟剖切操作过程，在剖视图的概念讲授中，有助于基本概念讲解，并且通过与断面图生成过程的对比，可以区别剖视图和断面图的不同之处。

剖视图主要为了表达物体上不可见的内部结构。剖视图的基本概念是：假想用剖切平面切开零件，将处在观察者与剖切平面之间的部分移去，将剩下的部分向投影面投影得到的图形称为剖视图。在讲解剖视图基本概念时，可以利用 SolidEdge 三维造型环境里“视图”菜单中的“剖面”工具，生成图 1. b 和图 1. c。图 1. b 中的蓝色的线代表剖切平面，箭头代表投影方向，图 1. c 演示了剖视图的生成过程，其中剖切平面上灰色部分是剖切平面与零件实体的相交区域，即剖面区域。图 1. d 中的 A – A 是假想剖切后生成的剖视图。实际上，“剖面”方法就是一种假想剖切的方法，对实际投影等没有任何影响。而且，在设置好剖切平面后，通过调整显示模式，可以获得不同的显示效果，同时，可以通过“应用剪切”选项来控制是否要显示剖切效果。

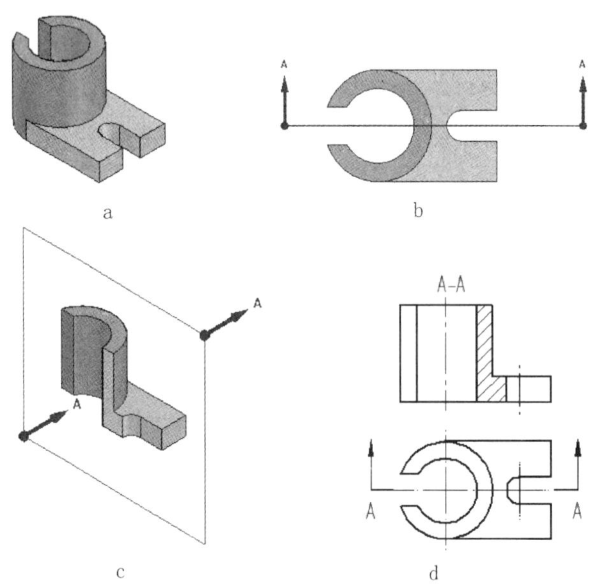

图 1 利用“剖面”工具讲解剖视图概念

在表达方法的基本概念中，易于跟剖视图混淆的概念是断面图。断面图是指用剖切平面将零件的某处切断，仅画出断面的图形，图 2. a 和图 2. b 都是利用“剖面”工具形成，其中剖切平面上灰色的图形就是断面的图形；图 2. a 说明断面图形成的过程，将零件切断后仅画出断面图形如图 2. c 所示；图 2. b 说明剖视图的形成过程，将零件切断后，将零件剩余部分投影生成剖视图如图 2. d 所示。经对比，可以更好地区别剖视图和断面图的概念。

(二)上机实验中，Mediakey 多媒体教学环境有助于三维设计软件的讲解

基于三维设计的工程图学教学中有很重要的一部分内容是三维设计软件的使用。三维设计软件的讲授重点在于操作方法和步骤。教室的计算机经投影仪放大后存在图像不清晰等问题，坐在后面的学生有时不能看清楚老师的操作界面和过程。计算中心的 Mediakey 多媒体

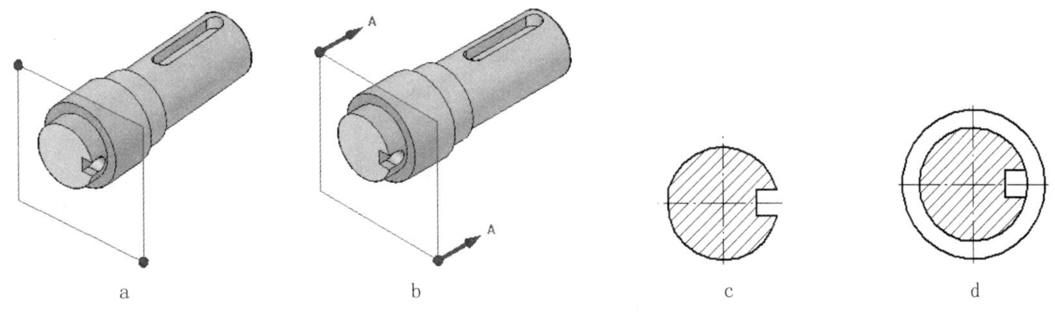

图2 利用“剖面”工具讲解剖视图与断面图区别

教学环境为三维设计软件的讲授提供了有效手段。

在工程图学的上机实验中，计算中心的教学机上可以使用 Mediakey 软件。在 Mediakey 的“全体教学”模式下，教师可以控制机房的所有学生机，学生机上显示的正是教师机的界面。这样，教师在教师机上的操作，学生在自己的学生机上可以清楚看到，使得三维设计软件的操作讲解变得更直观。Mediakey 的“全体恢复”模式可以让学生自己控制自己的学生机。教学实践证明，利用 Mediakey 多媒体教学环境可以有效讲解三维设计软件的操作。

(三)课后学习中，教学录像有助于三维设计软件的学习和电子作业的完成

工程图学教研室承担的基于三维设计的工程图学教改项目不仅包括教学内容的改革，而且也进行了电子化作业和电子化考试的尝试。由于工程图学的授课对象是低年级学生，在几年的教学实践中，发现学生普遍存在的问题是软件操作不够熟练，主要原因是软件操作较复杂，在有限的上机实验中全部掌握有一定难度。

为了解决上述问题，本人将所有电子作业的做题过程均录制为教学录像，通过 FTP 服务器提供给学生。教学实践证明，教学录像很受学生欢迎，而且，对学生课后学习工程图学有很大帮助，也使学生得以熟练掌握 SolidEdge 的使用，并能顺利完成作业。

实际上，对于涉及操作方法和步骤等的其他课程，向学生提供具体操作过程的教学录像是大有裨益的。教学录像录制可以采用 Camtasia Studio 制作，基本步骤为：

(1)设置屏幕录制方式：如图3，选择“屏幕区域”，如果要边操作边讲解，可以同时选择“录制音频”。

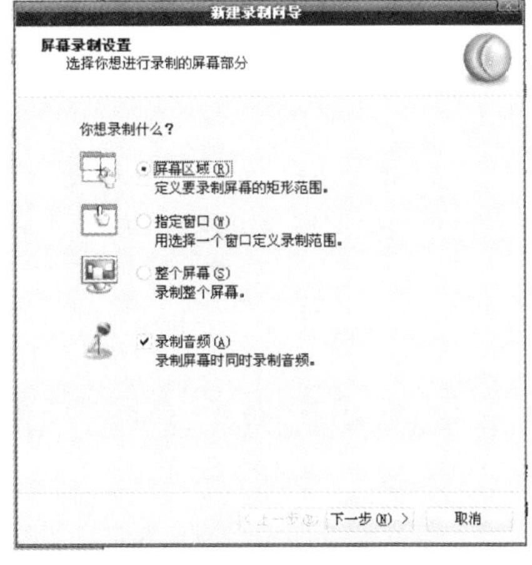

图3 屏幕录制方式设置

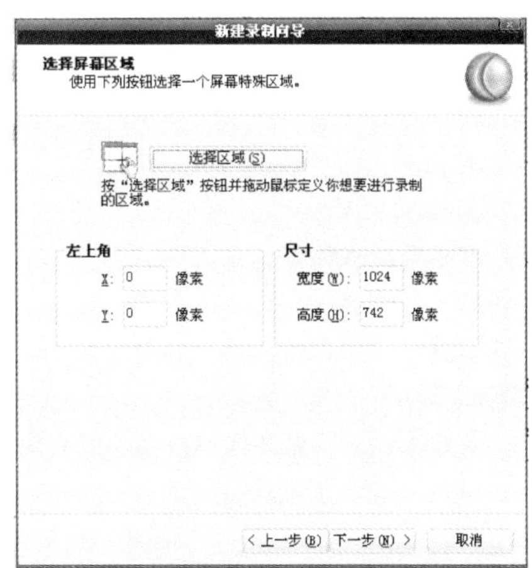

图4 录制区域设置

（2）设置屏幕录制的区域：如图4，点击“选择区域”，用矩形框选择SolidEdge整个操作界面。

（3）设置音频输入方式：如图5，选择“麦克风音频”。

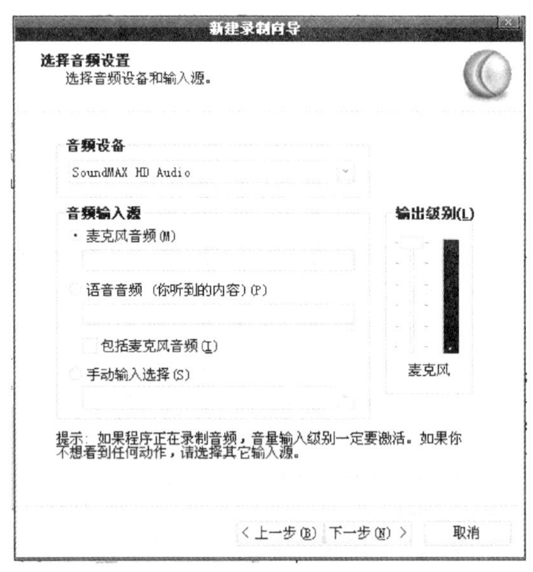

图5 音频输入设置

设置完成后，按F9键，开始录制；按F10键，停止录制。在Camtasia Studio软件中可以对录制好的录像进行剪辑、合并等工作。

二、结 论

综上所述，在基于三维设计的工程图学教学中，在课堂、上机及课后学习等不同环节需要采用不同的教学方法和手段。在课堂讲授时，三维设计环境有助于基本概念的讲解；在上机实验时，Mediakey多媒体教学环境有助于三维设计软件的讲解；在学生课后学习时，教学录像有助于三维设计软件的学习和电子作业的完成。教学实践证明，这些教学方法的综合应用有效提高了教学效果。

参考文献：

[1] 霍光青，刘洁．工程制图［M］．北京：中国林业出版社，2002.

[2]叶军，孙根正．三维建模引入制图课程的改革研究[J]．工程图学学报，2008（2）：168～172.

[3]童秉枢，易素君，徐晓慧．工程图学中引入三维几何建模的情况综述与思考［J］．工程图学学报，2005，26(4)：130～135.

[4]王飞．以三维设计为中心的图学课程改革．图学教育研究2004[C]．北京：机械工业出版社，2004：266～270.

[5]郑嫦娥，霍光青．三维设计技术在剖视图教学中的应用［J］．工程图学学报，2009(30)：133～136.

机械制造技术基础多维立体化教学方法的研究

李琼砚①，高道祥，钱　桦
（北京林业大学工学院）

摘要：本文从教学资源的建设和多维项目引导立体化教学方法两个方面探讨了《机械制造技术基础》课程的教学改革。教学实践说明项目引导立体化教学方法不仅有利于学生理解和掌握书本的理论知识，更能充分发挥学生的学习主体作用，发掘了学生的创造潜能。

关键词：教学研究；机械制造技术基础；项目引导立体化教学方法

《机械制造基础》课程是高等工科院校机械类和近机械类专业学生必修的专业技术基础课。通过对《机械制造基础》课程的学习，使学生初步掌握各种成形方法、零件加工工艺和结构工艺性等基本工艺知识，具有选择毛坯、零件加工方法及进行工艺分析的初步能力；了解现代机械制造有关的新材料、新工艺、新技术及其发展趋势；为学习其他相关课程，从事机械设计和制造工作，奠定必要的基础[1]。

由于机械制造技术基础是一门理论性、基础性、工程性和实践性都很强的课程，课程内容多而杂，如果其教学模式仍然沿袭传统的以灌输知识为主，该课程难以实现其应有的培养目标，无法激起学生的学习兴趣、学习热情和求知欲望。因此，在机械制造基础课程教学改革中，教师必须不断地探索新的教学方法和教学体系，使一些抽象的理论和工艺方法能够达到深入浅出的目的，加强学生的感性认识，以获得良好地教学效果。本文结合自己的教学经历从以下两个方面来谈《机械制造技术基础》课程立体化教学研究与探索。

一、立体化教学资源的建设

《机械制造技术基础》是一门工程性较强课程，合适的教学载体是课程的人才培养目标得以顺利实现的必要保证。立体化的教学资源就是我们为培养学生自主学习能力和工程素质而建立起来的重要载体，立体化的教学资源是一个重要的知识载体，极大地拓宽了教学时间和空间的维度，为培养学生的自主学习和工程素质赋予了广阔而自由的空间，有效的贯彻了“课内与课外结合”“以学生为主体、以教师为主导”的教学理念。立体化的教学资源由八个资源库构成如图 1 所示。视频主要是实践环节的教学资源，同时包括实际生产中的应用录像，主要用来增加学生的工程感性认识。如常用加工方法中每一种加工方法实际加工录像；动画将各种加工成形方法以动画的形式展示出来，增加学生的工程感性认识。如切削加工中

依托项目：北京林业大学 2007 校级教学团队建设项目——机械专业基础系列课程教学团队。

①　第一作者：李琼砚，博士，副教授。主要研究方向：数字化制造技术。电话：62338144。E-mail ：lqiongyan@163. com。通信地址：北京林业大学 8 号信箱，100083。

的刀具角度空间概念和机床液压传动原理中各种控制阀先后的动作顺序、油路的改变等制作动画，提高了教学效率，丰富了教学内容和教学过程。图片是以图片的形式，展示典型零件实物、相关设备、生产场景等；模拟仿真采用计算机模拟技术模拟材料成形工艺过程，揭示其基本原理，加深学生的工程理性思维；工程英语包含机械制造技术基础课程所涉及的专业英语词汇及英文文献拓宽学生关于工程知识的国际视野；前沿技术为学生提供最新科技文献资料，使学生了解相关工程制造技术的科学前沿动态，培养学生的工程创新兴趣。历史与文化以历史文物为典型案例，使学生了解机械制造工程的历史与文化，提高学生的工程人文素养；典型零件加工工艺以工艺文件及动画的形式描绘典型零件的加工制造过程，包括从毛坯的成形到最终零件的机械加工制造全过程，融合成本、质量、环保、伦理等工程要素，培养学生的大工程意识。

学生自主学习能力的培养并不局限于固定的场所，关键在于有没有为学习者提供适当的环境和机遇，从而促使其主动承担起学习责任[3]。立体化教学资源库已经在教学平台上使用了两年，学生可以下载学习，为学生创造了一个自主学习的环境，学生反映非常好。该教学平台已成为课程教学的第二课堂，学生可通过该课程教学平台自主汲取新知、启迪智慧、提高素质。在此基础上我们也建立了该课程的课程网站，但还在进一步完善中。除了将立体化教学资源融入网站中，课程网站增加网络互动平台，将教师与学生由面对面的教学转变为多种形式的互动，将极大提高学生的学习积极性。

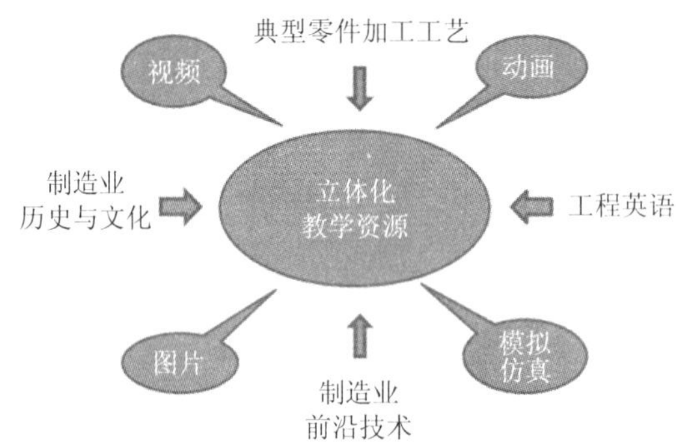

图1　立体化教学资源

二、项目引导立体化教学方法的研究

本课程所包含的内容多，覆盖面广，同时本课程实践性、综合性强，一些学生感到学习时比较枯燥、抽象、难以理解，学习积极性不高，严重影响了教学效果。如何克服困难，提高教学效果，课堂的教学是关键。为此我们进行了立体化教学方法的研究，如图2所示，项目引导立体化教学方法首先将课程内容进行项目划分，根据不同项目的教学内容合理选择不同的教学方法，以激发学生的学习积极性。根据《机械制造技术基础》教学内容将课程分解成五个项目：

项目一：切削加工基本知识；

项目二：金属切削机床的基本知识；

项目三：传统机械加工：车削加工、刨削、插削、拉削、钻削与镗削、铣削加工、磨削加工、齿面加工；

项目四：机械加工工艺规程的制定；

项目五：精密加工、特种加工及先进制造技术。

立体化教学方法包括：传统教学、现场教学、任务教学、案例教学和讨论教学的方法。

项目一是有关金属切削加工的基本理论知识，主要注重理论知识的讲解，主要利用立体化教学资源进行传统的理论课堂教学，采用以老师为主导的教学方式。

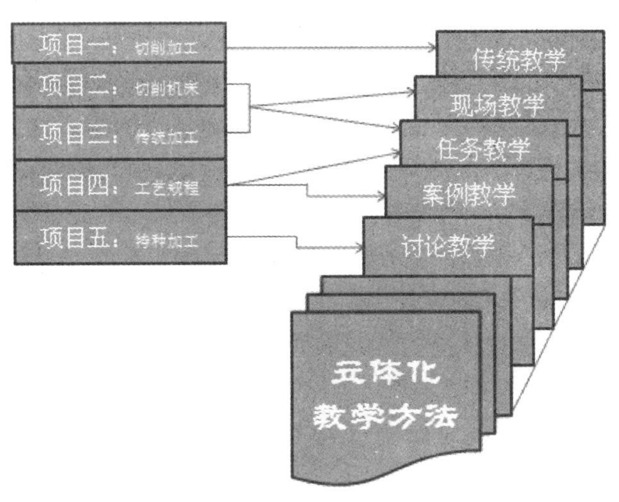

图2 项目引导立体化教学方法

项目二和项目三采用现场教学和任务教学相结和的方法。任务教学法是教师根据一学期要完成的教学内容设计成多个具体的任务，在特定的教学环境中，让学生完成学习任务，掌握教学内容[2]。学生不仅可以建构出本学科的知识结构，更为重要的是这种学习方法，能够培养学生的探索、合作、创新精神。从学习者的角度说，任务教学法是一种学习方法，可以帮助学习者明确学习目标，用于学习各类实践性和操作性较强的知识和技能。任务教学教师的作用是指导、引导学生学习，是帮助者、促进者，主要由学生自主地完成任务内容。可以将学生分成小组，每次任务教学由学习小组在实习车间或工厂现场进行。实习车间或工厂现场应有配备足够齐全的机床设备和附件，以便学生参观、熟悉。为了配合学生对每章任务学习任务，还要有教师或工人进行该设备各种加工内容的操作，供学生学习研究。为了使每个学生能够顺利地构建自己的知识，教师应对任务内容进行精心设计，编成学生任务学习卡，在任务实施时分发给学生，由学生在任务活动中独立完成。如任务卡可以包括下列项目：车床设备名称、代号、有几种运动、加工内容、怎样装夹工件、加工方法、刀具、加工特点、加工精度等等。任务活动经过参观、记录、思考、研讨后，由小组组长填写一份任务学习卡，在这个过程中老师起到指导、引导作用，由学生自己共同商讨自主地学习完成。这样，学生参与学习、主动学习的兴趣就高涨了起来，自己得来的直接经验印象深刻。

项目四采用了案例教学和任务教学相结合的方法。案例教学法是在学生学习和掌握了一定理论知识的基础上，通过剖析案例，让学生把所学的理论知识运用于实践活动中，达到让学生深刻理解和掌握知识的一种教学方法。采用案例教学，通过设置课题和相关的案例，培养学生正确合理地编制零件机械加工工艺规程。每个课题所选案例要注重实用性、代表性和可学习性。这样可以做到有的放矢，对课程所要求的内容在实际生产中的应用有个全面深入的了解，更能培养学生的学习兴趣。这一项目部分内容也可以采用任务法教学，任务教学是提高学生自我学习能力的有效方法，是培养学生团结协作创新精神的重要手段，能够提高学生的综合素质。针对工艺过程制定这个项目可以设计这样的任务：观摩工厂的真实的工艺规程，对照以前积累的所有的任务学习卡片，汇总平面孔、外圆加工的3种工艺方案，分别为一般精度、中等精度、高精度，并写出定位基准机床设备名称。在学生有了一个整体的认识后，由同学们自己完成或共同探讨完成的工艺方案，就是工艺过程的雏形了。然后结合“典型零件加工”一章的每一节，设计一个任务，要求设计完整的一个零件的机械加工工艺过程，学生就可以更容易地独立完成任务，从而完成自己本学科知识的建构。针对教材中的难点问题，教师应在每个任务学习时，在合理的教学引导中设定问题，由同学解答。如学习定位基准时，老师可以设立这样的问题：当一张零件图呈现在你面前时，应首先考虑到的定位基准是粗基准还是精基准呢？再如，“机械加工顺序的确定原则其中一条是‘先主后次原则’，教材给出的解释是先加工主要表面，后加工次要加工表面”这样的理解对吗？问题给出后，学生一般较难做出正确的回答，笔者给出自己的分析答案，前例中由于零件图上呈现的设计基准及主、次表面，所以应先考虑以什么基准保证主、次表面的加工精度，这个基准就是精基准；再考虑选用什么基准加工出精基准，那么这个基准就是粗基准。后例自然不能直接是先加工主要表面，再加工次要加工表面。这与各个加工阶段的加工任务内容是矛盾的。正确理解是“以主要表面加工为线索，其他次要加工表面穿插在主要加工表面过程中。”这样，学生的疑惑就迎刃而解了。

项目五采用讨论法教学。这里的讨论法是讨论课教学的教学方式。项目五的教学内容是关于特种加工、精密加工和先进制造技术方面的内容。老师给出讨论的论题范围，由学生自主命题，查阅相关科技文献，撰写文献综述报告，并进行答辩，使学生们既能踊跃参与课堂教学，活跃课堂气氛，又能学到知识。其目的是培养学生的科研兴趣，提高学生自主发现问题、独立解决问题和自我表达的能力，培育学生的科学思维、科学方法和科学精神，最终达到培养学生创新能力的目的。

综上所述，主要从多维立体化教学资源的建设和项目引导立体化教学方法两方面，探讨了《机械制造技术基础》课程的教学改革。两方面实际上相辅相成，没有如此丰富立体化教学资源，项目引导立体化教学方法就显得空洞和纸上谈兵，是达不到预期的教学效果的。比如说项目一：切削加工基本知识，我们采用传统讲解式教学方法，讲到零件表面运动的形成和切削运动，先利用立体化教学资源中的动画和视频资源进行演示零件表面运动原理和各种机床的切削运动，使学生先有一个感性认识然后在进行理论讲解，学反映通过动画和视频的演示，能够更好地理解本节课程的内容，学生也比较感兴趣，提高了学习的积极性。对刀具角度这节内容，历届学生都感到难以理解，我们通过动画和视频对刀具的标注和工作角度进行讲解，以实际加工的视频来演示刀具角度变化对加工的影响，学生普遍感觉较好。因为学时有限学生有的内容在课上没有理解，在课后可以反复观看，有效扩展了老师教学的实践和空间。通过我们的立体化资源建设，项目引导立体化教学方法，学生学习的积极性非常高。在我们的讨论课上，同学们非常踊跃，自己利用立体化教学资源制作演示课件，自己到讲台上演讲，学生不再是被动地学习，而是主动汲取知识，完善自己的知识结构。

三、结束语

通过《机械制造工艺基础》课程立体化教学方法在教学中的应用与实践，项目引导立体化教学方法不仅有利于学生理解和掌握书本的理论知识，更使他们懂得如何在实际中灵活应用这些知识；充分发掘了学生的创造潜能，全面培养了学生分析问题和解决问题的各种能力，包括实践能力、动手能力、分析能力、应变能力、交流能力、协作能力和解决实际问题的综合能力；而最关键的是既体现了教师的主导作用，又发挥了学生的学习主体作用。

参考文献：

[1]孙康宁，傅水根，张学正等. 工程材料及机械制造基础系列课程改革指南的内涵及指导思想[J]. 中国大学教学，2005，3：14～17.

[2]徐明成. 基于“任务驱动”的现代教育技术教学中的“合作一探究”教学法探讨. 教育与职业，2004（12）.

[3]华维芬. “学习者自主”探析[J]. 深圳大学学报，2002，（3）：107～112.

三维环境中制图试题库的探讨

霍光青①，郑嫦娥

（北京林业大学工学院）

摘要：题库建设与应用是考核规范化的重要手段，在考核中获得了大量的应用。随着三维软件的应用，相应题库建设与应用要求日益迫切。本文在研究 Solid Edge 软件的基础上，提出了使用图形库技术建立制图试题库的方法，利用自定义模板，使用简单的拖拽方法即可生成试卷，利用试题的图形可以造型和进一步处理生成考核要求的图形，经考核试验这种方法简单、实用。

关键词：三维环境，制图，试题库

工程图学的考核一般采用纸质试卷，已经有很多相应的研究，浙江大学、大庆石油学院等校研制了相应的题库系统，试题数量较多也很实用，可以做到选题、排版、答案、考核、评价等。但是随着三维技术在制图教学中的广泛应用[1]，三维电子化的考核方式将成为主要的考核方法之一，同时试卷必须包含平面图形的绘制、三维模型的建模、投影、工程图的生成、尺寸标注等等。这就要求题库与考核的平台应当选择常用的三维设计软件环境，本文就是基于 Solid Edge 环境对考核题库的研究。

一、试题库的建立

根据北京林业大学对试卷的管理要求，试卷必须能够存档，电子文档也可以。因此试卷必须是一个主要的文件和若干个关联的模型文件。这就要求选择三维软件中的工程图模块（平面图形）作为试题的界面，要求学生直接在上面绘图，利用试题的电子数据（图形）造型，在试题的空白位置进行投影、投影变换等等，生成试题要求的轴测图、轴测剖切图、剖视图、断面图，并按照试题要求进行必要的标注。

每个试题一般是一个独立的图形，可以采用两种方式建立，一种是一个图形一个文件，采用合理的命名编号，可以方便的查找与索引，方便的进行选题，适用于采用程序自动选题。第二种方法是建立图库，一个库为一个文件，代表一组相同类型的试题，也可以通过合理编号，方便地进行查询和选题，尤其适用于手工选题。

试题库就是一个电子文件，包含若干个相同类型的试题。在工程制图的每一章节中都可以分成若干类型的试题，每种类型的试题可以是一个图库。比如：制图基本知识这一章的图库可以分为：选择题、读图绘图题、尺寸标注题、关系约束题。这四种类型的题可分为 4 个

依托项目：北京林业大学 2009 年校级精品课程建设项目——《工程图学》。

① 第一作者：霍光青，博士，副教授。主要研究方向：林业与园林机械。电话：62338153。E-mail：qianhua@bjfu.edu.cn。通讯地址：北京林业大学工学院，100083。

图形库(4 个文件)，每个图形库中包含若干个试题，需要的时候可以单独插入。每个图形库文件仅包含图形的定义，定义以后绘图区保持空白的状态。

对于一个试卷库，每一个单元可以建立一个目录，其中包含若干个不同题型的试题图形数据库文件，这样就建立了一个以考核为目的的图库系统。同样目录名、文件名、试题名也可以采用科学的命名方法，使得试题的查找更加方便，直接以各章的名字命名目录名，用试题的类型命名试题库的名称，直接用数字编号命名试题库中的试题，比如：第一章就用“制图基本知识”命名目录名，用问答题、尺寸标注题、读图绘图题、关系约束题等来命名试题库的名称，每一个库中用阿拉伯数字编号命名试题的名称。这是一个较好的方法，比较简便、直观、方便。

关于试题的选择，对于电子化考试来说，图形文字都可以使用图块来定义。简答题在每一章中都是适用的，选择题、平面绘图与尺寸标注、尺寸约束与关联可以作为第一章绘图基本知识的试题。投影一章可以选择基本立体造型与投影、立体表面取线等作为这一章的试题；对于组合体这一章来说，视图补线、视图二求三、轴测图、尺寸标注均可选择。物体表达方法这一章，求指定视图、斜视图、局部视图、全剖视图、半剖视图、局部剖视图、斜剖视图、阶梯剖视图、旋转剖视图、断面图、投影变换的试题都是适用的[2]。对于标准件常用件一章，内容相对比较乱，一般可以出一些文字表达方面的题，给出具体的要求，比如给出模数齿数，要求画出一对齿轮连接，或者给定两个连接件厚度、大径要求画出螺钉连接或者螺柱连接等。对于零件图一般使用零件公差及粗糙度标注、看零件图造型补指定视图试题作为考核试题。装配图可以使用看装配图拆画零件图的试题作为考核试题。试题插入后将图块分解，便于考核中对图形数据的使用。

二、组卷的方法

试题库建立以后，就需要采用合理的方法建立组卷系统。建立程序、提出试卷条件、采用自动搜索的方法建立自然最为简便，我们采用了手工组卷的方法，选择更加方便。首先根据北京林业大学的要求建立试题模板文件，试卷要求规定的试卷题头，考试说明都在试卷的规定位置安排好。

图 1 为组卷的界面。组卷时，直接打开试卷模板文件，另存为要求的试卷名称，如 2009 制图试卷 A，不另存的话，建立试卷文件后存盘就破坏了试卷的原有模板文件。利用 Solid Edge 工程图程序的图库窗口选择题库的目录，以及对应单元的目录和图库文件，在下面就能显示相应的图形和文字。

组卷时直接将试题拖动到试卷中相应的位置即可。对于要求使用图形数据的试题(如造型等)，可以将图块分解即可应用 Solid edge 程序的相应工具的建立三维模型和进一步解题。

这样的组卷方式适用于电子化考试也适用于纸质的试卷考核方式，可方便的用图形检索题库中的每一道题。对于试卷的答案也可按照相同的方式来建立。

三、试题要求与学生答题方法

制图试卷的答题涉及到文字、平面图形绘制与标注、视图补线与改错、求指定视图、剖视图、轴测图、向视图、投影变换、尺寸标注、公差与粗糙度标注、装配图拆图、零件装配与设计等。

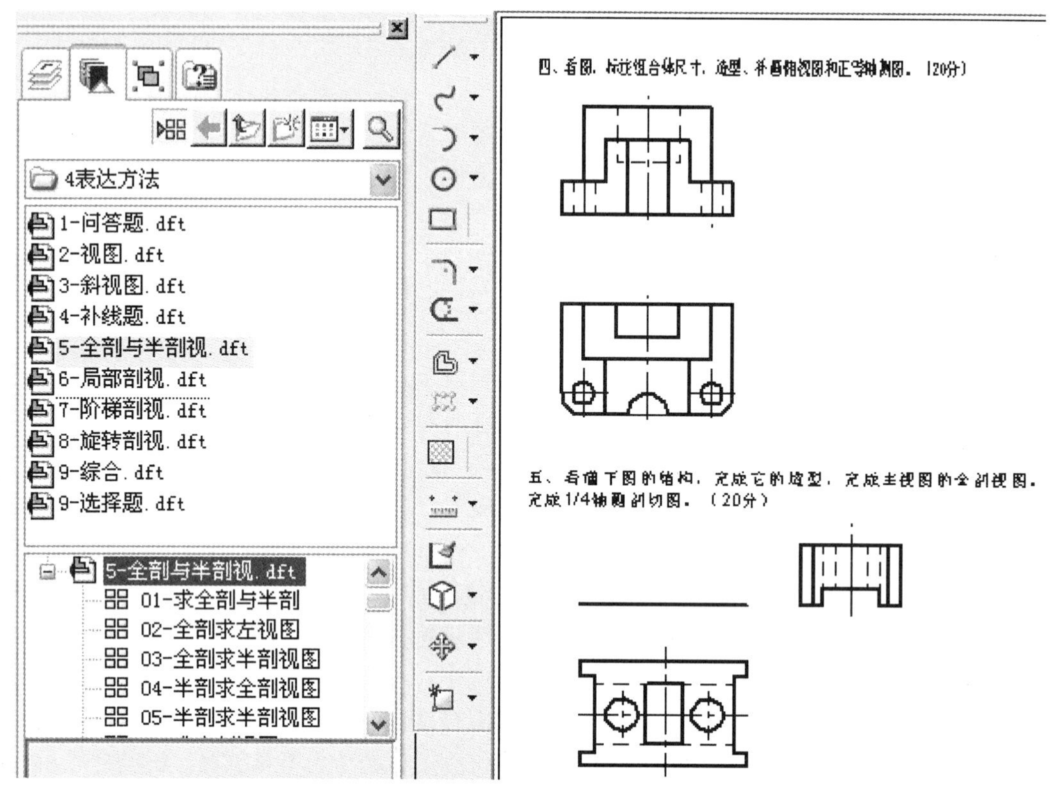

图1 试题库的结构与安排使用方法

问答题直接使用工程图程序中文字标注就可以了。可以考核工程制图每一章的基本概念和基本方法，同时也考核了对文字标注方法的掌握。填空题也可采用相似的方法答题。

平面图形绘制一般采用给定图形要求标注尺寸，然后再绘制的方式。试题一般采用符号文件的方式给出，在其中将某些图形以组的方式进行组合，形成若干图形组，并放在一个视窗中，给定与要求画出的图形比例不同，学生可以直接标注尺寸，然后再照着绘图，一般学生在较短时间内不会去一点一点分解图形组，再去复制。绘图直接使用绘图工具、几何约束工具即可。

视图补线与改错可以采用两种方法答题，一种是直接采用工程图程序中的绘图工具进行绘图，使用水平约束完成“高平齐”的绘图要求，使用竖直约束完成“长对正”的绘图要求，使用相等约束完成“宽相等”的尺寸约束。另一种方法就是利用试题给定的图形数据进行造型，根据造型文件重新投影完成这类试题。建议简单的补线题采用直接绘图的方式，补线较多的话，采用造型的方法。

求指定视图、轴测图(及轴测剖切图)、剖视图、投影变换、向视图等均应要求采用先造型后投影的方式完成，充分体现三维制图的功能。

尺寸标注一般要求采用手工标注完成。其中包括平面图形的尺寸标注和视图的尺寸标注。

公差标注，在 Solid Edge 中已经有了尺寸公差的查询与标注，可以直接在试卷上进行相应的标注。粗糙度可以按照最新的国家标准(GB/T131－2006)的要求进行标注。形位公差

Solid Edge 现在还不能进行相应的查询，制图教学中可以要求形位公差的数值自定。基准的标注方法也能够按照最新的国家标准(GB/T1182 -2008)进行相应的标注。

装配图的拆图，有两种方法进行，一种是直接复制视图，删除多余的图线、编号等，添加缺少的图线，进行必要的标注即可。另一种方法是利用装配图的图形数据，对要求的零件进行造型设计，然后生成要求的零件图，再进行必要的尺寸、粗糙度、公差标注即可。

零件设计与装配就是用文字给出设计的要求，然后要求进行必要的零件设计、三维装配、装配工程图生成等。

四、评卷方法

对于三维环境下的电子化考核，试卷一般是一个试卷文件和若干个造型文件，要求学生直接上传到网络上的指定位置，可以采用压缩的方式，压缩文件的名称就是学号与姓名，这样就与北京林业大学试卷保存的要求相一致，也便于查找、阅卷以及保存试卷。

采用电子化考试，评卷的方法也应当是在学生的试卷上进行评阅，符合北京林业大学对试卷的基本要求。采用与图库建立相同的方法建立评卷所用的各种符号，如对号、叉号、半对号以及常用的减分符号等等。将符号建全以后也可以用于平时作业的评阅。目前还没有采用自动评阅试卷的方法，自动评阅试卷只适用于常规的判断题上面，对于以图形为主的考核方式，目前还不能采用自动评阅试卷的方法。

五、结　论

利用 Solid Edge 的图形库技术，可以方便的建立各种类型的试题库文件，按照章节建立一个文件夹存放本单元不同类型的试题文件，采用 Solid Edge 工程图平台作为试卷的环境，利用预先建立的模板，插入需要的试题，该方法是一种很实用的方法，可以方便的进行问答题、平面绘图与尺寸标注、三维建模、投影、剖视、断面图、工程标注等制图中各种类型试题的考核。同时可以建立评阅试卷所用的各种符号作为一个图库，能够满足电子试卷评阅的基本要求。

参考文献：

[1]叶军，孙根正. 三维设计技术对工程制图课程的影响及改革对策. 工程图学学报，2009：157~160.

[2] 霍光青，郑嫦娥，刘洁. Solid Edge 中读图作业类型以及读图方法的探讨. 工程图学学报，2008：114~117.

林业与木工机械概论课程教学方法初探

袁湘月①

（北京林业大学工学院）

摘要：《林业与木工机械概论》是北京林业大学工学院为自动化专业学生新开的一门专业选修课，本文针对教师在授课过程中遇到的实际情况展开讨论，从教学内容、教学方式、实验课程以及考评方法等方面进行教学探索，提出合理建议，为该类课程的教学提供一定的参考。

关键词：林业与木工机械；自动化专业；目标控制对象；教学方法

一、课程的基本情况

《林业与木工机械概论》是为林业院校的自动化专业二年级学生新开设的一门专业选修课，为学生介绍林业生产和木材加工所涉及到的机械装备，主要包括从种子采集处理、苗圃育苗、造林、森林抚育、木材采伐、运输、贮木场作业等林业生产过程中所使用到的机械设备，胶合板、纤维板、刨花板为主的人造板生产线设备，并通过部分应用于林业与木材加工中的机械与设备的观摩、操作，了解这些设备的结构特点、作业原理和使用操作方法、应用领域及其在林业生产与园林绿化中的作用和地位，加强学生对目标控制对象的理性认识，为自动化专业后续课程的学习奠定一定的专业基础。

二、课程现状及存在的主要问题

《林业与木工机械概论》涉及的机械设备相当广泛，可达上千种[1]，内容多而庞杂，课程的知识体系也往往没有严格的边界，且随着营林和木工技术的不断发展，机械设备也在不断更新，新的知识层出不穷。而这门课程总的学时数仅为32课时，包括授课26课时，实践6课时。要在26课时之内讲授多个生产过程应用到的多种机械设备，对于任课教师来说，内容的取舍是个艰难的过程，容易造成课程结构组织随意性大、知识体系缺乏系统性规范性等问题。

（一）缺乏合适的教材

该课程是针对自动化专业新开的课程，缺乏相应的配套教材。一些相关教材大都内容比较单一、知识体系陈旧且与专业的关联性较小，因此不符合使用要求，难以激发学生的学习兴趣，达不到拓宽视野、为后续课程奠定基础的目的。

---

① 作者简介：袁湘月，博士，讲师。主要研究方向：林业与园林机械。电话：62338141。E-mail：yuanxiangyue@bjfu. edu. cn。通讯地址：北京林业大学工学院，100083。

(二)实验教学薄弱

尽管在课程建设时学院已充分认识到实验教学的重要作用，扩大了实验课的比例，增加了实验课的内容，但由于设施条件的限制，使实验的技能性、可操作性仍然不能很好的实现。学校实验教学中心的营林机械种类较少，尤其缺乏大型的、先进的营林设备；木工机械的认知一般必须去相关的生产厂家参观考察，但有时企业由于设备调试、生产赶进度或技术涉密等原因无法在课程规定的时间内给予认知实践的配合，致使认知实验的安排处于随机状态。这样学生就会对单一、陈旧的实验内容及随意的实验安排失望进而对该门课程的学习失去兴趣。

三、课程教学方法的探讨

为了使对此门课程抱有兴趣的选课学生能更多的了解林业与木工机械的基础和前沿知识，对自动控制的目标有更系统的理性认识，本文着重从以下几个方面对课程教学进行了初步的探索。

(一)结合专业特点，合理安排教学内容，引导学生兴趣

在选择教材时，广泛查阅相关的教材、专著、专业期刊、学术文献和新闻报道，充分利用网络资源，结合专业特点和目前国内外林业与木工机械的应用领域与现状，自行编写适合自动化专业学生学习的讲义和实验指导书。在课堂讲授时，结合自动化专业特点，以理论知识够用、适度为原则，突出实用性、专业性部分，对基本核心内容可采用“讲课”方式，而对其他内容，则可以采用“讲座”方式，加大信息容量，开拓视野，提高教学速度，这种详略配合的讲授方式既可以解决课时少而教学任务重的矛盾，又保持了知识体系的系统性和完整性，使学生在有限的时间内能够获得更多的知识。同时在教学中还应注意学生兴趣的引导，重视研究兴趣的激发和最新科研动态的传递[2]，及时补充林业机械的新发展、新成果，不断充实、调整教学内容。比如在讲授森林抚育间伐设备的内容时，穿插向学生介绍教师科研课题——十一五科技支撑项目“沙生灌木平茬技术研究”等，让学生对沙生灌木的生长环境、材性特点以及应用领域有所了解，进而介绍课题中所设计的设备如何针对特定目标进行识别、如何利用识别信号来控制切割装置位姿以及调整作业方向等内容，在授课中随时向学生渗透科研中自动化技术的应用和前沿知识，激发学生对前瞻性知识的热情，培养学生的科研素质。“兴趣是最好的老师”[3]，只有学生思想活跃，对所要学习的知识感兴趣并乐于接受的时候，才能达到事半功倍的效果。

(二)采用多样化教学手段，丰富教学内容和形式

教学手段和形式的单一，会造成学生在课堂教学时间内精力不集中，产生视觉疲劳现象，容易导致学生学习的能动性下降[4]，因此，在教学中应提倡多种教学手段的结合与互补，如多媒体与板书的穿插应用，课堂讲授与现场参观教学的结合等，以达到较好的教学效果。

本课程涉及的作业地点——林区，一般比较偏远，现在的学生很少有机会能深入林区，对营林作业的各个环节知之甚少，对作业中用到的机械设备及其工作原理也了解的不多，因此，教师只有通过增加动画、视频等内容，辅以讲解，把这些不常见的、难以用语言表达的作业内容、场景等利用多媒体生动、直观地显示出来，从而有利于学生对整个营林作业过程的观察和理解，提高学习效率；而在讲解设备工作原理等内容时，如用于施药的弥雾机喷口直径突变的原因等，则可采用板书的方式，帮助学生从基本公式推导开始，明确喷口直径与液体流速成反比、直径变小流速增大、提高弥雾机的射程的机理。这样可让学生及时理解和掌握理论性的知识，使其课堂思维紧跟教师思想。

学院设置本课程开课的时间为春季学期，2～5 月正是采种育苗、造林营林的时期，教师可在适当时间安排 2 课时在学校的温室或合作林场（如鹫峰国家森林公园）带领学生参观学习，由工人师傅现场操作并讲解育苗造林等过程，从而使学生对所学知识有更深、更直观的印象。

此外，还可以利用任务驱动法、合作学习法等教学手段，让学生带着问题，通过小组合作方式学习课程内容，教师把握好任务的重点与原则，力求任务能被大部分同学所接受和完成。如在课堂上设置任务：举例说明在哪些林业与木工机械中利用了简单的离心力原理，并阐述其作业过程及设备的主要结构及工作原理。该任务可让学生在课后通过合作学习来解决，并提交任务报告（每人一份）。任务看似简单，却涵盖了本课程的很多知识点，需要学生在全面学习课程内容并了解相关设备基本结构和作业原理的基础上，通过对所学内容综合、提炼、归纳才能顺利完成。在完成任务的过程中，教师给予学生很大的自由空间，这有利于培养学生主动参与任务的意识，提高学生分析问题解决问题的能力，并学会与他人合作的方法和态度，充分发挥学生个体的创新能力。

通过以上多样化的教学模式和手段的有机结合，可提高学生学习能动性，以期达到高效完成教学任务的效果。

（三）加强实验教学，重视自主探索，培养创新能力

实验是本课程的一个重要环节，是学生学习理论与实际相结合的重要途径，是学生动手能力、知识应用能力以及创新能力得以锻炼的重要场所，因此，在实验教学过程中，可以加强学生的自主性学习，鼓励学生探索与发现[5]。本课程的实验环节针对选课学生的具体情况共设计了三类实验：认知类、操作类以及设计类。认知类实验是让学生对所学林业与木工机械设备的类型、工作原理、结构等有一定的了解和认识，以加深学生对理论知识的理解；操作类实验要求学生对理论知识理解的基础上对实际设备（小型设备如手扶步进式草坪修剪机、绿篱修剪机、噪声测量仪等）进行操作，强调对学生动手能力的培养；设计类实验则是对学生综合、创新能力的培养，要求学生具有较广、较深的学科知识，有一定的分析问题、解决问题的综合能力。例如，在介绍完几种常用的采种机械后，让学生带着“沙棘果如何采集”的问题去查阅文献资料以及走访生产厂家，针对沙棘果的生物特性以及采摘要求，自主创新的设计出合理的采摘方案及实现方式，并以汇报的方式向同学、老师提交报告，共同讨论、分享经验与成果。学生对三类实验可根据自己的实际情况在 6 个实验课时内选择完成，教师在实验层次安排上应按先认知后操作再创新的顺序，在充分利用实验室已有条件的基础上结合学生实际情况，才能达到较好的效果。

教师还应充分利用校外资源，主动联系相关生产企业（如北京克诺森华地板有限公司、北新建材集团有限公司等），并与之建立长期稳定的合作关系，让学生有机会进入企业了解一些在平时难以见到的作业过程（如人造板机械等），通过参观及观后座谈与讨论，达到认知教学的实验目的，从而缩小教学和林机行业的距离，避免理论和实践脱节。

另外，北京每年都举办林业与木工机械展览，教师可组织学生以课外活动的形式去参观，让学生了解该领域最前沿的发展，增强学生对林业机械行业的认识。

针对选课学生实际情况，通过这样分地点、分层次、有选择的实验方式，可充分调动各类学生的主观能动性，变“被动实验”为“主动探索求证”，既有利于学生对学科知识的掌握，提高了动手实践能力，又有利于学生创新能力的培养。

（四）改革考评方式，提高实践能力

传统的课程考核方式是考试。这种考核方式有其合理性，却束缚了学生的发散思维，忽视了学生学习能力和创新能力的考查[5,6,8]。本课程以采用多种考核方式相结合的方法对学生成绩进行考核。结合平时上课出勤情况（占10%）、讨论课发言情况（占10%）、任务完成情况（占10%）、实验教学中的表现（出勤情况、操作能力及实验报告等30%）以及课程结题报告的质量（占40%）等内容，对学生进行全面的考核，适当提高学生的实践、创新能力考核的比重。该考核办法使学生减轻了期末考试的压力，避免了学生期末突击拿高分的情况，对大多数认真听课、积极参与、自主探讨的学生来说都可以获得较为理想的成绩，提高了学生平时参与实践的积极性。

综上所述是我在《林业与木工机械概论》课程实际教学中的一些体会及探索，在今后的教学工作中，我们还应该结合专业特点，在合理开发专业教材、提高课堂教学质量、增加课堂互动、激发学生兴趣等方面多下功夫，切实提高自身的业务水平，达到拓宽学生知识面、提高学生自主、创新学习能力的效果，培养出适应时代需求、合格的林业人才。

参考文献：

[1]黄仁楚．营林机械理论与计算[M]．中国林业出版社，1996.
[2]杜艳秋．浅谈高校专业选修课的教学[J]．文化教育，143.
[3]张宏康．《食品包装学》课程教学改革的探索和实践[J]．中国包装工业，2009(7)：33～34.
[4]闫海冰．“林业遥感技术”课程教学及改革初探[J]．中国林业教育，2009，27(4)：58～60.
[5]宋春敏等．提高石油加工概论课程教学质量的探讨[J]．化工高等教育，2008，(4)：37～39.
[6]刘晨晨等．关于《信号与系统》选修课教学的思考[J]．内江科技，2008(9)：82.
[7]卞文娟．浅谈非环境类专业环境保护选修课的教学[J]．科教文汇，2008(11)：79～80.
[8]刑韶华．对农林高校专业选修课内容设置与课堂教学的思考[J]．安徽农学通报，2008，14(14)：147～148.

同步建模在制图教学中的应用探讨

霍光青①，郑嫦娥

（北京林业大学工学院）

摘要：同步建模是一种新的三维造型技术，可以直接对模型表面和特征进行编辑。本文通过研究同步建模技术与制图内容，探索了该技术在制图教学中的应用。实践表明：同步建模技术应用于制图教学，可以使造型更灵活，能够显著提高学生的学习兴趣。

关键词：同步建模；工程图学；读图；方向盘

一、同步建模技术

同步建模技术是在参数化、特征化造型技术基础上发展起来的一种新型造型技术[1]，同步建模技术是无历史、基于特征的建模系统，合并了尺寸和约束驱动技术的精华，能够实现全面控制和可重复性，具有直接建模的灵活性[2]。同步建模技术造型过程中特征间没有父子关系，可以直接对模型的表面进行编辑。也可以对其他系统生成的无约束模型直接进行编辑和修改，系统实时地自动识别模型的几何条件。

同步建模仍然是基于草图的参数化特征造型，利用草图确定特征的结构和形状，但是特征创建以后，草图就完成了它的使命，不能再利用草图对特征进行编辑。草图中的几何约束和尺寸将迁移到模型中去，模型的表面与特征间可以重新设定几何关系或编辑尺寸。

二、利用表面编辑进行造型

（一）方向盘工具在截交线造型中的应用

Solid edge ST2 和 UG 软件采用了同步建模技术，方向盘是表面和特征编辑的重要工具。可以移动和旋转平面，也可以旋转选定的特征组，图 1 为圆锥截交线的模型建立中同步建模方向盘的应用。

圆锥截交线模型的建立就是旋转和切割，这与传统的建模方法是一致的，关键是截面角度的改变与交线形状改变的演示过程。在圆锥面上没有直线，不能将方向盘移动到希望的旋转轴上，可以用交线工具求出坐标面 YOZ 与截平面的交线，选择截面如图 1(a)所示，显示的是方向盘的一个轴的方向，使用鼠标将其移动到坐标面 YOZ 与截平面的交线上，如图 1(b)所示，拖动方向盘圆上的点转动，即可得到截面旋转后的新模型，如图 1(c)所示。图 1

依托项目：北京林业大学 2009 年校级精品课程建设项目——《工程图学》。

① 第一作者：霍光青，博士，副教授。主要研究方向：林业与园林机械。电话：62338153。E-mail：qianhua@ bjfu. edu. cn。通讯地址：北京林业大学工学院，100083。

(d)是用传统改变角度的方法，直接使用动态编辑拖动切割特征草图的两个端点即可。两种技术的区别在于同步建模技术造型以后不再依赖形成该特征的草图，不能通过草图修改来改变模型，而是直接对模型进行编辑和修改。比较两种方法利用传统的技术修改草图改变模型反而更方便一些。同样旋转的轴线也可以直接使用草图工具画出，方向盘可以直接移动到该直线上，从而实现相关的操作。

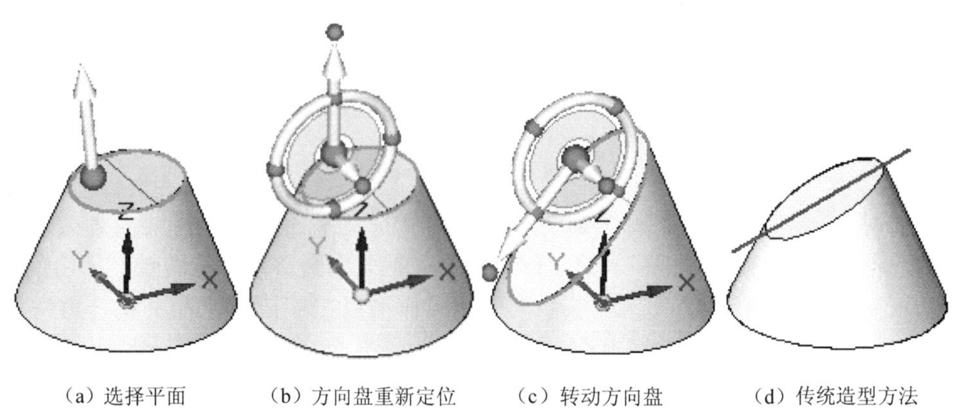

(a) 选择平面 (b) 方向盘重新定位 (c) 转动方向盘 (d) 传统造型方法

图1 方向盘在截交线造型中的应用

(二)表面修改在切割体造型中的应用

切割体是在原有的立体上切去一部分形成新立体的一种方法。在传统的造型中对于用平面切割的立体需要画草图来实现。利用同步技术可以直接旋转平面实现立体模型的切除。如图2所示，选择模型的左表面，将方向盘移动到底边上，转动方向盘，输入旋转角度即可。图2所示的模型草图中构造了左右的对称关系，左表面改变，右表面将同时改变以形成仍然对称的结构。在教学中采用这种方法，增加了造型的灵活性，同时利用软件的投影工具对模型进行投影，模型与投影是对应的，模型的改变同时也能够在投影上反映出来，可以用来介绍不用位置平面的投影特点与投影规律，增强教学的直观性，减轻对教学内容的理解难度，同时能够激发学生的思维空间，能够显著提高学生的学习兴趣。

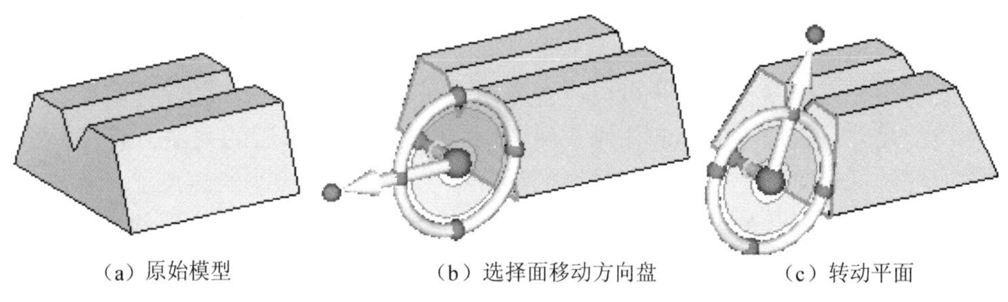

(a) 原始模型 (b) 选择面移动方向盘 (c) 转动平面

图2 利用面旋转构造切割体

(三)定义参考平面绘制草图

绘制草图需要的平面，过去的软件一般都有许多建立参考平面的方法如：重合面、平行面、垂直面、角度面、三点面、曲线法平面。在使用同步建模技术的软件中，一般不再提供平行面，垂直面、角度面构造工具，而是直接使用方向盘工具构造相应的绘图平面。

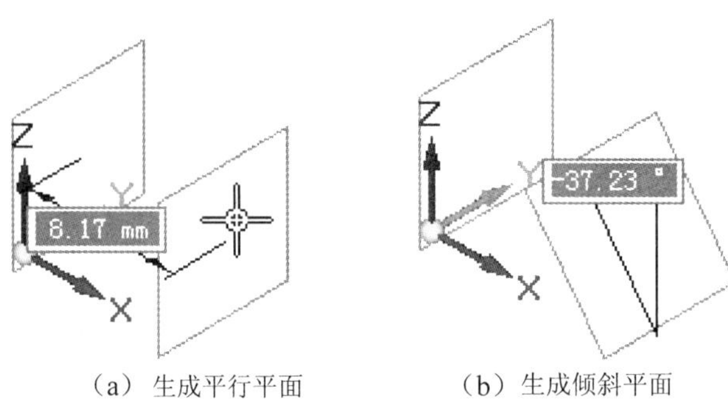

（a）生成平行平面　　（b）生成倾斜平面

图 3　使用方向盘定义参考平面

使用方向盘工具可以构造平行平面、倾斜平面和垂直平面等。选择某面，选择平移方向，移动鼠标输入移动的距离即可。对于倾斜平面先把方向盘移动到旋转轴上，用鼠标点击方向盘拖动，输入旋转角度即可。对于垂直平面同样可以按照倾斜平面的构造方法进行构造，也可以使用曲面里面的拉伸平面构造垂直于某面的平面。对于草图的绘制也不同于传统的造型技术，对于倾斜面上的草图，也可以先画在一般的平面上，然后使用方向盘技术平移旋转空间需要的位置上，再利用该草图进行相应的设计。

三、三维尺寸标注及投影

同步建模技术的采用，实现了在模型中直接标注尺寸驱动模型的方法，改变了以往改变草图尺寸驱动模型的方式，造型以后草图将失去作用，草图中的尺寸将迁移到模型中去。投影时可以直接从模型中提取尺寸进行标注，充分的发挥了从模型到投影的思维方式，三维模型中的尺寸就是将来投影中的尺寸。克服了旋转等造型中草图尺寸标注一半，投影也自动标注一半的缺点。

采用同步建模技术，草图中可以不标注尺寸，直接画出希望设计的图形形状，造型后在模型上直接标注尺寸。但是必须注意，草图的几何关系必须保证，如对称、同心等等。同样对于对称的物体，一定要选择关于坐标面对称的方式绘制图形。图 4 为一个简单的三维模型，造型后标注的尺寸如图 4(a)所示，尺寸 30 为锁定的尺寸，点击该尺寸，使用该图中下端类似锁的符号锁定(红色)，模型的编辑将不能改变这一尺寸。选择 25 尺寸，将显示尺寸延伸方向的箭头，点击图中的箭头可以改变方向。对于添加对称约束的尺寸将按照对称的方式改变相应的尺寸，延伸方向不起作用。图 4(b)为该模型投影后的视图，直接提取模型的尺寸基本上能够满足工程图的要求。传统的设计中上面的圆柱应当给出尺寸，直接提取模型尺寸不符合标注总体尺寸的要求，在同步设计中可以在模型上直接标注总的高度，投影后提取的尺寸正好符合要求。

四、读图方法

读图是制图教学中的一个重要环节，在三维环境下，采用电子作业的方式，直接给出两个视图然后补第三个视图。采用常规的方法是将给出的二维视图转移到三维空间，利用可以利用的图线进行造型，然后投影再补充第三个视图[3]。采用同步建模技术可以采用同样的方法，不同的是同步建模具有草图区域识别功能，默认自动识别封闭的草图区域，这样要做

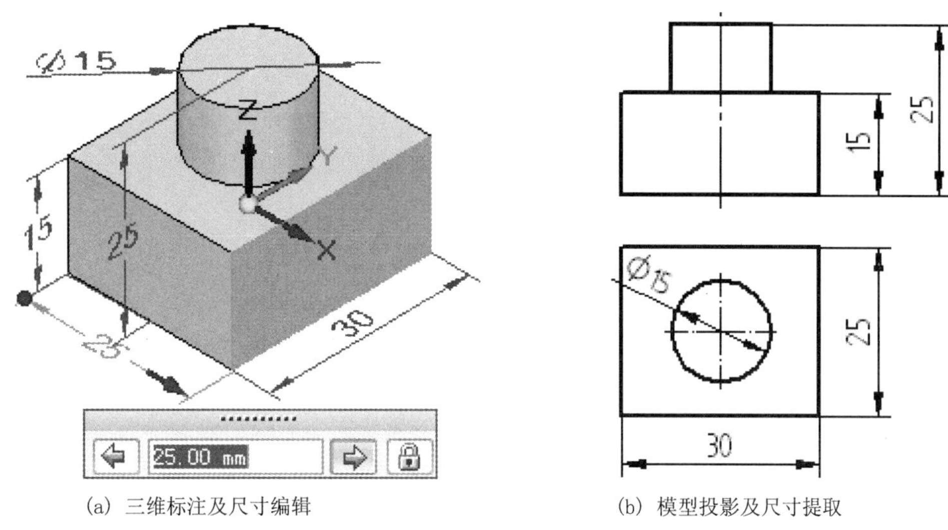

(a) 三维标注及尺寸编辑　　(b) 模型投影及尺寸提取

图 4　三维尺寸在标注及尺寸标注

出中间部分的拉伸造型，需要在主视图中选择多个相邻的区域(按下 CTRL 继续选择)，组成一个更大的区域，再捕捉俯视图该部分的宽度即可完成该部分的造型。也可以在造型的命令条窗口中选择链或者单一图线的方式选择俯视图中的线构成封闭区域然后造型，视图中图线较多时采用这种方法就较好一些。

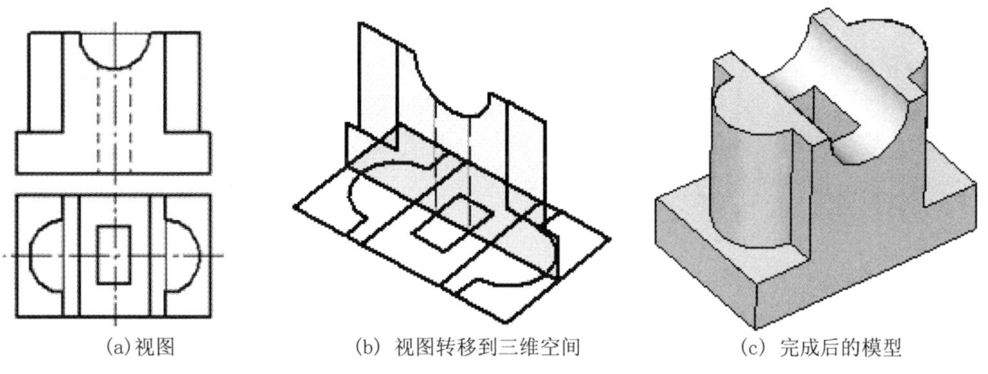

(a)视图　　(b) 视图转移到三维空间　　(c) 完成后的模型

图 5　读图练习的方法

对于绘图平面与视图所在平面不重合的情况，造型必须先画草图，而视图中的图线是叠加在一块的，可以采用草图工具栏中的投影工具投影到相应的平面，然后再进行造型。这与传统技术中的方法是类似的，不过传统技术造型是先选择造型命令，再选择绘图平面，然后绘图或选择视图中的图线造型，同步建模绘制草图过程与造型过程是分离的。图 5(c)中的左侧半圆柱就是以下面平板的上表面作为绘图平面，将俯视图的半圆投影后完成的造型。中间的方孔直接选择俯视图的矩形区域拉伸除料即可。选择视图中的草图区域后，默认进入拉伸状态，即可进行相应的拉伸操作。如果是旋转或其他造型，则需要在弹出的快速工具条浮动菜单中选择其他相应的命令。

采用这种方法造型，一般应当认真的观察视图，选择外轮廓比较复杂的视图先做出模型的主体，就是先找出最大的反映主要特征的部分，完成该部分后再增加或切除模型上其他的部分即可。观察图5(a)，比较主视图、俯视图，该物体可以分成3部分，中间的部分最大，主视图中该部分反映其特征，那么就可以选择该部分拉伸，选择俯视图的相应宽度，采用对称拉伸即可。

造型过程中，默认是直接在立体图上绘图，考虑到需要捕捉相应的几何关系，可以切换到绘图平面的正方向进行作图，这样绘图时就比较方便。

草图绘制过程中，线的端点位置可以捕捉视图中的线在绘图平面上的位置，方法是将光标移动到视图中的图线上，如图6中的A或B位置，这时在绘图平面上就会出现他们的投影，可以捕捉投影图线上的特殊点进行绘图。如图6所示，正在绘制的直线的端点为视图上A和B直线在绘图平面上投影的交点。

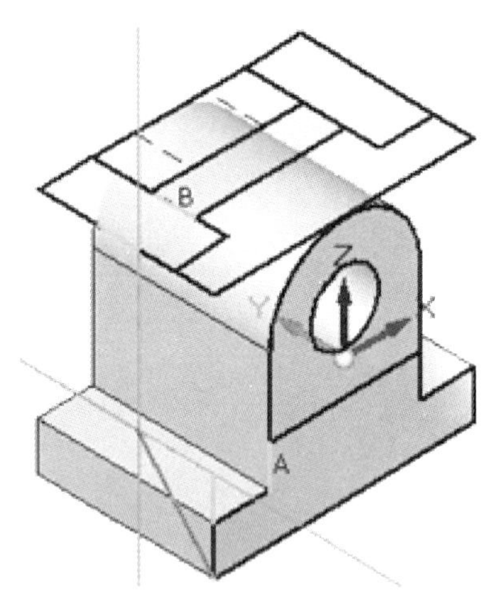

图6 草图绘制中点的捕捉方法

五、利用特征编辑构造不同物体

传统造型是对草图中的几何关系约束和尺寸约束，同步建模将草图中的几何关系与尺寸直接迁移到模型中来，同时模型中特征也可以和面一样进行相应的移动、旋转，相应的表面之间也可以设置必要的几何关系，如平行、重合、同心等。表面和特征在编辑过程中，也可以更改几何关系的约束规则，实现编辑造型的目的。

图7为特征的编辑，图7(b)为利用同步建模的方向盘将上面的特征在平面内移动形成的新立体。图7(c)为利用同步建模的方向盘使上面的立体向右倾斜一定的角度。图6(d)为模型的两面设定共面的几何关系，形成表面平齐的模型。在传统的造型中，改变形状必须通过改变草图来实现，同步建模具有更大的灵活性。

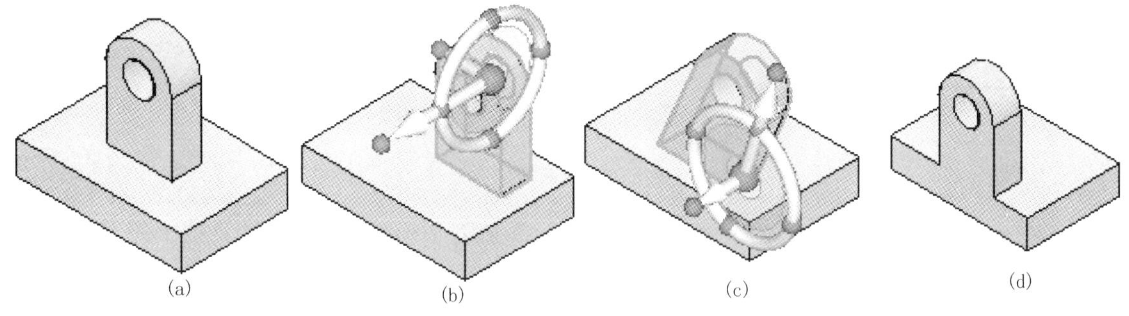

图7 特征的移动与编辑

六、结 论

同步建模是设计过程的一种改革，目的是使设计的对象与设计过程无关，设计中草图无需尺寸，可在模型中直接标注，模型中的面、几何体可以随时更改，并保证他们之间的几何关系。在制图教学中可以巧妙的利用同步建模的面、特征编辑构造截交线、相贯线、组合体等几何模型，利用模型尺寸的提取能够非常形象的说明组合体尺寸的标注。读图练习中，同步建模增加了草图区域的识别，可以连续选择几个相邻的区域组成更大的区域进行造型，也可以利用常规的方法投影以及选择图线进行造型。合理的利用同步建模技术，制图的教学会更有趣味性，能够提高学生的学习兴趣。

参考文献：

[1]周冰. 同步建模技术延伸至 PLM 中端市场[J]，每周电脑报，2008，(18)：76.
[2]Bruce Boes. 突破性同步建模技术[J]. 工业设计，2008，(9)：8.
[3]霍光青等. Solid edge 中读图作业类型及读图方法的探讨[J]. 工程图学学报，2008，(S1)：115.

灵活多样化的大气污染控制工程课堂教学方法

王　辉[①]，孙德智
（北京林业大学环境科学与工程学院）

摘要：作为环境工程专业的一门主干必修课，大气污染控制工程课程学习起来有一定的难度，要想讲的有声有色，激发广大学生的学习兴趣，对于任课教师具有一定的挑战性。本文通过探讨多种行之有效的教学方法和途径，在课堂教学中采用启发式教学，突出教学内容重点、加强教学效果、与就业需求挂钩；采用生动形象的多媒体教学有效地解决教学难点；使用教学模型演示直观地展现工艺特点；突出工程实例在本课程中的重要作用，以达到预期的教学目标。

关键词：大气污染控制工程；教学改革；课堂教学；教学方法

《大气污染控制工程》是一门环境工程专业基础课和必修课、环境科学专业的选修课，具有课程涉及内容繁多、基础知识面宽、应用知识更新较快、学时相对教少、复杂抽象问题多、知识联系性强等特点[1]。通过最近几年的教改实践，我们在教学方法与手段等方面开展了一些工作，取得了良好的教学效果。

一、采用启发式教学

（一）突出教学内容重点

由于本课程安排的学时较少，在讲课过程中突出重点、难点就显的尤为重要。在开始新的章节时，首先提出通过该章的学习需要解决的问题，让学生带着问题学，最后再进行小结，由学生回答，加强他们对所学内容的短时记忆。例如在除尘器这一章，首先从颗粒物的排放源选择相应的除尘装置，设问：各种工业炉窑和火力发电站大型锅炉所采用的除尘设备是什么？对于炉窑含烟气或粉料运输含尘空气的净化，最好选用的除尘器是什么？对于必须掌握的内容，课上要阐述清楚，并通过提问的形式，随时检查学生的掌握情况，还应通过课后的作业题，要求复习。下一节课开始，再通过提问等方式对重点进行回顾。每章结束，应将相关的知识点综合起来，进行比较。通过这些联系，进一步加深学生对所学内容的理解，使短时记忆转变为长时记忆。对于重要的公式，要求学生通过课后习题学会应用。对于描述性的或概念性的内容，比较枯燥，学生完全可以自学，可采用指导——自学式教学法，提出要求，通过练习、课堂小测验及课堂提问等方式检查督促[2,3]。避免老师讲之无趣，学生听

依托项目：北京林业大学2009年校级教学改革研究项目——大气污染控制工程课程建设及教学方法研究、北京林业大学2010年校级精品课程建设项目——《大气污染控制工程》。

① 第一作者：王辉，博士，副教授。主要研究方向：环境污染控制理论与技术。电话：62336615。E-mail：wang-hui616@gmail.com。通讯地址：北京林业大学60号信箱，100083。

之无味的现象发生。

(二)加强教学效果

大气污染控制工程理论教学涉及到的机理、概念、公式比较繁多，学生听课时间长了就会注意力不集中，感到厌烦。针对这种情况在课堂讲授的时候可以多采用一些提问、设问、反问等教学手段来加强学生的学习效果。如有关袋式除尘器工作原理，根据以往经验学生会想当然的认为袋式除尘器工作原理就是通过滤布的过滤作用达到除尘效果的，在讲到这部分的时候设计了一个反问“袋式除尘器的工作原理就是通过滤布的过滤作用达到除尘效果的，大家说我刚才说的对不对?”许多同学一听到有提问，注意力马上集中到我的问题中，思考了一会认为工作原理可能就是这样，还有老师还可能讲错吗？几乎所有的同学全部点头说“对”。其实袋式除尘器之所以有很高的除尘效率在于滤袋表面形成的粉尘初层，粉尘初层是袋式除尘器的主要过滤层，滤布只不过起着形成颗粒初层和支撑它的骨架作用。听到这里学生恍然大悟，袋式除尘器的粉尘初层除尘机理在他们脑袋里留下了深刻的印象，一个上过这门课的学生 2 年后碰到我说还清楚地记着袋式除尘器的工作原理。一个不经意的提问可以达到很好的教学效果。

(三)与就业需求挂钩

大气污染控制工程是各高校环境工程专业的必修课程，也是很多高校的考研课程。对毕业以后从事环境领域工作的学生来说，该课程所讲授的许多原理、理论与设计计算要点也是工作中的重要基础，而且有关环境领域的职业资格的考试内容均涉及到大气污染控制工程的课程内容。目前和环境专业相关的职业资格考试主要有环保注册工程师资格和环境评价注册工程师资格 2 个考试，为加强对环境工程设计相关专业技术人员的管理，提高环境工程设计技术人员综合素质和业务水平，保证环境工程质量，维护社会公共利益和人民生命财产安全，并且为了与世界接轨，以后从事环境领域工作的人员上岗均需要持环保注册工程师资格证书或环境评价注册工程师资格证书，因此环境教学指导委员会指出授课内容一定要紧紧围绕环保注册工程师考试大纲进行。为了让学生有这方面的意识，提前熟悉考试范围及题型，在每章内容结束的时候从考试真题里抽出一部分内容在课堂上以提问的方式让学生回答，让他们知道实际上考试的内容并不难，关键在于平时知识的积累。

二、生动形象的多媒体教学

在大气污染控制工程课堂讲授方面，均以多媒体课件作为主要教学手段。其优点是：增加了教学知识的容量；能有效地解决教学难点，提高了课堂教学效果[4]。在多媒体课件的制作中尽量运用图、表反映复杂的处理大气污染物流程，一般教材上的装置结构图均是平面图片形式，比较呆板，不利于学生理解，如干法喷钙脱硫(LIFAC)工艺流程图、循环流化床烟气脱硫(CFB－FGD)工艺流程等，我们在授课的时候采用专业绘图软件 3D max 对其进行重新绘制变成立体感很强的三维图片，学生不仅可以有直观的认识，还多学到了一种绘图软件。对一些机理、结构复杂的工艺制作出 Flash 动画，使学生抽象思维与形象思维相结合，帮助学生理解其净化机理和工作过程。例如，在讲述旋风除尘器这一节时，涉及到外旋涡、内旋涡、上旋涡等概念，污染物在除尘器中如何运动并且被捕集等过程。如果只是文字叙述，学生很难理解想象，配上旋风除尘器的 Flash 后，一些抽象的概念机理就一目了然了。在利用多媒体幻灯片的同时，还充分利用音像资料，让课堂上的教学内容与课外实践结合在一起。实践证明，通俗易懂、与现实社会生产紧密结合的音像资料，更能激发学生学习的激情。如观看中国国际总公司出版发行的全球气候变化纪录片时，虽已到了下课时间，但学生仍然被兴趣和激情深深吸引着，不愿离开教室。有同学说看这些资料，心灵受到了震撼，更坚定了今后从事环境保护工作的决心。

三、直观教学模型演示

教材和课件是学生在理论课教学过程中获取知识的主要来源，但是由于缺乏工程实践经验，学生很难准确掌握实际大气污染控制工程单元装置的结构、原理和运行特点。为解决这一问题，根据目前工程应用的实际情况，增设了板式静电除尘器、袋式除尘器、文丘里洗涤除尘器、旋风除尘器、卧式旋风水膜除尘器、填料式气体吸收塔、筛板式气体吸收塔、喷淋式气体吸收塔等多种典型大气污染控制工程单元装置的模型演示教学。在每章讲授完理论知识后，在课堂上抽取少量时间让学生观摩讨论教学模型。采用让学生主动介绍的方式，描述一下所看到教学模型的工作原理、特点、各部分构件及工艺流程等，通过教学模型，可以使学生的认识向实际工艺更靠近一步。比如有的学生在描述文丘里洗涤除尘器的时候出现了一些问题，看了半天不知道该如何表述，原来在课堂上讲解文丘里洗涤器的时候为了利于尺寸计算采用的是横向放置的示意图(图1)，而教学模型是一个竖向放置的文丘里洗涤器(图2)，这个学生是一个非常优秀的学生，理论知识的学习非常透彻，但是就是找不到装置的关键构件喉管，对其进行提示后恍然大悟，原来实际使用的文丘里洗涤器是竖向放置的啊，原来喉管喷出的水还可以循环利用啊。这些和实际工艺结合的细节部分一般在课堂理论讲授上都是比较缺乏的。通过使用教学模型不仅刺激了学生的感官，还极大调动了学生学习的好奇心与积极性。通过与书本知识相对照，学生对理论课程中大气污染控制工程单元装置的结构有了更为直观地认识与了解，并且能够主动从模型的运行演示过程中掌握教材中的重点内容，掌握大气污染控制工程单元装置运行原理。此项教学改革，大大加深了学生对工程概念的理解，使学生更为深入地了解自身所学专业，为其后续课程的学习奠定了良好的基础。

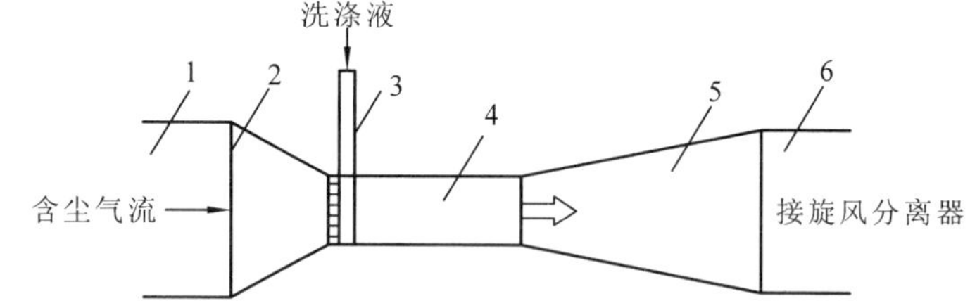

图1　文丘里洗涤除尘器示意图

1. 进气管；2. 收缩管；3. 喉管；5. 扩散管；6. 连接管

图2　文丘里洗涤除尘器教学模型

四、突出工程实例

大气污染控制工程是一门工程技术课程，在教学过程中，应注重通过工程实例和理论教学的结合，应用实际案例对大气污染控制工程从设计到运行、维护等方面进行讲解[5]。如在“气态污染物控制技术基础——气体吸附”一节内容中插入了一些实用的工程实例，活性炭吸附脱硫的鲁奇公司固定床吸附 SO_2 和日立公司移动床吸附 SO_2，氧化铝吸附净化铝厂含氟烟气的美国的 A－398 法、加拿大的阿尔肯(A)法及法国的比施涅法(P)等。特别是介绍本院教师进行的科研项目和工程项目，更能吸引学生的注意力，提高学生的兴趣。如在讲授“城市机动车污染控制”一章内容时，介绍了学院老师的科研项目“城市交通道路环境空气质量监测及评价方法研究”，使得一些同学对此产生了极大的兴趣，在毕业论文选题的时候积极要求参加到此项目当中。

五、结　语

大气污染控制工程课堂教学环节的改革虽然取得了一定的成果，但仍有许多需要改进的地方。随着经验的积累及不断解决教学中出现的新问题，我们会进一步完善课程教学改革，达到提高教学质量的目的。

参考文献：

[1]郝吉明，马广大. 大气污染控制工程(第二版)[M]. 北京：高等教育出版社，2005.
[2]汪莉，邢奕. “大气污染控制工程”课程教学方法探讨[J]. 中国冶金教育，2006(4)：51.
[3]耿春香，张秀霞，王志伟.《大气污染控制工程》教学方法探讨[J]. 中国校外教育，2008(1)：83.
[4]郭朝晖，柴立元.《大气污染控制工程》课程教学改革与深化实践研究[J]. 湖南医科大学学报(社会科学版)，2006，8(3)：205.
[5]蒋文举，尹华强，金燕，等. 大气污染控制工程课程教学改革探索[J]. 西南科技大学学报(哲学社会科学版)，2004，21(4)：52.

研究性教学在农业经济学教学中的应用

周建华①，李红勋，李　强，方少勇，王忠平
（北京林业大学经济管理学院）

摘要：近年来，中国高等学校学生人数快速增加。为保证教学质量，高校采取了很多措施实行教学改革。本文通过对建设"农林经济管理特色专业"和"农林经济优秀教学团队"的过程中农业经济学在教学过程中所面临问题的总结，根据农业经济学的课程特点，结合当代大学生的学习习惯，提出了基于研究性教学的教学改革的思路，最后进行了总结。

关键字：研究性教学；农业经济学；教学改革

近十年来，中国高等教育出现了快速发展的势头，大学进行了积极的扩招，高校人数快速增长。2008 年底，全国各类高等教育总规模达 2907 万人，毛入学率已经达到 23.3%，高等教育规模已经位于全世界第一位。但伴随着规模的快速扩张的是教学质量的滑坡。为了适应新的形势发展，提高高等学校的教学水平和教学质量，2002 年教育部启动了"高等学校教学质量与教学改革工程"，并且进行了两轮高等学校教学评估工作。教育部先后出台《关于进一步加强高等学校本科教学工作的若干意见》（2005 年），"关于进一步深化本科教学改革全面提高教学质量的若干意见"（2007 年）和"教育部财政部关于实施高等学校本科教学质量与教学改革工程的意见"（2007）。在此基础上，各地又开了"建设特色专业"和组建"优秀教学团队"的工作，第一批国家级特色专业建设于 2007 年公布。本文是在国家级"农林经济管理特色专业建设点"和北京市"农林经济优秀教学团队"项目实施过程中，对农业经济学本科课程教学改革的总结。我们根据农业经济学的课程特点，结合当代大学生的学习习惯，提出了基于研究性教学的教学改革，取得了一定效果。本文首先介绍研究性教学的涵义，然后指出农业经济学在教学过程中所面临的问题和我们基于研究性教学的课程教学改革的思路和一些措施，最后进行总结。

一、研究性教学

（一）研究性教学的源起

研究性教学是近年来出现的一种新的教学模式和理念，尽管对它的准确涵义还存在争议[1,2]。它以学生创造能力和创新精神的培养与养成为目的，强调教师要通过引导学生进行

依托项目：北京林业大学 2007 年国家级特色专业建设项目——农林经济管理专业、北京林业大学 2008 年北京市级教学团队建设项目——农林经济管理专业教学团队。

① 第一作者：周建华，博士，副教授。研究方向：农业经济与农村发展。E-mail：zhoua5@ sina. com. cn。通讯地址：北京林业大学经济管理学院，100083。

探究性学习，激发学生自主学习和探究的积极性，达到培养学生创新能力的目的。研究性教学源于美国教育家布鲁纳在《作为探究的科学教育》报告中的发现教学法以及施瓦布提出的与发现法相似的“探究式学习法”[3]。真正意义上的大学“研究性教学”始于20世纪80年代以后，其中的一个里程碑是1998年美国博耶委员会(Boyer Commission)提出的《重建本科教育——美国研究型大学蓝图》(简称“蓝图报告”)，它针对美国研究型大学本科教育中存在的问题及未来的改革方向提出了10条改革建议，要求研究型大学充分利用其研究的优势，吸纳本科生参与科研，提出了教学应与研究相结合，学生的学习应基于研究，建立以研究为基础的教学模式，即本科生研究性教学。2001年，博耶委员会又提出了《重建本科教育——博耶报告三年回顾》，回顾和总结了研究性教学的各种问题。这两份报告引发并推动了美国研究性教学的开展，并对世界各国的高等教育产生影响，高校纷纷开展了各种形式的研究性教学的探索和尝试。例如，美国的研究型纷纷为本科生参与科研创造条件，真正将本科开展研究性教学付诸实践；在法国，大学教学打破学科专业分化的单一倾向，着眼于培养学生的自主精神、合作意识、责任感和信息收集能力、沟通能力和批判能力等[4]。国内一些研究型大学开始采用“研究性教学”这一新理念，并开始了初步的“研究性教学”相关学科的探索。近年来，随着教育部在一些列文件中正式推广“研究性教学”与“研究性学习”，越来越多的高校也积极将“研究性教学”理念融入教学改革中。

(二)研究性教学的特征

研究性教学是以学生为主体、教师为主导的一种教学模式。教师在教学过程中运用科学研究的方式培养学生学习兴趣，激发学生的求知欲和创新欲望，形成研究、创新意识和创新能力。研究性教学是以“问题”为中心，以小课题研究或项目的设计为教学的切入点，创设一种类似研究的情境或途径，把方法的获得、能力的提高融入获取知识的过程中，使学生在教学过程中能够主动探索、质疑、思考和设计，让“问题意识”始终贯穿在整个学习过程，并使得其所习得各类知识得以整合，并使之内化为个体的经验。其目的是让学生通过主动学习，提升对于世界的理解，使其从被动的知识受体和吸纳者变为知识的主动建构者和客观世界的探究者，最终达到使学生有效地实现对当前所学知识意义的建构之目的[5]。综合起来，研究性教学具有以下根本特征：

(1)学生的主体性。在传统教学模式中，教师扮演着知识的权威占有者、传递者和解说者，也是学生学习的组织者、对学生掌握知识情况的评价者；学生是被动的接受者。研究性教学则强调学生的主体地位，以学生发展为中心，需要把学习与研究统一起来，教师依然是学习的组织者和学习兴趣的激发者，但更强调引导学生发现问题、思考问题和解决问题。

(2)环境的开放性。课程教学内容不限于课本和讲义，而是根据教学的需要适时调整内容和结构；教学时空不限于封闭的课堂区，而是从课堂延伸到图书馆、学生生活和社会实践，实现学习与研究结合、学习与生活结合以及学习和实践结合。

(3)形态的不确定性。研究性教学目标不是追求传授了多少“知识”，而是高度关注学生学习能力和创新能力的培养。教学过程中主要强调学习方法的掌握，培养学生脱离老师也可以自我学习的能力；教学情景可以是多变的，教学组织形式是多种多样的；教学主题的出现和形成也不是事先拟定的，学生始终处于主体状态；教学结果达成往往也是非预测、非预期、多向度的，教学在动态中延伸[4]。

随着本科教学改革的推进，越来越多的课程已经采用“研究性教学”的理念和方法[6,7,8]，并取得一定的经验。总结已有的教学改革探索的经验，为我们农业经济学实行研究性教学的教改提供很好的借鉴。

二、基于研究性教学的农业经济学教学改革

(一)农业经济学课程特点

农业经济学是一门应用性很强的学科，经过多年发展，它的内容已经有了极大的扩展，具有综合性和动态性的特点。

(1)综合性。农业经济学的综合性体现在多个方面：内容上，包含了农业、农村和农民等多方面；理论基础方面，涉及到宏观经济、微观经济、市场和贸易理论、发展理论等；方法上，应用数理经济学、统计学和计量经济学等。

(2)动态性。农业经济学是一门应用经济学，总是面对实际需要，政策性非常强，与现实的农业经济政策联系非常紧密。面对现实中不断调整的农业和农村政策，课程内容也需要不断调整，以适应这种变化及发展趋势。

(二)农业经济学教学存在的问题

由于课程体系本身的综合性和动态性特点，我们长期以来对于农业经济学的授课所采用“教师—教材—课堂”三位一体的教学模式已经不适应，教科书往往显得陈旧落后于实际需要，而学生也因课堂上很少有参与机会而缺乏主动，影响了学生的学习兴趣，降低了实际教学效果。而且农业经济学内容与很多学科有交叉重叠的部分，有时会重复讲授。而且现有的教材体系更多的强调对问题的定性研究，对于定量的方法与农业经济问题的融合显得不够。所以，在教学中，很多同学提出抓不住农业经济学的重点；也有很多同学觉得农业经济学课程对工作和进一步学习的帮助不大，学生们自主学习的动力不足；学生们也很少主动了解国内外的农业与农村政策情况，使得教学与实际脱节严重。

(三)研究性教学的实施探索

针对农业经济学课堂教学中出现的问题，我们曾经做了不少探索：在教学中增加了课外阅读、课堂讨论与案例等教学形式。在这些探索的过程中我们接触并接受了“研究式教学”的理念和方法，取得了一定的效果。我们实施研究性教学方法是基于客观现实的条件，主要体现在以下几方面：第一，我们已经拥有一个教学团队，而且我们这个团队通过讨论和交流基本形成了相同的理念，我们所从事的领域相近，但可以相互补充。我们在实际的研究中可以接触到大量第一手的实际问题，这些都可以作为素材提供给学生们进行探索，这是实施研究性教学的重要基础；第二，农业经济学课程作为专业必修课安排在三年级开课，同学们已经具备较全面的专业基础课知识，掌握了分析方法。这是可以实施研究性教学的前提；第三，农林经管理专业规模较小，只有60人左右，这便于组织讨论和分组，为实施研究性教学提供了方便。

我们的做法概括起来分为四方面：重视基础概念和方法的讲授；扩大学生的文献阅读量；让学生自己发现问题并寻找答案；对学生的学习效果的测评更具针对性和注重实际动手能力的评价。

(1)重视基础概念和方法的讲授。由于农业经济学的涵盖的内容非常广泛，并且与其他课程有较多的重叠，选择课堂讲授的内容就非常重要。我们确定把农业经济学的基本概念、基本理论和基本方法作为课堂讲授的核心内容。因为这些内容学生掌握了，就可以帮助他们

提高自我学习的能力。为此，我们经过多次讨论，决定了一个初步的课程大纲，把那些农业经济学中特有的和对后续课程学习和理解重要基本概念、基本理论和基本方法列为核心内容，加强在课堂上对这些内容的讲解，并布置作业进行练习，以帮助学生掌握。

(2)扩大学生的文献阅读量。在确定讲授的核心内容的同时，我们也列出了一个扩展的阅读文献目录，以增加学生的知识面和阅读量。根据文献与课程要求的关联程度，将文献分为必读文献和选读文献两部分。必读文献是那些与课程关系紧密，且难度适中的经典文献；选读文献是那些与课程内容有关，但因为难度过大或内容侧重于某一方面的文献。必读文献篇目相对少一些，而且数量基本稳定，它反映的是农业经济学的核心内容。选读文献部分数量较大，而且我们持开放态度，不断进行补充，以适应农业经济学的动态发展，并且满足部分同学对某些领域的特殊兴趣。

(3)让学生自己发现问题并寻找答案。鉴于农业经济学较强的应用性及其与政策的紧密联系的特点，我们在课程一开始就要求学生自己发现问题并进行研究。这分为两个阶段，第一阶段是组成课程兴趣小组，考虑学生的兴趣、班级、性别和生源的地区等因素，在老师的指导下将班上的同学分成若干个小组，组员 4 ~6 人。一开始这些小组在一起讨论课程内容，并逐步合作发现并确认一个问题并加以共同研究。老师在这个过程中对这些兴趣小组给予启发和指导，也参与他们的讨论，但不干预他们的选择。第二阶段要求每个学生在小组课题研究基础上提出自己承担部分的研究报告。这样既可以加强学生们的合作，也可以促进每个同学的独立思考和动手能力。

(4)对学生的测评。为了促进学生的学习，帮助他们掌握课程的重点，我们不仅要求学生完成一次作业，而且对于课堂讲授的内容和必读文献的内容加以考核。这样，我们就把期末考试的压力转移到平时的课堂测评当中，课堂上讲授的内容和课后布置的阅读文献都要求及时完成消化。这样促进了学生们认真完成课堂内容，为学生的进一步学习打下良好的基础。而良好的基础又进一步激发了学生们的研究兴趣。

(四)实施研究性教学的效果

通过实施研究性教学的探索，已经取得积极效果，主要体现在以下三方面：调动学生学习兴趣；改善了学生思维方式；增强了学生分析和解决实际问题的能力。

(1)调动学生学习兴趣。通过研究性教学，更多的增加学生自主学习的内容。通过课堂讨论和问题研究等环节，同学们始终可以按照自己的兴趣选择研究问题。布置的文献阅读也具有开放性，充分考虑到同学们可能的兴趣，增加了学习的积极性。

(2)改善了学生的思维方式。与传统的讲授方式相比较，研究性教学需要同学们自己对问题进行研究。问题的答案不再是确定和已知的，而是需要自己寻找。在这个过程中，同学们的思维方式逐渐地从书本直接查找答案改为用书本学得的理论和方法分析问题，从而自己获得答案。

(3)增强了学生分析和解决实际问题的能力。通过研究性教学，同学们研究实际问题，在这个过程中逐步学习运用各种分析方法和手段，从而使他们的学习更贴近生活，也提高了他们分析和解决实际问题的能力。

三、思考与体会

在我们实施的农业经济学教学改革的过程中，通过加入研究性教学元素，激发了学生的学习兴趣，取得了一定的效果。学生们在这个过程中受到了一次较全面的科研训练，为今后的学习和研究打下了一个基础。对于课程教学改革的过程，有以下几点体会：第一，研究性教学更需要加强学生的基础概念、基础理论和基本技能的训练，否则的话，基础如果没打牢后面的研究也会流于形式，起不到相应的作用；第二，研究性教学中要注重学生的主动性。现在的学生有很强的社会意识，习惯使用互联网等手段查找资料，有很强的获取知识的能力和较多的渠道。所以教师的责任更多在于引导他们思考，注重方法的传授，发挥学生主动学习的积极性；第三，适当的评价有利于提高学习效果。评价应更多关注学习的过程，而不是一个特定的结果。

参考文献：

[1]康雯，姚利民，史曼莉等．大学师生实施研究性教学之策略[J]．大学教育科学，2008：41～45.

[2]侯菁如．关于研究性教学的冷思考[J]．江苏教育研究，2009：47～49.

[3]何云峰．大学“研究性教学”的发展路向及模式建构[J]．中国大学教学，2009：81～83.

[4]赵喜儒，马凤鸣．关于高校本科教学中加强研究性教学的思考[J]．阴山学刊，2009，22：117～121.

[5]冯洪庆，王炳英，黄善波．开展研究性教学的探索[J]．石油教育，2009：67～69.

[6]常婵君．《统计学原理》研究性教学模式的做法和体会[J]．湖北广播电视大学学报，2004，21：43～47.

[7]成新华．宏观经济学教学中研究性教学的探讨[J]．大学教育科学，2008：53～56.

[8]马陶武，彭清静，易浪波等．基于研究性教学的“环境生物学”课程教学体系的构建[J]．高等理科教育，2009：20～25.

大学生特点及课堂要求实证分析

康琪雪①
（北京林业大学经济管理学院）

摘要：教学活动离不开对学生的特点及其对课堂要求的掌握，这个过程的指导思想是“因材施教”。“因材施教”关注教学对象的个体差异，在大课堂的教学中，可以将学生进行分类比较，以实现这一教育理念。通过对调查问卷的分析，可以研究大学生的特点、上课状况和课堂要求。通过按照性别、思维方式和年龄段分类，可以看出不同类型学生的差异。最后，在分析结果的基础上，得出主要结论并给出建议。

关键字：因材施教；大学生特点；课堂要求；实证分析

教育家陶行知曾说：“培养教育人和种花木一样，首先要认识花木的特点，区别不同情况给以施肥、浇水和培养教育，这叫因材施教。”因材施教原则是学生身心发展规律在教学中的应用，针对学生的普遍特点和个别差异来实施教学，更有利于人才的培养。因此，要想做好教学，先要了解学生的特点和类型，了解不同类型学生对课堂的要求[1]。本文依据因材施教的思想，基于对北京林业大学经管学院大学生的问卷调查，分析了当前大学生的特点及其对课堂的要求，并根据不同性别、不同思维方式、不同年龄进行了交叉分析。

一、理论基础——“因材施教”思想

当今社会正处于科技飞速发展、网络化发达的时代，大学生的教育教学环境与以前相比有了质的不同。大学生与教师由于年龄等原因，在教育教学的理解上存在一定偏差，加之当前教学的大课堂化，使得老师的努力付出与学生的真正需求并不能完全对应。如何做到新型“因材施教”是当前大学教学中要解决的问题。

“因材施教”中的“因”是根据、依照之意，“材”则指教育对象的个体差异性。顾名思义，因材施教就是指教育者根据教育对象的个体差异性，有针对性地实施教育的一种原则[2]。中国古代教育史上最早提出“因材施教”的当推孔子，随着孔子的教学实践，产生了“因材施教”的古典思想[3]。孔子在春秋时期开展“因材施教”主要是针对不同的学生特点和表现，差异化对待，并不使学生走到极端，而是得到均衡的发展，具有典型的儒家思想。后来，宋代朱熹把孔子的经验总结为：“夫子教人，各因其材”，这就是“因材施教”的来源。

可以说现代“因材施教”教育方式的发展离不开孔子的古典教育思想。如何促进教学对

依托项目：北京林业大学 2009 年校级教学改革研究项目——“新型‘因材施教’方法在大课堂中的应用”的研究。

① 作者简介：康琪雪。主要研究方向：城市经济学、房地产经济管理等。E-mail：kangqixue631@126. com。通讯地址：北京林业大学 39 号信箱，100083。

象储备更多的知识、能力和人格资源，以便在未来的社会实践中获得更多的自我实现可能，是高校教育努力的目标[4]。当今教育教学要以“因材施教”为依据，尊重个人、尊重个性，体现教育教学的个别化或个体化，尽量满足不同个体差异学生的课堂要求，开拓学生全面发展和平衡发展的可能性。

二、大学生的普遍特点

为了考察学生的特点及其课堂要求，笔者于 2010 年 3 月份对北京林业大学经管学院大课堂教学的学生进行了随机调查和访谈。其中问卷主要分为了学生的基本情况、学生的特点和毕业打算、学生的上课状况、学生的课堂要求等几个部分，共 14 个问题组成。本次研究共发放问卷 150 份，收回 140 份，通过数据整理和剔除无效样本，本研究实际采用的样本为 135 个。被访学生中男女比例大概为 4：6，年龄集中在 20 岁、21 岁、22 岁及以上，分别占了 27.4%、37.8%、26.6% 的比例。有 56% 的学生认为自己属于理性思维，有 44% 的学生认为自己是感性思维。接下来，我们分析被访学生的普遍特点：

(一) 学生的人才类型和毕业打算

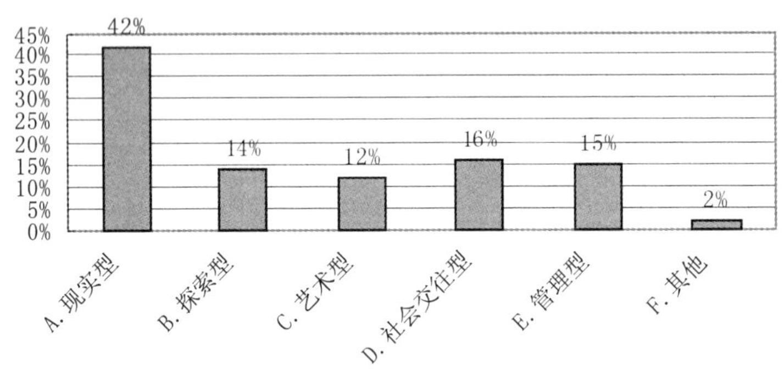

图 1　学生人才类型状况

从学生自我评价的人才类型看，现代学生看重现实条件，不再是生活在象牙塔中的“孤岛”人，而是会利用一切机会积极与社会接触。另外，学生的人才类型是多元的，除了现实型选项比例较高外，另几种类型的比例相当。

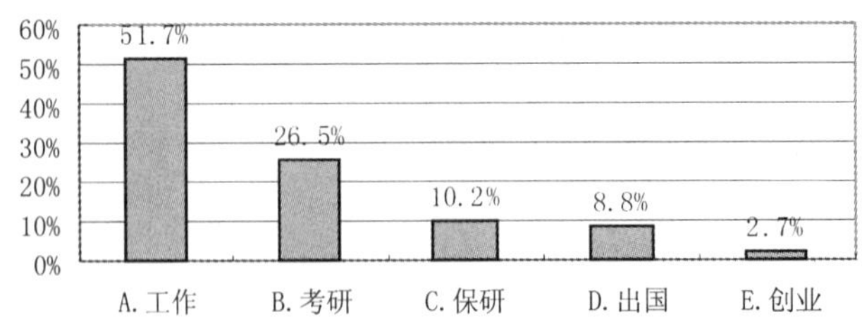

图 2　学生的毕业后的打算情况

从学生对毕业后的打算看，学生毕业后的主要去向是就业，其次是在国内或国外深造。选择创业的比例低，说明了学生对未来的发展仍持谨慎态度。

(二)学生的上课特点

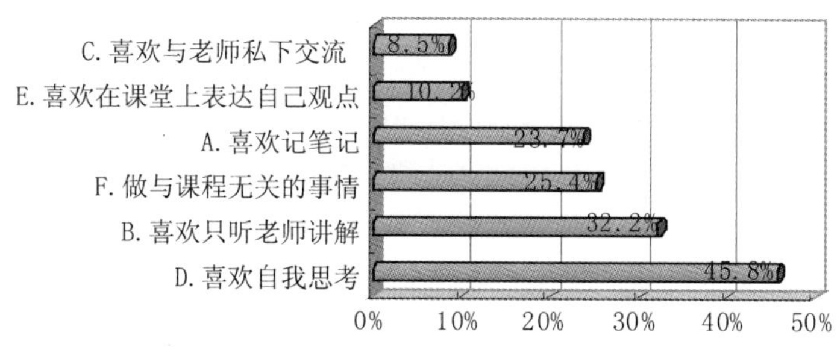

图3 学生课堂上的状态

从学生在课堂上的状态看，学生的情况似乎与教学目标及大多数教师的期望有所差异，值得教学老师加以重视，如图3所示。这里至少有三个问题需要关注：一是学生没有在课堂上公开交流的习惯，喜欢在课堂上表达自己观点的学生只占了10.2%的比例，这显然并不利于课堂上学生观点的彼此沟通碰撞，也不利于老师在课堂上了解学生对知识的理解情况。二是在课堂上记笔记的学生比例很低，只有23.7%的学生喜欢在课堂上记笔记。大部分学生喜欢自我思考，还有32.2%的学生表示喜欢只听老师讲。尽管学生不记笔记可以有更多的时间思考，但是这显然不便于学生将教学内容的要点和难点在课下复习，也不便于学生及时总结整理教师和其他同学的观点。三是身在课堂心在课外的情况突出。有25.4%的学生表示，他们虽然人在课堂上，但是却会做与课堂无关的事情。我们对这部分学生进一步分析的结果表明，这些学生更多的是因为取得学分而选择上课(占了该部分学生的27%)，尽管他们也喜欢所选的课程(占了该部分学生的25%)，但他们的目的并非为了学习知识(占了该部分学生的11%)。

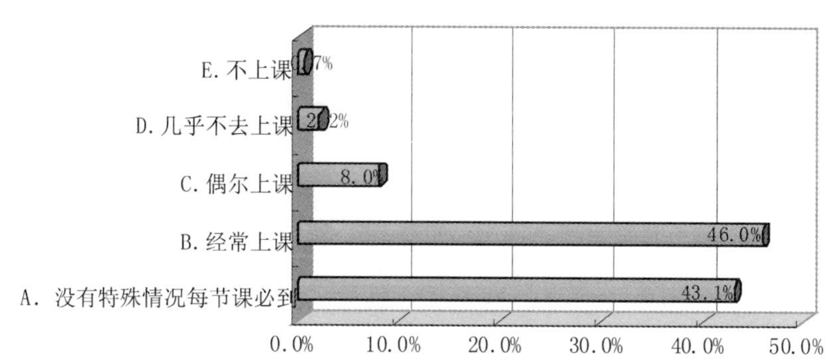

图4 学生到课状况

对学生到课状况的分析表明，没有特殊情况每节课必到的学生比例占了43.1%，经常上课，即偶尔会不上课的学生占了46%，偶尔上课和基本上不上课的学生则占了11%。

从学生选课的原因看，对课程感兴趣的学生比例最大，其次是为了学习更多的知识的需要，然后是个人未来发展的需要，如图5所示。这三个选项相对比较客观，与课程本身有直接关系。而为了选够学分、为了得到较高的分数和出于对老师的喜欢的选项则是学生比较主观的要求，与课程本身没有关系。值得注意的是，学生由于这些与课程本身没有关系的理由

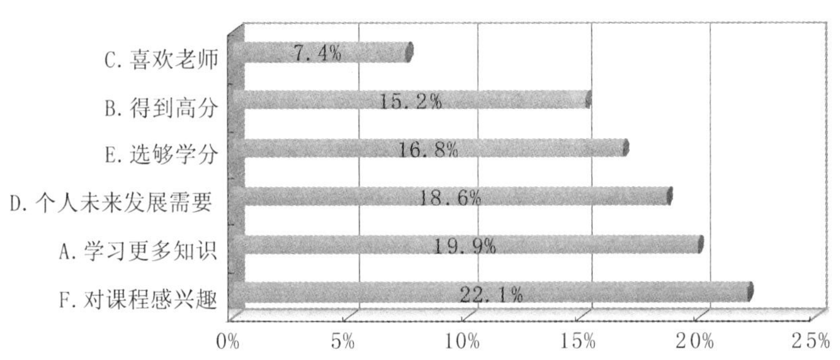

图 5　学生选课的原因

选择课程占了近四成的比例。

(三)学生的课堂要求

调查结果表明，只有 30.4% 的学生接受通过老师流畅的讲授得到知识，而不需要提问的授课方式。从图 6 看，除了老师的完全讲授外，他们显然也非常接受老师引出问题，然后引发思考以及通过课外实践或小组交流来获得知识的方式。因此，教师应尽量避免满堂灌式的“填鸭式”教学，应该将教授知识与引导和启发思考相结合，并适当的组织学生做些课外作业，促进学生之间的知识互动。

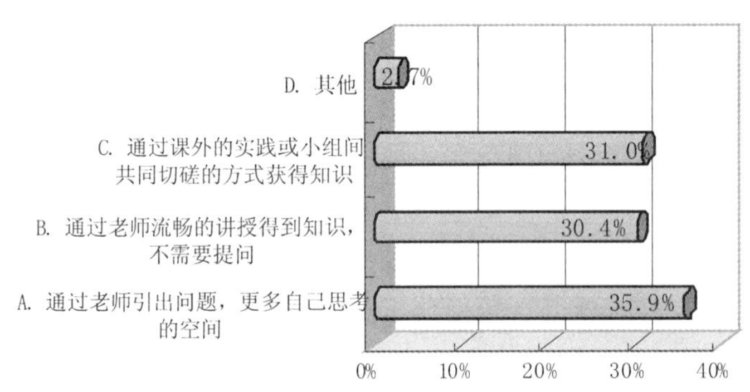

图 6　学生希望的课堂教授方式

从学生认为的提升教学水平的手段看，转变教师的教育观念、改变教学方法、提升教师素质和采用多样化的教学形式占了比较平均的比重。但相对来讲，学生更希望老师能转变对教育的观念，该比例占了 30.3%，如图 7 所示。

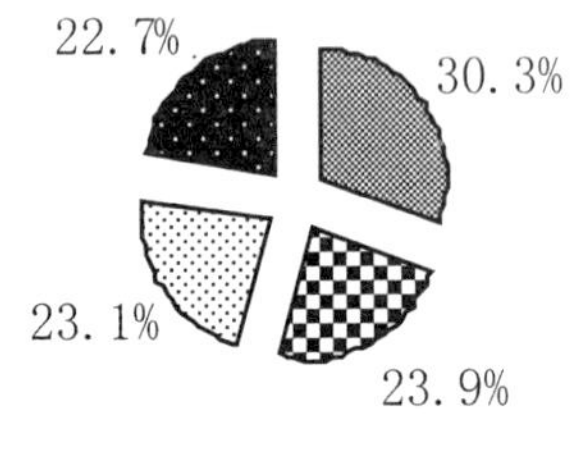

A. 转变自我及教师对教育的观念
B. 改变教学方法
C. 不断提高教师素质
D. 使用多媒体教学，给学生以直观鲜明的视觉和听觉冲击，激发学习的兴趣

图 7　学生认为提升教学水平的手段

调查结果表明，有丰富阅历的老师更有可能成为学生理想中的大学老师，该选项占了最高的比例。其次，教师要具备扎实的专业知识。学生还认为语言表达能力和善于沟通的能力也是好的大学老师应该具备的。调查结果也显示学生对老师在课堂上的表现评价是多方面的，学生越来越看重老师个人魅力的因素，而不仅仅是学识本身，如图 8 所示。

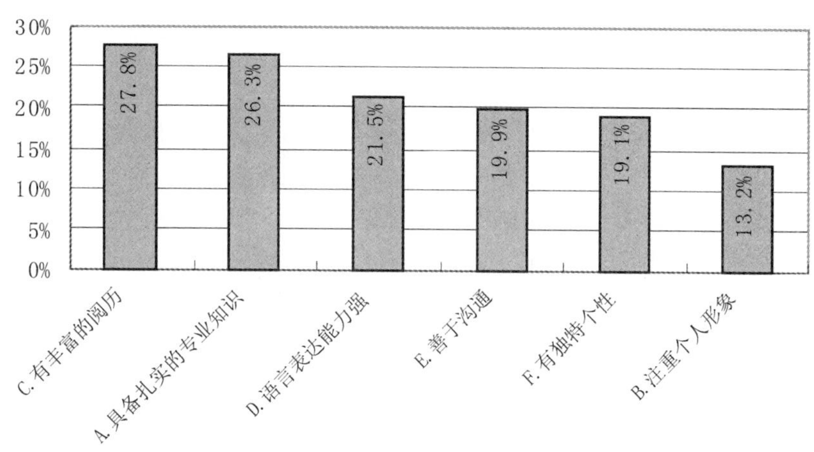

图 8 学生理想中的大学教师形象

三、不同类型学生的特点和课堂要求

(一)不同性别学生的特点和课堂要求

不同性别学生的特点方面。男生的学习成绩不如女生，调查结果显示班级前 10 名中有 86% 是女生，男生只占 14% 的比例。男生的出勤情况也不如女生，占 51% 以上的女生表示没有特殊情况一定会去上课，而这一情况的男生只占了 28.6% 的比重。男生与女生的人才类型的对比情况看，女生的现实型、艺术型的比例要稍高于男生，而男生的探索型比例为 18.2% 要高于 10.9% 的女生的这一比例。男生选择毕业后直接参加工作的比例稍高于女生，有创业计划的男生比例也高于女生，但是保研的情况则相反，女生比例高于男生。

不同性别学生的课堂要求方面。从男生与女生选课的原因看，男生选择学习更多的知识的比例为 22.4%，而女生该比例为 19%。男生为了选够学分而选课的比例也高于女生，而女生出于对课程感兴趣和为了个人未来的发展而选择课程的比例均稍高于男生。这说明选课过程中，相对于对方而言，男生更注重基本的获益，而女生更注重个人偏好和长期发展。从男生与女生喜欢的授课方式对比看，相对女生来讲，男生更偏好通过老师引发问题，从而给自己更多的思考空间，该比例占了 42.9%，而女生的这一比例只为 30.2%。相对而言，女生则相对偏好通过课外实践或小组共同切磋以获得知识，该比例占了 39.2%，而男生这一比例为 29.8%。对比二者就教师如何提升教学水平的看法，男生对老师实施的教学方法要比女生敏感，这一比例占了 27.7%，女生该比例为 20.2%。女生对老师使用多媒体教学，给学生以直观鲜明的视觉和听觉冲击，激发学习的兴趣则更敏感，该部分比例为 26.8%，高于男生的该选项比例，18.1%。

(二)不同思维方式学生特点及对课堂的要求

将学生按不同的思维方式分类后对比其特点。理性思维的学生中认为自己属于探索性人才的比例为 18.2%，而感性思维的学生该比例为 10.9%；但是感性思维的学生认为自己属于艺术性人才的比例为 13.6%，高于理性思维该选项的 9.1% 的比例。从课堂上的状况看，理性思维的学生比感性思维的学生更愿意在课堂上表达自己，比例分别为 8.1% 和 1.4%；在自我思考和与老师私下交流方面，理性思维的学生比例也略高于感性思维的学生；感性思维的学生则是更喜欢记笔记和听老师讲解，做与课堂无关的事情的比例也高于理性思维的学生。在学习上遇到问题时，相对而言感性思维的学生更倾向于主动与老师沟通，占了 11.4%，要高于理性思维学生该选择 2.9% 的比例；而理性思维的学生则喜欢自己课下查询的比例要高于感性思维的学生，比例分别为 54.3% 和 46.7%。从学生的毕业打算看，理性思维的学生相对而言更倾向于选择保研和创业，而感性思维的学生相对更倾向于考研和出国。

将不同思维模式学生的课堂要求对比看。选课的原因方面，理性思维的学生注重学习更多的知识、选够学分和对课程感兴趣，对课程感兴趣的比例分别为 25.3% 和 18.9%；而感性思维的学生则更偏向喜欢老师及个人未来发展，感性思维和理性思维方式学生偏向因喜欢老师而选择课程的比例分别为 8.6% 和 5.3%，考虑个人未来发展而选课方面二者的比例分别为 21.7% 和 16%。这说明理性思维的学生在选课时比感性思维的学生更看重客观具体的方面。从提升教师教学水平的手段方面看，也存在着理性思维学生更看重客观具体的方法而感性思维的学生更看重宏观的、指导性的方法的现象。感性思维学生认为应该转变教师观念的比例为 30.2%，而理性思维该选项的比重是 23.6%；理性思维学生认为应该改进教学方法的比例为 25.5%，高于感性思维该选项比例，18.8%。感性思维的学生对提高教师素质的选择比例要稍高于理性思维的学生，但对于用鲜明的多媒体手段的选择则要低于理性思维的学生。

(三)不同年龄阶段的学生特点和课堂要求

对学生按照年龄进行分类后，我们发现尽管不是所有的方面都有明显的不同，但在主要方面也呈现了一定的差异性规律。从上课的情况看，调查结果分析显示，随着学生年龄的增长，无故一定到课学习的比例明显呈现下降趋势，19 岁及以下学生该部分比例为 85.7%，而 20 岁、21 岁、22 岁及以上学生该比例则逐次递减，分别为 61.1%、42.9% 和 28.9%。不同年龄的学生遇到学习上的问题后，解决问题的方式不同。从图 9 中，我们可以看出，随着年龄的增长，学生主动与老师交流的意愿降低，而 19 岁以上的学生课下自己查询的意愿却明显增强。从不同年龄学生选课的原因看，随着年龄的增大，学生出于个人未来发展需要而选课的几率在增加，从 14.5% 的可能增加到了 25.6% 的可能，而为了得高分的几率则从 17.9% 逐次递减为了 11.6%。我们还发现年龄大的学生出于选够学分目的选课的情况比年龄小的学生要常见，19 岁及以下、20 岁、21 岁、22 岁及以上的年龄的学生出于学分考虑选课的比例分别为 10.7%、14.3%、18.8% 和 17.9%。

从不同年龄学生对课堂的要求看。随着年龄的增大，学生希望老师改变教学方法的意愿越强烈，不同年龄层次该比例依次为 21.4%、23.6%、25%、27.3%。而学生随着年龄的增大对多媒体等视觉比较强烈的教学方式要求会降低，随着年龄增加，该选项的比例依次为 29.1%、28.6%、15.2% 和 17.8%。从图 11 中我们可以看出不同年龄学生希望的授课方式的变化情况，年龄越大的学生越希望通过老师提出问题引发思考的方式授课；而完全听老师讲授的方式在中间年龄段的学生中更受欢迎；19 岁以下和 22 岁以上的学生比中间年龄段的学生更喜欢课下小组实践和小组内的沟通活动。从不同年龄学生理想中的大学老师的形象对比看，年龄越小的学生越注意老师的形象，而年龄越大的学生则越重视老师的丰富的阅历和较强的语言表达能力，如图 12 所示。

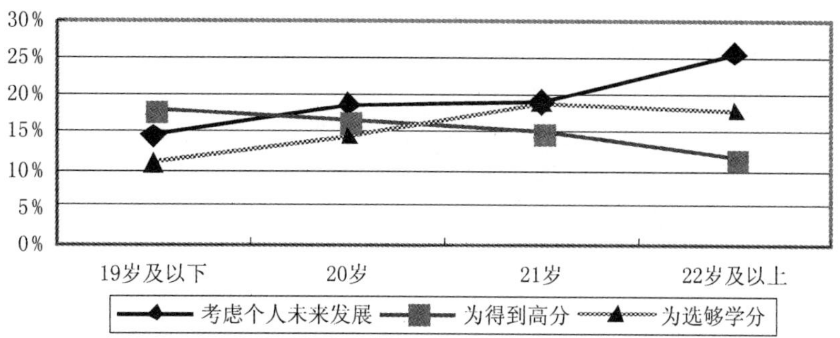

图 9　不同年龄学生学习上遇到问题的解决方式对比

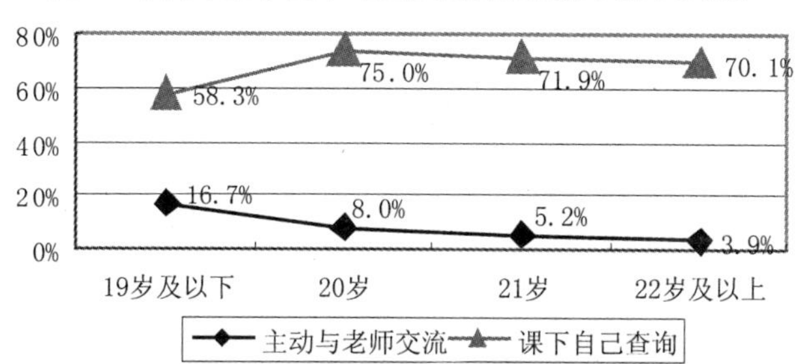

图 10　不同年龄学生选课原因对比

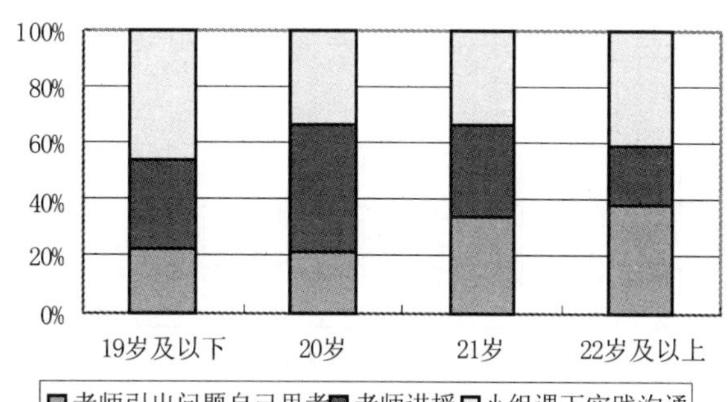

图 11　不同年龄希望的授课方式对比

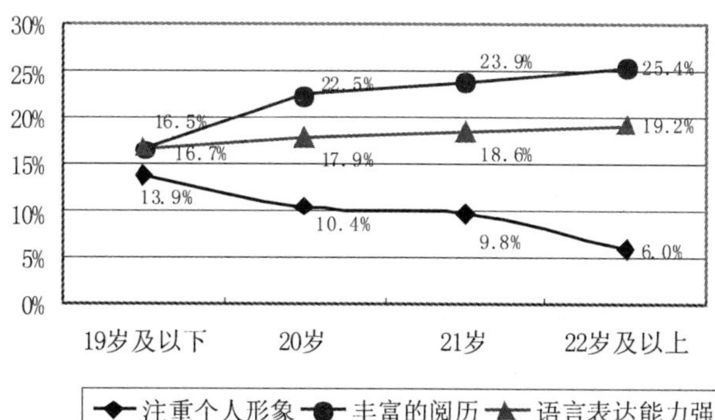

图 12　不同年龄学生理想的大学老师形象对比

四、结论和建议

在当前的教学实践中，大学老师需要增强对学生的了解，开展新型的“因材施教”活动。根据前面的分析，我们可以得出结论并相应给出建议：

（一）针对学生现实需要，设计课程

调查结果显示学生越来越重视现实的学习和发展条件，学习的目的性也更强。他们选课主要是因为对课程感兴趣或为了获取更多的知识。另外，学生在课堂上不喜欢表达自己的观点，而更喜欢自我思考。学生更喜欢老师启发式和引导式的教学，甚至超过了传统的讲解式教学手段的比重。

因此，老师要激发学生在自我思考之余，积极参与课堂中来，表达自己的观点使得彼此的思维和观点形成碰撞。在教学中多设计思考环节和课外实践环节，通过引导学生思考和小组作业提高学生的参与程度。对课程的教授计划及教授内容的设置都要尽量与学生的直接需要相联系。

（二）面对复杂教学环境，全面提升自我

调查结果显示，学生是否选择一门课程以及是否喜欢一门课程，很大程度上超出教师的控制。从前面的分析可以看出，学生选择一门课程有四成的因素超出老师的控制范围。老师是否受学生欢迎的因素中有些是教师通过自身努力可以改善的，而有些不是由自身努力可以做到的。比如，学生喜欢有丰富阅历的老师。这些都说明教师的教学环境越来越复杂。但在可控的方面，老师除了要加强自己的学识外，还要提高全方位的素质。

（三）根据不同类型学生，使用不同教学手段

按照性别、思维方式和年龄对学生进行分类，我们发现不同类别学生表现出来的特点和要求不同。

总体来说，教师在教学中对男学生要强调基本的现实利益和思考性强的方面，而对女学生要强调长远的发展和沟通性强的方面；对理性思维的学生关注其客观具体的教学要求和个人发展要求，而对感性思维的学生则要多一些远景性知识的传递和个人指导，并注意使用丰富的教学手段；老师要引导年龄大的学生在课堂上的自我思考和课外的自我管理，而对于年龄小的学生则要注意多样化的教学手段和营造积极的课堂气氛。

参考文献：

[1] 蔡丽娜．把握类型　因材施教[J]．辽宁教育，2010(1)：32 ~ 33.
[2] 张永华，杜蕾．浅谈因材施教[J]．首都师范大学学报(自然科学版)，2007(S1)：31 ~ 33.
[3] 梁秋英，孙刚成．孔子因材施教的理论基础及启示[J]．2009(11)：87 ~ 91.
[4] 胡明，俞学明．高校因材施教问题探析[J]．北京教育(高教版)，2008(3)：36 ~ 38.

基于建构主义的高等数学教学探索与实践

——以积分上限函数为例

罗宝华[①]，顾艳红

（北京林业大学理学院）

摘要：本文从介绍建构主义的学习理论和教学理论出发，结合作者的教学实践，以积分上限函数教学为例，论述了建构主义在高等数学教学设计方面的指导意义．它包括在备课、概念引入、问题提出、定理证明、解题设计、教学评价等各阶段的教学设计：围绕学习主题，建构教育数学；强调问题情境创设，善于引起学生观念上的不平衡；重视课堂交流，抓好“最近发展区”；突出学生主体地位，提倡协作学习；进行“试误”教学，注重多层次建构活动等等。

关键词：建构主义；积分上限函数；教学设计

在第四届“大学数学课程报告论坛”上，在谈到中国当前的大学数学教育改革时，有一位教授说到“不患教材患教师”，此话令笔者印象深刻．虽然也许不是完全中肯，但是细品之下不无道理。近年来，如何提高高等数学这门课程的教学质量，是一线教师、教育管理者、数学教育家和相关人士普遍关注的问题。然而，不可否认的是，我国高等数学课程的教学效率和效果并“不尽如人意，至少不是很满意”。[1] 由于该课程本身的特点和高等院校现有的软硬件条件决定了绝大多数教师的授课方式只能是传统的讲授式教学。如何使课堂教学更加生动和更加有效，并且充分发挥教师主导、学生主体的作用，决定了教学方法的改革和创新应该成为我们一线教师的经常性研究课题。

一、建构主义理论概述

建构主义既是一个认识论流派，也是一种学习理论。其最早提出者可追溯至瑞士著名的心理学家皮亚杰（J. Piaget）。现代建构主义是建立在皮亚杰的同化、顺应理论、奥苏伯尔的有意义学习理论、以及维果斯基的“最近发展区”理论基础之上的。它探讨了认知主体新旧经验相互作用在认知过程中的机制，其所蕴涵的教学思想主要反映在知识观、学习观、学生观、师生角色的定位及其作用、学习环境和教学原则等 6 个方面。[2,3]

（一）建构主义的学习理论

建构主义的认识论对学习的本质做出了具体的分析：①知识并不能简单地由教师或其他

依托项目：北京林业大学 2007 年校级教学团队建设项目——数学公共基础系列课程教学团队。

① 第一作者：罗宝华，讲师。主要研究方向：数学教学与课程论。电话：13683368986。E-mail：baohua_ luosohu.com。通讯地址：北京林业大学 23 号信箱，100083。

人传授给学生，而只能由每个学生依据自身已有的知识和经验主动地加以建构；②学习活动主要涉及“同化”与“顺应”两个基本过程：同化是指认知结构的量变；顺应是指认知结构的质变。

（二）建构主义的教学理论

美国佛罗里达州立大学的 Tenenbaum 等人总结出建构主义教学的 7 个核心特征：①在整体的教学氛围或环境上，以学习者为中心，而非教师中心或内容中心；②在教学内容上，侧重来自现实的或真实世界的知识，而不是纯理论化的；③注意利用学习者的个人经验；④鼓励学习者之间的互动，并由教师适当指导；⑤鼓励学习者的出声思维；⑥重视并鼓励学习者对教学做出贡献；⑦重视思维技能和理解能力的发展。[4]

建构主义理论表明，学生是学习的主体，在学习过程中必须充分发挥其主观能动性；教师是教学活动的主导者，整个课程或者课堂由他来统筹、谋划。教师起着一个优秀的导演的作用。

二、基于建构主义理论的高等数学教学实践与思考

（一）教学背景简介

此处以同济大学第六版《高等数学》教材为例。积分上限函数的教学在上册第五章（定积分）中讲完定积分概念和性质后进行。通过引入积分上限函数 $\int_a^x f(t)dt$ 来介绍原函数存在定理（微积分第一基本定理）：设函数 $f(x)$ 在 $[a,b]$ 上连续，则 $\left(\int_a^x f(t)dt\right)'_x = f(x)$（即 $\int_a^x f(t)dt$ 是 $f(x)$ 的一个原函数）。

再进一步用它来介绍和证明微积分第二基本定理，即牛顿——莱布尼茨公式：$\int_a^b f(t)dt = F(b) - F(a)$

积分上限函数的概念是这样的：如图一，设函数 $f(x)$ 在区间 $[a,b]$ 上连续。并设 x 为 $[a,b]$ 上一点。用 $\Phi(x)$ 表达左边阴影部分的面积，表达式为 $\Phi(x) = \int_a^x f(t)dt$。该曲边梯形的面积随着 x 的变化而变化，故 $\Phi(x)$ 是积分上限 x 的函数，称为积分上限函数或变上限积分。

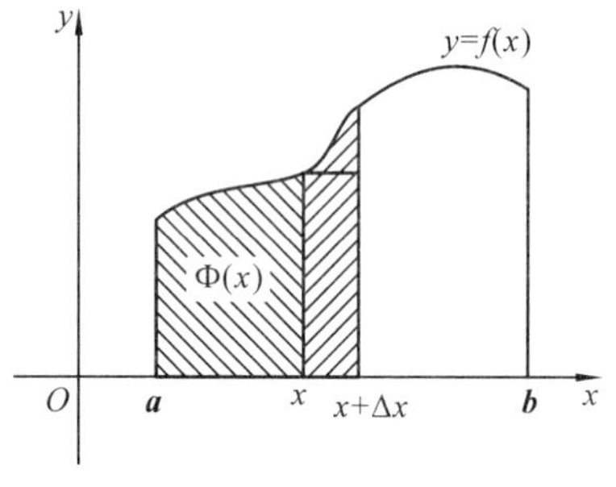

图 1

积分上限函数的教学是该章的重点，也是难点。一方面它是沟通不定积分与定积分关系的桥梁，这是微积分学中最重要的问题之一；另一方面它很难融入学生的认知结构或长期识记，而一般大型的高数考试（如期末考、竞赛、考研等）都常常在此出一、二道题目，难度一般在中等及其以上。

该部分的教学目标包括能力目标和知识目标两个部分。能力目标为培养学生的运算能力、用数形结合的思想方法解决问题的能力等等；知识目标为理解积分上限函数的概念、图像、来龙去脉并会求它的导数。

（二）建构主义教学设计

教学之前首先要做的工作就是，“改造”教学内容为教育数学，并进行建构主义教学设

计。教育数学是指为了数学教育的需要，对书中的内容进行再创造、改进其体系和表述方式，使之更科学、更加平易直观和使学生更容易接受。总之，更适合于教学。数学体系的表述方式怎样能更加适合于教育？张景中先生对于数学知识的结构和表现方法提出以下三条标准[5]：①逻辑结构尽可能简单；②概念引入要平易直观；③要建立有力而通用的解题工具。

就概念来说，数学教育最重要的目的之一是让学生理解数学概念，培养学生解决问题的能力。著名的数学家华罗庚也曾经说过："数学的学习过程，就是不断建立各种数学概念的过程[6]"。建构主义认为，教育数学中的概念应该是对问题的进一步理解所需要的，它在教师提供的生动、丰富的实际情境中产生，有着更加有利于学生学习的表述方法，而且使学习者对所学概念更易于进行有意义的建构。

就结构来说，作为教学活动主导者的教师应该在每门课程、每章、每节、每一堂课呈现给学生一个清晰的结构或支架，甚而至于对于每一个复杂的学习任务，教师在备课时也先要将其加以分解，整理出一个循序渐进的过程，以便于把学生的理解逐步引向深入。结构了然于胸，学生对当前学习内容所反映的事物的性质、规律以及该事物与其它事物之间的内在联系就能达到较深刻的理解，经过长期存储就形成了相应的认知结构。学生掌握了这些认知结构中的框架或者说控制点，在理解和记住相关概念、定理、公式、法则的基础上，想一想它们与前面的知识是怎样联系着的，关键点、重点、难点在哪里等等，就不难做到华罗庚提及的治学方法之"由薄到厚"的过程。

积分上限函数部分的知识结构如下：

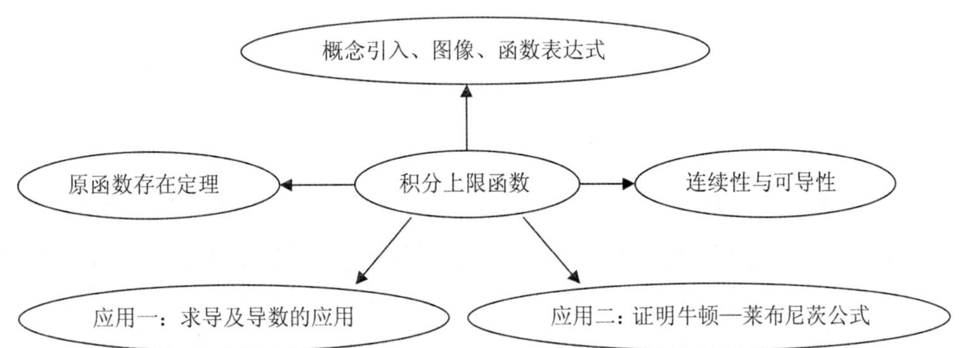

以下就积分上限函数教学的各个阶段谈谈教学设计：

1. 问题提出阶段：强调问题情境创设，引起学生观念上的不平衡

情境是指教师在课堂教学中，根据教学对象、课堂教学内容等创设的有利于学生主动建构知识意义的一些必要环境。情境的创设，可以是一些贴近学生生活的实例设计，可以是运用多媒体现代教学手段所呈现的问题场景，也可以讲述一些相关数学史实或科学家的故事，甚至是从逻辑上对新旧知识之间关系做一些探讨，目的就是激发学生的兴趣，引起学生的求知欲。建构主义认为，学生的认知发展就是观念上的平衡状态不断遭到破坏，并又不断达到新的平衡状态的过程。教师应当十分注意通过问题的情境创设，去引起学生在观念上的不平衡，看到自身已有知识的局限性，然后努力通过新的学习活动以达到新的、更高水平上的平衡。

笔者认为积分上限函数部分的教学可以从两个方面来着手。一是通过新旧章节之间的联系创设问题情境："不定积分"和"定积分"是从两个完全不同的角度引进的两个概念，为什么数学家对它们给出如此相近的称谓(只差一个字)，它们到底有何密切关系？再者，定积分如果遵循其概念引出的四个步骤来计算太过繁琐(甚至无效)，那么有没有捷径可走？二是通过介绍巴罗、费马、牛顿、莱布尼茨等著名数学家在微积分发展史上的地位与成就来创设问题情境。巴罗与费马为微积分的诞生做了大量的奠基性工作，却因为什么没有赢得微积分发明人的美誉呢？牛顿和莱布尼茨两人被数学史家们尊称为微积分的创始人，他们的关键性工作不同在哪里？教师通过介绍这些数学史实并指出今天要学习的微积分学基本定理就是回答其中一些问题的关键时，相信此时绝大多数学生的胃口已经被吊起来了，兴致已经被充分激发，他们会充满好奇：微积分基本定理到底是什么？定积分与不定积分到底是何关系？学习上有了主观能动性，学生的新认知结构建构的效率与效果一定会提升很多。

2．概念引入阶段：重视课堂交流，抓好“最近发展区”

“最近发展区”是指现有的发展水平与潜在的发展水平之间的区域。教学中应为学生不断创造新的“最近发展区”。一是在教学前要充分了解学生原有的认知结构，学生对于即将要学习的这个部分所涉及的概念、方法、思想是否有所了解？了解到何种程度？如果未曾了解，还需补充介绍哪些相关的东西？这个工作在高等数学教学中更是显得十分重要。因为当前全国各省市的高中教材和高考试题并不统一，高中数学和大学高等数学教材衔接得并不好。二是做好“最近发展区”的文章。“最近发展区”才是学生认知结构进行新的建构的可能途径。这个道理很简单，给一个幼儿园的孩子讲解高等数学，那收获的注定只能是徒劳与失败。根据学生的“最近发展区”来决定教学的方法与内容，应该成为教学必须遵循的原则之一。

在概念引入的过程中，教师要精心设计好概念框架，着重在学生的“最近发展区”提问，引导学生积极探索，参与概念内涵的挖掘，并沿概念框架逐步攀升，最终建构良好的认知结构。

$\int_a^x f(t)\,dt$ 有着双重的身份，一方面它是积分上限可变化的定积分，这从形式上能很容易地判断出来。因此学生在这里的建构方式主要是同化。其“最近发展区”就是定积分的若干性质。提问可设计为：积分变量是什么？积分上限 x 与 t 是何关系？积分的结果和 x 有关还是和 t 有关？学生经过仔细思考不难发现：积分的结果与 t 无关，随着 x 的变化而变化；a,x 不过就是 t 变化的区间的端点而已，因此，x 对于 t 而言可视为常数；另一方面，它是积分上限函数。其自变量 x 处在一个非常特别的位置，该函数“长得”和前面学过的初等函数大不一样，学生对它的建构方式主要是顺应。其“最近发展区”为函数的一些性质和简单应用。如引导学生写出此函数的定义域、值域、对应法则，然后提问其连续性、单调性如何？极值是多少？可导性怎样？学生经过观察函数的图像和积极思考，不难完成对积分上限函数大多数性质的建构。

3．定理给出与证明阶段：突出学生主体地位，提倡协作学习

根据高等数学(针对非数学专业学生)教学大纲的要求和对学生的培养目标，定理的证明往往不是教学的重点，很多定理的给出根本不讲证明而只做一下说明。然而，对于有一些定理来说，其证明的过程正好可以引导学生们领略那些伟大数学家们的光辉思想和心路历程，甚至或者在研究的过程中也能闪现学生自己智慧的灵光、思想的火花，培养他们的直觉思维和逻辑思维能力。在这个教学过程中，必须贯彻以学生为中心的原则，教师要发挥好组织者、导航者的作用。正如波利亚所说："思想应该在学生头脑中产生出来，教师仅仅只起一个产婆的作用 。"

如在给出原函数存在定理之前，可由教师引导从两个方面进行猜想：一是由图像考察面积函数 $\Phi(x)$ 的变化率，部分学生会发现曲边梯形面积的变化快慢与 $f(x)$ 的"高低"是大有联系的，甚至可大致猜出关系 $(\int_a^x f(t)dt)'_x = f(x)$ ；二是考察 $\Phi(x)$ 的微分，给自变量 x 一个增量 Δx ，如图一，考察增加的曲边梯形面积($\Delta\Phi$)关于 Δx 的一个线性近似(微分的实质就是函数增量关于自变量增量的线性近似)，当 $\Delta x \to 0$ 时，学生不难得到 $\Delta\Phi \approx f(x)\Delta x$ ，由 $\Delta\Phi \approx d\Phi(x) = \Phi'(x)\Delta x$ ，学生会猜想 $\Phi'(x) = f(x)$ 。至此，学生一定会为自己的"发现"而欢心鼓舞，进而会为接下来的证明摩拳擦掌、跃跃欲试。在整个定理的证明过程中和利用面积关系"发现"牛顿—莱布尼茨公式的过程中，学生都可体验到这种自己"发现"数学的经历，从而收获自信与成就感，获得良好的建构。

同时，为了使建构更有效和有"意义"，在探索或发现的过程中，教师应尽可能提倡协作学习(开展讨论与交流)，如提出适当的问题给学生足够的时间去思考和讨论，然后把讨论出来的若干结论在黑板上"亮"出来，再设法启发诱导学生比较、澄清、纠正、补充和达到正确的理解。

4. 概念深化、解题阶段：进行"试误"教学，注重多层次建构活动

"试误"教学是指在教学过程中允许学生在学习上犯错误，甚至由教师有意识地引导其"犯错误"，然后通过拨乱反正，达成教学目的和取得良好的教学效果。在学习新知识的过程中，学生经常会产生各种不同的错误观念或者说"替代观念"，这是再正常不过的事情。从建构主义的观点来说，当学生遇到新知识时，总是试图用原有的认知结构去同化它，如果同化不成功，则通过调节原有认知结构或新建认知结构，来达到新的平衡。因此，学生一旦知道自己犯了"错误"，就会重审自己原来认为是正确的某种观念，然后吸取"教训"，建立新的认知。在教学中，我们应该对于学生出现的"错误"由纯粹的否定态度转向采取更为理解的态度，并力图发现、分析和利用其中的积极成分。通过多层次多方面的"试误"教学，既能促进认知结构的不断更新(这一过程不是简单重复，而是一种螺旋上升)，也能激发学生的学习主体意识，在探索的过程中体会到学习的快乐，进而建立批判和鉴别意识。

在积分上限函数求导的例习题中，常常出现四种类型：① $(\int_a^x f(t)dt)'_x$;② $(\int_a^{g(x)} f(t)dt)'_x$ 或 $(\int_{h(x)}^{g(x)} f(t)dt)'_x$ ；③ $(\int_a^{g(x)} h(x)f(t)dt)'_x$ ；④ $(\int_a^b f(t+h(x))dt)'_x$ 。这四个类型由易到难，多处体现了转化与变换的数学思想。如②可以利用复合函数求导的方法归结为1；③可以利用 x 和 t 的关系(x 对于 t 而言可视为常数)将 $h(x)$ 提出转化为②；④可以利用定积分的变量代换归结为②或③。一般来说，学生对③，④的认知常常会出现这样或那样的错误。教师在引导学生逐层递进建构积分上限函数求导的认知结构时，要在课堂上或练习中让学生充分地展示其解题过程或存在的困惑与错误，然后帮助其分析理解这四种求导类型的关系，那么，对于更综合、更难一点的题目也是不会发怵的了。

"试误"教学除了在课堂上可充分进行以外，在教学评价中也可以而且应该积极采用。如现在笔者学校采用《高等数学同步练习册》作为学生课后练习要上交检查的主要材料(不提供答案)，在进行作业登记、平时成绩评定时和学生约定不以对错论英雄(关键看学习的态度)，而是鼓励学生充分书写和暴露其思考、解题过程，从一定程度上来说杜绝了抄袭作业的现象，也激发了学生的学习热情。

参考文献：

[1]乐经良．提高学生学习数学的兴趣和能力[J]．2008 大学数学课程报告论坛论文集，2008：27.

[2]郑毓信，梁贯成．认知科学 建构主义与数学教育．上海：上海教育出版社，1998.

[3]http：//baike．baidu．com/view/79065．htm？ fr = ala0_ 1

[4]辛自强，张梅．建构主义教学与长方形面积问题表征[J]．数学教育学报，2008，17(3)：45.

[5]张景中．从数学难学谈起．世界科技研究与发展，1996(02)：22.

[6]陆海泉．不可忽视数学概念的学习[J]．广西教育，2005，3(3)：14.

学习迁移策略在复变函数与积分变换课程教学中的应用

王学顺[①]，李金山，王三强
（北京林业大学理学院数学系）

摘要：针对复变函数与积分变换课程的特点，研究了在课程教学中有效运用学习迁移策略的问题。探讨了采用类比迁移策略，注重加强学生联想、比较和概括等能力的培养，并结合教学实践提出了促进学习迁移的多种有效策略。

关键词：学习迁移；复变函数与积分变换；迁移策略

学习者在学习新知识或技能时，总是要受到先前学过的知识、技能的影响。这种现象，心理学中称为学习迁移。所谓学习迁移，指的是先前的学习对后继学习的影响，或一种知识、技能的学习对另一种知识、技能学习的影响。从认知心理学的观点来看，学习迁移就是已有的认知结构对新知识、技能学习的影响。认知结构观点的迁移理论认为，学生的认知结构是有意义学习最关键的因素，而一切有意义学习都包括迁移。学习之间的影响可能是积极的，能起促进作用，称为正迁移；有些可能是消极的，会起干扰或抑制作用，称为负迁移。另外，学习之间的影响，有时是先前的学习对后继的学习的影响，称为顺迁移；有时是后面的学习对先前学习的影响，称为逆迁移[1]。

微积分的创立标志着变量数学的产生，使数学自身在思想方法上发生了重大的变革，新的数学分支如雨后春笋般涌现，复变函数与积分变换便是一个活跃的分支。如今复变函数与积分变换在自然科学和工程技术中都有着广泛的应用，是解决如流体力学、电磁学、热学、机翼理论、弹性理论中的平面问题的有利工具。因此，复变函数与积分变换是理工科学生在高等数学课程后又一门必修的基础课。复变函数与积分变换中的许多概念、理论和方法是实变函数在复数域内的推广和发展，它们之间既有许多相似之处，又有不同之处。笔者在讲授复变函数与积分变换课程时，通过前后知识的比较，利用迁移理论将高等数学中已有的概念和理论过渡推广到复变函数与积分变换课程中，使学生既复习了原有知识，又容易快速接受新知识，达到了较好的教学效果。

一、采用类比迁移策略，培养学生数学素质

全面系统地掌握数学基础理论和应用知识、受到比较严格的科学思维训练、获得一定的

依托项目：北京林业大学 2009 年校级教学改革研究项目——复变函数与积分变换课程教学方法改革研究与实践。

① 第一作者：王学顺，博士，教授。主要研究方向：应用数学。电话：62338357，E-mail：wangxueshun6688@sina.com.cn。地址：北京林业大学理学院，100083。

实践技能，在复变函数与积分变换课程体系中占有十分重要的地位和作用。数学不仅是一种“工具”和“方法”，同时也是一种思维模式，即“数学思维”；不仅是一种知识，更是人的一种素质，即“数学素质”，这是数学教学的重要功能和作用。

复变函数是实变函数理论的延续和拓展，两者的联系与区别贯穿复变函数教学的始终。如复变函数中极限、连续、导数、积分、级数等内容，与高等数学中相应的内容很相似，但又与高等数学中的内容有着实质性的不同。如复变函数极限的定义与一元实变函数极限的定义虽然在形式上相似，但实质上却有很大差异。一元实变函数定义域是一维的，求极限是沿数轴方向的逼近问题，复变函数定义域是二维的，其极限定义要比一元实函数严格的多，是沿平面各个方向(包括沿任意曲线方向)的逼近。教师只要把两者根源分析清楚，其他由极限引申发展出来的连续、导数、可微、积分的概念就可以引导学生自己总结得出[2]。有利于培养学生归纳、总结 、推理能力的培养。

另外，在积分变换的教学中也可以采用类比迁移的方法对比傅里叶变换和拉普拉斯变换两者的区别与相似之处：傅里叶变换是在函数绝对可积的条件下定义的，拉普拉斯变换是在更宽泛的前提下给出的，拉氏变换是傅氏变换的拓展，傅氏变换是拉氏变换的一种特例，但两种变换的实质都是映射，是把时间域映射到频率域，逆变换则相反。这样复杂的数学定义及公式就被简单的提炼出实质，引导了学生透过现象看到事物的本质，帮助学生建立看数学问题的角度，实现知识从厚到薄的转换。

多种思维方式与教学手法的结合运用是顺利完成知识迁移的助推器，更重要的是在学习迁移策略运用过程中，使学生不但掌握了新知识，而且还巩固了已有知识，促进学生数学知识之间的相互渗透，培养了学生数学的思维和素质。

二、注意加强联想、比较和概括能力的培养，促进学习迁移

数学学习的过程，从来都是知识相互重叠交错进行的，所以在教学过程中要运用多种数学思维来增强知识迁移的效果。

联想是一种再现性想象，是进行比较、模拟、归纳等似真推理的基础。联想的运用可以使学习者能够将近似的或相反的知识点进行对比，然后找出共性加以总结，找出不同加以分类，最后再将其汇总。在这一过程中学习者自然就完成了新旧知识的迁移，并且能够将知识进行一次大融合。比如在复变函数中讲到复积分概念时，可以提醒学生联想高等数学中对坐标的曲线积分，共同点：都是作用在曲线弧上，都是与曲线方向有关；不同点：被积函数一个是复变函数，一个是实变函数；总结：复变函数的积分可以转化为二元实函数的曲线积分计算。

概括是思维的基本特征，是在数学知识的形成、数学知识的应用或是在研究知识的来龙去脉的过程中经验的积累。在学习的过程中注意总结典型例题、定理等的条件和结论，提炼出共性的内容加以整理。解析函数是学习复变函数部分最重要的内容，但解析函数的判定命题几乎贯穿于复变函数学习的全过程，学生在学习复变函数内容时，对解析函数的判定感到很茫然，不知道对于具体问题究竟应用哪个命题进行判定。因此，教师在讲课时应将解析函数有关命题有机结合起来，引导学生对解析函数的判定方法进行梳理、概括：在区域内解析函数的判定准则主要有：①在区域内处处可微的函数是解析函数；②复变函数的实部和虚部的两个二元实函数在区域内可微且满足柯西—黎曼方程；③复变函数在单连通区域内连续，

且在该区域内沿任意简单闭曲线的积分为零：④函数在某点的邻域内能够展开成幂级数。其中，准则①是由解析函数的创始人柯西提出，是利用函数的导数或微分判定解析函数；准则②是利用是函数的实部和虚部的性质及关系判别，同时它也反映了复变函数与实变函数本质上的区别；准则③由莫勒拉提出，是用函数积分性质判别解析函数：准则④由威尔斯特拉斯提出，他从幂级数角度提出解析函数的判定方法，此方法展现了解析函数独特而和谐的性质。在教学中教师要有意识地将相关知识进行串联，让学生通过知识之间的内在联系，概括出知识之间所反映出的互通性，加强和巩固学生对课程所学的知识理解，形成知识体系之间的迁移。

三、在教学中有效运用学习迁移策略，提高学生学习效率

(一)发挥正迁移，防止负迁移

教师在教学中为了充分发挥正迁移的作用，防止负迁移的产生，首先要使学生形成良好的数学认知结构，大力提高概括水平与综合分析能力；其次要使学生正确理解数学概念和掌握定理、公式、法则的实质；最后还要注意思维定势的影响。教学中应注意引导学生进行类比、联想等思维活动，找出两种学习内容之间的共同点与不同点，促进学习迁移的积极作用克服消极作用。

例如三角函数中的正弦函数与余弦函数，当定义域从实数域扩大到复数域后，其原有的周期性、奇偶性、三角恒等式及导数公式等一些基本性质保持不变，但其有界性在复数域内不再成立。又如复变初等函数中的指数函数，仍保持在实数域内的非负性、指数加法定理及导数公式不变，但复变指数函数却是一个周期函数，而这正是离散快速傅里叶变换的应用前提。在教学过程中，教师应该利用这些新旧知识间的相互关系，实现知识正迁移，否则，在学习过程中，学生应用知识技能时不能从多角度、全面、整体地看问题，在思维定势的影响下就容易出现负迁移。

(二)注重顺迁移和逆迁移

顺迁移和逆迁移是教学中常用的方法，无论从不同课程的先后安排，还是同一课程章节内容的前后设置，每一个环节都是为知识的顺迁移和逆迁移做准备。

在高等数学中，学习过平面上一些特殊的点和集合，如内点、外点、边界点、聚点、邻域、开集、闭集、区域、闭区域、单连通区域、多连通区域(复连通区域)等，这些概念可以完全平移到复平面。这是典型的利用了知识的顺迁移。

在复变函数部分学过留数定理之后，再看前面学过的柯西积分定理、柯西积分公式、高阶导数的积分表达式，就会发现这些都是留数定理的特殊情况。而且在计算留数时其中一种方法是利用洛朗级数的系数，这样留数及留数定理实质上是将积分计算和级数展开两块内容架起了一座沟通的桥梁。所以在教学中教师需要有意识地将各种关联知识进行串联，促进顺迁移和逆迁移的交互，如此有效组织教学可以让学生用后学的知识帮助理解先前的难点知识，达到彼此促进、多角度全面理解问题的目的。

四、理论与实际相结合，促进学习迁移

就理工类非数学专业的数学基础课而言，应用广泛是复变函数与积分变换最突出的特点。数学虽然是专业课的基础，但定义、定理、习题较多，工科学生常感到学习数学课程枯

燥、无味。在教学中教师可以有所侧重，抓住主干，积极发挥教学主导作用，多创设应用的情境，引导学生认识数学是解决实际问题的工具：“它就像一把神奇的钥匙，巧妙的运用它可以帮助你开启广阔的天地”，从而进一步发挥学生学习的主体作用，促进学习迁移。

（一）课程与专业结合，实现学以致用

对于理工科专业的学生来说，复变函数与积分变换课程的意义在于它提供了解决专业问题的工具，它的重点在于实际应用而非抽象理论，教师在教学中要侧重与专业课的结合，学以致用。例如，积分变换比复变函数有其更广泛的专业背景，傅氏变换多应用于信号分析，拉氏变换则常用于分析系统。教学时抓住这一特点结合应用背景就会使教学生动，真正让学生看到学以致用的魅力。如在讲授傅氏变换时，可以介绍在信号消噪过程中需要先对信号实现傅氏变换，通过高低频信息找到最佳消噪方法再去除噪声，许多科技前沿诸如语音识别、虹膜识别等技术的实现都是类似的原理[3]。这种理论与实际相结合的教学方法避免了理论与专业相脱节的问题，使它们相互补充，相互渗透，帮助学生确立了专业基础课学习的目标。

（二）引入数学实验有利于巩固所学知识，促进学习迁移

数学实验可以使学生充分利用数学软件的数值功能和图象功能，去体验如何发现、总结和应用数学规律。在教学过程中，通过发挥学生主动参与的积极性，从几何直观、数值分析、符号推演等方面来巩固、加深对复变函数与积分变换课程有关概念、理论的理解。如利用工程应用软件 MATLAB 就可以完成留数、傅里叶变换变换及逆变换的计算、方程组的建模与求解等一系列复杂的计算。通过数学实验体会复变函数与积分变换与其后继课程知识之间的交叉互融，开阔视野，有利于提高学生的应用能力和自我更新知识的能力，促进学习迁移。

五、结束语

提高教师对迁移观的认识程度是促进学习迁移的重要条件。既然学习迁移已经成为教育目标之一，就要求教师要积极主动地研究促进学习迁移的策略，并努力在教学中实现学生的学习迁移，使学生学习达到事半功倍的效果，提高学生学习效率。

参考文献：

[1]曹秀梅．迁移理论在《复变函数》教学中的应用[J]．科技信息，2008，22：554.

[2] 马骁剑，曲智林．采用多种教学方法优化复变函数与积分变换教学[J]．三峡大学学报（人文社会科学版），2008，30(6)：188～189.

[3] 高玉欣．复变函数与积分变换的学习迁移策略[J]．科技信息，2008，33：556.

仪器分析课程教学方法改革的探索和尝试

刘　松[①]，廖蓉苏

（北京林业大学理学院）

摘要：本文从《仪器分析》教学目标定位的不准确性，教材内容的滞后性，教学内容的庞杂性和教学内容的抽象性四个方面分析了目前国内仪器分析教学存在的问题，提出了项目式教学的教学改革模式，介绍了项目式教学的设计目标、研究内容和方法，并列举了目前取得的部分成果。围绕当今社会热点问题，重点对紫外吸收光谱、原子吸收、气相和液相分析方法进行了研究。

关键词：仪器分析；项目式教学；教学改革

自20世纪80年代，国内一些高等院校陆续开设《仪器分析》课程以来，我国分析化学教学就进入了一个新的发展阶段。目前，新仪器新技术不断出现，该课程发展日新月异，且与日常生活息息相关，比如2005年松花江水污染事件中苯类污染物和2008年的三鹿奶粉事件中三聚氰胺的检测，都是利用了仪器分析课程中所讲授的基本知识。而且，这门课程的最大特点之一就是实用性很强，跟相关专业学生的就业息息相关，所以，该课程越来越受到学校和学生的重视。

一、仪器分析教学存在的问题

目前，高等学校仪器分析基础课教学普遍存在如下四个方面的问题：

第一：教学目标定位的不准确性：目前，在《仪器分析》教材的编排上，在《仪器分析》课程的教学中，往往只重视了各种仪器的工作原理，忽视了仪器的具体应用。如何在有限的学时内既能够介绍相关的工作原理，又能够强调仪器的操作使用和生产实践中的实用技术，多给学生介绍实践中各种操作的实例，是《仪器分析》面临的挑战之一。

第二：教材内容的滞后性：随着当代测试方法和测试仪器的更新和发展，教材内容常常跟不上现代仪器的发展[1]，如何让学生毕业后，面对新的分析仪器不感到茫然，这是仪器分析课程教学急待解决的问题之一。

第三：教学内容的庞杂性：《仪器分析》不是一门独立的学科，而是化学中所涉及的仪器分析方法的组合，这些方法一般都有独立的原理和理论基础，内容既有定量分析又有定性分析，既有无机分析又有有机分析，既有成分分析又有结构分析，涉及到四大基础化学、物理学和高等数学的基础知识，如何在有限的学时内，让学生复习掌握并能够应用相关知识是

依托项目：北京林业大学2009年校级教学改革研究项目——《仪器分析》课程建设与教学方法的研究。

① 第一作者：刘松，博士，讲师。研究方向：化学生态学。电话：13718394668。E-mail：liusong4023@ sina. com。通讯地址：北京林业大学理学院，100083。

仪器分析课程教学面临的难题之一。

第四：教学内容的抽象性：体现在 3 个方面。①仪器分析是化学，光学，电学，磁学，机械及计算机科学等现代科学综合发展的产物，其原理就非常抽象。②仪器设备结构复杂，有的大型仪器价格昂贵，一般院校很难拥有，即使拥有，有的仪器也不能够拆开给学生进行观察。所以没有实物的仪器设备讲解也很抽象。③样品分析时从样品的处理，到样品的检测和最后结果的分析是仪器分析的关键，学时等条件的限制使学生不可能每种方法都进行尝试，而不能进行实验的分析测定也是非常抽象的。如何让学生在仪器的分析原理，仪器的结构和分析测试这三个方面学起来都不感到抽象是仪器分析课程教学必须解决的问题之一。

因此《仪器分析》课程的教学内容，教学方法等都迫切需要改革。

二、项目式教学的的设计目标、研究内容和方法

学生获得知识的多少取决于学习者根据自身经验去建构有关知识的意义的能力. 而不取决于学习者记忆

和背诵教师讲授内容的能力。评价一种教学模式的优劣，不仅要看它是否达到了具体的目标(例如：自尊、社会技能、信息、思想及创造力的获得），而且要看它是否能够提高学习能力，后者才是主要目的[2]。项目式教学模式 着眼于人才培养的全过程，根据我校具体情况，研究出有利于提高我校《仪器分析》课程教学质量的教学内容，教学方法和考核方法。

(一)根据社会实际需要和我校及相关专业的特点，合理安排教学内容：

当今仪器分析方法日新月异，新仪器新技术不断出现，教学内容越来越多。同时，社会对人才的要求越来越重视实际应用能力，在实施教学前，要根据各种分析方法的应用领域，发展状况和学生的专业特点，知识结构状况对教学内容进行合理的取舍，节选出与专业密切相关的基本理论，基本方法和基本实验技术作为重点教学内容，进行重点讲解，而对一些较为简单和不相关的教材内容可以留给学生自学。这样，学生把有限的精力投入到重点内容的学习上，可以极大提高学习效率，提高教学质量。在我校，梁希班、食品、环境、生物技术等专业开设《仪器分析》，各专业对不同分析方法使用情况不同，进一步分析查阅国内外杂志，网站，对厂矿企业和已毕业学生进行回访，统计分析化学领域和各类分析方法的应用领域发表论文情况，比较各种分析方法所占比重，进而对讲授内容和比重进行适当的调整，同时关注仪器发展动态，及时补充传授先进方法和先进仪器的进展情况。

(二)改进教学方法，激发学生学习热情，培养学习能力

1. 把多媒体引入《仪器分析》的课堂教学中

利用 CAI 手段可以及时从网上下载或购买工作站软件，把工作站数据处理系统的界面演示给学生看，使学生站在较高起点，及时掌握科技发展最新动态，更能适应时代的发展。多媒体教学可以加大教学信息量，及时将仪器分析中所用的无机，有机，物化和分析化学的相关内容调入，带领同学进行快速回顾。还可以演示各类仪器实物，展示仪器内部结构，微观过程，进行智能化的仿真实验模拟，为学生真正进入实验室建立良好的直观感受。这对于克服教材内容的滞后性、教学内容的庞杂性和教学内容的抽象性都会发挥重大作用。

2. 以培养学生思维能力为主导的启发式、案例式等教学方法改革研究。

围绕当今社会热点问题，比如环境保护，食品检测等，在和学生讨论解决问题的同时，传授相关的专业知识。老师可以提前以作业或者是测验的形式把任务布置下去，让学生尽其

能去查找资料，自己整理思考后，课堂上进行介绍讨论，这样可以加强学生的自学能力的提高，加强师生之间的交流，也有助于老师了解学生更需要哪方面的知识，从而进行及时的补充。

（三）课程考核方法的改革

考试是教育评价的重要手段，其最明显的作用是检测学生的学习效果，除了目前使用的期末闭卷考试外，增加平时口试和应用能力测试。防止学生考前突击死记硬背，而实际掌握欠佳的状况。具体做法；实行开卷考试和口试；提出已经出现过的现实生活问题，让学生查阅文献，找出解决方法，并解释。或让学生尝试设计用不同的方法，并预测可能达到的效果和出现的问题。这样的考试方法可以提高学生的学习积极性，使学生平时注意学习的实际效果，培养了独立思考，解决问题的能力。

三、目前取得的部分成果

（一）调查总结了与《仪器分析》相关章节有关的生活实例：

其中红外实例 10 例，气相 9 例，液相 9 例，原子吸收 5 例，紫外 3 例，电化学 1 例。具体如下：

<table>
<tr><td>红外</td><td>①红外吸收光谱法的应用——傅立叶变换近红外光谱法快速测定葡萄酒中的酒精度
②傅立叶变换红外光谱检验生物降解塑料
③红外光谱法测定咖啡因的含量
④烟草中主要多酚物质的红外光谱测定
⑤红外光谱法在污染源异常排放调查中的应用
⑥近红外光谱分析法检测奶粉的品质
⑦中红外光谱法在无创血糖检测技术中的应用
⑧以大黄为例浅谈红外光谱技术在中药的应用
⑨红外吸收法测铁矿右中硫的含量
⑩红外光谱法检测润滑油中水分含量的研究</td></tr>
<tr><td>气相</td><td>①生物材料毒鼠强气相色谱定量方法研究[22]
②气相色谱法的应用——测定蔬菜中残留有机磷农药
③气相色谱法测定青菜中有机磷农药残留量
④烟草中主要多酚物质的色谱与红外光谱测定
⑤气相色谱法检测蔬菜中多种有机磷、拟除虫菊酯类农药残留
⑥气相色谱法测定三聚氰胺
⑦气象色谱法测定大米中有机氯杀虫剂残留量的方法
⑧测定食品中亚硝酸盐
⑨水发海参中甲醛的气相色谱法</td></tr>
<tr><td>液相</td><td>①高效液相色谱法测定水果中维生素 E 含量
②使用高效液相色谱仪对油炸及烧烤食品中的丙烯酰胺含量进行测定
③高效液相色谱法测定对羟基苯甲酸甲酯的含量及有关物质
④高效液相色谱法测定三聚氰胺
⑤高效液相色谱—二极管阵列法测定高蛋白食品中的三聚氰胺
⑥高效液相色谱法测定人血浆中醋氯酚酸的药物浓度
⑦测定葡萄酒和葡萄干中白藜芦醇的含量
⑧应用高效液相色谱法测定尿中高香草酸和香草扁桃酸的含量
⑨水发海参中甲醛的高效液相色谱法测定</td></tr>
</table>

（续）

原子吸收	①火焰原子吸收光谱法测定营养品及海产品中的金属元素 ②原子吸收分光光度法测定化妆品中砷的含量 ③氢化物发生—原子吸收光谱法测定食品添加剂碳酸钙中铅含量 ④石墨炉原子吸收法测定钡、镉、铬、铅 ⑤采用原子吸收光谱法对复方铁锌口服液中铁锌的含量的测定
紫外	①紫外可见光谱法测定酱油中4-甲基咪唑含量 ②紫外可见吸光光谱在印染业中的利用 ③用紫外光谱参数表征污水中溶解性有机污染物
电化学	何谓酸雨？酸度如何检测？

（二）《仪器分析》多媒体光谱分析，色谱分析课件充实制作：

重点充实了紫外可见分光光度法，以防晒产品为例，提出问题：防晒产品中含有哪些有效防晒成分？这些成分为何可以防晒？然后给出有效防晒成分的分子式，指出不同成分吸收不同波段的紫外光：UVA，UVB，UVC。由此自然地介绍紫外的分区。并进一步提问，为何这种结构可以防晒？可以吸收紫外线？从而引出本章要讲的内容。本章中的一个重点难点就是分子轨道理论，原子在相互结合形成分子时，核外电子的运动状况会发生改变，原子轨道会转化成相应的分子轨道。这是本章比较难以理解的部分。为了更为形象的介绍这一理论，制作了flash动画，形象地展示了分子轨道的形成。

（三）围绕当今社会热点问题，进行培养学生思维能力为主导的启发式、案例式等教学方法的探索。

重点对紫外吸收光谱、原子吸收、气相和液相分析方法进行了研究。为每个一分析方法筛选了1～2个实例：

项目	1 奥运会的兴奋剂如何检测？ 2 奶粉中三聚氰胺的检测？	1 松花江水污染事件中污染物如何检测？ 2 室内空气挥发性有机物的检测。	防晒产品中有效地防晒成分的检测。	食品中镁、钾、砷等元素如何测定？
拟实现的能力目标	理解高效液相色谱仪的基本构造。了解常用色谱柱和流动相。了解梯度洗脱分析方法。了解常用液相色谱检测器。了解高效液相色谱法的分离类型及其选择的一般原则。	掌握气相色谱的流程，气相色谱仪的结构。了解气相色谱的检测器。了解气相色谱分离操作条件的选择。掌握气相色谱定性分析方法。掌握气相色谱定量分析方法。	掌握紫外可见吸收光谱法的基本原理。掌握紫外可见吸收光谱与分子结构的关系，了解紫外可见分光光度计的构造。理解影响紫外可见吸收光谱的因素。掌握标准曲线法，能用标准曲线法进行定量测定。	掌握原子吸收分光光度分析的基本原理，原子吸收分光光度计。原子吸收光谱法的分析方法干扰及消除方法及测定条件的选择
该项目提交的成果形式	报告	报告	报告	报告

小结：本文尝试着在《仪器分析》课程教学中引入项目式教学方法，将课堂所学和实际生活紧密相连，以降低教学成本，提高教学水平。介绍了项目式教学的设计目标、研究内容和方法，并围绕当今社会热点问题，重点对紫外吸收光谱、原子吸收、气相和液相分析方法进行了研究，进行了培养学生思维能力为主导的启发式、案例式等教学方法的探索和尝试。

参考文献：

[1]农以宁. 试论《仪器分析》课程教学的特殊性及对策[J]. 桂林电子工业学院学报，2004，24(4)：131～134.

[2]曹渊. 推荐国外一种化学实验教学模式[J]. 实验室研究与探索，2007，26(3)：107～109.

多媒体辅助教学浅论

岳瑞锋①
（北京林业大学理学院）

摘要：本文对多媒体技术进入课堂的几个基本问题展开讨论，认为多媒体辅助教学需要教育和学习理论作为基础。作为辅助工具的多媒体系统不应取代教师的主导作用和学生的主体地位。由于多媒体辅助教学具有传统教学方式不可比拟的技术优势，合理的利用多媒体技术能有效提高教学效果。

关键词：多媒体系统；多媒体辅助教学；传统教学

随着计算机和网络技术的发展，多媒体辅助教学（MAI，multimedia assisted instruction）系统已经在我国的课堂教学，尤其是大学教学中得到广泛应用。调查表明，多媒体教学方式的普及率已经达到了90%以上（数据来源于依托项目的调查结果，下同），但是教育界似乎并没有足够的时间对于这种重要的教育技术变革进行过多的理论思考。这种“先用后议”，甚至“只用不议”的方式，给教育的参与者带来了许多的困惑。基于此，我们以北京林业大学教研项目为依托，对多媒体辅助教学过程中出现的主要问题展开研究。

国外对于相关问题的研究最早见于20世纪50年代。总体来看，国外的研究者更为注重多媒体辅助教学的理论讨论和试验研究。从现有文献上看，西方学者一般认为，当代多媒体辅助教学以建构主义为主要理论基础[1~3]，同时建构主义之所以在当代兴起也与多媒体与网络技术的逐步普及密切相关；在建构主义学习理论的指导下，20世纪90年代，在澳大利亚和美国的一些中小学开展了一系列的实验研究。在这些研究中，学习者被分成两组，一组学习者利用利用多媒体技术设定场景，完成知识的建构，另一组利用传统的教学方式进行学习。结果表明，前者的学习效率远高于后者[4,5]。国内相关研究主要集中多媒体辅助教学的个案研究，通常是针对某一个具体的学科，探讨如何利用多媒体系统提高课堂教学效果[6]-[11]，较少进行多媒体辅助教学方式的理论探讨，因此我们提出这样的问题：多媒体辅助教学方式与教育和学习理论的之间应该是一种什么关系？多媒体系统在教学过程中的角色定位如何？怎样处理多媒体教学方式与传统授课方式的关系？

一、研究方法

本研究以教研课题《多媒体辅助教学系统的现状以及改进研究》为依托。在这项研究中，

依托项目：北京林业大学2008年校级教学改革研究项目——多媒体系统辅助教学的现状与改进研究。

① 作者简介：岳瑞锋，在读博士，副教授。主要研究方向：林业碳汇效益。电话：62338357。通讯地址：北京林业大学理学院，100083。

我们主要采用以下几种方法：①文献研究。广泛查阅多媒体辅助教学的相关文献，以把握本研究的国内外进展。②现状调查和统计分析。以问卷形式对我校以及兄弟院校利用多媒体系统辅助教学的现状进行详尽的调查和分析。调查问卷分为针对教师和针对学生两种，每种问卷都包含三大类问题：被调查者基本情况、使用现状和使用效果。其中教师问卷共有22个问题，119个选项；学生问卷20个问题，122个选项。调查中，共收回教师有效问卷290份，学生有效问卷2345份，有效率分别为90.3%和92.1%。调查结果显示在多媒体教学方式中存在着以下主要问题。

二、主要问题

根据问卷调查和分析结果，我们认为虽然多媒体辅助教学系统已经得到全面的应用，但有许多基础性问题仍然没有经过认真的思考和总结。这些问题既包括理论层面，也包括使用和操作层面，其中最为突出的问题表现为以下三个方面：

(1)对于教育和学习理论与多媒体辅助教学方式之间的关系没有清晰的认识。任何一种技术的应用都必须以完善而丰富的理论为基础，但是根据调查结果，多媒体教学的理论讨论深度严重滞后于其应用广度。在对教师的调查问卷中，对于“多媒体教学的理论基础”回答“不清楚”的比例为68%；对于“多媒体教学和教学理论的关系”回答“不清楚”和“没有关系”的比例为35%。这显示，相对于多媒体辅助教学方式的普及，我们的理论研究和认识还有待遇进一步的提高。

(2)多媒体系统在课堂教学中的角色定位不合理。根据调查结果，有35%的教师“以多媒体课件为中心”；有44%的学生“以多媒体课件为听课重点，较少关注教师的行为”。这表明，作为“教”和“学”的辅助性工具，多媒体工具在一定程度上变成了课堂的中心，而两大参与者——教师和学生在课堂中的思维和行为没有得到应有的关注，这和“以教师为主导，以学生为主体的”基本教学规律是明显相悖的。

(3)多媒体辅助教学方式和传统教学方式孰优孰劣仍存在较大争议。问卷统计结果显示，16%的教师认为相对于以板书为代表的传统教学方式，利用多媒体辅助教学的弊大于利(实际上其中67%的教师仍然使用多媒体系统，原因在于“多媒体辅助教学是一种趋势”)。其主要依据在于，多媒体系统用于教学“不符合学生的思维方式和学习习惯”。尤其是对于重视理论推导的理科课程，由于多媒体教学的信息密集程度大幅提高，所以不能给学生以足够的思考和消化时间，课堂效果反而不如板书教学模式。

三、结论与讨论

针对以上问题，结合前期的文献研究，我们总结得到以下的结论：

(一)教育和学习理论与多媒体辅助教学的关系

1958年，IBM公司研发了用于辅助教学的计算机系统，这标志着多媒体辅助教学的肇始。随着多媒体技术的发展日新月异，应用于课堂教学的多媒体系统也在不断更新换代。与之相对应，多媒体辅助教学的理论基础也在不断发展和完善。一般认为，指导多媒体技术应用于课堂教学的理论演变经历了“行为主义—认知主义—建构主义”的三大过程。

行为主义认为学习的过程就是“刺激—反应”的过程，斯金纳(Skinner)认为当学习主体对于外部刺激形成明确反应时，就发生了学习行为。行为主义对于学习过程的简单化倾向招致了许多批评。以行为主义为理论基础，只是多媒体辅助教学的初级阶段。

认知主义认为学习过程是在具有内在逻辑结构的外部信息与学生本身所具有的某种认知结构相互关联、相互作用的过程中进行的。与行为主义相比，认知主义更加强调学习主体的内在知识结构对于学习过程的影响。20 世纪 80 年代，美国学者安德逊(Anderson)研制的“高中几何智能辅助教学系统”是认知学习理论指导多媒体辅助教学的代表。以认知主义作为理论基础，是多媒体辅助教学的发展和过渡阶段。由于技术条件的限制，以行为主义和认知主义为基础的早期多媒体教学只是幻灯片、录像等单一信息载体的简单叠加，而不是当代意义上的多媒体系统。

建构主义认为学习者的学习行为发生在特定的环境下，学习者在一定的情境下，借助其他人的帮助，利用必要的学习资料，通过意义建构的方式而获得知识。20 世纪 90 年代，随着计算机和网络媒介的普及，尤其是多媒体的技术发展，多媒体系统不再是单一媒体的简单加总，而是多种媒体的有机结合。在多媒体系统的帮助下，教育者可以更为方便的对知识进行意义建构和情境再现，学习主体可以在“虚拟的真实”环境中完成学习的过程。一般认为，以建构主义学习观取代行为主义和认知主义学习观，一方面健全和完善了多媒体辅助教学系统的理论基础，另一方面，多媒体辅助教学系统也为建构主义学习理论提供了更为广阔的试验领域，从而极大的促进了建构主义的发展[3]。以建构主义作为理论基础，是多媒体辅助教学的现代阶段。

没有坚实的理论基础作为支撑，技术变革必定会带来诸多的困惑，多媒体技术进入课堂也不例外。教育的参与者必须深刻认识多媒体辅助教学的教育和学习理论基础，才能更为科学合理的利用技术的力量为课堂教学注入新的活力。

(二)多媒体辅助教学系统的角色定位

在对多媒体辅助教学的认识上，有一种潜在的倾向就是用多媒体系统代替“教”，把传统的课堂教学变成了“自动化”的教学过程，教师成为教学程序的“播放者”，学生成为教学程序的“收听者”。因此，多媒体辅助教学系统变成了教学的主体。这是多媒体辅助教学系统的严重误区之一，这种错误的主要原因在于对多媒体辅助教学系统的角色定位不准确、不清晰所致。

班级教学模式是当代最主要的学校学习形式。在班级授课模式下，教师是课堂的主导，学生是学习的主体，二者是辩证统一的，同时也是不可替代的。多媒体辅助教学系统既不能作为课堂的主导，更不能作为其主体。在课堂教学过程中，无论传统的黑板、幻灯片，还是现代的多媒体系统，都是教学的工具和信息的载体。课堂教学就是“以教师为主导，以多媒体系统为工具，以学生为主体”的信息交流与反馈过程，三者的相互关系应该如图 1 所示。在这种模式下，多媒体系统作为信息的载体，使得教师和学生之间的信息交互得以顺利进行。多媒体系统的工具性特征决定了其“辅助者”角色，过度的突出多媒体系统在课堂中的角色，甚至以多媒体辅助系统取代学生和教师的中心地位，是一种典型的“技术至上论”，是将过去的“人灌”改成“机灌”。由于有着先进和华丽的技术包装，利用多媒体系统进行知识的“灌输”所导致的负面效果变得更为隐蔽。

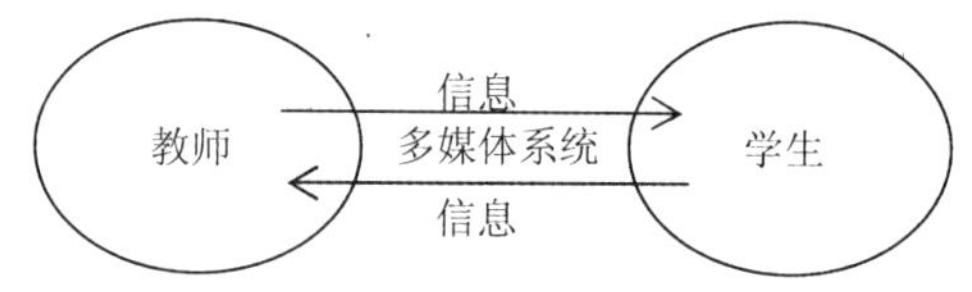

图 1 多媒体辅助教学模式

Fig. 1 The model of multimedia assisted instruction

多媒体系统的角色定位错误有多方面的负面影响。最为突出的表现在教师在设计课堂教学活动时“为多媒体而多媒体”，认为只有尽量多使用多媒体技术才能体现现代化教学的魅力，从而忽视了学生特有的思维方式和认知规律。实际上，真正体现“学生为主体”的课程设计应该时刻不忘换位思考。教师应该从学生的角度出发设计教学过程，学生的思维和学习方式是选择教学方法和工具的唯一依据，盲目追求多媒体技术的堆砌，其教学效果只能适得其反。

(三)多媒体辅助教学与传统教学模式之争

虽然多媒体系统辅助教学已经广泛应用，但其与传统的教学模式，尤其是利用板书进行教学孰优孰劣的争论从未平息。我们认为，这种争论之所以长久不息，根本原因在于，在教育者进行完善的理论讨论和充分的技术准备之前，多媒体系统就已经迅速进入到了教室。大多数教师都是“在使用中学习”而没有经过“学习使用”的过程。就目前看，反对者的许多依据其实并不是多媒体系统的缺陷，而是使用者自身对多媒体技术的误读和误用。

多媒体辅助教学的理论和技术优势毋庸置疑。

(1)多媒体系统有助于给学习者提供全方位、多感官的刺激，从而有利于知识的获得与保持。赤瑞特拉(Treicher)通过实验证实：人类获取的信息83%来自视觉，11%来自听觉，3.5%来自嗅觉，1.5%来自触觉，1%来自味觉[4,12]。多媒体辅助教学系统能够利用其技术优势，综合运用声音、图片、动画等表现手段，对学习者的各种感官形成全方位立体化的刺激。其信息来源比听老师讲课更为多样，从而更有利于知识的获取。赤瑞特拉另一个实验表明：人们一般能记住阅读内容的10%，听到内容的20%，看到内容的30%，即听到又看到内容的50%，在交流过程中所说内容的70%[4,12]。这表明，在多媒体系统的支持下，由于学习者既能听到又能看到，再通过讨论、交流用自己的语言表达出来，知识的保持将大大优于传统教学的效果。

(2)多媒体辅助教学系统大幅提高了课堂信息的密集程度，同时也为信息的多向流动的提供了可能。在板书授课模式，为了课堂内容的完整性，教师常常需要板书大量的内容，这些内容中有相当的部分并没有太多的信息量，教师在板书这些内容时候，有限的课堂时间实际处在“信息空白”状态。在多媒体技术的支持下，可以有效避免“信息空白”的课堂片段，从而大幅提高单位时间内信息的流量，增加课堂信息密集程度，提高教学效率。与此同时，多媒体系统还为信息的多向流动提供了物质基础。在多媒体辅助教学中，教师可以通过科学合理的设计，使得信息不仅在“师—生”之间达到双向流动，而且可以在学生相互之间实现多向流动。在此过程中，学习者对信息进行持续的去伪存真、去粗取精的加工和提炼，从而完成了知识的构建。要实现信息在“学生—学生”之间的多向流动，需要更为完备的硬件系统，从技术层面上，基于信息多向流动的多媒体教学系统是可行的，而且也必将成为未来的一种发展趋势。

(3)多媒体系统能够建立并管理非线性信息，更符合人类的思维习惯。认知心理学的研究表明，人类思维具有联想特征，即人类在思考问题时经常从一个主题联想到另一个主题[4]。两个不同的主题可能是内容相关的，也可能是形式或者情景相关，这种联想的过程是发散式的，具有明显的非线性特征。在多媒体技术的支持下，教师可以为相应的概念和术语设置不同的链接，并利用声音、图片等表现方式，形成超文本的、网状方式的信息结构。这为课堂信息组织和管理带来了极大的方便，也是传统教学方式无法比拟的技术优势。形象地说，传统的教学模式就像一本配备了磁带的听力教材，其教材和磁带虽然内容相关联，但因其载体分裂，为学习者带来了诸多不便，而多媒体辅助教学系统却可以将这两者有机结合，实现内容和形式的和谐统一，从而有效提高教学效果。

总之，利用多媒体技术辅助教学已经不仅仅是一次简单的技术更新，它对教学活动的影响是全方位和革命性的。教学过程的参与者必须对这种技术变革进行更为深入的学习和讨论，才能更为科学合理的利用技术的力量为教学服务。

参考文献：

[1] Jonassen D H. What is cognitive tools? In Kommers P, Jonssen D, Mayes J, (eds). Cognitive Tools for Learning[M]. Berlin: Springer-Verlag Publications, 1992: 25 ~ 36.

[2] Jonassen D H. Objectivism versus constructivism: Do we need a new philosophical paradigm [J]. ETR&D, 1991, 39(3): 5 ~ 14.

[3] 何克抗. 关于建构主义的教育思想与哲学基础——对建构主义的反思[J]. 中国现代远程教育研究, 2004, 3: 12 ~ 16.

[4] 何克抗. 多媒体教育应用的重大意义及发展趋势[J]. 现代远距离教育, 1997, 1: 22 ~ 29.

[5] 林莉. 美国中小学研究型多媒体教学模式述评[J]. 全球教育展望, 2001, 3: 28 ~ 31.

[6] 陈虹英, 江海潮. 高校多媒体教学与传统教学[J]. 湘潭师范学院学报(社会科学版), 2008, 30(1): 188 ~ 191.

[7] 熊艰, 陈博政, 吴连发等. 基于多媒体教室的课堂教学模式探讨[J]. 中国电化教育, 2003, 7: 44 ~ 45.

[8] 张勇, 唐冬生. 采用多媒体教学存在的问题与对策[J]. 教学研究, 2005, 3: 247 ~ 249.

[9] 袁雅琴. 多媒体教学: 喜忧参半的思考[N]. 中国教育报, 2003 - 01 - 02.

[10] 杨开城. 多媒体 CAI 教学模式初探[J]. 中国电化教育, 2001, 4: 14 ~ 16.

[11] 全红, 陈利平, 姜梅. 利用多媒体技术增强大学英语教学效果[J]. 云南农业大学学报(社科版), 2009, 3(4): 63 ~ 68.

[12] 张琴珠. 计算机辅助教育[M]. 北京: 高等教育出版社, 2003: 19 ~ 28.

心理学本科课程双线模式教学法探索

訾　非①

（北京林业大学人文社会科学学院）

摘要：笔者提出的“双线模式教学法”把教学看成两条主线（学生的主动学习、探索过程和教师的研究型教学过程）的发展与互动，在这个过程中真正实现教学相长。本文以人格心理学的教学为例，介绍笔者在心理学本科研究型教学中探索出的这种教学方法，展示其操作过程，并对该方法的优缺点给予讨论。

关键词：心理学；教学改革；研究型教学；双线模式教学法；人格心理学

心理学是一门兼具人文科学与自然科学双重特征的交叉科学，而且，心理学又是与人们的日常生活紧密联系的一种学问。因而心理学的理论、方法和实践领域众多。心理学的本科教学，对于教师经常是一种挑战。这门学科至今尚未有一个统一的学科基础。基于冯特开创的实证传统的行为主义心理学、认知心理学、生物心流派等“科学心理学”，与基于弗洛伊德开创的精神分析、马斯洛倡导的人本主义等的“哲学心理学”，就长期存在着尖锐的对立，它们对人性的阐释也迥乎有异[1]。

如何把心理学的研究成果与人的现实生活联系起来，也是心理学面临的考验。当今的心理学存在着一种脱离生活的学院派倾向，而不是积极地研究生活并力求对人们的生活有所裨益，这种情况已经饱受临床实践者和普通人的诟病。

笔者从事心理学教学工作已有7年，教授过人格心理学、变态心理学、管理心理学、心理咨询案例分析、审美心理学等一系列课程。通过这些课程的教学实践，总结了一套适用于大学本科心理学主干课教学的教学模式，旨在整合“科学心理学”和“哲学心理学”在理论上的分歧，激发学生对于心理学的兴趣，培养学生把学术理论运用于生活实践的能力。本文将以人格心理学为例，展示这种教学模式的具体操作方法，对其优缺点予以探讨。

一、人格心理学教学中存在的问题

人格心理学是心理学本科专业必修课和主干课，它系统地介绍了心理学各流派对于人格的理解。但是，本课程的内容在普通心理学、心理学史等基础课中已有比较细致的介绍。在本课程的教学中，学生往往指出，人格心理学的内容与上述课程的内容有过多的重叠。笔者也发现，既然心理学本身就是一门探究“人之为人”的学问，广义地说，心理学的所有分支，

依托项目：北京林业大学2006年校级教学改革研究项目——研究型教学方法在心理学专业部分课程中的应用。

①　作者简介：訾非，博士，副教授。主要研究方向：人格与社会心理学、心理咨询与治疗。电话：62337997。E-mail：fei_ z@ sohu. com。通讯地址：北京林业大学人文学院心理系，100083。

如认知心理学、发展心理学、心理动力学、变态心理学、心理测量学等，其实就是人格心理学的各个组成部分。人格心理学应该是一门最具概括性的“高级”的心理学课程，把它放在研究生阶段修习似乎更为合适。但是，探讨“人是什么”，让学生形成对于人性的整体性的认知，又是有必要的。在本科阶段开设人格心理学，可以让学生对于人格理论有一个初步的认识，有利于其他心理学课程的学习。

人格心理学教学面临的另一个问题是其理论体系不完整，各主要流派对人格的解释既复杂多样，又多有矛盾和冲突。对于“人格”这个概念，不同的理论流派从生物、行为、认知、精神分析、人的存在性等角度给出各自的定义。学生普遍反映在修习人格心理学之后，对这个概念缺乏明确和完整的把握。不同流派的人格理论之间的兼容性未得到学界的普遍关注。人格心理学的教学不能只是对既往理论的陈述，而是需要讲授者在教学中融入自己的理解、思考和研究。

在教学中，教师也应该鼓励学生发挥主动性和创造性，帮助学生形成自己的对人格概念的整体把握。传统的教学方法注重知识的传授，但在激励学生的创造性和研究能力方面比较薄弱。笔者认同布鲁纳提出的“发现学习模式”[2]，认为只有当学生主动地，带着问题去学习，使学习成为启发式、互动式、探索式的活动，他们才能真正从学习中获益，所学内容才能对他们形成长久的影响。以此为目的，笔者通过对数年人格心理学教学实践的总结，构建了双线模式教学法。

二、双线模式教学法在人格心理学教学中的操作

双线模式教学法教学过程有两条主线，一条主线是学生的学习过程，教学者鼓励学生以本课程作为资源，解决自己提出的一个(或多个)研究问题，学会如何利用资源、主动学习和探索。例如，一些学生提出“性格是先天决定的还是后天环境影响的”这个问题。在此问题的指导下，学生研习教课书中的相关内容[3]，并使用其他学习资源(一系列参考书[4~6]、数据库、网络等)寻找前人的研究成果对这个问题的解释，然后设法通过自己亲自做研究加深对这个问题的理解。这条主线就是激发学生“以问题为中心”的研究型学习的过程。第二条主线是教师的教学过程。教学围绕1~2个典型案例展开。例如以一个心理学典型病例、或者文学作品中的某个人物，或者一个典型的社会现象贯穿全书。学生在对课程的知识不断掌握过程中，对该案例的理解也逐步深入和全面。

双线模式教学法的流程见图1。该教学法的进程分为三个阶段：①初始化阶段，教师用1~3周向学生展示本课程所要涉及的主要教学内容，鼓励学生提出自己的问题，并将这种问题以明确的文字表述出来，成为“初始问题。”这个过程也是教师向学生提出典型案例的时候，某些探索性不够强的学生也可以这些典型案例为对象提出“初始问题”。②主体教学阶段。教师结合典型案例，向学生讲授课程的主要内容。这个阶段仍然给学生以足够的时间以提出自己的初始问题，逐渐进入到对这个问题进行文献检索和研究设计的阶段。在此过程中学生尝试对问题进行思考，并在此基础上提出正式的“研究问题”，学生将自己的想法和困惑通过课堂讨论和电子邮件与教师和其他学生沟通。在这个阶段的中间5周，学生尝试针对自己提出的问题选择适当的研究方法(如个案研究、相关研究、实验研究、哲学思辨等)进行研究，并完成一个研究摘要(1000字左右)。在这个阶段的后1~2周，学生针对自己的研究经历开始撰写正式的研究论文。③整合阶段。用两周时间，以典型案例为核心，对教学内

容进行整合，教师做一份总结报告，在课堂上与学生讨论。学生完成一篇2000～3000字的课程研究论文。

<table>
<tr><td colspan="14">教 师 教 学 流 程（主线1）</td></tr>
<tr><td colspan="3">初始化阶段
第1～3周</td><td colspan="9">主体教学阶段
第4～12周</td><td colspan="2">整合阶段
第13～14周</td></tr>
<tr><td>1</td><td>2</td><td>3</td><td>4</td><td>5</td><td>6</td><td>7</td><td>8</td><td>9</td><td>10</td><td>11</td><td>12</td><td>13</td><td>14</td></tr>
<tr><td colspan="14">学 生 学 习 流 程（主线2）</td></tr>
<tr><td colspan="6">提出问题
第1～6周</td><td colspan="5">对问题进行初步研究
第7～11周</td><td colspan="3">完成研究论文
第12～14周</td></tr>
</table>

注：周学时＝4小时

图1 双线模式教学法流程

三、对人格心理学理论的整合尝试

笔者认为，对于人格理论的整合，应该以人格结构的模型为核心。心理学的不同流派都对人格结构都提出了自己的理论。精神分析流派创始人弗洛伊德提出了本我、自我、超我的三组分模型[7]，认知流派心理学家米歇尔提出了人格的认知模型[8]，人本主义心理学家马斯洛提出了需求层次模型[9]，生物流派提出大脑功能的不对称性[3]，特质流派从积极情绪—消极情绪、内向—外向等对立特质的角度探讨人格[3]。学生普遍认为，人格理论复杂多样，在学习中难以形成对人格的完整理解。针对这个问题，笔者试着构建了一个人格理论的整合模型(见图2)。这个模型融合了弗洛伊德的人格三组分模型[7]、米歇尔的人格认知模型[8]、以及马斯洛的需求层次理论[9]，并且集合了特质流派、行为主义和生物流派的研究成果。本模型把人格看成个体生活的客观现实与主体行为之间的一个中介系统。该系统由一些相互联系又相互冲突的子系统(本我、自我和超我)组成。不同流派的人格理论是对这个中介系统的探索成果，因为方法和角度的差异而形成了对人格的不同理解。但是这些结论是能够相互兼容、相互支持的。行为主义心理学家把人格看成一个"黑箱,"主张通过施加刺激和观察行为反应的方式了解人格，反对通过内省等方式"主观地"探究人的心理过程，而现代心理学发展了新的心理测量工具如脑电仪、脑成像技术等，加上脑解剖学的新进展，已经能从人脑的生理活动去推测人格结构，使得行为主义对精神分析等流派研究的"主观性"诘难成为历史。例如，弗洛伊德后期把生本能与死本能视作人性中对立共存的两个方面[7]，而科学心理学的生物流派和特质流派的研究成果表明，消极情绪和积极情绪是人脑内两大类情绪功能，分别与大脑右半球和左半球的功能有关，它们之间的关系的确是对立统一的[10]。Gray的研究也指出，人类的神经活动模式可以大体上分为BAS(行为激活)和BIS(行为抑制)两大系统[11]，两大系统的二元对立与统一的模式是人格的基础。再如，马斯洛提出的人的需求层次理论，结合现代生物流派的本能研究结果来看，即是说，生本能的内容是多样的、且发展上是有先后性的和层次性的。

人格研究对弗洛伊德提出的"超我"这个概念的关注很少。而笔者认为，同本我一样，超我也是一个二元对立的心理实体。人在违背道德原则时感到的内疚是弗洛伊德所涉及的超我功能的一个主题，即道德焦虑，但他不关注人们按道德原则行事时体验到的积极情绪——一种愉悦和自我肯定的体验，而这恰是超个人心理学所关心的领域。因此，在图 2 的人格结构中，与本我的结构类似，笔者将超我定义成由积极(白色)和消极(灰色)两部分构成。

笔者将这种统合的人格结构整合模型运用于人格心理学的教学实践，取得了较好的效果。学生感到复杂多样的人格结构理论通过这样的整合变得清晰了，也加深了对人格理论的理解。当然，笔者在教学过程中强调学生的探索意识，鼓励学生提出自己的看法，形成自己的人格理论，而不是把教师的理论看成最后的结论。

除了对人格进行结构上的整合，笔者还试图对人格的功能进行整合。笔者认为，以进化论和生态学为基础的进化心理学，可以成为统合不同流派的人格功能解释的核心理论。人格是人类在漫长的历史演化过程中的生物环境适应和社会环境适应的结果。因而在分析人格的功能时，要从三个方面予以探讨：作为个体的人的生物适应在人格功能上的反应，作为社会的人的社会本能在人格功能上的反应，以及后天的文化塑造在人格上的反应。笔者把人格看成个体的人、社会的人和文化的人的对立统一的整体，也是自然进化和文化进化的共同产物。

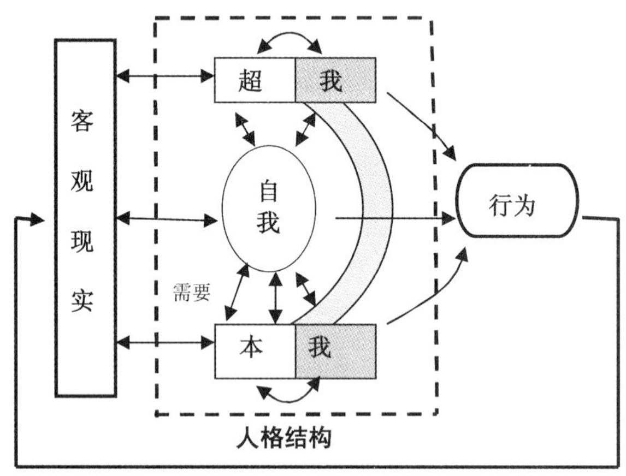

图 2 人格结构整合模型

四、讨 论

运用双线模式教学法，不论学生还是教师，都能够在教学实践中获益。学生通过鲜活的、贴近现实的问题和案例来掌握心理学知识。围绕着问题和案例，学生能够对零散的知识进行融会和整合。而传统的心理学教学方式是“分类式”的，把知识放入不同的框架中，对知识的整合不够，对知识之间的联系阐释不足，不利于学生对心理学理论进行完整的把握，且不利于激发学生的学习动机和探索精神。另外，这种方法要求教师与学生进行大量的互动，有利于两者的沟通，教师需要在教学过程中积极整合专业知识，做到融会贯通，教学相长在这个过程中真正能够发生。

除了人格心理学，笔者在所教授的心理学其他课程，如审美心理学、变态心理学等课程也陆续采用了双线模式教学法，取得了一定的成效。在审美心理学的教学中也把本文提出的人格模型用于文学艺术作品人物的阐释中，同时把进化心理学的理论用于美学探讨之中，提出了进化与生态审美心理学的理念。在教学中，不但学生从教学中受益，产生了诸多有创造性的想法，笔者也在这个过程中丰富了自己的理论修养，促进了自己的学术研究。笔者和学生在这个过程中撰写和发表了一系列论文[12~15]。

当然，这种教学模式仍然存在诸多有待改进之处。首先，这种教学模式需要教师与学生之间大量的交流互动，在现有的教学体系和学时安排下并不能得到充分保证。这种方法在少于20人的小班教学中效果更佳，对于多于50人的大班教学就显得比较困难，师生的交流受到时间、精力的限制而不够充分。其次，由于没有完全适合这种教学模式的教材，课堂教学内容与教材内容之间时常出现衔接上的罅隙。笔者考虑将来编写一本在双线模式教学理念指导下的人格心理学教材。

参考文献：

[1] 叶浩生．西方心理学的历史与体系[M]．北京：人民教育出版社，1998.

[2] 布鲁纳著，邵瑞珍译．教育心理学参考资料选辑：发现的行为[M]．上海：上海教育出版社，1990.

[3] Burger JM. 著，陈会昌等译．人格心理学(第七版)[M]．中国轻工业出版社，2010.

[4] 威尔逊著，方展画，周丹译．论人性[M]．浙江教育出版社，2001.

[5] 郭永玉．人格心理学：人性及其差异的研究[M]．中国社会科学出版社，2005.

[6] 郑雪．人格心理学[M]．广州：广东高等教育出版社，2004

[7] 弗洛伊德著，林尘，张唤民等译．弗洛伊德后期著作选[M]．上海：上海译文出版社，2005.

[8] Mischel, W., & Shoda, Y. A cognitive-affective system theory of personality: Reconceptualizing situations, dispositions, dynamics, and invariance in personality structure [J]. Psychological Review, 1995, 102, 246~268.

[9] 马斯洛著，许金声，程朝翔译．动机与人格[M]．北京：华夏出版社，1987.

[10] Larsen, RJ. & Buss, MB. Personality Psychology. Domains of knowledge about human nature[M]. Boston: McGraw Hill, 2002.

[11] Gray, JA. Brain systems that mediate both emotion and cognition[J]. Cognition & Emotion, 1990, 4(3): 269~288.

[12] 李昂，訾非．对权威的畏惧感、消极完美主义与考试焦虑的关系模型[J]．中国临床心理学杂志，2009，17(5)：609~611，608.

[13] 胡娟，訾非，崔丽霞．普通大学生与基督徒大学生完美主义差异的研究[J]．首都师范大学学报(社会科学版)，2009年增刊，161~166.

[14] 刘璨，訾非．大学生完美主义、对权威的畏惧感与人格障碍倾向的相关研究[J]．中国健康心理学杂志，2008，16(12)：1327~1329.

[15] 訾非．焦虑梦的运作机制研究[J]．医学与哲学，2009，30(1)：50~51，55.

诊所式法学教育现状与对策研究

韦贵红[①]，张智波
（北京林业大学人文社会科学学院）

摘要：诊所式法学教育是我国法学教育改革的产物，其打破了我国传统的法律教育模式，为增强学生实际操作能力、提高法律职业者的各种素养发挥了重要作用。在取得成就的同时，诊所式法学教育也存在着一些问题。本文分析了诊所式法学教育的现状，在制度建设、实践运行中存在的师资不足、经费困难、学生身份等问题，并提出相应的完善对策。

关键词：法律诊所；法学教育；对策

诊所式法学教育自20世纪60年代在美国兴起之后，这种以培养学生法律实务能力和职业道德素养的教学方法，迅速在欧洲、澳大利亚、南亚等地区的法律院校广泛开展。2000年9月，中国首次开展了诊所式法学教育。通过在北京大学、中国人民大学等7所高校的法学院建立法律援助中心，开始法律诊所课程，从而开创了诊所式法学教育在我国实践的先河。

一、诊所式法学教育概述及发展现状

（一）诊所式法学教育概述

1. 什么是诊所式法学教育

在医学院就读的学生需要花费大量的时间从事临床实习，在实践中学会各种疾病的诊断和治疗。诊所式法学教育正是借鉴了医学院的诊所教育模式，成为了法学教育的一个创新型教学方式。类似于医学院的临床实习，诊所法律教育，是学生在“法律诊所”中，在教师的指导下为处于困境中的委托人提供咨询，“诊断”他们的法律问题，开出“处方”，为他们提供解决问题的途径，并为他们提供法律服务。[1]

诊所式法学教育（clinic legal education）是建立在法律诊所基础上的一种实践性法学教育模式。广义的讲，它是指有关法律职业的任何经验的、实践的或者积极的训练，它将教学的焦点放在如何教授

法律技巧之上，属于实践教学范畴。[2]在法律诊所老师的指导下办理案件，学生的真实体会是运用法律、分析判断和语言表达等各方面的能力均得到了提高。诊所式法学教育是对我们传统法学教育的有益补充和完善。

依托项目：北京林业大学2008年校级教改研究项目——法律诊所教学方法的研究与实践。

① 第一作者：韦贵红，博士，副教授。主要研究方向：诊所教育、知识产权、民法。电话：62336088。E-mail：weiguihong@ gmail. com。通讯地址：北京林业大学人文学院法律系，100083。

2. 诊所式法学教育的特点

与传统的法学教育相比，注重培养实践能力和职业素养的诊所式法学教育具有以下几个明显的特征：

(1)诊所式法学教育是多元的价值体现。法学教育的价值与其所倡导的理念是紧密相连的。在具有教育和创新价值的同时，诊所式法学教育还充分体现了实践价值、职业道德价值和社会价值。[3]注重实践能力、职业道德和职业责任的培养，并将其贯穿于诊所法律教育的始终，这也体现了法学教育的核心。通过法理援助活动的实践，学生与老师、学生与当事人、学生之间相互建立了良好的沟通，不仅学到了专业理论，更重要的是激发了各项社会技能、提高了职业素养。这便是诊所法学教育的根本价值取向。

(2)诊所式法学教育的目标是理论联系实践，二者相结合。诊所学生亲自接触一个真实的案件，而且从接案开始，直到结案，要写各种法律文书、调查取证、出庭等，所做的各种工作类似于一个律师。可见，它不同于以课堂教学为主的其他课程，而是以实际办案为主；在大一、大二已掌握基本法律专业知识的前提下，在办理案件的过程中将理论知识转化为实践。可以说，诊所办案是一次将理论和实践相结合的过程，是一次理论指导实践，实践巩固理论的过程。

(3)诊所式法学教育是以学生为主体的教学方法。诊所教学上，学生虽以办案为主，但仍要在诊所教师的参与下，学习办案理论知识。在诊所课程上，学生的角色扮演发挥着重要作用。通过角色模拟与互换，学生能够学会在各种情况下的应对技能。这便不同于普通的"填鸭式"理论灌输教学，学生发挥着积极主动作用，充分体现了学生为课堂主角的灵活教学。例如：会见当事人，要求学生做好会见前的准备，制定会谈的方案；解决会见时发生的问题，做好当事人的咨询；会谈结束后，指导教师与学生一起分析会见中的优点与不足。在此训练过程中，指导教师能够帮助学生准备角色，评价其表现，学生的应变能力在其担任角色中得以提高。[4]

(4)诊所式法学教育既能培养学生职业技能又能培养职业伦理道德。通过诊所式法学教育的学习，学生能够学到许多基本的专业律师技能，如：解决问题的能力、法律的研究能力、事实调查能力、交流沟通、谈判、诉讼、非诉讼争端解决、接待、组织和处理法律事务的能力等等。法律诊所中，学生接触和处理真实案件、接受当事人的委托等都会面临许多的社会问题。正是通过对案件的解决及对面临的各种困难的灵活处理，锻炼并提高了学生的能力，而且为其思考自身的社会价值创造了机会。从实践来看，诊所法律教育应当是培养学生职业道德的理想场所。

(二)诊所式法学教育的发展现状

从2000年诊所式法学教育引入中国之后，越来越多的高校法学院、系加入了诊所法律教育专业委员会，成为委员单位。直到2010年3月5日，诊所法律教育专业委员会的委员已达到120个。北京林业大学人文学院法律系于2006年10月26日成为中国诊所法律教育专业委员会的成员。法律系教师经过国内和国外的法律诊所教育培训，积极筹备课程的开设，在学校和学院的大力支持下，将法律诊所课程列入新的教学计划，并于2008年春天开课，至今已开设了三期课程，有66名学员参加了学习。该课程受到了学校高度的重视，作为教改课题立项进行研究，并将其列为精品课程进行建设。

作为中国法学教育的一项创新举措，诊所法律教育在我国的普及、繁荣为我国的高校法学教育提供了丰富的知识和经验。它不仅促进了高校法学教育的改革，而且通过代理真实案件为无力支付律师费用的委托人提供法律服务，实现了诊所法律教育的另一个教学目标，即为弱势群体提供法律援助。[5]但是，这种教学模式在制度建设上、实践运行上，也显现出一些问题亟须解决。

二、诊所式法学教育存在的问题

(一)制度建设上的问题

1. 关注度不够

诊所式法学教育受关注的程度低已经成为制约其发展的一个瓶颈。教育部门、学校、各个司法部门机构对它关注的不足，严重影响了运行经费、师资力量、课程开展、学生办案等其他许多方面。作为法学教育体系中的一件舶来品，经过10多年的发展，不管是在诊所制度管理上还是在课程开设运行上，都取得了较大的进步。但从发展普及的广度来讲，范围还不够大。在大多数高校，其仍然被看作一个新生事物，尚未进入主流课程系列。诊所课程在学生中间受欢迎的同时，却没有得到校方、教育主管部门以及司法等部门的重视，这是诊所法学教育目前面临的一个重要问题。

2. 资金经费不足

诊所的有效运作需要资金的支持。学生办案的经费、教师教学补贴、办公用品和管理经费都是必不可少的。法律诊所缺乏充足的经费保障已成为普遍存在的一个问题。一些法律援助案件常常会因经费困难限制学生及时、全面地了解案情，直接影响了援助案件的办案质量。而且，在诊所法律教育专业委员会的委员单位中，存在着许多高校对项目很有兴趣，但却因为经费的不足等原因无法启动该项目。目前，部分高校诊所得到了国外基金会、中国法学会的资助，但资金来源渠道还是相对单一，扩展资金来源成为诊所开展的重点和难点。为了解决经费不足的问题，北京林业大学在诊所课程得到中国法学会资助的情况下，给予配套经费的支持，缓解了经费不足给诊所式法律教育带来的压力。

3. 缺乏建设法律诊所的规范

目前，部分高校的法律诊所是在原有法律援助中心基础上建立起来的，例如：北京大学法学院的法律诊所是建立在其妇女法律研究与服务中心的基础上，专门从事妇女权益问题的研究；在诊所课程教学上，各诊所有着多种多样的教学方式，如：模拟式、体验式、案例式等；在学生办案方面，各诊所均是自己制定办案守则，学生在遵守诊所办案守则的前提下开展案件办理。

法律诊所的类型可以多样化，对于教师诊所授课与指导学生以及学生独立办案而言，应当有相对统一的规则来指导。目前缺乏对诊所法律教育的核心价值、基本形式和培养模式的探讨；我们对诊所学生办理案件缺乏统一的规范来指导；缺少诊所课程教材和学生评价体系；诊所与法律援助中心的管理需要规范。

(二)实践运行上的问题

1. 师资力量缺乏

师资力量在诊所课程教学上发挥重要作用。诊所教学的特殊性，使得恰当的师生比例成为必要。在美国，一般是一名诊所教师带领四至五名法学院学生进行学习。然而，由于诊所课程在我国法学院系中的应用尚处于起步阶段，校方对于诊所法律教育课的重视程度不够，便造成了在师资力量和硬件配套设施上的不够完善。此外，对诊所老师的实务经验有比普通课程较高的要求。

我国的诊所教师几乎是从原有的法学院教师队伍中产生的，这些教师一方面需要新开设诊所课程，另一方面还要兼顾一门或几门法律专业课，多数诊所教师在超负荷工作。在诊所中指导学生办案需要花费大量的时间和精力。因此，需要有专职的老师在诊所指导学生办案。然而，我们现在大多数诊所老师因为其他教学和科研任务，无暇顾及学生办案情况。为解决师资缺乏的问题，我们采取专职与兼职相结合的方法，诊所课程的讲授和日常管理由两个专职诊所教师来完成，办案指导大多情况下是在课下进行的，由诊所兼职教师完成，以使每个案件都有一名教师跟踪指导，保证办案的质量。

2. 诊所学生的选择

进入诊所学习的学生需要有一定的实践能力，有扎实的法律基础知识，有较强的法律逻辑思维。因此，学生的选择成为难题。经考察，很多院校采取让电脑随机抽取的形式入取学员。此方式不仅毫无标准可言，也没有公平性可言。[6]国外法学院学生需要通过申请进入诊所学习，由老师对学生的道德品质、专业知识、综合素质做出判断。因此，仅靠单纯的申请形式更为不妥，因为只凭个人申请中的各种成绩和主观陈述并不能保证学员的运用知识能力和实践质量。缺少标准使得诊所课程中学员质量无法得到保证，客观上影响了教学的顺利进行和教学目的的实现。

3. 学生的办案身份

诊所法学教育模式与传统法学教育模式最大的不同点在于，诊所学生要像律师一样办理真实的司法案件。根据我国《民事诉讼法》第58条的具体规定，学生一般只能以“有关的社会团体或者所在单位推荐的人或经人民法院许可的其他公民的身份”参加相关诉讼。由于诊所学生很难取得律师执业证，这使得在调查取证中遇到相当大的阻力，有些机关或单位拒绝诊所学生正当的调查请求。由于法律诊所不具有独立的民事主体资格，造成诊所学生在办理真实案件时所产生的相关法律责任处于模糊状态。

同时，学生办案身份的不明确也影响了诊所案源。由于学生办案的身份不及执业律师，使得委托人在许多情况下对学生的信任度不够，造成案源不断减少。根据《律师法》、三大《诉讼法》的相关规定，学生可办理的只有民事案件。在我国最早开设诊所法律课程的法学院中，学生办理的无一例外的都是民事案件，根本无法触及刑事、行政案件等。[7]

三、建　议

（一）强化制度建设

1. 加强社会机构对诊所式法学教育的支持

在增强诊所法学教育模式普及推广的同时，应加强相关社会机构对诊所的支持。我们应该让全社会的公检法机关、律师事务所、公益组织等支持法学教育、关注诊所法学教育，借助与诊所法律援助中心合作来参与到法学教育当中。北京林业大学法律系与北京市海淀区人民法院东升法庭建立合作关系，为需要帮助的当事人提供法律咨询；并与清华大学法律援助中心合作，为弱势群体提供法律援助。争取社会各界对职业法律人才培养的理解与支持，既扩大了诊所学生的案源，也解决了诊所运行的相关经费问题。作为一项实践性的教学课程，教育部门应该加大该项目的财政投资，保障实践课程进行的各项配套设施，为培养具有职业法律人才提供相应的经费的支持。

2. 诊所法律教学进一步规范化

要不断加强诊所法学教育的规范化管理。作为一种法律教学模式，多元的形式固然有其优势，但作为一个法律援助机构，为委托人办理关系切身利益的法律案件，就非常有必要对诊所项目进行规范。北京林业大学法律诊所经过近三年的建设，通过师生的共同努力，教学与管理逐渐规范化，逐步制定了档案管理、财务管理和学生办案规则等一系列管理制度。

（二）推动实践运行

1. 培养高素质的诊所教师

应培养一批法律诊所的专职教师。从事诊所教学的教师不仅要热爱自己的教学工作，更需具有公益意识和社会责任感。因此，要培养大量的拥有熟练律师技能、社会责任感和公益心的优秀诊所法律教育教师。

根据诊所法律教育的特殊性，制定专门的诊所法律教育专职教师的工作及考核方式。通过合理的教学安排，吸引有资格的老师从事诊所教学。北京林业大学注重培养诊所教师，鼓励教师出国学习、参加国内和国际诊所法律教育学术会议，并鼓励更多的年轻教师加入诊所教育的团队中来，以满足诊所是法律教育所要求的师生比例和保证学生办案的质量。

2. 结合面试挑选诊所学生

从公平的角度来考虑，每个学生在校都应得到平等受教育的机会。选课应当是自愿的，每个学生都应当有上诊所课程的机会。但是，诊所教育不同于其他的课程，要求有恰当的师生比例，需要一定数量的案源和办案经费。诊所学生的人数受到师资条件、案件数量和资金的限制。目前，我国大多数的法律诊所的学员通过选拔产生。

我们法律诊所学员的挑选，是通过申请、审查和面试的方式进行的。学生在申请中介绍自己的基本情况和选择诊所课程的想法。教师经过审查之后，安排面试。诊所面试题主要包含法律基础知识、办案常识、案例分析、团队合作的测试。通过问答方式，测试学员的思辨能力、反应能力，分析案例、解决问题的能力，为诊所学生的选择提供可靠的依据。

3. 保障法律诊所及学生的合法身份

有专家呼吁对诊所学生办案，赋予诊所学员“学生律师”资格。所谓“学生律师”是指诊所学生在办理法律案件过程中，除了正式的法律文书需要诊所教师签署外，在其他方面享有与律师相同权利的法学院学生。[8]这相当是给诊所学生一个“准律师”的特别身份。从而不宜混同于“其他辩护人”，也与律师有所区分，并赋予其在办案过程中相应的权利，如调查取证权、会见通信权、阅卷权等，并在司法实践中确立相应机制予以切实保障。

另一方面法律应赋予学校法律援助中心具有法人资格，充分利用法律援助中心这一机构，来解决社会上法律援助机构不足的局面。为此，法律诊所的设立应当具备一定的资质。有利于法律诊所全面参与法律服务，更好地为法学教育和法律援助服务。

四、结　语

诊所式法学教育作为一项法学教育改革的产物，弥补了传统法学教育重理论轻实践的不足，对职业法律人才的培养做出了很大的贡献。文章对这一实践性教学模式，区别于传统模式的特点进行归纳；结合该教学方式的发展现状，总结出在制度建设上、实践运行上所存在的一系列问题，并提出解决问题的相应对策。

参考文献：

[1] 甄贞. 诊所法律教育在中国[M]. 北京：法律出版社，2005：4.

[2] 理查德·J·威尔逊，美国华盛顿大学法学院国际人权法律诊所教授、导师。摘自《诊所式法律教育教学参考资料》，美国福特基金会 2000 年.

[3] 牟逍媛. 诊所法律教育价值研究[J].《环球法律评论》，2005(3)：289～291.

[4] 韦贵红. 法律诊所课程教学方法的研究与实践[J].《中国林业教育》，2007(5)：61.

[5] 甄贞. 中国诊所法律教育的现状与未来[J].《中国法律》，2006(4)：38.

[6] 甄贞. 方兴未艾的中国诊所法律教育[M]. 北京：法律出版社，2005：490.

[7] 徐金锋，雷小珍. 我国诊所法律教育基本问题研究[J].《企业家天地》，2008(11)：227.

[8] 朱留虎. 诊所法律教育亟待解决的问题及对策[J].《教育与职业》，2007(11)：118.

思想政治理论课课堂传播方式创新研究

朱洪强[①]

（北京林业大学人文社会科学学院）

摘要：提高思想政治理论课吸引力必须坚持贴近学生的原则，这就要求摸清当代大学生的期许和诉求是什么，并依据大学生接受能力和思维习惯方面的特点，大胆进行课堂教学传播方式的创新，做到用语幽默化、课件影像化、讲授案例化、分析交互化、贴近大学生活化、知行合一化等。

关键词：马克思主义大众化；“90后”；传播方式；创新

大众化就是把马克思主义的基本原理、基本观点通俗化、具象化，使之更好地为人民大众所理解、所接受。列宁讲过，最高限度的马克思主义等于最高限度的通俗化。马克思主义本质上是人民大众的理论。大众化是理论创新的重要途径和最终归宿，也是创新理论发挥作用的重要环节。

大学生是祖国的未来，他们素质的高低直接关系到中华民族的明天，他们是否真学、真信、真用马克思主义是决定社会主义千秋万代的大事情。但是，“面对新形势、新任务，学生思想政治教育工作还不够适应，存在不少薄弱环节。一些地方、部门和学校的领导对学生思想政治教育工作重视不够，办法不多。全社会关心支持学生思想政治教育的合力尚未形成。学习思想政治课实效性不强，哲学社会科学一些学科教材建设滞后，思想政治教育与大学生思想实际结合不紧密，少数学校没有把大学生的思想政治教育摆在首位、贯穿于教育教学的全过程”[1]。因此，2005年初，中宣部、教育部制定了高校思想政治理论课“05方案”，新方案实施几年来，成效明显，大学生对思想政治理论课的教学满意度显著提高、社会主义信念显著增强、核心价值体系初步树立，等等。

但毋庸讳言的是，困扰思想政治理论课的一些顽疾，仍不同程度地存在，比如听课率较低、吸引力不很强、课堂气氛略显沉闷等。根除顽疾，需要全方位的努力，表面上看，是思想政治理论课堂吸引力不够的问题，深层次讲，这实际是一个马克思主义大众化传播方式创新的大问题。

马克思主义理论是一个很好的理论，而马克思主义中国化的最新成果——中国特色社会主义理论体系更是开拓了马克思主义发展的新境界。这么科学的理论要想被大学生所理解、所接受，就必须进行传播方式的创新，要说到大学生的心坎上。这就需要摸清大学生的期许和诉求，知道他们在想什么、做什么、困惑什么；还要充分考虑大学生的接受能力和思维习

---

① 作者简介：朱洪强，博士，讲师。主要研究方向：毛泽东思想和中国特色社会主义理论体系、生态文明。电话：62336517。E-mail：zhuhqiang@ sohu. com。通讯地址：北京林业大学人文学院，100083。

惯，用他们喜闻乐见的方式把深刻的道理讲明白。

一、当代大学生期许和诉求方面的特点

(一)对国内外时政热点的关注

根据中国互联网络信息中心（CNNIC)2008 年 1 月 19 日发布的“第十五次中国互联网络发展状况统计报告”显示，中国上网用户总数为 9400 万；2009 年 2 月 18 日该中心发布的《中国手机上网行为研究报告(简版)》显示，我国目前手机上网用户达 1.176 亿，其中“80 后”群体成手机上网主力。而截止 2004 年 6 月 30 日的统计显示，我国上网用户 35 岁以下占到 82%，其中 18 ~35 岁之间占到 64.7%。

大学生是最大的网上群体，而且是最活跃的群体。在互联网上存在着大量的信息，既有红色的，也有灰色的、黄色的甚至黑色的，还有关于世界各地热点、焦点话题的讨论，充斥着眼球。对涉世未深、理论功底较浅的大学生来讲，或多或少地都会迷失方向。因此，在这种情况下，他们想挣扎、想摆脱思想困惑，想通过一根指针拨开纷繁复杂时事的迷雾，这就产生了对马克思主义的极大渴求。传播者如果把握住这一契机，大胆运用马克思主义切近国内外时政热点的真相，就事实上论证了马克思主义的真理性。

(二)对就业前景的迷茫

当代大学生作为“90 后”，一出生就身处市场经济的大潮中，因此他们对自身利益的重视及追求超过了以往的任何一代大学生群体，他们的思维很务实，讲究实效。讨厌说废话、搞形式，时间观念、效益观念很强。在自我价值取向上，往往把个人活动同自我利益联系起来，实用主义色彩浓厚。根据笔者近两年的调查，近 95% 的大学生习惯从就业角度衡量上课与否，也就是说，这门课对找工作有帮助就上，没帮助就逃，这对进行理想价值灌输的思想政治理论课来说，无疑是噩梦。因此，当前大学生普遍存在着重专业课轻思想政治教育课的现象，校园流行着“必修课选逃，选修课必逃，政治课狂逃”的顺口溜。即使因某些强制性因素到思想政治理论课课堂的学生，也大搞“副业”：聊天、看小说、发短信、传纸条、背单词等。

面对这种状况，一味地责罚是不可取的。作为马克思主义大众化的传播者，要设身处地地为大学生着想，要意识到金融危机的蔓延、高考的扩招、高昂的学费、就业方式由政府包分配向自谋职业的改变、父母的下岗、房价的飙升等一系列的社会问题对大学生前所未有的重压，要通过对就业环境、国家政策、人生价值取向等问题的解析，舒缓大学生对就业前景的紧张，辨明人生前进的方向。

(三)对自我才能展示的冲动

当代大学生成长在我国由短缺经济向小康社会的跨越期，尽享改革开放的成果；同时，大都是独生子女，因此在家里可以说是呼风唤雨的“掌上明珠”或者“小皇帝”，他们自我评价很高，自我意识的觉醒与日俱增。

在群体面前，他们有自我表现的强烈愿望，希望得到周围人的肯定甚至是嘉许。他们具有强烈的参与意识和竞争意识，这也就导致了学生不再满足于教师权威式的指点和结论，希望能够平等地讨论问题。在这种情况下，由学生自己主持，让大家畅谈自己的见解，使不同的观点在讨论中碰撞，再由传播者加以引导，得出一个为多数人认同的结论，这既充分发挥了大学生的主观能动作用，也更有利于马克思主义的传播。

二、大学生接受能力和思维习惯方面的特点

(一)喜欢幽默感的表达方式

当今时代在快节奏、压力大的环境下，人民大众更倾向在轻松活泼、风趣幽默的话语中获得一丝放松，赵本山的二人转大舞台风靡全国，郭德纲的德云社相声一票难求，周立波的海派脱口秀更是红遍大江南北。这些现象的背后，实际上就是幽默的巨大力量。因此，马克思主义大众化的传播者也必须坚持寓教于乐，注重采用富有幽默感的表达方式。

而根据笔者近两年的调查，也印证了这一点，高达 85% 的大学生喜欢授课的老师幽默风趣，只有 18% 的大学生喜欢授课的老师风格激昂，而对过于严肃风格的授课老师则抵触甚至反感。

厦门大学教授易中天遭举国追捧的现象就是例证，易中天说："我把我的演讲风格分成三个境界：其一为'正说'，也就是以历史事实为依据；其二为'趣说'，为了达到这个境界，我会加进去一些无厘头的搞笑语言，有时无厘头是必要的，能极大调动观众的听讲兴趣；其三为'妙说'，也就是在前两说的基础上对历史进行分析，给观众以启迪，这是最高的境界。""真实的不好看，好看的不真实，因此要有一个办法解决这个问题，那就是'妙说'。所谓'妙说'，就是历史其里，文学其表，既有历史真相，又有文学趣味。""韩信是待业青年"、"喏，相当于现在的 ok"、"朝廷派人去查吴王，也没有发现什么大规模杀伤性武器嘛"、"周瑜是个大帅哥"等等，他的妙语连珠把枯燥的三国历史风趣幽默地呈现在世人面前，一时间无人不在品三国，谁人不是"易丝"！

(二)钟爱网络流行语言

现在的时代是网络的时代，大学生主要的精神食粮都来自网上。他们在网络上已经构建了一个属于大学生群体的信息"草根社会"，交流自己感兴趣的话题，运用独特的网络语言。比如"非常郁闷"、"好酷"、"帅呆了"、"开心农场去偷菜"、"不要迷恋哥，哥只是一个传说"等，甚至还发明了一些新的字、词语，这些语言迅速在大学生群体中流行，运用成为一种时尚。如果马克思主义传播者考虑到受众的这一特点，用他们喜闻乐见的语言来传播马克思主义大众化的理论成果，一定能起到事半功倍的效果。

(三)对新奇的事物保持着浓厚的兴趣

当代大学生思想活跃，积极上进，接受新生事物快，另一方面，他们也明显呈现主流意识淡化，信仰多元化，偶像多样化的特点。作为"90 后"，他们满怀猎奇心理和叛逆心理，喜欢接受新的事物，并且会去跟风追捧。

马克思主义传播者如果仍然简单重复早在受众中学时代就已烂熟于心的结论，那结果必然是南辕北辙，因此必须用新的视角、新的包装、新的深度去阐释马克思主义大众化的理论成果。此外，传播者的个人特色和个人魅力极为重要。道理很简单，学生只有认可了某人，才可能真正的去接受他的思想。传播者的讲授风格和个人特色(主要是言行方面)能极大引起学生的关注和兴趣。所以，传播者在学生面前适时地露上一两手，透漏点绝活，那么受众对传播者肯定会由衷地佩服，从而大大提升了马克思主义大众化的传播效果。

三、思想政治理论课课堂传播方式的创新

(一)用语幽默化

幽默是一种力量，是一种巨大的力量。它能在传播者和受众之间迅速搭建一座心灵沟通的桥梁。要有效传播马克思主义理论，就要运用群众的语言，用通俗易懂的话语，使大家听得懂、听得真切，把深奥的理论问题变成拉家常式的唠嗑。也就是说，一定要把传播作为一门艺术来钻研，学会综合运用语言、表情和手势等技巧，该娓娓道来的要娓娓道来，该抑扬顿挫的要抑扬顿挫，该借助手势的要借助手势，把口才、幽默、悬念巧妙地糅合在一起，不断制造兴趣点，时不时地"抖包袱"，使大学生在轻松活泼的气氛中，在幽默化的用语中，潜移默化地收获马克思主义真理。

(二)课件影像化

长期以来，很多思想政治理论课教学一直固守这样一种课堂教学模式：一本教材 + 一张嘴 + 一块黑板 + 一支粉笔"，即教师讲、板书、学生耳听、笔记，这极大地影响了马克思主义大众化传播的有效性。对习惯新奇事物的大学生来讲，马克思主义传播者必须用高科技的影像化课件才能牢牢锁住他们的眼睛。影像化课件不仅仅有文字，更多的是剪辑的影片、视频、动画、图片、漫画等等，全方位、多视角、立体地向大学生传播马克思主义真理。比如，在讲授"中国革命除了武装斗争还有其他斗争形式"的观点时，通过播放一段《暗算》或者《潜伏》的视频，让学生更深刻体会到以谍报斗争为代表的其他斗争形式的重要性。

(三)讲授案例化

作为"90后"，当代大学生对于空洞的、单调乏味的、空话连篇的说教，往往嗤之以鼻，毫无兴趣，这就要求传播者要运用典型事例切入。运用来自国内外时政的典型事例，深入浅出地析事明理；要用坦率诚恳、平易近人的态度，像讲故事一样平等地与大家进行交流，力争用具体的数字、鲜活的事实说话，少讲套话，防止简单化地进行理论说教，事实胜于雄辩，用事实说话，使大家在心悦诚服中接受真理。

例如，在讲授"毛泽东关于两种不同性质的矛盾要用不同的解决方法"时，可以轰动一时的马家爵事件为例，马家爵犯罪的原因很多，但他最直接的错误就是混淆了两种不同性质的矛盾，用解决敌我矛盾的手段来解决人民内部矛盾，从而酿成一桩校园惨剧。

(四)分析交互化

马克思主义传播者必须关注大众需求、回应大众关切、解答大众困惑，不断推进马克思主义大众化。传播不是单向的，成功的传播必然是交互的。这就需要在传播过程中要倾听大众的呼声，特别是大学生这个群体，他们有哪些所思所想，最好有一个即席问答，释疑解惑，澄清理论是非，这将大大提升马克思主义的战斗力和可信度，马克思主义大众化理论成果才能从书斋走进人民大众、融入人们心中。这就要求：在上课前，可以让课代表提前把同学们的疑问写成小条交给老师，针对这些问题在课堂教学中重点讲解；而针对在同学们听课过程中产生的新困惑，在课堂小结时可以设计一个"答同学问"的环节，让学生在交互的问答中提高运用马克思主义解决实际问题的能力。

(五)贴近大学生活化

马克思主义之所以成为放之四海而皆准的真理，就在于它的"草根性"，就在于它善于通过"从群众中来"，将所汲取的群众思想和实践智慧，凝炼和升华为指导人类认识主观世

界和改造客观世界的规律，再更具亲和力、感染力地“到群众中去”武装头脑，指导实践。当代大学生正在变成“信息人”，这就要求马克思主义大众化传播者要深入到网络社会，走进大学生网络社区生活，去指导大学生的日常生活实践。

2010年6月23日，华中科技大学校长李培根华在本科生毕业典礼上作了一个16分钟的演讲，演讲中他把4年来的国家大事、学校大事、网络热词等融合在一起，出现了“俯卧撑”、“躲猫猫”、“打酱油”、“蜗居”、“被就业”等很多流行词汇，让学生倍感亲切，2000余字的演讲稿被掌声打断30次，全场7700余名学子起立高喊：“根叔！根叔！”这一现象集中展示了“与时俱进”贴近大学生生活的巨大威力。

目前，最为有效地方式就是通过“校内网”（www. renren. com），这是专为学生们搭建的交流平台，学生们在里面畅所欲言，互通有无，可以说这一网站是马克思主义传播者了解受众思想动向，使大众化传播内容贴近大学生活的最快捷途径。

（六）知行合一化

当代大学生的一个突出特点就是善于观察和思考，他们不但看马克思主义传播者怎么说，更要看传播者怎么做。诺贝尔物理学奖获得者杨振宁博士落叶归根，八十高龄还在清华大学为本科生讲授普通物理，这一举动的本身不就是对大学生们最好的爱国主义和奉献精神的深刻教育吗？

然而目前在马克思主义大众化传播中却有重言传而轻身教的倾向。有相当一部分传播者在教学活动中往往注重对知识的传授，而忽略了自己言行对学生的影响。有的传播者学术水平很高，但对本科教学却敷衍了事；有的传播者要求学生遵守课堂纪律，自己却时常迟到或随意调课，甚至有的传播者在课堂上还有一些不雅之举，诸如此类的行径长此以往，在学生的头脑中也就形成了进行马克思主义大众化传播就是“讲大道理”的模式——“说一套，做一套，根本没人真信”，这无疑使传播效果大打折扣，甚至丧失殆尽。因此，思想政治理论课教师必须知行合一，率先垂范，用自己的真学、真信、真用去引领大学生接受并运用马克思主义真理。

参考文献：

[1]中共中央国务院关于进一步加强和改进大学生思想政治教育的意见[N]. 光明日报，2004-10-15(1).

土木工程专业结构力学教学方法改革研究

陈丽华[①]，冀晓东，赵红华
（北京林业大学水土保持学院）

摘要：《结构力学》是土木工程专业的主干课程之一，是学好后继课程的重要基础，而该专业学生普遍感觉《结构力学》难学，从教学效果看，学生成绩不理想。因此要尽快对该课程进行教学方法改革，让学生在认识到该课程重要性的基础上，加深学习兴趣、提高学习效率，进而把《结构力学》课程学好，达到良好的教学效果。

关键词：结构力学；土木工程专业；教学改革

《结构力学》是土木工程专业一门专业基础必修课，是土木工程专业最重要的课程之一。一方面它以前续课程如高等数学、理论力学、材料力学等课程为基础；另一方面，它又是后续专业课程如钢结构、钢筋混凝土结构、土力学与地基基础、结构抗震等专业课的基础，为专业课程提供必需的基础知识和计算方法，而且在课程设计、毕业设计的过程中也要反复用到结构力学知识，因此在整个专业中占有重要地位[1]。

近年来，随着整个专业课程的调整和社会对土木工程人才培养要求的不断变化，以及计算机数值方法在土木工程中的应用推广，传统的教学方法和手段已不能完全满足其要求，如何进行结构力学教学改革，已成为搞好课程教学和培养高素质人才的重要环节。工程实际中的结构力学问题是很多的，也是很复杂的，而书本上的知识和教师的讲授却是有限的，结构力学是一门非常抽象的课程，其教学目的应使学生掌握结构力学的基本原理和方法，并能灵活运用。为了进一步加强学生计算、分析、表达和自学能力的培养必须进行教学方法改革。

一、当前教学过程中存在的问题

（一）课堂教学满堂灌

结构力学知识点很多，涉及教学内容量大，因此当前在课时量被几度压缩的前提下，仍然要按质按量完成任务，就造成许多情况下老师就在课堂上通堂讲课去赶课时进度。这种满堂灌的教学方式造成老师感觉口干舌燥，学生则埋怨满堂讲课没有消化的过程，而造成不理解的重点、难点越积越多，渐渐对结构力学的学习失去了兴趣。

（二）课下作业题量大

结构力学涉及到计算的问题很多，比如静定结构的自由度数、超静定结构的多余约束数、支座的反力、杆件的内力、结构的位移计算等等，学生仅仅靠上课听讲和课下看书来掌

---

① 第一作者：陈丽华，教授，博士，主要研究方向：结构力学教学研究。电话：62336108。E-mail：c_ lihua@ bjfu. edu. cn。通讯地址：北京林业大学水土保持学院，100083。

握老师所讲的内容是不够的，需要通过动手计算来理解理论知识和计算原理，于是教师往往通过布置大量课下练习题的方式强化训练学生对所授内容的掌握。由于同时开设的课程多，各门课程都受到课时的限制而进度很快，要做好老师所布置的结构力学课下作业题就要大量的时间，许多学生就抱着应付差事的态度去完成作业，甚至直接买本习题解答抄作业了事，造成与布置课下练习的初衷相违背。

(三)过度使用多媒体

多媒体教学具有形象生动、信息量大和交互性强的特点。随着信息技术的发展，多媒体教学已广泛进入各大高校《结构力学》课程的教学中，在教育部2004年8月印发的《普通高等学校本科工作水平评估方案》中，对必修课应用多媒体授课的课时数做出了明确的规定。但是，当下在《结构力学》课程授课过程中多媒体的使用有点过度，整个课堂授课过程都依赖于多媒体课件，造成讲课速度过快，学生理解不够透彻，并且课堂上师生的交流被削弱。

(四)与工程实际脱节

《结构力学》课程是专业基础课，为后继专业课程打下坚实的理论基础，是直接服务于工程结构计算的重要课程。《结构力学》所讲授的力学模型大都来源于实际工程，为了方便计算，实际工程结构被简化成简单的结构力学模型。许多情况下老师在讲述这些力学模型的时候，没有从工程实际出发，就模型讲模型，学生感觉很抽象、难理解，教学效果难以达到预期目标。

二、教学方法的改革

(一)采用启发式教学，形成良好的课堂气氛

启发互动式教学是培养学生创造性的好方法。它的特点是通过启发、引导，让学生独立思考，主动获取知识[2]。同时教师应对课堂上讲授的内容实行精选、精讲，重点应放在对问题的定性分析和方法分析上，避免舍本逐末、照本宣科，要给学生留出一定的思维空间，让他们通过自己的思维得出一些结论。比如讲力学模型就鼓励学生思考、联想这种模型是哪种实际工程结构的抽象和简化，学生通过自己的思考与分析，对于力学模型的简化就会有更加深刻的理解，同时对其计算原理也会理解得更加透彻。

(二)减少课下作业题，鼓励制作结构力学体系模型

为了达到课下作业题的训练效果，激发学生学习结构力学的兴趣，我们适当地调整了《结构力学》课程课下作业题量，从以前每种力学模型课下作业训练两题改为一题，压缩一半，鼓励学生去制作结构力学体系模型。学生自己动手制作模型，在模型上加荷载，如均布荷载、集中荷载，然后观察力学模型在荷载作用下的变形和位移情况，使学生更深入地理解所讲的理论知识。

近几年，我们学校土木工程专业都有多个小组参加北京高校结构设计大赛，学生要自己进行结构设计计算，自己进行模型制作。据我们调查，参加了结构设计大赛的同学对于这些结构力学模型的理解更加深刻，用学生们的话说就是恍然大悟。

(三)合理使用多媒体

根据我们多年的教学经验，如果能够做到合理使用多媒体，将会达到良好的教学效果。我们的原则是发挥多媒体的优点，解决多媒体过度使用产生的问题。

首先是要把传统的板书与多媒体结合，《结构力学》课程里有大量的力学模型计算，比

如：内力计算、位移计算、支座反力计算，如果仅仅从多媒体课件上让学生看一遍，很难让学生通过课堂教学很好的把握这些计算方法。我们在课堂上结合板书讲解这些力学方程的来龙去脉，学生就更容易接受。

其次是发挥多媒体的优势，制作动画来展示传统手段所不能展示的内容。比如对于静定或超静定结构在受到不同荷载作用后会产生位移，就可以通过动画展示结构受载前后的位移情况，生动形象，学生容易理解，也激发学生的学习兴趣。经过我们的统计，改革后我们在课堂上的多媒体使用时间从过去的占到课堂时间75%降低到了61%，板书从过去两个课时写一整板到改革后板书1.5个整板。教学效果得到了明显的改善。

（四）充分利用结构力学上机课时

由于计算机技术的迅速发展，《结构力学》课程以“手算”方法为主体的理论教学内容，同当前工程结构设计大规模采用计算机计算的实际状况明显脱节，大有滞后于现实需要之势，为适应工程结构设计的需要，电算应成为其主要计算手段。在结构力学传统内容的基础上增加计算机方法内容，比如将矩阵力法、矩阵位移法与传统力法、位移法章节结合为一体，培养学生的计算机建模能力、编程能力和使用常用结构计算软件的能力，从而适应新时期的工程需要，提高工作效率。在学生集中上机前要让他们提前做好功课，把原理搞清楚、计算方法要掌握，上机期间教师要加强指导，使学生掌握用计算机迅速解题的理论与方法，从而提高计算的效率。当前我们学校土木工程专业《结构力学》课程有4个学时，我们在充分利用4个集中上机课时的基础上，也鼓励学生课下利用自己的电脑继续进行电算训练，根据我们调查，本专业学生基本做到人手一台计算机，通过课下作业的“手算”和上机“电算”的结合，学生的计算能力得到了明显提高。

（五）引入实验，以实验验证理论计算结果

引入结构力学实验，不仅可培养学生的动手能力和创新意识，还可以实验结果验证理论计算结果，进一步巩固结构力学知识。《结构力学》静定结构部分如梁、桁架等的静载实验很容易在结构实验室内实现，通过实验测得的构件的应变、挠度，计算构件的内力分布和挠度曲线，并且可以通过逐级加载，使学生掌握杆件内力、结构位移与外载的关系，在此基础上进一步与理论计算结果进行比较并验证理论结果。

在《结构力学》课程中引入实验，可大大激发学生的兴趣、主动性，从而提高学生分析能力、动手能力和创新能力。我们学校《结构力学》课程引入实验工作，计划与大四学生的《建筑结构实验》课程结合，届时《建筑结构实验》课程所开展的包括梁、桁架、框架、排架等结构实验，将带领二年级学生参与，测得的数据共享，以期达到验证理论结构的目的。

我们学校《结构力学》教研组一直在进行着该课程的教学方法的摸索，以提高授课效果、有利于学生理解与掌握理论为原则。通过近三年对教学方法的调整，课堂气氛由沉闷变活跃了，学生也反映《结构力学》课程不像往届学生所说的那么难，考试的结果也表明学生对于理论知识的掌握、计算方法的理解越来越好，我们将坚持教学方法的不断改革。

三、结　语

《结构力学》教学方法改革，是一项复杂工程，而且其手段也在不断的变化，因此需要在实际教学活动中不断探索和发展。只有将课堂内容与课外内容相结合，传统教学方法与多媒体运用相结合，理论知识与工程实际相结合，原理讲授与计算机计算应用相结合，才能收到良好的效果。

参考文献：

[1] 龙驭球，包世华．结构力学Ⅰ-基本教程[M]．北京：高等教育出版社，2000.7.
[2] 李志义．突出个性化培养，推行启发式和主动性实践教学[J]．中国高等教育，2006(17)：43～44.

操作系统课程教学方法的实践和探讨

马　杰[①]，李冬梅，陈志泊，王建新，王春玲
（北京林业大学信息学院）

摘要：《操作系统》是计算机科学与技术专业的一门专业基础课，也是高校计算机相关专业的一门核心课程。操作系统课程在讲述操作系统各种基础概念、理论知识和经典算法之外，还能有效的加深学生对于程序设计、数据结构、计算机组成原理等课程知识的理解。操作系统课程内容具有理解困难的特点，在教学过程中提高学生的学习效果始终是计算机专业培养过程的重要课题。在信息技术快速发展的今天，操作系统日新月异，操作系统课堂单纯围绕理论知识进行授课的教学方式并不能跟上应用技术的发展需要。为了提高操作系统的教学水平，完善教学质量，本文对操作系统的教学进行了一系列的研究和探讨。

关键词：操作系统；教学改革；教学方法；教学手段

操作系统是计算机系统中最重要的系统软件，是在计算机系统中负责支撑应用程序运行环境以及用户操作环境的系统软件。《操作系统》作为计算机技术专业的一门重点专业课程，也是很多本科院校的专业课程，此课程以培养具有扎实的计算机操作系统理论为总体教学目标，使学生能够了解最新的操作系统设计技术，为编写应用软件、系统软件的人才打下坚实的理论基础。

《操作系统》立足于《程序设计基础》、《面向对象程序设计语言》、《计算机组成原理》、《数据结构》等专业课程，授课的内容包括了计算机各种操作系统的组成结构、设计思想、方法和理论等众多内容，具有内容庞杂、涉及面广、概念抽象、实践性强的课程特点。在操作系统课程中，在学习操作系统基本概念和设计思想知识之外，学生还需要将计算组成原理、高级程序设计、数据结构等关联知识结合在一起，这使得学生在学习的过程中往往感到不易理解，难于掌握。

由于操作系统课程的上述特点，相当比例的学生学完本课程，只是通过背诵记住了几个基本概念，并没有真正了解这个优秀的、大型的软件；没有学到程序设计中的很多精华思想和编程技巧；也没有真正了解这个重要的系统软件是怎样管理计算机的全部资源，这不便于今后进一步开发利用计算机资源、进行大型项目的开发。并且由于现在操作系统的发展速度逐渐增快，从培养面向就业的应用型人才角度出发，如何提高《操作系统》的教学效果将成为计算机专业教师应该研究的课题[2]。本文主要介绍在操作系统课程教学中总结的一些教

依托项目：北京林业大学2008年校级教学改革研究项目——算法与数据结构系列课程的教学内容改革与整体优化研究。

① 第一作者：马杰，博士，讲师。主要研究方向：系统软件、流媒体技术、网络服务。电话：62338372。E-mail：majie@ bjfu. edu. cn。通讯地址：北京林业大学信息学院，100083。

学方法和经验技巧。

一、教学内容

教材的选取对于学生的学习有着至关重要的影响，为了改革教学内容，选择一个能引发学生学习兴趣，又能体现计算机发展最新技术的教材对于课堂授课将有着明显的促进作用。学习兴趣是学习知识的动力，只有将学生的学习兴趣调动起来，学生才能学好。传统的操作系统教材充斥了大量理论知识，明显脱离实际应用，并且忽视现代操作系的实际使用特点，这对于理论知识掌握相对缺乏的大学生来说，会明显阻碍其专业知识接受和学习兴趣的保持。

为了让学生能保持学习操作系统知识的兴趣，为了摆脱理论讲述的弊端，在教学过程中，可以选择计算机科学丛书中的《现代操作系统》[1]作为授课教材，《现代操作系统》是一本国际范围内的计算机操作系统经典教材，并会经常根据时代的发展不断地进行内容的更新。在该书中，除去大量的计算机前沿知识以外，还存在着大量的图例解释以及案例分析，对于学生保持学习兴趣和拓展知识范畴有着明显的帮助。尤其是该书每个章节之后，还存在着大量拓展思路的练习题，对于老师的授课和学生进一步思考有着明显的促进作用。

知识的组织是教学过程中需要仔细研究的内容。传统的教学中主要围绕操作系统的各种概念来进行授课，在忽略计算机操作系统是计算机软件技术的精华、具有隔离物理硬件的作用、对上层应用软件提供支撑、提供用户使用的接口等众多操作系统特点之外，还将操作系统的讲述与《程序设计基础》、《面向对象程序设计语言》、《计算机组成原理》、《数据结构》等专业课程的内容进行了分离，从而孤立了操作系统的授课过程，在阻碍学生知识接受的同时，也没有起到综合各种计算机知识的作用，对后续《数据库》《软件工程》《编译原理》等课程的学习来说更没有起到应有的铺垫功能。

为了让操作系统的课程教学能起到在计算机科学技术本科教学里面的核心作用，从巩固学生各方面知识出发，操作系统的课堂授课应该与其他专业课程紧密地联系起来。在具体的讲述当中，应到利用操作系统的各类理论概念首先突出程序设计基础中的数据类型的定义使用、基本程序控制流程的应用场合等知识，其次结合操作系统中各种典型数据的组织形式来加强学生对于数据结构知识的掌握，例如树与图的基本知识、查询的基本概念等内容，第三，需要考虑操作系统对于计算机组成原理依托，突出硬件各种知识对于保障软件系统正常运行的根本性。

操作系统课程实验起到巩固理论知识以及加强学生应用开发能力的作用。在操作系统过去的实验安排中，主要集中在操作系统理论知识的模拟以及各种操作系统实际使用两个方面，忽视了操作系统和上层应用软件的支撑以及对于下层计算机物理硬件的依赖，对于学生实际应用开发能力没有起到明显帮助，并且还会降低学生的动手积极性，也不利于学生理解整个计算机工作的过程。

从锻炼学生实际应用能力的角度出发，以及更多地体现计算机系统软硬件结合的工作原理，在实验课的教学过程中应该做到：①教师应为每次上机精心设计实验内容，把理论概念融入到上层应用的开发和底层硬件的访问，从而尽量将操作系统的各种知识应用化、系统化；②在上机过程中，教师应该鼓励学生查阅各种操作系统的理论知识以及程序开发资料，用来理解与操作系统内各种知识献关联的系统调用对于上层应用的重要性，并结合各系统调用进行演示、验证和设计对应的功能软件。

二、教学手段

由于操作系统教学内容包含了大量理论知识，并且每个理论知识都具有很强的实际应用价值，在课堂授课上，单一的授课方式是无法有效的达到预期的授课效果，无论是采用单纯的电子教学或者是采用单纯的板书教学。在电子教学逐渐普及的今天，通过课堂实践发现，内容过于详尽的电子教案会明显降低学生思考的意愿和阻碍学生的知识接受，而逐步的板书陈述有利学生的思考和实现有效的记忆，在这种情况下，课堂授课可以考虑采用电子教案和板书相结合，并且进行明确分工的教学方式：

(1)电子教案以简单而扼要的形式将操作系统的理论知识和算法步骤给罗列出来，包含图例的说明要言简意赅，避免大量文字的幻灯片影响学生课堂接受能力，也避免了幻灯片的快速翻动而降低教学的连贯性。

(2)黑板板书主要集中在实际案例的解析和理论关联的讲解上，尤其是在结合其他课程相关知识来突出操作系统知识综合性的过程中。通过板书的逐步讲述更能有效的让学生跟上知识讲述的速度，也更有利于在操作系统与其他课程之间建立知识联系。

电子教学应该突破本地计算机的局限性，应该尝试结合网络来增添学生的视野和知识掌握的能力。计算机操作系统具有种类繁多的现状，课堂教学平台的通常具有硬件配置较低的特点，从而使得体现各种操作系统概念的演示环境很难搭建。通过为操作系统课堂授课搭建专门的演示服务器，课堂上可远程登录服务器而进行演示操作，进而有效的调动学生学习兴趣，也能更好的保证教学的效果，同时也能便于学生利用自己的计算机登陆演示服务器进行相关的学习。

由于操作系统的学习对象是学过多门计算机专业课程的学生，学生已经具备了自学能力。但由于学生个体差异较大的特点，教师应该在授课过程中考虑学生的差异，做到因材施教，针对不同的学生采用不同的教授方法。例如有的学生自学能力差，接受能力也较差，对于课上教师讲的内容也不甚理解，针对这样的学生，教师应该不厌其烦，通过多种教学方法让学生逐渐理解掌握。

三、教学方法

在课堂教学中，如果学生总是处于被动接受的学习状态，那课堂教学效果是很难得到保证的。如何转换学生被动状态，对于操作系统这门理论课程来说十分重要的。为了让学生从被动的接受转向主动的学习，最终参与到课堂教学的过程中，在实际的操作系统授课过程中，应该采用多样的教学方法。

(一)互动式教学法

互动教学方法包含课堂演示、课堂提问、课堂练习等形式，互动教学法的特点是能活跃课堂气氛，激发学生学习的兴趣，提高学生的学习质量，在促使学生参与到教学过程中的同时，更有利于教师掌握学生的掌握程度，进而有效的修改教学过程，最终达到更好的教学效果。

在讲课的过程中，由于操作系统的知识相对复杂和深奥，单纯围绕操作系统的各种知识点进行互动式教学的难度较大，也很难起到好的教学效果。针对这一特性，操作系统课程的互动教学应该围绕操作系统和其他课程知识点之间的联系来进行。例如，在讲述文件系统实施方式的过程中，将带有符号连接的文件系统对应的数据结构形式绘制出来，让学生回答该图形在数据结构中属于那种典型的数据组织形式，基于学生的回答来给出有向无环图的答案，并进一步说明有向无环图的特征以及符号连接的特性。这样的方式，在引导学生回忆数据结构关联知识的同时，也能有效地将操作系统枯燥的知识和其他课程连接起来，从而降低学生脑中学习操作系统的难度，进一步调动学生学习的积极性。

(二)案例教学法

抽象的理论知识在计算机操作系统课堂内容占有大量的比例，是学生学习操作系统知识的重要障碍。针对这些抽象知识，结合操作系统是支持上层应用程序的基础平台，通过学生实际使用的应用软件来进行案例教学，教师可以有效的将比较抽象深奥的理论内容讲得通俗易懂，易于学生接受和理解。

例如，在讲解线程模型的时候，学生很难以理解一个应用程序中多个执行体彼此独立执行且协同工作的知识概念。因此在教学过程中采用案例法。在上课时，可以首先启动 QQ 聊天程序，在课堂上演示通过 QQ 与多人聊天的过程，在过程中，让学生去注意打开的多个聊天窗口、任务菜单条上的 QQ 图标以及 QQ 程序的主界面。通过多个窗口来同时完成消息显示，可以很好的向学生说明多线程的都为执行体的工作特征，然后利用都多窗口隶属于一个 QQ 号码登陆的特点可以有效说明在一个进程中多线程之间具有资源共享的性质。另外，通过对比聊天窗口、任务栏图标、程序主界面三个单元的功能差异，可以很好地说明进程内线程之间不局限于执行相同的工作，更多的情况下一个进程所包含的线程通过分工的不同来协同工作，而达到一个完整的应用功能。通过这样的案例，可以很好地吸引学生的学习兴趣，在案例演示和分析的轻松过程中有效达到讲解理论知识的目的。

(三)温故知新教学法

操作系统与前面的课程联系十分紧密，尤其是与《程序设计基础》、《面向对象程序设计语言》、《计算机组成原理》、《数据结构》等专业课程的知识具有显著关联，在学习操作系统新知识的同时应该与原有课程的知识紧密相连，从而在巩固相关课程的学习效果的同时，也能有效的提高学生对于操作系统相关概念的掌握程度，帮助学生更透彻的理解操作系统的概念，并记得更牢固。

例如在讲输入输出系统时，中断机制的授课不可避免涉及计算机组成原理面的中断概念，在此部分授课的过程中，可以重新回顾硬件领域内中断产生的原理，再结合输入输出系统中对于中断机制的使用，即如何利用中断完成数据的输入输出过程，如何摆脱程序直接控制方式的弊端，如何对更高级输入输出过程进行支持。通过这样的讲述，学生在深入理解中断技术实际用途的同时，也深入了解了系统软件和硬件机制结合工作的计算机系统基本机制，也巩固了学生对于专业知识的综合掌握。

四、结束语

《操作系统》是计算机专业学生的理论基础课程，是一门以理论知识为主的课程，只有在教学过程中大量的与实际应用相结合、着重于其他专业课程知识相关联，才能激发学生的学习兴趣，进而保证学生深入地掌握操作系统课程的授课内容，进而为以后的学习和就业提供帮助，为未来的应用软件设计打下深厚的理论基础。

参考文献：

[1]Andrew S. Tanenbaum. 现代操作系统(第二版) [M]. 北京：机械工业出版社，2005.
[2]邓方. “操作系统”课程教学方法的实践[J]. 计算机教育，2007(10)：20~21.

景观表现技术课程教学方法研究

上官大堰[1]，淮永建
（北京林业大学信息学院）

摘要：景观表现技术教学要突破传统教学模式，把理论知识行之有效地应用到具体案例中去。在教学中要以教师合理引导为主导、以学生充分学习为主体，改革教育教学方法，激发学生自主创新能力，实现学生与企业直接对话，学院知识与市场需求无缝对接。

关键词：景观表现技术；教学方法

"景观(Landscape)指风景、山水、地形、地貌等土地及土地上的物质和空间所构成的自然和人为活动的综合体，它体现了某一特定区域的综合特征。因此，现代景观学认为，景观并非我们传统意义上的园林，也不是现代意义上的仅仅局限于公共绿化的初级概念，它是一个综合、广泛的概念"[1]。景观表现技术是研究景观视觉表现技法的一门专业课程。景观表现技术教学过程中，我们尝试在课堂上模拟真实企业项目的制作情境，明确项目目标，设计生产流程。利用动画实验室或计算机中心实验室，为学生搭建仿真实训情境。导入企业管理机制、采用分组竞争、目标驱动、末位让分、媒体演示的教学方法，让学生在学院教师和企业专家的点拨下，完成工作任务。充分培养学生合作互助的团队精神，为学生日后的就业打好基础。

结合自我教学工作，我们在课堂上积极运用这些方法，取得了比较好的效果，并且通过实践创作出了一些景观动画作品，下面是其中两组的作品截图。图1《似水年华》、图2《和同》。

图1 《似水年华》，学生：宋佳沅、任多慧、金晓颖等

图2 《和同》，学生：栾磊、张瞳 、奉梦青、蒋蕊、陈阳、翟言、张萌

---

① 第一作者：上官大堰，硕士，助教。主要研究方向：动画。电话：67362799。E-mail：87162974@ qq. com。通讯地址：北京林业大学信息学院，100083。

下面我就来逐一的解释一下这些方法，与大家共勉：

一、“目标驱动”的教学方法

教师除了为学生传授原理与知识，还要下达目标。目标一旦明确，就驱动学生自主完成，这时教师实际上在课外仅充当一个技术顾问的角色，仅做宏观引导，不做具体干涉。“目标驱动”是指为学生制订项目目标，这个目标可以是企业再研的真实案例，也可以是教师命题的虚拟案例，例如：

(1)东方园林建筑为选材的景观动画作品。

(2)片长 120 ~ 180 秒，10-1 个镜头。

(3)要求制作精美，细致，镜头流畅，风格统一。

整个过程由目标引出，以目标完成。这种全程“目标驱动”的贯穿式教学方法完全以学生为主体，注重学生学习和实践能力的统一，可以培养学生分析问题、解决问题的能力，充分体现“学以致用”的教育精髓。

在驱动的过程中我会通过一些图片和视频资料进行示意和引导，并且布置工作让学生在规定的时间内进行实地调研并撰写开题报告。一般会在布置完作业的第二次课上，以课堂讨论的方式在课堂上做分组限时的 PPT 演示汇报工作。报告的过程中要提出题目与内容的选定方案、预期的难以解决的技术问题、方案可行性分析、工作进度安排计划、项目特色与价值五方面内容，通过课堂讨论的方式给予学生正确的建议和方法，规避风险确保项目的顺利进行。

这里需要注意的一点是学生不同于业内的专业技术人员，他们无论从技能还是从心态上都还处于趋于成熟的阶段，所以一旦面临较多的挫折和打击，那么项目就不好进行和开展了，所以“目标驱动”里面的这个目标要定的合理，让学生保持一种略微紧张和对成功极其渴望的心态来努力达成，过高过低的目标定位都是不合理的。

二、“分组竞争”的教学方法

通过“分组竞争”的方法导入企业管理机制，所谓“分组”是指将学生划分为若干个 Team，每个 Team 由 5 ~ 8 人组成，按照企业工作流程中的岗位分工原则，分别赋予学生员工身份，将项目组成员划分为项目主管，美术指导，建模师，动画师，渲染师等。其中每个 Team 的项目主管相当于整个 Team 的 Leader，他负责 Team 内部各岗位的工作协调与质量监控，并在项目完成时，向老师提供 Team 内每位学生的绩效考核表，本表也作为学生成绩评价的参考。所谓的“竞争”，是指每个 Team 之间的竞争，学期末采用分组答辩的方式考察学生表达能力的同时，展示每个 Team 的作品。“分组竞争”的方法有助于将企业的管理概念与岗位职责渗透到课堂，将教学由课内延伸到课外，不仅提高学生的实战能力，使学生了解各个岗位，同时也加强了学生的团队精神和使命感，为今后踏上工作岗位打下良好基础。

三、“末位让分制”的教学方法

采纳“末位让分制”的方法进行小组评价，“末位让分制”指排名末位的小组会综合减分加给排名最高 Team 的成绩评价方法，排名中间的 Team 不做加减法，这种方法也是现代企业奖惩制度的有效方法。“末位让分制”的原则是“奖惩严明”。这种方法的应用，有效的激励了学生的竞争意识，在实践中也起到了较好的效果。

四、“媒体演示”的教学方法

景观设计中占主导地位的是植物和大自然，但只有硬质景观设计才能赋予景观设计与规划的内涵，保证景观的秩序而且富于景观设计美感，它将层次的概念引入原本毫无章法的一丛丛绿色植被的规划中，把它们安排得错落有致[2]。观设计不仅仅是简单的建筑设计或是对居住环境单纯的绿化，它的内涵和外延都十分广泛[3]，如何让学生通俗易懂的明白这一点，多媒体教学是一个比较好的教学方式，通过多媒体教学的方式，凭依大量景观图片、景观视频、景观中的声音的演示方式让学生逐渐了解景观设计所包含的关键要素，让他们理解学习景观表现技术中的方式方法，从生态学环境学、建筑学的角度明白植被、水体、配景、建筑单体在整个景观规划中的功用。

此外，课程除了以往的单一手绘表现形式以外，结合业内多数企业采用的数字化软件进行多媒体教学。笔者采用国际著名数字技术公司 Autodesk 的经典景观表现软件 3ds max2009，帮助学生掌握先进的景观技术表现手段，提高了学生的制作兴趣。全面系统讲解渲染概念与应用，结合色彩构成理论，构图与光影关系，阐述不同景别与时间的布光方法与材质技术；综合各类园林景观建筑表现渲染案例进行讲解；充分运用 Adobe 公司的影视后期合成 Aftereffects CS4 与多媒体剪辑软件 Adobe Premiere CS4，让学生能够更加直观地、高效地学习。运用多媒体教学，有助于学生进一步掌握一些实际操作技术，激发他们的学习兴趣。充分发挥学生的主观能动性，充分激发学生的潜能，培养学生的创新能力。

五、业内专家与学院教师联合点拨

通过学生与业内专家面对面的互动沟通，使学生了解大型项目制作的流程与管理方法。在教学过程中学院多次聘请业内专家到学院进行讲座，讲解景观表现技术中的高级技巧和真实商业项目实例的讲解，为同学们开启景观表现技术的智慧之门，使学生站在景观建筑表现行业的翘首。如，我院组织学生观摩国际知名景观表现公司“水晶石”，多次聘请“水晶石”专家来院开展讲座，组织“水晶石教育学院”专家与我院师生进行教学研讨等。

“作为提供高水平教育的场所，高等教育机构的渊源可以上溯到公元前 5 世纪。在雅典，苏格拉底的弟子柏拉图在雅典近郊的阿加蒂美亚建立学校，对许多年轻人实施教育。几乎在同一时期，中国春秋时代的孔子在鲁国的曲阜对弟子们实施教育。在这最原始的教育形态之中，大学教育的基本起因就直接显露出来了。也就是说，教师与学生的对话构成了教育过程的根本基础”[4]。以上所提到的分组竞争、目标驱动、末位让分、媒体演示、联合点拨这五种方法是一个有机的结合，他们之间的关系是相辅相成的，是一整套的方法论，在运用的过程中要整体操作，整体的把握授课节奏，始终要以学生的兴趣为导向进行积极引导，做到教师与学生的畅通对话。

在授课的过程中，除了注意教学法还要注意授课内容的本身价值，否则学生也不会对你的授课内容感兴趣。景观表现技术讲解景观建筑表现渲染中的高级技巧和最新技术，并且对权威经典的景观表现作品案例制作过程进行揭秘，努力做到与市场的无缝对接，全面为学生打开高端景观表现制作技术的大门，使学生站在景观表现行业的最前沿。

参考文献：

[1]丁圆．景观设计概论．高等教育出版社，2008.
[2] 乔安·克里夫顿[英]．景观创意设计．大连理工大学出版社，2006.
[3] 阿伦·布兰克[英]．园林景观构造及细部设计．中国建筑工业出版社，2002.
[4] 金子元久[日]．大学教育力．华东师范大学出版社，2009.

软件工程课程网络辅助教学系统的设计与实现

赵　方①，王　蕾
（北京林业大学信息学院）

摘要：“软件工程课程网络辅助教学系统”是为了配合软件工程精品课程建设而开发的计算机辅助教学系统。它以实用性为基础，目标是方便学生的学习和教师的教学与管理。本文提出了该系统的设计思想和实现方案。文章首先介绍了系统的设计原则、系统的体系架构，接着对系统各个功能模块进行了细致的分析，最后对实现“软件工程课程网络辅助教学系统”的工作进行了总结。

关键词：软件工程；网络辅助教学；MVC

随着网络技术的高速发展和应用的普及，现代教育也开始突破传统教育模式，向网络教育方向发展[1]。如何利用先进的网络技术改进和提高教学质量、提高教师教学效果和学生学习效率是目前精品课程建设的一个突出问题。“软件工程课程网络辅助教学系统”的开发和使用是课程建设的一个有意义的尝试。通过此系统可以在课堂教学之外，提供一个学生可以根据个人兴趣和需要进行自主式学习的平台，以适合不同学生的个性化学习需求、学习习惯，使师生交流、学生协作不受时间和空间的限制，学生随时可以得到老师和其他同学的帮助[2]。

本系统实现了软件工程课程的网络辅助教学。学生可以通过登录网站，查看教学通知、下载教学资源、查看作业情况、在线测试课程学习情况、联系教师等。教师通过此网站可以布置或批改作业、录入成绩、发布教学通知、管理测试题、了解学生学习情况等。同时，管理员可以对学生、教师的注册信息进行管理，并且可以进行授课管理和留言管理等操作。

一、系统开发的目的及设计原则

“软件工程课程网络辅助教学系统”是一个由硬件、软件、教学资源、师生和教学管理人员等组成的一体化有机系统。它作为传统教学资源的补充，实现网上教学，打破传统教学的时空界限，让学生自由获取相关知识。它可以利用网络技术实现教育资源共享，改善学习模式，实现学生之间、学生与教师之间的通讯以及开放的、远距离的、大面积的交互教学，并通过交互教学使学生深入了解课程的特色及难点，提高形象思维能力与创造性[3]。

依托项目：北京林业大学2008年校级精品课程建设项目——《软件工程》。

① 第一作者：赵方，学士，副教授。主要研究方向：软件工程。电话：13901233132.。E-mail：fangzhao@bjfu.edu.cn。通讯地址：北京林业大学193号信箱，100083。

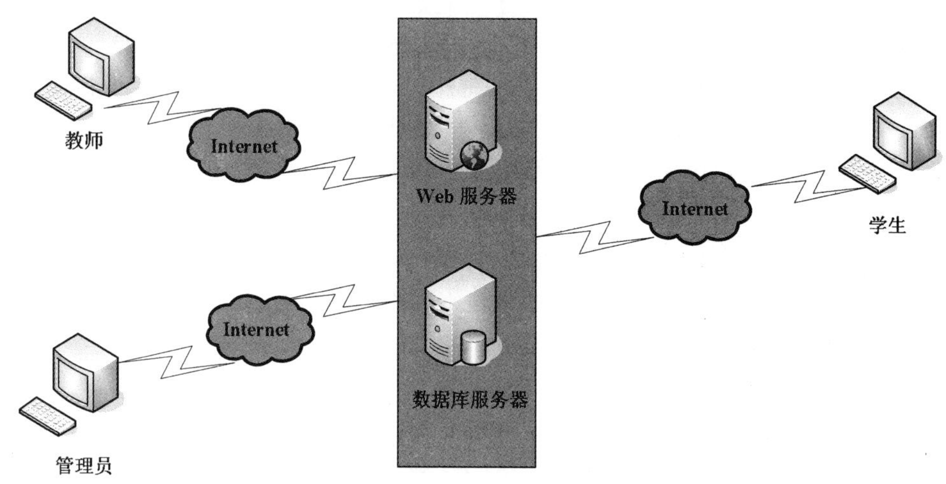

图 1 系统的网络拓扑图

目前的交互式动态网页技术有 ASP、JSP、C#. net 等，它们的发展为构建 B/S 结构的辅助教学系统提供了良好的技术支撑。本系统将 MyEclipse 作为开发工具，使用 JSP 技术，采用 MVC 架构，以 Web 服务器为中心，客户端通过浏览器访问 Web 服务器以及与 Web 服务器相连的后台数据库服务器。其中，Web 服务器选用目前被广泛使用的 Tomcat 6.0，后台数据库选择易用性和安全性较好的 MySQL。系统的网络拓扑如图 1 所示。

二、系统的体系结构

本系统是使用 JSP 技术开发，选用了 MVC 架构。MVC 有助于将应用程序分割成若干逻辑部件，降低对象间的耦合程度，使程序设计更加容易[4]。此架构将应用程序划分为模型(Model)、视图(View)、控制器(Controller)三个部分。用户通过浏览器访问系统会发出 get 或 post 的 HTTP 请求。模型所实现的行为包括处理业务和修改模型的状态；控制器根据用户请求或模型行为的结果，会选择一个视图响应用户请求。MVC 架构见图 2。

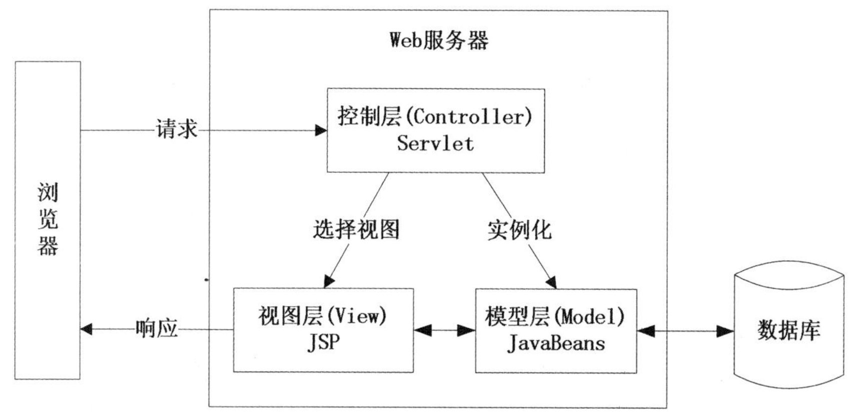

图 2 MVC 架构

其中，

视图层：通过视图层系统与用户进行交互并显示结果。它由 JSP 页面来实现，还包括了 HTML、CSS、JavaScript、Ajax 等。它从模型那里获取数据，当模型发生变化时，视图负责维护数据表现的一致性；视图还负责将用户请求通知控制器。

模型层：模型的角色由 JavaBeans 实现。它封装应用程序的状态，响应对状态的查询。模型发生改变时，它会通知视图，并为视图提供查询模型相关状态的能力。

控制层：控制层是服务于多个 View 的 servlet[5]。它处理 get 和 post 方法，进行业务逻辑判断，调用模型组件，最终决定将合适的视图组件返回给用户。

三、系统的功能模块的设计

(一) 系统总体功能模块设计

本设计按照日常教学的实际需要将系统划分成了三个大的模块：学生访问模块、教师管理模块、管理员模块。初始界面为用户登陆界面，根据用户类型的不同分别进入学生、教师和管理员三种不同的界面。系统的实现采用模块化的思想，总体功能如图 3 所示。

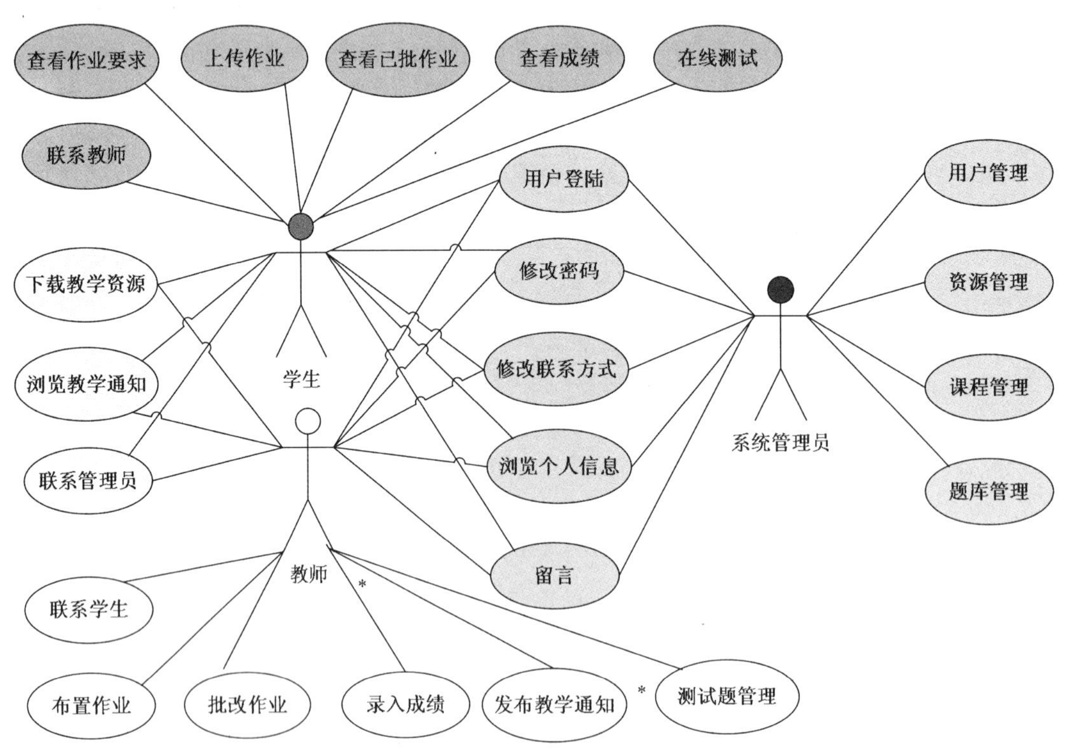

图 3 系统总体功能模块

(二) 公共模块

学生、教师、管理员三大模块的子模块有耦合的部分，将耦合部分作为公共模块处理。这些公共模块包括：用户登陆、修改密码、浏览与修改个人信息、留言等功能。

用户登陆模块实现用户身份验证，用户输入用户名与密码，系统会根据用户名判断用户身份，然后打开对应的用户界面。留言模块也属于公共模块，它是为促进学生与学生之间、学生与教师之间的交流而开发。这种在线交流方式，是对课堂教学的有效补充。

（三）学生访问模块

学生访问模块除包括公共模块中的模块外，还包括在线测试、浏览教学通知、下载教学资源、上传作业、查看作业批改结果等子功能模块。

学生通过在线测试模块可以按章节或题型等选择试题，从而有针对性地进行自我测试，测试题答案会在点击“查看答案”后显示。浏览教学通知模块使学生能及时了解和参与授课教师围绕该课程组织的教学活动，从而减少教学中由于消息不畅通带来的问题。学生通过本系统还可以访问软件工程课程的相关资源；上传课程作业和查看作业完成情况；通过留言模块与教师以及同学进行学术交流。

（四）教师管理模块

教师管理模块除包括公共模块中的模块外，还包括作业管理、在线测试题管理、教学通知管理、教学资源管理等子功能模块。

作业管理模块根据软件工程实际教学情况划分为作业、实验、实习三个部分，并根据三者不同的特性制定了不同的格式；教师可以对作业信息进行新增、修改、删除、发布；还可以在学生上交作业后，在线批改学生作业和录入学生成绩，从而实现学生成绩的在线管理，使学生能够及时了解作业完成情况。

教师通过测试题管理模块可以添加软件工程课程测试题，以供学生在线测试使用。教师首先要定义一套测试题的标题，每套测试题分为选择题、判断题、填空题、问答题四种题型；然后选择题型，向其中添加小题，每个小题可以选择输入或不输入答案。

（五）管理员模块

管理员模块除包括公共模块中的模块外，还包括用户管理、排课管理、数据维护以及留言管理等子功能模块。

用户管理模块实现了对学生、教师和管理员信息的添加、修改、删除和查询，以及密码的重置等。授课管理模块实现了对课程、教师、班级三者之间的联系，可以解决多教师、多课程的管理，从而扩展了本系统的功能。数据维护模块主要是为学期更替而设计，用于指导管理员在学期更替时完成对数据库数据的管理与维护。留言管理子模块则是在原有公共留言模块的基础上实现了对于留言的审查和管理，这是管理员所特有的功能。

四、结束语

本文针对网络教育和软件工程课程的特点，结合实际教学工作，对“软件工程课程网络辅助教学系统”的设计和实现方案进行了阐述，重点介绍了系统各个功能模块的设计工作。本系统使用 MyEclipse 作为开发工具，采取 MVC 模式，以 Web 服务器为中心，MySQL 为后台数据库。系统开发以实用性为主旨，它的应用能方便课程的教与学，促进学生与教师之间的交流与沟通。系统的开发技术和使用经验为高校教师提供了一种构建个性化教学辅助平台的快速、简便的方法，为在课程建设中提高教学效率、改变学生学习方式、充分利用学校网络资源提供了一种较为可行的解决方案。

参考文献：

[1] 张丰．精品课程网站设计与开发[J]．电脑知识与技术，2008(3)：747~749.

[2] 李永娜. 智能精品课程网站设计[J]. 2008(21): 254～255.
[3] 胡美新，李中文. 基于校园网的“计算机应用基础”辅助教学系统设计与实现[J]. 计算机教育，2009(12): 65～67.
[4] 孙鑫. Java Web 开发详解[M]. 北京：电子工业出版社，2007.
[5] Leszek，Bruc(澳). 实用软件工程[M]. 北京：机械工业出版社，2006.

案例教学在出境领队与导游实务教学中的应用

王忠君①
（北京林业大学园林学院）

摘要：《出境领队与导游实务》是一门理论性与操作性非常强的课程，运用案例教学方法，可以充分调动学生兴趣，增强其思考能力，使学生能将所学的知识用于实际。文章阐述了案例教学的特征、优势及其在课堂教学中实施过程，分析了运用案例教学方法提高教学质量的注意事项。

关键词：出境领队与导游实务；案例教学；教学改革

现代旅游业的发展对旅游产品服务质量提出了越来越高的要求，旅游一线服务人员不仅要有很强的服务意识和敬业精神，更要有良好的职业道德和服务技能。出境领队和导游员是旅游业中直接为旅游主体——旅游者提供服务的人员，在旅游接待中处于中心地位，是旅游产品的重要组成部分。因此，根据旅游市场对出境领队和导游员的要求，优化《出境领队与导游实务》课程的理论与实践教学环节、强化"实用型、操作型、服务型、专业型"培养目标、提高学生的综合能力与职业能力，已成为旅游高等教育需要深入研究的重要问题。

一、案例教学方法的界定

案例教学是指以案例为教材，让受教育者通过阅读、分析和思考，以及相互间进行讨论和争辩，以提高思维、推理和处理问题能力的教学过程[1]。它具有仿真性、能动性和创造性，是加强学生理论联系实际的有效教学方法之一[2]。但在现实的旅游高等教育教学中，案例教学法不能完全代传统教学方法。因为传统的教学方法，如讲述等方法，并没有失去效用，它们在贯穿启发精神的基础上，纳入到了当代的教学方法的体系，仍发挥着其它教学方法不可替代的作用。实际上，针对陈述性的教学内容，单纯的案例教学法并没有多大的优势，但对于一些强调应用性与操作性的旅游管理专业课程来说，案例教学有着很广阔的用武之地。

随着21世纪我国旅游高等教育培养应用型人才的导向性越来越强，理论性强、灵活性大、应用性强的课堂理论教学越来越需要引入案例分析、情景模拟等教学方法，以使学生能在理论学习的同时参与到解决现实问题的过程中来，从而锻炼学生的各方面能力，尽快、尽早地适应社会对人才的需求[3]。采用一定比例的案例教学模式对传统教学的内容、过程进行有机补充及完善，即传统的教学方法中适度地引入并尽可能地发挥案例教学法的功能，改善

依托项目：北京林业大学2009年校级专业建设项目——旅游管理专业本科人才培养模式探讨。

① 作者简介：王忠君，博士，讲师。主要研究方向：生态旅游。电话：82376017－8042。E-mail：wangzj814@bjfu.edu.cn。地址：北京林业大学园林学院，100083。

传统教学方法在理论与客观现实认知上存在的不足，可以使受教育者尽快将理论知识转化为现实工作能力。案例教学将案例应用与传统教学方法进行有机融合，更宜于学生接受教师的思想和传授的理论知识。

案例教学与教学过程中的举例说明是两回事，举例说明的过程是师讲生不问不答，其结果是预设且肯定的，其目的用于支持教师的观点或加深学生的印象或理解。但案例教学的过程主要是师讲师问生答，其结果是随机、多样的，其目的是让学生参与到解决现实问题的过程中来，从而锻炼学生的各方面能力。

二、《出境领队与导游实务》采用案例教学的必要性

（一）案例教学方法符合现代旅游管理专业人才培养模式

出境领队和导游员是专业性很强的工作，具有很强的实践性和操作性。"实用型、操作型、服务型"的旅游专业人才是当前旅游市场所急需的，也是现代旅游业对人才的基本要求[4]，作为旅游专业的一门主干课程，《出境领队与导游实务》这门课程必须从教学内容、教学方法手段、教学管理等方面进行创新，才能培养出高素质的旅游人才，以适应旅游市场的需要。在传统的教学条件下基本上是采用老师讲、学生听的模式，这势必会影响学生融会贯通所学的知识和尝试运用书本上的理论知识解决现实中的实际问题。《出境领队与导游实务》的教学重点是领队与导游的服务规范与程序，对于学生来说，重要的是不仅熟知、熟记这些理论，更要学会如何利用这些理论去解决实践的问题。《出境领队与导游实务》教学的重点不仅是传授理论知识，更是传授灵活运用这些理论的方法。传统的教学方法侧重理论知识传授，忽视实践能力培养和职业态度、价值观等人性内容的教育[5]，这就容易造成旅游管理专业学生"高分低能"的情况出现，不适合现代旅游管理专业人才的培养。

（二）案例教学方法符合《出境领队与导游实务》的课程性质

《出境领队与导游实务》是旅游管理专业一门实践性和操作性很强的课程，其教学目的是使学生对出境领队和导游员的工作有一个具体的认识，并且能够掌握领队与导游工作的各个环节，使学生在知识、能力、素质等各方面得到全面提高。传统的教学手段是"一张嘴、一本书、一支粉笔、一块黑板、几张幻灯片"。由于其课堂容量小、形式单调，学生的学习处于被动的、消极的境界。"上课记笔记、下课对笔记、考试背笔记、考完就忘记"的单向灌输式教学，易使学生觉得领队与导游的知识肤浅、没难度、自己看书全能懂，于是逃课、旷课、上课"开小差"等现象在课堂教学时经常出现。合格的出境领队与导游人员，应当具备思想素质、文化素质、心理素质、能力素质以及专业的服务技巧，消极的学习方式和学习习惯很难培养出心理素质硬、能力素质高、服务技巧强的合格人才。

（三）案例教学效果优于传统教学方法

当前由于旅游研究欠深入、旅游课程结构设置不合理、摊子铺的太大导致开课时数太少等原因，旅游管理专业课程内容普遍存在课程内容缺乏深度的问题[6]。但抛开这些原因，也与教师对课程的教学方法选择有关。对于《出境领队与导游实务》这门课程来说，仅仅是照本宣科地讲述服务程序与规范、特殊问题（事故）的处理程序与规范、个性化服务程序与规范、讲解规范等基本内容，学生只能对领队与导游等工作有一个大致的了解，而在更重要的服务意识、敬业精神、职业操守和服务技能等方面缺乏必要的认识，造成理论学习与实践操作差距过大，学习效度过低，这时就必须融合案例教学、情景模拟等其它教学方法，强化

学生在导游知识应用和导游技能掌握方面的训练。

三、《出境领队与导游实务》案例教学的课堂组织

（一）夯实理论基础

《出境领队与导游实务》中出境领队与导游员的基本素质与修养、知识结构体系等内容是学习这门课程的基础知识，也是作为出境领队与导游员是否具有专业长远发展后劲的保障，这些内容还应采用传统教学方法集中讲述、重点强调，使学生端正学习态度、打好专业功底，为后续的课程学习奠定基础。

（二）精选典型案例

出境领队与导游员的真实案例较多，近年来各种媒体上介绍的正反面、国内外案例都有，教师应注意精心编选，选择时充分考虑案例的经典性、案例的说服力、案例的主题相关性和案例的现实意义等。由于受授课时数和课堂时间以及相关理论的学习等因素的限制，不宜选择篇幅过长、信息超量的案例，案例的篇幅应该相对较短。否则，学生对案例的分析、讨论的学习时间与学习范围易超出教师的控制，不利于理论知识的传授。

（三）学生随机分组

通常是在教师的指导下，根据教学目的的需要，采用小组讨论的形式来组织学生进行《出境领队与导游》的案例学习和研究，从而锻炼学生分析与解决问题的能力。分组一般是课堂随机进行，根据案例的情节复杂程度和讨论题目的确定小组的数量和人员的组成。为了充分调动学生的积极性，给每个学生以公平的表达机会，分组时应留意每个小组的人员组成，如性别、性格、学习态度等，尽量把不同学习水平的学生分在一组，保证各小组的人员组成尽可能在各方面平衡。还要指定组长或由小组成员推选组长，小组长负责组织本组的讨论，并整理出本组的发言提纲，代表小组在全班交流发言。

（四）进行互动讨论

小组互动讨论的主要目的在于使学生掌握《出境领队与导游实务》课程中与人沟通与相互激发的技巧，并提高利用集体智慧的团队学习能力。组织互动讨论，关键在于调动学生的积极性，使他们进入“角色”。教学实践证明，在出境领队与导游员的案例讨论过程中，只有当学生理解了有关领队与导游员的服务规范程序，形成了对领队与导游业务的判断能力，才能保证讨论的质量。因此，《出境领队与导游实务》的每次课程要先给学生讲述基本的理论和有关业务知识，然后再进行案例分析与小组讨论。学生们在互动式的交流中表达了自己的观点，也听取了他人的意见，在短短的两节课中对于本次课程的教学主题有了进一步的认识与了解。在小组讨论中，知识、思想、经验在生与生、师与生之间双向流动，教师必须引导、调节好课堂气氛，做到课堂氛围既活跃，又井然有序。教师还要注意掌握教学进程，既要引导更多的学生积极参与，又要注意不能使讨论漫无边际、脱离教学主题。教师还应培养学生独立分析和思考问题的能力，对于不太积极的学生，教师应该对他们进行观察，看他们在课堂讨论时的习惯和表现，鼓励他们参与讨论。

（五）小组相互比较

教师根据教学目的要求，可以组织小组间的辩论或讨论，比较各小组的研究角度、使用方法、得出结论等。每个小组的发言者要依次站到讲台前陈述本组的解决办法、服务理念等，并把要点写出，每位组长发言时间一般控制在 6 分钟左右。然后其它小组的学生都可以

就发言者陈述的解决问题方法进行提问，由发言者答疑或本小组成员补充。教师注意对辨认与讨论进行进程控制，对学生发表的观点不作或少作评判与仲裁，但要保证辩论与讨论不偏离主题。在小组相互讨论过程中，学生们之间相互沟通，认真倾听别人的分析与见解，并比较自己的观点与思想，从中吸取并综合出更完善的决策思想。这里要注意保证平等的交流氛围，不要把小组间的相互交流活动变成某一个小组的主题报告会。通过小组间的互相争辩、互相讨论、互相批评和互相促进，学生能从案例学习中总结出工作技巧、实践经验等，从而提高学习效果。

(六)总结与评判

对案例讨论的总结和概括，一般是由教师来完成，也可以让学生总结，指出本次案例所运用的理论知识、讨论难点、重点以及需要深入思考之处，并指出学生在案例讨论中存在的不足，并做补充、归纳与提高性的讲授。重点是讲明案例中的关键点，其次点评讨论的思路是否正确、分析的方法是否恰当、解决问题的途径是否正确，最后是提出讨论中存在的不足和长处，为后续的课堂教学提供准备。案例教学的方法目的在于启发学生独立自主地去思考、探索以及建立一套分析、解决问题的思维方式。课堂总结时不要就事论事，而要把具体的事例上升到一定高度，对学生们讨论中不够深入、不够确切的问题，重新讲解并强调这些问题的重要性，强调案例经验，以便学生在今后的实践中予以警戒或借鉴。

四、《出境领队与导游实务》教学中运用案例教学方法的注意事项

(一)控制授课节奏和气氛

案例教学是一种需要较多学时的教学方法，讨论一个案例需要 1 ~ 2 个学时。为了在教学中既给学生讲授理论知识，又能讨论案例，教师必须事先对案例讨论过程有一个预判，授课时控制好课堂教学节奏，对教学学时间事先作一定的调整安排。由于案例分析的主观性和随意性，往往会出现多种方案及不同的结果，也有可能会出现较少发言而冷场的情况，教师要注意课堂学习氛围的控制和引导。

(二)结合其他教学方法

案例教学的方法不排斥其他教学方法的使用。案例教学方法首先是以传统教学方法为基础的，在《出境领队与导游实务》课堂教学过程中，学生的知识结构等理论体系是依靠传统的讲述为主的课堂教学方法来建立的，而案例教学只是对传统教学方法的完善，其目的是更好地培养学生应用所学理论分析和解决实际问题的能力。教师应根据教学内容的需要，灵活地结合情景模拟、实验实习、发现学习等各种教学法的特点以及教学实际条件，进行合理选择，优化组合，实行优势互补，才能更好地发挥案例教学方法的科学性、直观性、能动性，取得最好的教学效果。

(三)及时更新适宜案例

案例教学一般不使用多年不变的固定教科书，而选择多种参考书作为教学辅助手段。由于旅游业发展迅速，形势与政策经常有变化，采用案例教学方法进行《出境领队与导游实务》教学时案例选择应注意案例的时代性，必须避免使用思想观念都已落伍的案例，从而保证学生的创新意识真正地与时俱进。

(四)关注行业的发展动态

采用案例教学方法进行《出境领队与导游实务》教学，教师必须有良好的管理专业功底、

敏锐的洞察力，对旅行社行业的现实发展状况有较深刻的了解，还要具备良好的沟通能力、课堂控制能力和细节的把握能力。教师在不断进行理论探索的同时还应积极关注行业发展和企业经验总结，对行业发展的轻视和关注不足会影响教师的课堂教学效果。

《出境领队与导游实务》作为旅游专业高等教育的核心专业课程，提高该课程的教学效果，对提高旅游管理专业学生的培养质量具有重要的现实意义。经初步实践，案例教学方法在《出境领队与导游实务》这门课程的实际教学中，改善了传统教学方法的不足，提高了学生的学习兴趣与思考能力，令学生的知识建构过程不断完善，有效地提高了学生的自我学习和解决问题的能力，达到了提高教学质量、提高学生的综合实践能力、促进学生全面发展、使其适应未来社会的要求的教学目的。

参考文献：

[1] 刘平良，杨广林．案例教学的规划与组织[J]．湖南第一师范学报，2006，6(3)：36～37.

[2] 黄玮．《导游业务》案例教学法探讨[J]．商场现代化，2007(1)：178.

[3] 李兵．论职业能力培养型导游业务课程教学模式的构建[J]．黑龙江高教研究，2006(1)：150～151.

[4] 蔡红，李云鹏．工商管理学院建制下的旅游高等教育模式创新[J]．旅游学刊，2008，23(1)：8～10.

[5] 李萌．本科层次旅游人才培养模式的创新[J]．旅游学刊，2008，23(2)：8～9.

[6] 张丽梅．案例教学法在旅游管理专业的实践与应用[J]．黑龙江高教研究，2007(2)：174～176.

注重能力塑造　培养三用会展人才

——会展旅游的实践性及其教学模式初探

张　茵①

（北京林业大学园林学院）

摘要：会展旅游以鲜明的实践性作为其行业和学科特征。与此相适应，本文深入分析和总结了会展旅游的教学模式。特别在教学方法上，本研究在课堂内采用了案例教学法和场景教学法，在课堂外采用了实践教学法，以充分调动学生的主观能动性、大力强化互动、培养学生发现和解决问题的能力，并促使学生与实际行业做现实接触。知识的传授、能力的培养和全面的素质被称作未来人才的培养模式，会展旅游所尝试的教学法对合格会展人才的培养具有积极的意义，值得在实践中不断总结、完善和提高。

关键词：教学模式；教学方法；案例教学法；场景教学法；实践教学法；会展旅游课程

一、会展旅游的实践性及教学实施背景

近年来，我国会展产业以年均20%以上的速度高速发展。随着2008年奥运会、2010年上海世博会的次第召开，对会展旅游人才的需求持续升温。然而最近的就业调查报告表明，会展专业人才缺口极大，岗位需求和求职者的比例悬殊：上海为10∶1，北京和广州均为8∶1。与此相适应，会展旅游已成为众多开设旅游专业高校（如浙江大学、中山大学、第二外国语大学等）的主要专业方向之一。

会展旅游属于实践性非常强的行业，展览、会议、节事等大型活动的策划与举办，都涉及到繁多的操作性细节。如果仅停留在照本宣科的传统理论讲授模式，学生一方面对枯燥的流程和细节管理难以产生兴趣，另一方面缺乏现实环境的转化，学生对相关知识难以留下深刻印象，更不用说运用了。正因为如此，国际上对会展人才的培养都极其重视实践性，例如在世界展览中心德国，著名的瑞文斯堡合作教育大学会展管理系，其本科阶段安排有一年半理论课、一年半实习；具体到每个学期，都安排有3个月上课、3个月实习。通过理论—实践—理论—实践的循环上升过程，把基础知识和技能一层层夯实。虽然国内现存的教学系统下尚难以实现如此灵活的教学方式，但仍对会展旅游的教学提出了尽量体现“实践性”的客观要求。

依托项目：北京林业大学2009年校级专业建设项目——旅游管理专业本科人才培养模式探讨。

①　作者简介：张茵，博士，副教授。主要研究方向：旅游规划、生态旅游。电话：82376017－8042。E-mail：blueilona@gmail.com。通讯地址：北京林业大学园林学院，100083。

另一方面，根据对以往毕业后从事会展行业的学生调查，对于离开校园进入实际会展岗位的学生，会展企业单位的期望是“三用”——即“实用、好用、耐用”：“实用”指学校的知识积累和技能训练能够和会展行业实际对接；“好用”指学生综合素质较高，善沟通、好合作，灵活机变，有一定的组织能力和综合分析能力；“耐用”指学生自我学习能力强，能够根据行业发展及时、不断自我提升。根据这一“三用”会展人才培养目标，必须对传统教学模式大力改革，通过适宜的教学方法，积极培养学生的实践能力、学习能力以及团队合作能力。

二、会展旅游教学模式的探索

由于会展旅游属于实践性非常强的行业，因此《会展旅游策划与管理》一课在教学方法上，格外关注学生与行业的实践接触；在考评方式上，则注重引导学生去“用”知识而非“记”知识。

(一)课堂内，应用案例教学法和场景教学法

1. 案例教学法

案例教学法(Case Teaching Method)是由美国哈佛商学院所首创的一种教学方法[1]：在教师的指导下，根据教学目的和要求，组织学生通过对案例的调查、阅读、思考、分析、讨论和交流等活动，提高他们分析和解决问题的能力，加深对基本概念和原理的理解。由于该种方法独特而有效，逐渐被人们认识并不断得到推广和普及。

与传统的课堂讲授方法相比，案例教学法具有显著的优势。在传统的课堂讲授中，整个过程教师起绝对的主导作用，一厢情愿式地对学生进行知识填充；而学生只是被动地接受教导并完成作业。师生间缺乏互动，难以激发学生的学习积极性。与之相比，案例教学法具有四个明显的优点[2]：

(1)自主性。教师与学生的角色进行转换，整个学习过程中学生成为主角，而教师则成为引导者和教练，使得学生有足够的空间发掘自己的潜力，展示自己的才能，并自觉学习。

(2)亲验性。通过案例使学生感受到真实、具体的现实问题，并运用所学知识去独立地观察、思考、解决问题。

(3)互动性。在案例分析过程中，学生们可以交流看法、互相启发、开拓思路，有助于学生之间、以及学生和老师之间的沟通互动。

(4)实践性。案例教学的真正核心在于通过案例分析培养学生形成有效的思维模式，学会发现和解决问题的方法，因而强化了其综合能力的培养。

在进行《会展旅游策划与管理》的实际教学时，笔者根据课程知识主线，设计了一系列环环相扣、循序渐进的案例；由于学习的认知过程包括“接触”、“分析”和“推演”三个阶段[3]，因此，对于每一个教学单元，都由案例引出新的知识点，启发学生发现问题；然后根据案例中涉及的知识点讲授新的知识，再引导学生运用新知识来分析、解决案例问题。最后，进行理论的总结推演。丰富的案例，配合这种“阶段性递进式”的教学层次架构，不仅使整个教学充满趣味性，而且通过在学习过程中反复应用所学知识，有利于知识点的理解和掌握，提高学生的学习自信心，从而达到改善教学效果目的。

例如，在讲解“展览会的参与者”这一部分时，先通过一则案例引出学生对“谁是参与者”这一问题的思考。案例如下：

科隆国际展览公司2005年共来华举办6个展览会，其中包括9月在上海国际展览中心举办的“中国国际甜食及休闲食品展览会”，共有来自21个国家的2000多家企业报名参加这次展会，全部展位定满。展馆布置引人入胜，到访观众超过10万人次。

面对这一案例，学生被要求识别、判断展览会相关的参与者有哪几个；经过讨论，教师给出“展会经理；场地经理；参展商；观众；总服务承包商；会议旅游局”等答案。在接下来的课程中，对于每一个参与者，通过一步步引进新的案例，引导学生进一步思索参与者各自的职责，最后由教师对理论进行系统总结；并通过布置新的案例分析作业，帮助学生消化、运用新掌握的知识。通过这样一种环环相扣的“全程案例”方法，激发学生兴趣，充分培养其分析和思考的能力。

在具体应用案例教学法时，笔者还注意到以下几个问题：

(1)案例不能代替系统的理论讲授。运用得当的案例教学能够大大强化教学效果，但案例的无序堆砌也会导致知识的分散和零乱，所以首先必须顾及理论知识的系统性，使学生掌握完整的知识体系。只有将案例教学与系统讲授有机结合，才能取得良好的效果。

(2)对于案例的选择，除了要具有典型性、真实性、针对性、浓缩性和一定的疑难性以外[4]，还要注重对比。因为通过有效对比，能够强化印象，同时训练学生的分析能力。例如，在讲授会展活动影响时，选择成功的悉尼奥运会与不成功的蒙特利尔奥运会加以对比，并在课堂上探讨各自的得失所在。在讲解总服务承包商时，要求学生通过互联网检索分别选择一家美国公司和一家国内公司，总结其基本业务内容并加以对比，进而了解国内外会展服务的专业化发展水平差异。

(3)对于案例的使用方式，主要包括两种：其一为研讨式，在课堂上由教师介绍案例并组织现场讨论；其二为分析综合式，由学生根据案例撰写分析报告，再由教师在课堂上进行总结和综合[2]。

(4)在应用案例教学的过程中，必须把握好教师的角色。与传统教学中的主导角色不同，教师在案例教学中应扮演启发者和引导者，引导学生自己去探讨案例中复杂的、深层的问题，从而强化分析和思考能力。教师不必给予学生过多提示，而应有意创造一种自由讨论的气氛，激励和引导学生自主分析、大胆思维，使案例教学呈现开放性。当学生的思维陷入误区时，教师应予以引导，通过提问、反问等方式启发学生思维。在最后进行案例的讲解和分析时，教师应将重点放在发现和解决问题的思路及方法上，而非仅仅是结果。

2. 场景教学法

场景教学法，也称情境教学法，是指教师根据授课内容，有目的地引入或创设一定的生动具体的场景，让学生通过场景的体验，激发学生的认知冲动，然后，在教师的指导下，开展交流，分享个人体验，提升认知层次，完成教学目标的一种创新教学方法[5]。其优点在于：

(1)先行后知，符合人的认知思维规律。

(2)以实践形式展开，通过真实事件的实际投入，能够使学生获得强烈的体验，达到深入认知的目的。

(3)与案例教学法一样，场景教学法以学生为中心，突出了学生在教学过程中的主体地位，充分挖掘、肯定学生的能力。

在进行《会展旅游策划与管理》教学时，在可能和适合主题的前提下，笔者设计了若干场景，让学生亲身"浸泡"其中，去不断自己发现问题，并解决问题。例如，在讲授会议的策划与组织时，让学生们策划并组织实施一个"旅研·研讨会"，要求完成租借并布置会场、设计宣传海报、邀请并安排嘉宾、现场主持与组织、采访、简报、总结等系列任务。通过这样一种场景模拟的方式使学生们身临其境，从而将理论与实践更好地融会贯通。同时通过充分的互动，最大限度调动了学生的积极主动性。

（二）课堂外，应用实践教学法

除了进行课堂内的案例教学和场景教学，为了使学生能够在理论与行业现状之间建立迅速有效的关联，会展旅游课程在课堂外积极应用了实践教学法，引导学生深入行业实景，通过调查了解行业现状，发现问题、得出结论并给出建议方案。课外实践主要包括两次：一次以小组为单位，通过问卷调查、访谈等形式，调查北京地区的某一大型展览会，并完成主题调研报告；另一次以个人为单位，要求学生实地调查家乡的节事庆典，并撰写论文。在这两次实践活动中，都是由学生自己设计研究方案，自己实地调查，再自己分析第一手资料、得出结果，教师在整个过程中只扮演引导的角色。通过这种方式，充分发挥学生的积极性，培养其分析、处理和解决问题的能力，并帮助其在实际行业情景中消化课堂上传授的相关理论。

此外，课程安排有1~2次的课外讲座，由知名会展公司经理人主讲，使学生对行业的准入性和基本素质要求、实际工作流程、会展工作的乐趣与挑战等有更为深入的了解。通过来自另一个层面和视角的声音，补充学生的知识积累和行业认知，使其对于会展旅游形成一个立体、全面的认识。

（三）建立综合考评模式

根据会展旅游课程的实践性质，其考评方式应该注重考核学生对专业知识的"运用"而不是"掌握"。有鉴于此，课程采用综合评定模式，以"334"比例核定学生总成绩，即平时成绩占30%，期中成绩占30%，期末成绩占40%，避免仅通过一次考试就对学生的学习给予武断的评判。同时，由于平时成绩所占份额不容忽视，在一定程度上增加了学生在课堂上"开口"的动力。在考试方式上，小组展会调研和个人节事调研分别计入期中和期末成绩，这种考核方式的多样化强调了对专业知识运用能力的重视，对学生来说也是一种导向，引导学生不仅去"读懂"专业知识，而且去学会"活用"知识。

三、结　语

《会展旅游策划与管理》课程迄今已有5年的教学实践，随堂调查及教学评估结果均显示，学生对本课程的教学效果较为满意，基本评价是有趣、内容新、系统性强、案例丰富、与实践结合紧密。可以说，结合专业课程特点所进行的教学模式探索，对获得较好的教学效果起了关键作用。

无论是在课堂上应用案例教学法和场景教学法，还是在课堂外应用实践教学法时，学生们都反应积极，表现出极大的学习兴趣。在课堂上，他们认真地投入到案例分析过程中，讨论时发言热烈、气氛活跃；在课下，他们依据自己设计的调查方案展开行业调查，撰写分析报告，显示出相当水准的分析和解决问题的能力。而这样一种积极面对现实挑战、充分发挥主观能动性、通过挖掘发现和解决问题的思路，以及面对困难与漏洞不断自我调整、自我学习的能力，无疑也将满足以"实用、好用、耐用"为主要特征的会展行业用人需求。为了获得更佳的教学效果，还需我们对会展旅游的教学方法在实践中不断总结、完善和提高。

参考文献：

[1]L. B. Barnes, C. R. Christensen, and A. J. Hansen, *Teaching and the Case Method: Text, Cases, and Readings* [M]. Cambridge, Massachusetts: Harvard Business School Press, 1994.

[2]林枚．运用案例教学法，注重学生能力培养——在"人力资源管理"课程中引入案例教学法的思考[J]. 天津商学院学报，1999，19(4)：50~51.

[3]唐彬．发现式、探究式和研究式三种教学方法在经济理论课中的综合运用[J]．湖北财经高等专科学校学报，2007，19(3)：42~48.

[4]林丽．案例教学法的运用与构建．商场现代化(学术版)[J]，2005，(3)：207~208.

[5]吴玉林．体验式教学方法初探[J]．沧桑，2009，(4)：197~198.

基于问题设置的城市规划原理教学互动方法改革

李　飞①

（北京林业大学园林学院）

摘要：本文从配合林业类高校城市规划学科建设的角度，在北京林业大学城市规划原理课程教学改革中提出了基于问题设置的教学互动方法改革，提出了有关问题设置的四点主要内容、基于问题设置的教学互动的四种方式等内容。

关键词：林业类高校；城市规划专业；城市规划原理；课程教学；教学互动

一、提出问题设置与教学互动方法改革的必要性

改革开放以来，许多高校相继成立了城市规划专业，我校作为最早建立城市规划专业的林业类高校之一，其师资力量是很强的。然而，在城市规划专业课程的教学中，我们发现林业类高校城市规划专业学生非常典型的学习特点，是具有很强的形象化思维，对于有关绿地、公园等设计方面的，具有艺术性的、直观性的、微观性的内容把握的非常好，给学生讲解那些具象的居住区、商业区的图片时，都能够收到非常好的效果，而城市规划专业的学生对于“城市”、“城市规划”这种比较宏观的概念，理解得不够透彻，换言之，如果照本宣科地介绍有关“城市”、“城市规划”的知识，根本提不起学生的学习兴趣，容易产生老师在课堂上大声朗读基本概念，而学生在下面睡觉的现象。教师的单向式教学使学生认为城市规划设计涉及的知识点太多，即使学了由于难以灵活运用，而很快将其还给教师，学得都没有什么动力。因此，针对“调动学生学习城市规划原理的积极性，培养能从宏观区域的角度与城市建设接轨的城市规划设计人才”这一课程改革的目标，我们提出问题设置与教学互动方法改革，是非常必要的。

顾名思义，问题设置与教学互动方法改革就是通过设定问题，使学生对现有知识体系进行联系、对比和反思，提高学生学习注意力的教学方法。这一教学方法是笔者认真学习我院“园林设计”中名家讲课方式提出来的，在重要知识点的讲解过程中，必须重视“问题”的“设置”，积极进行教学互动，引起学生的关注和学习兴趣。

依托项目：北京林业大学 2009 年国家级特色专业建设项目——风景园林专业。

① 作者简介：李飞，博士，副教授。主要研究方向：城市规划与设计。电话：15010539663。E-mail：lizfei369@ sina. com。通讯地址：北京林业大学园林学院规划教研室，100083。

二、问题设置的主要内容

（一）用深入浅出式提问，加强学生对抽象概念的理解

必须深入浅出地引出学生需要掌握的知识点[1]，不能一上来就讲较难的城市总体规划，学生根本听不进这些枯燥而抽象的总体规划的内容，要从他们熟悉的事物入手，如先介绍什么是居住区，“居住区是一个街坊吗？不是，为什么居住区的规模有大有小呢？多少居住人口组成一个居住区呢？了解居住区的规模有意义吗？有意义，那么什么是居住区呢？我们怎样给居住区下定义呢？”，通过这样一系列的“设问”，就把学生学习居住区这一基本概念的兴趣引起来了，讲完居住区规划之后，再讲城市总体规划，学生就容易理解城市总体规划的内容了。

（二）用对比性提问，加深学生对城市规划专业知识与相关专业知识的异同点的理解

对比性提问能给学生留下深刻印象，尤其是将城市规划专业知识与风景园林专业知识对比提问时，学生能够清楚地认识到学习该知识点的重要性。由于林业类高校的城市规划专业的学生的知识结构体系要突出林业类高校在园林绿地规划设计方面的特长，学生接触较多的仍是城市设计、绿地、城市公园等小尺度的城市要素，而他们接触城市总体规划、城市分区规划的机会有限。在讲述城市用地中绿地（G）分类的时候，“大家将在下学期学习城市园林绿地规划的课程，在该课程的城市绿地分类中，分为公园绿地、生产绿地、防护绿地、附属绿地、其他绿地等五类，在城市总体规划中绿地的中类划分也是这样划分吗？两者之间有什么不同呢？相互矛盾吗？”，这个问题一抛出，学生一下子就明白本课程中的知识点与其他主干课程知识点的不同，记忆会非常深刻。

（三）用启发式提问，介绍课程知识点

启发式提问是由浅入深地引出知识点的一种手段，如果单纯介绍知识点，学生难以理解概念中最重要的定语的重要性。此外，适当介绍概念的相关案例和应用领域，能加深学生的理解，拓展学生的知识面，以达到形象地讲解基本概念的目的。在介绍“城市化的四个变化是什么？”时，提出“如果从中观角度——城市整体的角度看城市化，又表现成什么形式呢？”，辅以大量的城市图片加以说明，继而又提出“如果从宏观角度——城市整体的角度看城市化，又表现成什么形式呢？”，引用了城市群案例加以说明，这一系列的启发式的提问，不仅激发了学生的学习兴趣，还使学生充分理解了城市化现象的表现形式。

（四）用每节课结束时的“说书式”提问，引导学生提高自学能力

自学能力是提高创造力的基础，是大学生在进入工作岗位前必须具备的一项基本技能[2]。在大学阶段，不论给学生传授多少知识，讲授多少案例，学生进入设计院、规划局、园林局等部门，仍会遇到许多未曾接触过的项目，因此，自学是进行素质教育的一个重要内容。如果把需要自学的内容布置给学生，学生会有强加于己的感觉而产生逆反心理，不愿去学，笔者认真聆听了“百家讲坛”中名师所讲的内容，每节课结束时都用“说书式”的提问，提出下节课要讲的内容，给人以“欲知后事如何，且听下回分晓”的强烈吸引力。何不在课程结束时，提出“说书式”的问题呢？吸引学生进行问题的课外预分析，提高学生的自学能力。有些爱学习的学生会在课后针对上节课提出的问题，借助图书馆、网络资源，搜索资料，预习教材，了解要学的内容，先尝试自己找出解决问题的方法，或者对问题进行思索，以便在上下一节课时回答问题，通过对比自己的理解和教师的对问题的解决方法，提高自己

解决问题的能力。

三、基于问题设置的教学互动的常用方式

(一)结合案例分析，进行教师提问与学生问答

在案例分析过程中教师以之为例进行提问，能有效地进行教学互动，提高学生认识问题、解决问题的能力，有效地培养学生的创新意识、创新精神和创新能力。从具体的案例出发，通过分析，最终得出结论[3]的过程，可以让学生深刻理解该案例是如何“分析问题、解决问题”的，并以此来丰富自己解决问题的方法和手段。同时，这些案例多采用大型招投标项目、大型规划设计项目中的实际案例，具有典型性、美观性、艺术性、结构性的特点。通过针对这些案例提出问题，进一步引导学生去寻找类似的规划结构的案例，进一步加强学生发现问题、分析问题、解决问题的能力。如在讲解“为什么组织人车分行的道路系统，它有什么优点呢?”，就采用“雷德伯恩体系”的雷德朋小镇规划方案进行介绍，从总平面、邻里单位的放大平面、鸟瞰图等进行介绍，还用动画效果将人行系统和车行系统分开演示，让学生回答“雷德伯恩体系”的优越性，使他们明白人车在空间上分离，能保证人们在交往时的安全性，最后让学生课后寻找“雷德伯恩体系”在居住小区中应用的佳例。

(二)结合学生所提问题，通过多种形式组织课堂讨论

学生所提的问题具有一定的普遍性和代表性，当笔者把学生所提的典型问题拿到课堂上来讨论时，能充分调动其他学生的积极性、主动性和创造性，培养学生的基本能力和科学思维，深化学生对课堂知识点的掌握程度。课堂讨论是进行教学互动的重要方式[4]，课堂讨论可以有多种方式，如课堂启发、讨论、实例分析作业等，要采用适当方式让学生积极参与研讨并提出自己的观点。在讲解“柯布西埃的密集城市是什么”时，组织“城市是发展高层建筑?还是不发展高层建筑?”的课堂辩论，教师要做好对讨论的评论工作，要点出学生在讨论中产生的闪光点，对他们敏锐地发现城市问题提出表扬，总结他们忽视的其他问题，指出发展高层建筑很好，但必须应象柯布西埃的密集城市中提出的那样保证高层建筑之间的距离，还提出拓展思路的解决方法，使学生更清楚地掌握密集城市的基本内涵。

(三)充分利用社会资源，加强教学互动环节

社会资源是课堂教学的一个必不可少的有益补充形式，具有直观、形象、与实践紧密结合的特点。针对林业类高校城市规划专业学生需进一步深入了解城市、居住区等基本概念，增加参观性的课外实习环节。通过应用社会资源，加强并完善课外实习环节，拓展城市规划专业的学生的专业知识，如参观北京市城市规划展览馆、参观北京市新建的居住区或居住小区等内容，课堂中对课外实习环节提出观察、调查的问题，学生通过对直观的规划实例的调查、访问、参观、资料收集，对城市总体规划、居住区规划有感性认识，通过调查报告的形式，结合课堂讲述的规划理论与方法，深入了解北京城市总体规划、居住区规划的现状和特点，在课外参观实习过程中分组对要观察、调查的问题进行讨论，对城市问题进行分析，提出解决方案，既强化专业知识，又提高学生的综合能力，促进学生理解宏观概念。

(四)结合课外学习，组织对“城市问题 - 解决方法”的讨论

要培养学生掌握“从城市问题中来，到解决方法中去”的规划思维方法，需要让学生养成发现问题的习惯，首先要将一些爱问问题的学生树立成大家的榜样，在课间和这些爱问问题的学生进行讨论，引导他们提出解决方法。其次是针对其中有意义的重大的社会问题，我

们组织大家共同学习，发动其他同学共同研究他们提出的问题，如用查阅报刊杂志、阅读新闻纪事、调查社会区域等方式，让他们关注身边发生的城市问题和城市现象。在讲城市居住用地规划时，提出“许多大城市的城市更新过程中需要进行用地置换，那么，什么样的居住用地需要置换呢？大家谁能举一个具体实例吗?”，提出问题后就发动学生进行资料查阅，让大家在课外进行讨论，形成课外 Studio 学习小组，下节课由小组长发言，教师进行总结。

四、后　记

授之以鱼不如授之以渔，经过近十年的教学实践，我们发现，问题设置与教学互动方法改革不仅使教师勤于思考如何教好的问题，而且使学生养成乐于提问、善于解答的好习惯。教师从“填鸭式”教学向“启发式”教学的转变，也促使学生从被动式学习向主动式学习转变，在“教师爱教，学生爱学”这一氛围的促进下，我们的问题设置与教学互动方法改革也将促进教师教学工作和学生学习共同进步。

参考文献：

[1]宋维明．高校教学改革·探索·实践[M]. 北京：中国林业出版社，2002. 10 第一版：19 ~21.

[2]陈秉钊．城市规划专业教育培养方案修订的思考[C]//许学强，叶嘉安，林琳．全球化下的中国城市发展与规划教育．北京：中国建筑工业出版社，2006. 3 第一版：198 ~202.

[3]冯博琴．多媒体上课六要素和四大忌[J]. 中国大学教学，2008(2)(总第 210 期)：3 ~5.

[4]贾良定．努力做一位既受尊敬又受欢迎的老师[J]. 中国大学教学，2008(2)(总第 210 期)：12 ~13.

日语阅读课程教学模式改革探析

范婷婷①，段克勤
（北京林业大学外语学院）

摘要：日语专业阅读课教学对提高学生的阅读理解能力和思维能力至关重要。阅读课教学的有效与否将影响学生专业知识课尤其是文学课的学习以及他们今后的学术研究能力。在实践教学中阅读课一直是日语教学中的重头戏，为使阅读课教学收到良好的效果，探究具体而行之有效的教学方法十分必要。本论文首先讲述了在日语阅读课上如何布置阅读素材，并分析了三种阅读模式下的具体教学方法，并以此为基础，对于教学实践中的教学方略进行了探析，最终总结出了日语阅读课程可以采用的三个阶段的教学方略步骤。

关键词：日语阅读；教学模式；素材布置；教学方法；课程设计

日语专业阅读课教学对提高学生的阅读理解能力和思维能力至关重要。阅读课教学的有效与否将影响学生专业知识课尤其是文学课的学习以及他们今后的学术研究能力。不仅如此，阅读理解也是各种考试试题中五大类型（听力理解、文字和词语、语法构句、阅读理解、短文写作）之一，是学生实际使用中很有实用意义的一种技能。阅读理解是测试考生外语水平的主要标志之一。《日语专业教学大纲》在“教学目的”中规定：“培养学生具有较强的阅读能力、一定的译和听的能力、初步的写和说的能力，使学生能以日语为工具，获取专业所需要的信息，并为进一步提高日语水平打下较好的基础。”[1]显然，阅读在整个教学过程中也具有重要的地位。

阅读课教学一直是日语教学中的重头戏，为使阅读课教学收到良好的效果，探究具体而行之有效的教学方法十分必要，因为正确的教法不仅有助于学生对文章的理解，而且有利于激发学生的思维并提高他们学习语言的兴趣。笔者认为阅读教学过程中老师应更新教学观念，灵活处理教材，仔细寻求文章内容与学生思维相关的切合点，激活学生思维，有效延伸知识，同时引导学生了解文章文体，充分利用文体整体把握文章内容。

阅读能力是一种综合概念，是运用语言知识的能力。所谓阅读能力就是“获取信息的能力”[2]，是指运用语言知识和阅读技巧正确领会文章含义，理清文章脉络层次，把握中心思想、写作特点等的能力。也就是获取读者所需要的最主要的信息。它是在掌握一定词汇量和基本语法知识的基础上才具有的能力。因此，在实际阅读课的教学中，通过什么样的方法才能提高学生阅读能力，扩大阅读量，培养学生养成良好的课外阅读习惯，是值得我们探索和

依托项目：北京林业大学2005年校级教学改革研究项目——提高日语综合技能的新思路。

① 第一作者：范婷婷，硕士，讲师。主要研究方向：日语语言文化、日本经济。电话：62338272。E-mail：tingting-fan@163.com。通讯地址：北京林业大学外语学院日俄语系，100083。

研究的。本文结合笔者在北京林业大学所从事的日语阅读课程教学现状试图在日语阅读课程的教学方略上做一些尝试和探索，来探讨在新时代背景下提高日语综合技能的新思路。

一、传统的日语阅读课教学模式

所有语言的学习和研究其实也包含社交性问题和信息性问题，所以学习语言有助于和不同文化背景的人进行沟通。掌握足够的信息对于准确理解所运用的语言的含义是不可缺少的，但对此我们往往缺乏足够的认识。在中国，日语阅读课的教学方向往往偏重于应试能力的培养，所以，尚存在许多不尽如人意的地方。例如基本上还是以书面教材为主，教学方法仍为教师讲解、学生被动接受的“填鸭式”课堂教学模式。教材内容陈旧过时，不符合新的时代要求等。这种情况实际上不利于培养学生日语阅读课程的兴趣，阻碍了学生与教师的自主性交流和实际应用。所以，我们对于日语阅读课的教学内容要有必要的扩充以及选择，重视其多样性、实用性、趣味性，这样才能更好地提高实用效果，防止学生知识结构和时代需求发生脱节。

二、日语阅读课程模式新思考

基于上述分析，笔者认为日语阅读课教学本身就存在与时俱进的内在需求，而阅读课在日语专业教学活动中又具有举足轻重的地位，但传统的教学模式又无法满足这一要求。因此下面笔者试图从阅读素材的布置，教学方法，课程设计三个方面进行新思考。

（一）阅读素材的布置

日语文章的体裁一般包括叙述文、说明文、论述文、描写文等，每种体裁都有一些共同的写作规律，作者不同文章的写作风格也不同。它的来源有科学杂志、报刊、小说、书评、教材等。有的文章还附上写作时间、作者姓名、出处等，有的虽没有注明，但不少文章都隐含了关于时间、作者等情况的信息。

而面对不同的阅读素材，我们一般都会采取不同并与之相应的阅读方法。“比如读报纸和新闻消息的时候，我们会先读标题，找出自己感兴趣的消息来阅读；读小说或者故事的时候我们会一边猜想下面会发生什么情节一边阅读，也就是从上下文关系中边猜测词语的含义边往下读；在读论文或者报告等一类专业性文章的时候，我们一般会找寻和掌握关键词语，或者遇到复杂的专业性词汇我们会边查词典边往下阅读，或者逐句翻译成母语来读，或者为了确认理解的正确性进行反复阅读。而在读诗歌的时候，我们提倡出声阅读，并体味声音朗读的乐律和节奏”[3]。

在实际阅读课教学中，首先要做到课程素材选题广泛，各个不同文体，不同风格的文章都要有所涉及，并选出其中典型性的优秀文章进行精读讲解，并教授学生对于此类文章应该掌握的相应的阅读方法。与此同时布置大量相关素材供学生课后大量泛读。

（二）按照不同阅读模式采取相应教学方法

阅读的过程中，按照学生的日语水平以及不同的阅读素材我们可以有三种阅读模式。也就是从点到面，从面到点以及点面结合的阅读模式。

1. 从点到面的阅读模式

所谓从点到面的阅读模式，就是从理解小的词语，文字入手到理解长句、段落的阅读模式。这种阅读模式适合于初级日语水平阶段的学生。因为日语初级水平的学生，主要是需要教师带领其正确掌握词汇、句型，并能引导其正确运用，并反复进行练习，这是教学的重点。在这种阅读模式下，我们可以采用以下教学方法：

(1)勾画出重点词语表达，难度较大的词汇表达以及句子进行阅读。

(2)帮助其理解复杂构造句子的含义(确认句子修饰关系以及主谓关系)。

(3)帮助其确认句子和句子之间的接续关系和指示关系。

(4)确认是否理解文章内容(从逐句理解到全文理解)。

2. 从面到点以及点面结合的阅读模式

所谓从面到点的阅读模式就是先从总体入手，事先设置阅读目的和预测内容，在阅读过程中找寻符合目标的内容，来确认之前的预测是否正确的一种阅读模式。而点面结合的阅读模式就是综合了从点到面和从面到点两种阅读模式并且根据需要结合并相互使用。这种阅读模式适合于初级以上以及中级日语水平阶段的学生，要求他们阅读有一定长度并且内容完整的文章。在这种阅读模式之下，重点是要求引导学生预测和推测文章内容，那么我们怎样来帮助学生掌握这部分能力呢?

我们在读文章的时候，往往会把我们现有的各种“背景知识”[4]，也就是说文字，词语，表达，句型等的语言知识以及关于文章内容和结构的信息、体验等和我们所读的文章联系起来进行理解。于是当我们发现所读的信息是自己的“背景知识”中所没有的，就会把它补充进去。所以在阅读课中引导学生有效利用自己的“背景知识”是非常重要的。但是“背景知识”的导入并非短时间就能达到。在初级阶段可以在基本练习和活动中适当调整话题和场面，加入一些关于日本人生活和习惯以及日本文化等的信息和知识，可以大大丰富学生的“背景知识”。

在这种阅读模式下，我们可以采用以下教学方法：

(1)引导学生预测文章的内容。

(2)引导学生从上下文逻辑关系中推测新单词的含义。

(3)让学生迅速通读文章并掌握文章大意和上下文关系。

(4)引导学生从文章中仅仅找寻需要的信息并快速阅读。

(三)日语阅读课程教学方略设计

课堂设计是教学过程中非常重要的环节之一，它包括课时安排、教学内容、教学方法和手段等。成功的课堂设计应该既能充分体现教学目的，又能结合教学内容，同时能激发学生的学习热情，课堂设计富有趣味性、多样性。根据不同的阅读材料，教师可设计不同的导入方式，以达到培养学生各种阅读技能的目的。在具体教学过程中，我们可以试着分为三个阶段做出教学方略计划。

1. 第一个阶段

就是要求教师进行充分的课前构思和准备。

精心准备是一堂课成功的前提，通过导入和文章相关的语言和社会文化知识，激发学生阅读的愿望。新课导入的方式是多样化的。教师可以运用以下手段引入本课话题。

(1)向学生展示和文章内容有关的图画、照片、录像、视频等。

(2)以现有的知识和经历，让学生讨论和文章题目相关的内容。

(3)给予学生阅读文章的必要的知识和信息。

(4)给学生关键词，导入与文章内容相关的必要概念和知识。

(5)让学生从题目和标题中预测文章内容。

在阅读课教学中，教师通过简洁导入，让学生进入阅读的心理准备之后，承上启下是阅读课的主体活动环节。这一环节的重点是要求教师能够从多角度、多层面启发学生思维，拓宽视野。其目的是使学生获取较详细的篇章信息，了解和熟悉课文中的生疏词汇、短语、结构等。

2. 第二个阶段

就是在阅读过程中按照需要采取不同的教学方法。具体如下：

(1)有目的地阅读——在阅读前提出问题，要求学生带着问题去阅读，边读边解决问题。

(2)从理解大意到对于细节部分的正确理解——结合使用各种阅读模式下的阅读方法。

(3)确认学生是否正确理解。

(4)引导学生在边监测自己是否正确理解的基础上边进行阅读。

3. 第三阶段

我们可以称之为课后活动的补充和引导。为学生创造并提供良好的第二课堂对学生的语言能力、思维能力和跨文化交际能力的提高能起到一石二鸟的作用。即在实践中提升学习效果，在学习中提高实践能力。为了扩大和加强学生的阅读能力，需要在课后进行扩展性阅读指导。采取的方法例如：

(1)就感兴趣的文章利用课余时间组织学生进行小组或者班级讨论。

(2)以同样的题目进行问卷调查或者采访。

(3)在寒暑假期间或者每学期布置学生读3~5册原版日语作品并写出读后感。

(4)充分挖掘校内外资源，如日籍教师、日本留学生、校学生会等，积极开展日语角活动、日语演讲比赛、日文歌曲比赛、日语短剧小品、日文写作比赛，推进茶道、花道、和服等方面的中日文化交流，丰富学生的业余生活，进一步提高学生的交际能力。

另外，利用课余时间或教学网络给学生补充一些涵盖政治、经济、文化、科学等难度适当的读物，扩充学生在政治、经济、文化等的方面的日语词汇量，帮助学生在系统地学习日语语言的同时，了解并掌握日本民族的文化、历史、风俗习惯和风土人情等，从而清除在今后跨文化交际上的障碍。

三、结　语

笔者认为培养一个通用型的日语人才，为中日两国的世代友好做出贡献，在很大程度上得益于不断开拓日语教学模式的新思路。而通过以上教学方法和教学计划在实际教学中的运用，对于传统式的日语阅读教学模式进行了改革，在日语教学中充分发挥教师与学生双方面的积极性，通过有效的教学方法使学生能够最大限度地参与教学的全部过程，引导学生积极主动地学习，充分发挥了学生的独立性、自主性、能动性和创造性。并且在此基础上通过引入新颖、灵活的教学方法和形式，真正实现“教与学”的互动，充分调动了学生学习日语的积极性和创造性，养成了良好的学习方法和习惯，在全面提高日语听说读写综合技能和运用语言的交际能力方面取得了一定效果。

参考文献：

[1]《北京林业大学日语专业教学大纲》2002

[2]段克勤．浅谈如何提高日语四级应试中的阅读理解能力[C]．日汉双语辞书编纂与日语教学论文集Ⅱ．中国科学技术出版社，2003.

[3]岡崎眸・岡崎敏雄．『日本語教育における学習の分析とデザイン—言語学習過程の視点から見た日本語教育』[M]．凡人社，2001.

[4]国際交流基金．『国際交流基金日本語教授法シリーズ7 読むことを教える』[M]．ひつじ書房2006.

[5]藤原雅宪等．上级日本语教育方法[M]．日本凡人社，1997.

大学英语分级教学模式研究

訾　缨①，史宝辉，李　芝，娄瑞娟
（北京林业大学外语学院）

摘要：本文分析了大学英语分级教学的必要性，介绍了分级教学的理论依据。通过对12所高等院校近几年来大学英语分级教学模式的调查研究，结合本校新生四年来入学实际情况数据分析，从分级标准的制定、教学内容和目标、课程设置、教学管理和评价等方面进行了详细探讨，客观分析了实施分级教学的诸多优势和存在的问题，对当前的大学英语教学改革具有理论和实践的指导意义。

关键词：大学英语；分级教学；教学改革

引　言

（一）现状分析

如何提高大学英语教学的效率和质量一直是大学英语教学改革的研究重点[1]。随着我国高校的普遍扩招和高等教育普及化进程的推展，国内综合性大学普遍面临着一大难题：由于城乡和不同地区中学英语教学水平参差不齐、各地区对英语水平的要求不尽相同、教学条件、师资状况对比悬殊，导致来自不同地区的学生英语水平在入校时呈现出巨大的差异。这种差异不仅存在于各地区和各高校之间，还存在于同一所高校的不同专业之间，甚至存在同一班级的学生之间。这种复杂的生源状况给大学英语整体教学计划的实施和教学目标的实现带来很大的困难，尤其体现在英语听说的教学上。

鉴于全国高等学校的教学资源、学生入学水平差异以及所面临的社会需求等不尽相同，2007年9月教育部公布《大学英语课程教学要求》明确提出了“分类指导、因材施教”的教学原则，并具体提出大学阶段的英语教学要求分为三个层次，即一般要求、较高要求和更高要求，规定各校应根据本校的实际情况，制订科学、系统、个性化的大学英语教学大纲来指导大学英语教学[2]。传统的教学模式很难适应不同层次学生的求知需要，应该针对不同层次大学生的语言能力进行个性化、差异化的分级教学模式。大学英语分级教学改革要充分体现个性化，考虑到不同起点的学生，既要照顾起点低的学生，又要给基础好的学生更多的发展空间。在这种新形势下，深化教学改革，进行大学英语分级教学实践的探索对于提高教学质量，满足国家和社会对人才培养的需要，探索具有国际竞争能力的人才创新培养模式具有十分重要的意义。

依托项目：北京林业大学2007年校级教学改革研究项目——大学英语分级教学模式的研究与实践。

①　第一作者：訾缨，学士，教授。主要研究方向：美国历史文化、英语教学法。电话：62338274。E-mail：jeanzi8@yahoo.com.cn。通讯地址：北京林业大学外语学院，100083。

(二)理论依据

进行分级教学具有坚实的理论支撑，首先，基于人本主义理论的教学观(Schunk，2003)[3]认为教学是帮助学生从新手水平发展到更高水平的过程，强调如果把不同水平的学生放在一起进行教学，教师往往会关注大部分学习较好的学生，因而基础差的和特别好的学生会常常被忽视，而这是不公平的，也会极大地影响学生的学习兴趣和积极性，也会导致教育机会的不均等和教育资源的浪费。

其次，社会文化论者认为学习者的认知发展水平包括实际发展水平和潜在发展水平，最近发展区理论强调社会文化环境和互动式语言输入对个体语言发展的重要作用。最近发展区(Zone of Proximal Development：ZPD)是指能独立解决问题的实际发展水平和在恰当的指导下能达到的潜在发展水平之间的差异。与最近发展区紧密相联的概念是搭手架(scaffold)，即专家为新手提供的获得更高水平指导的帮助，提供互动式的语言输入和社会文化环境能极大地促进语言的习得(Lantolf，2006)[4]。

从认知角度出发的"语言输入假说"(Input Hypothesis)[5]认为可理解性输入是二语习得的必要条件，足够的可理解性输入是获得语言知识的唯一方式，成功地习得一门语言必须具备两个基本条件：丰富的可理解性语言输入和学习者内在的语言习得机制(language acquisition faculty)。学习者是在自然语言环境下通过大量地接触略高于自己现有语言水平的可理解性语言输入自然而然地习得语言，学习者遵循自然语言习得顺序，最佳的语言输入量是"i+1"，其中"i"指的是学习者现有的语言水平，"+1"指的是略高于学习者现有水平的语言层次。只要有足够的可理解输入，学习者的语言水平就可以从i发展到i+1的阶段(Krashen，1985)。如果学习者获得的语言输入水平超出现有水平，达到"i+2"，甚至"i+n"的难度，或者语言输入接近甚至低于i的水平，学习者就不能获得最佳的语言输入量。语言输入太难容易导致学习者产生学习焦虑，失去自信；语言输入太容易则导致学生无法获得新的语言知识和技能，继而产生厌倦情绪，这两种情况都导致教学效果收效甚微。

纵观上述的理论研究我们不难发现，为学习者提供恰当的语言输入对个体的发展起着至关重要的作用。如何建立一个合适的教学模式满足学生个体的发展需要也是摆在语言研究者和教师面前的一项重要任务。

(三)研究目标

本项研究旨在对我校四个年级新生入学分级测试成绩数据的统计分析和对12所不同类型高校大学英语分级教学模式调研的基础上，建立起适合我校学生特点的分级教学模式。同时还期望以分级教学模式为突破口，本着"以学生为本"的教育理念，对各个层次的学生因材施教，采取适应不同层次学生的个性化教学方法，在基础阶段教学环节以及四级后提高阶段选修课程等方面充分体现教学的层次性。从而在根本上解决在一个外语水平参差不齐的教学班级中"优生吃不饱、差生吃不了"的突出问题，以满足不同层次外语水平学生的学习和认知需要。

一、现行大学英语分级教学模式

根据对江苏大学、西南交通大学、山东大学、北京交通大学和华中理工大学等12所院校的所实行的分级方式、课程设置与学时安排、考核与评估、教材建设、学生反馈意见和教学改革成效情况的调研，我们总结出现有的大学英语教学分级模式基本分为四类：

(1)三分法模式，是指按照学生的英语成绩由高到低分成 A、B、C 三个级别，即尖子班、普通班和差班进行教学，这是目前多数高校如北京交大、齐齐哈尔大学等高校所采用的分级模式；

(2)两分法之培优法模式，就是将基础好的学生分出来组成“提高班”，其他学生按本校大学英语教学实际情况自然班进行教学的分级模式，如江苏大学所采用的模式；

(3)两分法之帮困法模式，即将基础差的学生分出来，另行组成“帮困班”，其他学生仍按自然班进行教学的分级模式。目前所调研院校尚无采用，但与以往开设预备班的做法有相似之处；

(4)分级 + 模块模式，指按学生总的成绩分成两个或三个级别，然后在每个级别内学生可根据自己的喜好选择听、说、读、写不同模块来学习，如西南、西安交大，中南财经政法大学采用的模式。

上述四种国内高等院校现行的主要分级模式是否适合本校实际情况还需要进一步深入研究，这需要我们将本校新生的入学实际情况结合起来论证分级模式的合理性和科学性。在以学生为中心的自主学习教育理念，以及分类指导、因材施教的教学要求指导下，探索高效、科学、合理的分级教学模式是本研究的主旨。

二、我校新生实际情况调查

我们统计分析了北京林业大学 04、06、07、08 级总计 12665 名新生参加北京市新生入学分级考试的成绩数据，按照北京市大学英语研究会制定的分级标准，确定了预备级、一级、二级和三级四个级别各自的级别人数，考试数据统计结果显示如表 1 所示。

表 1 北京林业大学 04 ~ 08 级入学分级测试统计结果

级别	年级(人数/百分比)							
	04		06		07		08	
三级	12	0.36%	9	0.29%	7	0.23%	1	0.032%
二级	216	6.4%	153	5%	149	4.8%	12	0.39%
一级	1849	54.8%	1446	47.04%	1677	53.9%	876	28.21%
预备级	1300	38%	1466	47.69%	1276	41%	2216	71.37%
全校	3377	100%	3074	100%	3109	100%	3105	100%

从表 1 中我们可以看出本校连续四年新生入学分级考试总体趋势：首先，达到大学英语三级水平的学生人数呈逐级递减趋势，这与高等教育日益普级化的社会总趋势相符，至 08 级只有 1 人，不足以组成一个 A 级教学班。目前学校已有 2 个梁希实验班，因此，我们建议可不再另外开设 A 级班，而将目前梁希实验班挑选学生的范围扩大到全校各学院；

其次，04、06、07 级我校新生一级水平人数与预备级人数基本相等，而 08 级入学考试成绩出现新的变化，预备级人数已超过 2/3(71.37%)。不少班级都有程度过低的学生，其英语水平与大学英语教学存在相当大的差距，这部分学生尽管努力学习，但是由于中学阶段基础薄弱，仍然无法跟上正常的教学进度，课堂教学内容远远超出其现有水平，不仅学生个人学无所获，还影响课堂教学活动的实施和教学效果。因此我们建议，可开设 1 ~ 2 个补差班，教学要求可参考艺设专业或专科要求，使用较为浅显的教材，力求使本部分学生能够听懂，在原有基础上有所进步。

三、建立大学英语分级教学模式

(一)大学英语分级标准的制定

新生入学后进行大学英语分级测试，根据分级测试成绩、高考英语成绩和学生志愿进行分级，将新生编入到相应级别的大学英语教学班中学习。北京林业大学现行的大学英语分级教学模式为“两分法之培优法”模式，经历过两轮试运行，开设A级班梁希试验班2个，学生人数两班约120人左右。其余班级为B级平行班。A级班实行分课型的技能教学模式，要求经过一年的强化学习，达到《大学英语教学要求》规定的一般要求标准，通过国家大学英语四级考试。B级班实行综合教学模式，要求经过两年的学习，达到《大学英语教学要求》规定的一般要求，通过国家大学英语四级考试(艺设班除外)。这一分级教学模式经过两轮的试运行，基本情况良好，但需进一步完善。

随着我校新生入学英语水平的新变化，我们将现行分级教学方案进行修订，将现行的大学英语“两分法之培优法”模式改进为“四分法”模式，即在现有分级基础上，增设二级班和预备级班，呈现三级班(梁希实验班)、二级班、一级班(普通班)和预备级班的格局，具体分级依据如下：

三级班(梁希实验班)根据新生分级测试成绩和梁希班英语选拔考试成绩、并参考学生高考英语成绩进行分级；总分和听力单项分两项均达到该级别准入标准方能进入该级别学习。

二级班根据新生分级测试成绩、并参考学生高考英语成绩进行分级；总分和听力单项分两项均达到该级别准入标准，即总分75分〈含〉以上、听力12分〈含〉以上者方能进入该级别学习。对新生分级测试总分达到三级标准、听力单项分未达三级标准，但符合二级标准者，在征得学生本人同意的前提下，将其编入二级班学习。

一级班(普通班)根据新生分级测试成绩进行分级，符合一级标准者进入该级别学习；预备级中总分40分(含)以上、听力分7分(含)以上者亦划入该级别班级学习。

预备级班根据新生分级测试成绩进行分级，预备级中最差的一部分，即：总分低于40分(不含)、听力分低于7分(不含)者划入该级别班级学习。预备1级生源为近乎零起点的部分少数民族学生和体育生；预备2级生源为英语程度好于预备级1班的学生。

(二)分级教学目标和教学内容

我校大学英语分级教学改革坚持以培养学生英语应用能力为目标，从以教师为中心、以知识传授为重点转变为以学生为中心、教师为主导、以能力培养为主线。加强对学生课外自主学习的指导，为学生创造良好的学习环境和氛围，全面提高学生的英语应用能力。坚持大学英语学习四年不断线。大学英语教学体系整体分为基础阶段和提高阶段。在保证大学英语基础阶段教学的基础上，努力完成四级后提高阶段模块型选修课的教学任务。基础阶段由两大部分内容组成：基于课堂教学的大学英语读写译和基于计算机的大学英语听说自主学习。采用教师课堂讲授、学生上机自主学习听说和教师的小班面授辅导相结合的方式进行。提高阶段为选修提高阶段，学校开设的公共选修课包括英汉翻译、英美文学赏析、英美概况、商务英语等课程，注重培养学生的语言技能以及语言知识和文化素质的提高。具体课程设置结构参见下图：

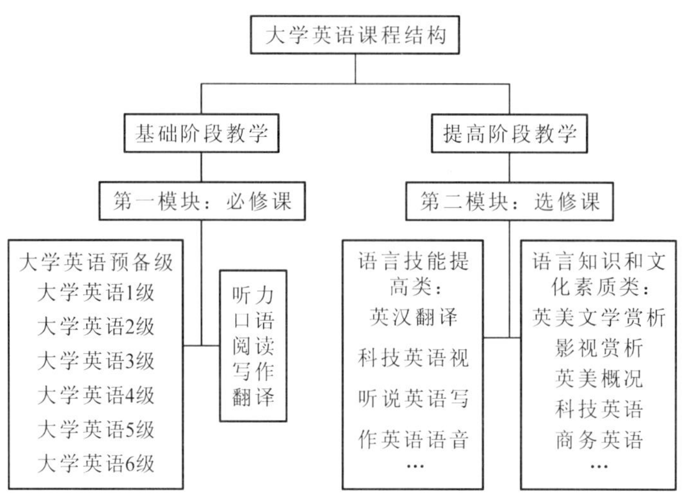

图1 大学英语课程知识模块结构图

针对不同水平的学生相应我校制定了不同的教学目标和内容。大学英语三级教学大纲的教学对象为梁希实验班的学生。教学目标是培养学生较高的英语综合应用能力，包括较强的口、笔头双向交流能力；帮助学生打下坚实的语言基础，掌握良好的语言学习方法和学习策略；帮助学生开阔视野，扩大知识面，加深对英语国家文化背景知识的了解，提高文化素养，以适应社会经济发展和国际交流的需要。A级班(梁希实验班)第一、二学期完成大学英语四级的教学任务，第三学期完成大学英语五、六级的教学任务，即A级班学生应在第一、二、三学期分别修完大学英语1、2级、大学英语3、4级、大学英语5、6级课程。要求学生达到《大学英语教学要求》所规定的较高要求，以大学英语六级为终点。

大学英语二级教学大纲的教学对象为二级班的学生。该级别班级基础阶段课程开设三个学期，第三学期末参加四级考试。第四学期任选提高阶段模块类英语选修课程；建议但不作硬性要求通过国家六级考试。该级别在教学要求上，按照《大学英语教学要求》所规定的一般要求标准执行；在教学内容上，三个学期完成新编大学英语第2版1～4册的教学内容(其中第一学期完成1、2册的内容)，并在第三学期四级强化训练的基础上，适量加入六级训练内容。在教学过程中，要注重知识的拓展与延伸，强化听说、写译等应用能力的培养。

大学英语一级教学大纲的教学对象为普通班的学生。教学目标是提高学生的语言应用能力，培养学生具有较强的阅读能力和听说能力，以及一定的写和译的能力，使其能够较流利地用英语进行一般性的交流，较为自如地表达自己的思想；掌握良好的语言学习方法和学习策略；以语言为工具了解世界，拓宽自己的知识领域，提高文化素养，以适应社会经济发展和国际交流的需要。B级班(普通班)两年四个学期完成大学英语四级的教学任务，即B级班学生应在第一、二、三、四学期分别修完大学英语1级、大学英语2级、大学英语3级、大学英语4级课程。要求学生达到《大学英语教学要求》所规定的一般要求，以大学英语四级为终点。

大学英语预备级教学大纲的教学对象为预备级班的学生。教学目标是通过教师深入细致的讲授和听力、词汇、语法、阅读、写作等方面的强化训练以及适当的口语练习，使其掌握基本的英语语言语法知识，具备一定的语言应用能力，培养良好的学习习惯和自学能力，为今后的英语学习奠定基础。预备级班学生两年四个学期完成大学英语二级的教学任务，即在第一、二、三、四学期分别修完大学英语预备1级、预备2级、大学英语1级和大学英语2级的课程。

(三)教学管理和评价

在教学管理上，大学英语分级教学实施动态式教学管理模式。三级班(梁希实验班)学生第一学期大学英语(1、2级)课程考试卷面成绩不及格者，第二学期将不得继续在三级班学习，而转入同一年级同专业的二级班学习大学英语2级课程。二级班、一级班和预备级班学生原则上必须逐级通过考试。学生在哪一级修读，应当参加本级的课程考试。期末成绩合格后，方可随所在英语班级升入高一级修读。对于成绩特别优秀的学生，经本人申请和任课教师推荐，通过相关考试可提升进入三级班学习。

确立分级教学的教学评价体系是分级教学工作的难点之一。在我们所调研的院校中，有的院校采取同样试卷对各个层次的班级进行教学评价，也有的院校是按照不同层次分别各自进行教学评价。我们认为，既然学生已经按照英语水平进行分级教学，其教学目标、教学要求、教学内容和教学方法都各不相同，应该按照相应的级别制定客观、准确的考核标准，使各级的测试具有科学的效度和信度，以反映学生的实际英语水平。

分级教学模式下的教学评价体系应当打破应试教学的束缚，建构起与分级动态教学管理理念相适应的诊断性评价、形成性评价和终结性评价相结合的多元教学评价体系。将国家四、六级英语考试和学位获得脱钩能有效地摆脱应试教育的制约。应当组织骨干力量根据分级动态教学管理理念和教学目标，结合学生的实际情况，设计出合理的大学英语水平测试题库，对学生的英语听、说、读、写、译进行全方位的考核和评价。试题库的内容根据实际教学情况进行不断的修订和调整，维持其动态变化。

四、结　论

大学英语分级教学是大学英语教学改革新模式下的教学实践和探索。经过三轮的试运行发现，分级教学效果良好，激发了学生的学习自主性，全方位提高了学生的语言运用能力，梁希级班的学生经过一年的学习后，国家英语四级通过率为100%。普通班四级通过率呈逐年上升趋势，跻身北京地区高校前列。从近年来分级教学的实施过程和教学效果来看，分级教学具有诸多的优势。

首先，分级教学突出了以学生自主学习为中心和个性化教育的理念，改变了过去教师一言堂式的传统教学模式。在教师的指导下，学生能够积极利用丰富的网络和多媒体资源主动构建英语知识体系。此外，动态式教学管理体制能够增进学生的竞争意识，充分挖掘学生的潜力，形成良好的学习氛围。其次，分级教学承认学生的个体差异，有利于教师为学生量身打造适合的教学材料，以便学生获得最佳的语言输入量，以便真正做到因材施教。第三，分级教学为教师提供了更大的发挥空间，教师不再拘泥于同一教材，可以根据学生的需要和自身的专长为学生开设各种语言技能和人文素质类的选修课，并可借此契机成立专项教学课题研究小组，探讨和研究分级教学中出现的各种问题，从而深化大学英语教学改革，教学与科研相得益彰。

尽管分级教学有利于教师因材施教，为学生提供恰当的语言输入，有利于调动各个层次学生的学习积极性和形成自主学习的氛围。我们不能忽视分级教学仍然面临各种问题的考验，如入学分级测试的科学性、教师评价机制等。

将学生编入不同级别进行英语教学的重要依据是入学分级考试(placement test)，入学分级测试的信度和效度是保证分级教学成功展开的先决条件。分级教学的重要理论依据是人本主义教学观、最近发展区理论和输入理论。根据 Krashen 的输入假设，语言习得是通过大量地接触略高于自己现有语言水平的可理解性语言输入自然而然习得的，最佳的语言输入量是“i+1”，i 指的是语言学习者现有的水平，稍高于现有的水平即为 i+1。为了达到大学英语分级教学的初衷，必须准确测量出学生目前的语言水平，必须将现有水平接近的学生分到统一级学习，因此保证分级考试的科学性和合理性是一个重要的研究问题。相对于本校学生英语实际水平而言，北京市大学英语入学分级测试难度较大，以 08 级为例，达到二级及以上水平的学生人数仅为 13 人，不足以组成一个三级的自然班。显然，开发出适合我校的入学分级测试试题非常关键。

此外，在分级教学模式下对教师的考核也应该相应的发生改变。有的院校采用了根据学生的英语成绩进步程度对教师实施奖惩的考核方法。也有的学校通过大学英语网上教学评价系统来保持师生之间的沟通和交流，不断提高教学水平。也有的院校成立教学质量督导小组，采取随机听课、检查教案的方式进行教学质量监督。鉴于各种考核方法各有利弊，如何确立科学的教师评价机制是大学英语分级教学模式下的新课题。

综上所述，实施分级教学是在适应外语学习规律和外语教学发展需求的必然结果，其最终目的是培养学生自主学习能力，提高学生的英语应用能力。大学英语分级教学有诸多优势，也存在不容忽视的问题，在我们面前还有值得深入研究的课题，即进一步建立适合本校学生实际水平、师资情况和教学资源等实际情况、完整有效的教学体系。

参考文献：

[1]刘润清，戴曼纯．中国高校外语教学改革现状与发展策略研究[M]．北京：外语教学与研究出版社，2003

[2]教育部高等教育司．大学英语课程教学要求[Z]．北京：外语教学与研究出版社，2007.

[3]Schunk，D H．韦小满等译．学习理论：教育的视角[M]．南京：江苏教育出版社，2003.

[4]Lantolf，J. P.，& S. L. Thorne. *Sociocultural theory and the genesis of second language development*. Oxford：Oxford University Press. 2006.

[5]Krashen，S D. *The input hypothesis：issues and implications*. London：Longman. 1985.

项目教学法与“以学生为中心”的商务英语教学

陈晓颖[①]，李　健
（北京林业大学外语学院）

摘要：商务英语的学习在当今全球化的时代下变得日趋重要，而商务英语的教学现状却并不令人满意。虽然“以学生为中心”的教学法呼声很高，但是其真正实现却实非易事？项目教学法是一个值得推广、现实可行的方法。项目教学法拥有理论支持，它独特的优点和评价体系能够保证商务英语教学真正实现“以学生为中心”。

关键词：项目教学法；“以学生为中心”；商务英语教学

一、“以学生为中心”的商务英语教学

随着我国与国外的经济交往日益频繁，社会对外语人才的需求日益扩大，而同时，外语人才的培养也存在着巨大问题，如与实际应用脱轨等。面对新的形势和挑战，传统的商务英语教学模式无法保证教学的质量与效率，也不利于培养学生批判性思维和创造性思维，不利于培养具备创新精神和实践能力的人才。

（一）商务英语教学的现状

商务英语课程的主要特点是英语语言技能和商务英语专业知识密切结合，而传统的教学模式并不适应新时代的商务英语教学。传统的教学模式下，教师把主要精力和时间放在用词和句法的讲解上，学生面对的只是日复一日的脱离商务活动语用环境、毫无意义的空洞练习，学习气氛难免沉闷乏味，学生的商务交际能力无法得到真正的锻炼与提高，一旦涉及商务实践就相形见绌，导致学生毕业后到了工作岗位发生“环境休克”。传统教学模式只传授商务和语言知识，不培养应用能力和自主学习能力，无视人的主观能动性，压抑了学生作为学习主体内在的需要，限制了学生的自主发展，教学缺乏活力，人才培养模式化[1]。

（二）“以学生为中心”商务英语教学的趋势

当今的学生是生活在数字时代的学习者，教育也应该从更宏观的角度处理，应被置于整个社会环境下。因为对学习结果起决定作用的最终还是学生本人，所以任何成功的教育必须树立以学生为中心的教学意识，用以学习者为中心的教学法取代以教师为中心的教学法。

正如 Mark Ellis[2]所说，商务英语课程的总体目标是提高实践能力，如果课堂教学把太多的时间用于提供大量的语言输入而没有足够的时间用于语言输出，那么这个目标就不能

依托项目：北京林业大学 2009 年校级专业建设项目——“以学生为中心”的商务英语课程改革与研究。

① 第一作者：陈晓颖：硕士，讲师。主要研究方向：英语教学法，翻译，语言学。电话：13671212731。E-mail：lisa12_ 31@ sohu. com。通讯地址：北京林业大学外语学院，100083。

实现。

如何实现“以学生为中心”的商务英语课程呢？如何发挥学生的主观能动性，真正培养他们走出校园、步入工作岗位所需要的技能呢？商务英语的一个特点就是强调实用，培养学生的工作能力和职业素养。“以学生为中心”的商务英语课程的实现需要一个载体，或一个具体的实施手段，我们提出的手段就是“项目教学法”。

二、项目教学法

(一)项目教学法的概念

项目教学法(Project-based Teaching)是一种为了让学生理解或运用某一学科的中心概念和原则，通过共同实施一个完整的“项目”来组织教学活动，把学生融入有意义的任务完成的过程中，让学生积极地学习、自主地进行知识的建构的教学模式[3]。这种模式是一种综合的教学方法，需要学生参与持续的合作的调查[4]。

根据近期的研究[5~7]，项目教学法中的“项目”通常是较为复杂的、具有挑战性的任务，激发并组织学生开展活动。项目教学法要求内容真实、评价真实、教师的角色从传授者转变成辅助者，要具有明确的教学目的。项目教学法还应是一种合作学习，能够体现并融合交际技能[8]。

(二)项目教学法的理论基础

项目教学法把学生置于真实的环境中，需要他们真正地运用语言进行交流，解决问题，这就需要他们具备很多技能，包括：制定计划、组织、协商、分工、调查等等。Stein[9]认为这些技能对于一个人的成功至关重要，美国劳工部[10]也宣布公司企业认为上述这些技能都是一个优秀的员工所应必备的。项目教学法融合了多种新的教育理念，包括建构主义的学习理论、多元智力理论、认知理论、交际式语言学习方法、自主学习理论等。

1. 建构主义的学习理论

建构主义的学习理论认为，认知主体的认识发展是通过意义建构的途径形成的。瑞士著名心理学家 Jean Piaget 最早提出了“情境、协作、会话和意义构建是学习环境中的四大要素”。他指出学习获取知识的过程是学习者主动进行意义构建的过程，语言知识不是通过教师的传授就能学得的，而是学习者在一定的情景下，利用必要的学习资料，借助他人的帮助，包括教师和同学的帮助，通过意义构建的方式获得的[11]。这一理论强调语言学习的社会性和个体获得知识的主动性。

2. 多元智力理论

多元智力理论强调每个人都有不同的智力类型和不同的智力优势。学生通过运用自身的智力优势来完成一个项目，就意味着他们要创造性地解决问题。项目学习法允许教师将教与学的策略运用到项目的规划和实施过程中，帮助学生开发各种智力。项目教学法注重学习与实际生活的融合，通过适当的培养和不断的积累学习经验，学生的每一种智力都得到提高，有利于发挥各自的智力潜能。智力研究强调项目学习活动的价值。当学生投入到有意义的解决问题的活动中时，当学生理解了技能与事实为何、何时、以何种方式相关时，学生获得新的理解的能力得到加强[12]。因为设计良好的项目鼓励学生积极的调查并进行高级的思考[13]。

3. 现代认知理论

项目教学法的又一依据来自现代认知理论。现代认知心理学把个体的知识分为陈述性和程序性两类。学校教育既要传授知识又要培养技能。所谓知识，就是陈述性知识，而技能，则是程序性知识。程序性知识建立在陈述性知识基础上，有概念、规则构成，具体表现为一套办事的操作步骤。但学习者通过操作练习，习得了按某种规则顺利完成任务的能力，则获得了认知技能；当习得了按某种规则顺利完成任务的能力，则获得了动作技能。操作练习是实现知识从陈述性知识向程序性知识转化的重要条件，以行为引导的教学方法成为培养学生综合能力的重要手段。而项目教学法就是要鼓励学生主动的进行操练，从而让学生快速有效地掌握程序性知识，并运用其解决现实中的问题[14]。

4. 交际式语言学习方法

项目学习遵循了交际式的语言学习方法[15]。学生把学到的知识应用到现实情况中。所有这些项目教学更多的就是现实世界的活动。学生在项目实施的各个阶段需真实地进行交际，计划的制定、资料的搜寻、筛选，与同伴的协作，与教师的互动都要求学生运用所学的知识和语言进行真正意义的交际。在项目结束之时，学生需要产出相应的成果，结果的呈现、展示，项目教学法实施的各个步骤都实现了学生运用交际式的学习方法的语言学习过程。

5. 自主学习理论

项目教学法同样得到自主学习理论的支持。如 Holec[16]表示，自主性指的是对自己的学习负责的能力，这种能力的获得可以是自然获得的，也可以是通过系统、刻意地学习而习得。按照 Holec 的解释，学习者自己负责学什么、什么时候学、怎么学等。另外，学习者还要自己设定学习目标并判断在实现这些目标的过程中什么方法更有效果。我们可以看到这一切都与项目教学法的做法相吻合。其中的项目就是通往其目标的通道。在整个过程中，学生学会如何选择内容、如何学习并对这些过程进行管理。Dickinson[17]提出“自我教育”(self-instruction)的概念。他认为，出于实际需要、个体差异、教育目标、学习动机和学会学习的原因，培养独立的学习技能是十分必要的。项目教学法提高了学生作为学习主体的意识，训练学生为自己的学习负责。

(三)项目教学法的优点

项目教学法是一种成功的教学法，它具有许多优势：它让学生把学到的知识加以运用，从而保证学生真正的理解并掌握所学内容；它激发学生的学习兴趣，让他们成为学习的主动发起者；它鼓励学生进行深入的思考，培养其独立分析，举一反三的思辨能力等。Stoller[18]总结出项目教学法的优点为：

(1)项目教学法关注的是内容的学习，而不是以具体的语言为目标的学习。现实的、学生感兴趣的科目或话题才是这些项目的重点。

(2)项目教学法是以学生为中心的，当然老师在整个过程中要提供必要的支持与指导。

(3)项目教学法是合作的，而非竞争的。项目设计可以由学生独立完成、也可以小组作业或由整个班级共同实现，整个过程中学生可以分享资源、想法以及专业知识。

(4)项目教学法需要把语言技能和处理各种信息的能力结合起来，这正是现实中完成任务所需要的技能。

(5)项目教学法最后应该产生一定的成果(比如口头展示、海报的设计、板报展示、撰写报告或上台表演等)。这些成果还可以被别人使用，这样才使项目设计更有现实意义。当然项目设计的意义并不只在于最后的成果，项目同样关注整个过程。

(6)项目设计工作可以激发学生的学习动机，虽然对学生有难度，但也会刺激学生参与，并最后提高学生的能力。通过参与这样的活动，学生往往会变得更加自信、更有自主性。同时他们的语言技能、对内容的学习的能力以及认知能力都会有明显的长进。

很多研究都已证明了项目教学的有效性：如项目教学法让学生对学习更热衷，学生解决问题的能力得到大幅提升[19~21]；学生对学科有了更深刻的认识[22~25]；学生通过完成项目，对其中涉及的具体技能和策略有了更好的掌握[26]；学生提高了团队意识，能合作解决问题，并养成良好的工作习惯等[27,28]。

(四)项目教学法的评价

项目的流程通常包括选题、制定计划、调研、研发成果、分享结论。项目教学法的终极目的是教学，项目只是其实施教学的手段，所以“评价”成为项目教学法中一个值得关注的过程。评价可以帮助教师更好地了解学生，可以帮助学生对自己的学习做出更准确的判断，可以使项目与教学内容的关联更加清晰明确，可以帮助教师更好地为下一步工作做出计划，可以让学生更好的计划项目的实施。

因为项目教学法评价的不仅是语言能力还包括具体的应用能力，所以在项目开始之前就应该向学生介绍如何进行自我评价以及学生之间的互评。学生在完成项目的过程中，需要彼此合作，所以团队成员可以对彼此的表现给与评价；在项目的各个阶段，各小组可能需要和别的小组发生联系或在全班范围内做项目中期或最后的成果展示，这都给小组以外的成员了解其他小组或其成员的机会，所以来自团队外部的学生的评价也应构成项目教学法综合评价的一部分。当然教师可以指导学生做出正确的评价，告诉学生评价的标准等。教师的评价在项目教学法中也占很重要的比重，教师通过观察学生在项目实施过程中如何使用语言、知识及技能，从而对学生的表现做出正确的判断。教师对学生的判断也应该包括对个人的评价以及对整个团队的评价。

评价的内容包括项目的成果，但项目实施过程中，各种技能、专业知识的运用也同样需要纳入评价的体系。这需要教师对项目的进程有非常深入的了解，并在项目结束时收集学生在项目实施过程中所涉及的材料：调研的素材、电子邮件的文本、报告的成文等，组成一个文件袋(portfolio)，作为对项目“过程”的衡量材料。

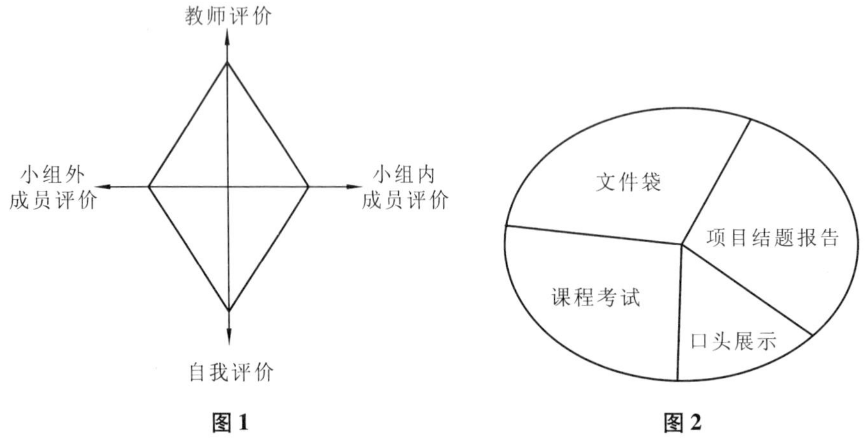

图1　　**图2**

按图 1 所示，学生参与项目的表现将接受来自四方的评价，包括教师、小组内成员、小组外成员以及成员的自我评价。而课程的最终成绩则如图 2 所示，取决于学生的课程考试成绩，以及项目实施过程中的表现，包括项目进行中所参与的各种工作、项目的结题报告以及口头汇报，至于各部分所占的比例，可以根据实际情况而定。

三、“以学生为中心”的商务英语课程中项目教学法的设计要点

商务英语课程的主要特点是英语语言技能和商务专业知识密切结合，而传统的教育模式并不适应新时代的商务英语教学。有效的教学很大程度上取决于教学环境，因此应该认真的设计教学过程与教学成果，并寻找合理的评价方式[29]。项目教学法是解决上述问题的一个有效途径。

商务英语这门课程的教学目的不仅仅是让学生了解外贸函电写作和商务专业知识，更主要的是能够灵活运用英语进行有效的商务沟通，能用英语撰写本行业报告、商务合同、协议等文件。教学注意把语言和商务有机结合起来，突出语言运用能力的培养。选择项目教学法，可以让学生在完成项目的过程中，在了解相关的商务知识的同时，对其进行实际操作，从而加深对该商务知识的认识并培养运用语言及商务技能解决实际问题的能力，例如我们可以让学生针对个人情况和喜好制定自主创业计划，并要求最后的项目成果以英文报告的形式呈现，并向全班进行项目讲述(presentation)。

(一)项目的启动

项目的题目安排下去之后，学生可以按照各自的意向选择合作伙伴，组成小组，共同完成项目所要求的各项工作。团队成员确定后，小组成员就可以分工合作，明确各自的责任。对于小组的职责的安排都应该以书面的形式记录下来。比如，有一个团队他们选定的项目是要计划建立一个翻译公司，项目开始之初，他们需要通过调研、收集一手或二手资料、开会讨论等方式最终确立各自的责任，并以书面的形式备案。这一启动过程，学生学会了如何收集有用的信息、如何与团队成员就一项任务进行协商、如何进行会议记录等。

(二)项目的进行

这一过程要求团队成员更深入的调研。还以意向为翻译公司的这一团队为例，小组成员要对很多翻译公司进行调研：通过网络，他们可以对翻译中介这一行业有宏观的认识，但是对于翻译公司的具体运行，他们还需要深入的微观分析。新的公司想要生存、发展需要具备什么样的特色。找到了自己的特色，论证了公司建立的可行性之后，团队成员需要考虑公司的进一步运作，团队成员要对翻译业务的定价、业务的开展等具体事宜进行策划。通过市场调研、团队内部协商，小组要制定一部成文的价目表，不同的业务，价格也应有所不同。至于业务的开展，团队成员要步入社会，与现实中的潜在客户建立联系，了解其需求，调整业务方向、产品价格等。团队还应该制定合同版本，并根据不同的业务做出相应的调整。在整个过程中，团队内部的合作、与外部的联络、调查问卷的制定与收集、合同的制定等等，都要求团队成员对商务知识有深刻的认识，并将其付诸实践。

(三)项目的结束

项目的实施锻炼了团队成员各种商务能力。在项目的终结阶段，团队成员应该提交一份项目意向书，并对其进行口头展示，让全班同学选出一个最佳方案。各个团队可以相互借鉴，听取意向报告，并做出正确判断与评价。项目结束之后，所有成员要求上交一个文件

袋，其中包括在项目进行中发生的所有材料：调查问卷、电子邮件文本、各种版本的合同、小组开会的会议记录以及意向公司“建立”过程中所有涉及的素材。这一文件袋将联同项目的结题报告一起，作为该课程的考核手段。除此之外，小组成员的互评、个人的自评、组外成员的评价、教师的评价等都在确定学生的最终成绩时予以考虑。学生通过实际的应用，真正的理解并掌握了相关的商务技能。

四、结 论

面对着当前大学生就业难的问题，很多学生也思考过自主创业的想法，所以我们启用的这一项目是有现实意义的、也是学生感兴趣的。在项目实施过程中，学生们自主学习了相关的商务知识、并将其运用到实际中。商务英语课程中项目教学法的使用，产生了一系列预想的效果，包括：学生们积极参与课堂、小组活动，小组成员互相学习、合作；学生亲身体会到项目具体的操作过程，从中获得成就感；学生学会如何做访谈，如何获得一手信息；学生通过与小组成员的交流以及与现实中潜在客户、其他竞争企业的交流，提高了商务交际能力；学生培养了相关的调研能力；学生学会利用信息反馈提高产品的质量，使项目产生更好的结果等。

当然，我们在“以学生为中心”的商务英语课程中实施项目教学法还存在着一些问题，例如项目未必能涉及商务英语教学所应教授的所有商务知识；项目教学法的成功实施需要教育部门以外各个领域的配合，但是中国目前大的教育环境还尚不能十分支持项目教学法。另外项目教学法与各学科的课程设置可能会存在冲突，如何在课堂知识传授与课后动手实践之间取得平衡、如何对时间和资源进行更合理的分配、如何评价教师的工作量、如何转换教师的角色等等，这些都是需要我们更多思考从而解决的问题，只有这些问题得到妥善解决，项目教学法才能更大程度上的发挥其功效。

参考文献：

[1]刘瑶. 商务英语课堂教学模式的探讨[J].《中国成人教育》2007 年 7 月：162.

[2]Ellis. Mark and Christine Johnson. 1994. Teaching Business English. Oxford University Press：38.

[3]杨米沙. 金融营销“项目教学法”实践与探讨[J]. 高教探索 2004 年第 4 期：60.

[4]Bransford, J. d., & Stein, Bj. S. The IDEAL problem solver (2nd ed.)[M]. New York：Freeman. 1993.

[5]Thomas, H. W., Mergendoller, J. R. and Mchaleson, a. Project-based learning：a handbook for middle and high school teachers[M]. Novato, CA：The Buck Institute for Education. 1999.

[6]Brown, A. L., & Campione, J. C. Guided discovery in a community of learners. In K. McGilly (Ed.), classroom lessons：integrating cognitive theory and classroom practice[M]. Cambridge, MA：MIT Press. 1994.

[7]Jones, B. F., Rasmussen, C. M., Moffit, M. C.：Real-life Problem Solving：A Collaborative Approach to Interdisciplinary Learning[M]. Washington, DC：American Psychological Association, 1997.

[8]Diehl, s., Grobe, T., Lopez, H., Cabral, C.：Project-based learning：A Strategy for Teaching and learning [M]. Boston, MA：Center for Youth Development and Education, Corporation for Business, Work, and Learning. 1999.

[9]Stein, S. (1995). “Equipped for the future：A customer-driven vision for adult literacy and lifelong learning.” [M]. Washington, DC：National Institute for Literacy. (ED384 792)

[10]U. S. Department of Labor, The Secretary's Commission on Achieving Necessary Skills. “What work requires

of schools: a SCANS report for America 2000. "[M]. Washington, DC: Author.·(ED332 054). 1991.

[11]乔爱玲，托娅. 计算机多媒体网络环境下协作式学习理论探索与模式构建[J]. 外语界，2005(1)：24~27.

[12]Bransford, J., Brown, A., &Cocking, R. How people learn: Brain, mind, experience, and school[M]. Washington, DC: National Academy Press. 2000: 23.

[13]Thomas, J. W. Project-based learning: Overview. Novato, CA: Buck Institute for Education. 1998.

[14]杨米沙 金融营销“项目教学法”实践与探讨[J]. 高教探索 2004 年第 4 期：60.

[15]Omaggio-Hadley, A. Teaching Language in Context (3rd ed.)[M]. Boston: Heinle & Heinle. 2001.

[16]Holec, H. Autonomy and foreign language learning[M]. Oxford, England: Pergamon Press for the Council of Europe. 1981.

[17]Dickinson, L. Self-instruction in Language Learning[M]. Cambridge: Cambridge University Press. 1996: 18~25.

[18]Stoller, F. L. Project work. A means to promote language content[C]. Forum. 1997: 1~10.

[19]Gallagher, S. A., Stepien, W. J., Rosenthal, H. The Effects of Problem-based learning on Problem Solving [J]. Gifted Child Querterly 1992(36): 195~200.

[20]Williams, D. C., Hemstreet, S., Liu, M., and Smith, V. D.: Examining How Middle Schools Students Use Problem-based Learning Software[C]. Proceedings of ED-MEDIA/ED-Telecom 98 World Conference on Education Multimedia and Hypermedia, Freiburg, Germany, 1998.

[21]Gallagher, S. A., Stepien, W. J., Sher, B. J., and Workman, D. Implementing Problem-based learning in Science Classrooms [J]. School Science and Mathematics. 1995.

[22]Boaler, J. Experiencing School Mathematics: Teaching Styles, Sets, and Settings[M]. Buckingham, UK. Open University Press, 1997.

[23]Boaler, J. Alternative Approaches to Teachying, learning, and Assessing Mathematics[C]. European Conference for Research on Learning and Instruction, Athens, Greece, 1998a.

[24]Boaler, J. Open and closed Mathematics; Student Experiences and Understandings[J]. Journal for Research in Mathematics Education, 1998b.

[25]Boaler, J. Mathematics for the Moment, or the Millenium? What a British Study Has to Say about Teaching Methods[J]. Education Week, March 1999.

[26]Boaler, J. Experiencing School Mathematics: Teaching Styles, Sets, and Settings[M]. Buckingham, UK. Open University Press, 1997.

[27]Tretten, R., Zachariou, P.: Learning about Project-based Learning: Self-Assessment Preliminary Report of Results[A]. San Rafael, CA, the Autodesk Foundation, 1995.

[28]Tretten, R., Zachariou, P.: Learning about Project-based Learning: Assessment of Project-based Learning in Tinkertech Schools[A]. San Rafael, CA, the Autodesk Foundation, 1997.

[29]Gulbahar, Y., & Tinmaz, H. [J]Journal of Research on Technology in Education. 2006: 309~327.

英语专业高年级研究型课堂模式的研究与调查

武立红①，李　健，肖文科，范　莉，罗　灿
（北京林业大学外语学院）

摘要：开展研究型教学是时代所需，也是时代对我们高校教师提出的挑战，它要求我们转变思想观念，更新教学理念，从传统的传递型教学模式逐步走向研究型教学模式，鼓励学生在学习过程中积极参与教学过程，自己发现问题、解决问题，并在探究的过程中获取知识、发展技能、培养能力，特别是创新意识和实践能力。本课题主要是针对英语系专业教研室所开的众多课程进行一次全面的调查研究，了解英语系专业教研室所开设课程的教学方式，尤其是研究型课堂教学的情况。

关键词：高校；英语专业；研究型课堂教学；调查

时代对高校的要求是提高教学质量，培养创新型人才。为了适应时代发展的需要，与时俱进，教师要不断探索，更新人才培养的理念和模式，改变传统教学的重知识传输，轻能力培养的教学理念。也就是说，教师要超越原有的传递型教学，走向研究型教学。

我校英语专业一直在努力研究教学，改进教学方法、提高教学水平。本课题主要目的是：在了解国内外研究型课堂教学理论研究的基础上，针对英语系专业教研室（英语专业3、4年级）所开的众多课程进行一次全面的调查研究，了解英语系专业教研室所开设课程的教学模式，尤其是研究型课堂教学的开展情况。本项目内容主要包括两大部分：①研究型课堂教学的理论研究；②外语学院英语系高年级课堂教学模式以及校外英语教学模式的调查与分析。

一、国外研究型课堂教学发展简述

研究型教学开始引起人们的重视是在20世纪50年代。最著名的倡导者是美国心理学家布鲁纳[1]1959年发表了《教育过程》。布鲁纳指出传统教学模式的问题是重视知识教学，忽视能力培养，他把教学过程看作是教师带领和指导学生进行探索和发现的过程。他强调发展学生的能力，尤其是发现和创造能力要放在教学的首要位置。他倡导要在教学过程中尽可能引导学生自己去发现的教学方法—“发现法”。1961年美国芝加哥大学教授施瓦布[2]在哈佛大学举行的纪念演讲会上的报告《作为探究的科学教学》中明确提出了“探究式”学习法，即学习者自主参与获得知识的过程，获得掌握研究自然所必需的探究能力。在此过程中学生形成了认识自然的基础，即科学的概念，同时也培养了探索未知世界的积极态度。由此可见，

依托项目：北京林业大学2008年校级教学改革研究项目——英语专业高年级研究型课堂教学模式的调查与研究。

①　第一作者：武立红，博士，副教授，硕士生导师。主要研究方向：文化，翻译。E-mail：wlh0912@126.com。通讯地址：北京林业大学外语学院英语系，100083。

施瓦布指明探究性学习强调科学概念、科学方法、科学态度三者的综合和对科学研究过程的理解。学生的学习过程犹如科学家的研究过程，他们要自己去发现问题、探索问题，最后解决问题。学生由此能够获取知识、发展技能、培养能力，特别是他们的实践能力和创新意识得以锻炼和培养。除此之外，学生受到科学的方法、精神、价值观的熏陶，这对他们形成良好的研究能力和优良的品德打下了基础。

20 世纪 80 年代以来，研究型教学理论得到进一步丰富，“把科学研究引入到教学之中”已成为美国教育界的基本共识。然而，美国研究型大学本科教育方面问题重重。针对此局面，美国政府予以相当的重视，先后发表了“国家在危机中，教育改革势在必行”以及“投身学习，发挥美国高等教育潜力”等报告；美国卡内基教学促进会也发表了题为“学院—美国本科生教育的经验”的报告。这些报告系统地研究了美国本科教育，分析了美国本科教育的存在的问题，并提出诸多相关的改革建议。1995 年，美国创立了“研究型大学本科教育全国委员会”。1998 年，美国博耶委员会发表了题为“重建本科生教育：美国研究型大学的发展蓝图”的研究报告，明确提出了建立基于研究的教学模式和构建探究式的教学改革策略，由此拉开了美国重构研究型大学本科教育的序幕[3]。欧洲各国、日本等教育发达国家结合自己的具体国情，纷纷进行教育改革，推行研究型教学，以改进和提高本科教育质量。

二、国内研究型课堂教学的研究与实践

受国外教育改革的影响，同时为了培养出更多符合时代要求的人才，我国各高校也在不断地探索教育改革。随着改革的逐步深入，我国教育界在研究型课堂教学方面的研究与实践取得了一定成果。清华大学、湖南大学、华中师范大学、广西师范学院等高等院校及其一些学者[4]（如张华，2005；田莉，2005；胡弼成等，2005；高爱民，2007；黄文英，2009）从不同的角度（如“教与学”两个方面的关系，教学过程，研究型教学的特征，教师的教学理念的更新等）对研究型课堂教学进行了研究探索和教学改革实践。综合各家所言，研究型教学是一种以学生为中心，教师为主导的全新的教育模式。它基于新型的教育理念，引入科学研究的基本要素，从传统的单向知识传授模式向知识传授与探索和研究相结合而转变。它要求教师和学生共同转变教育思想、更新教学理念，树立研究型的教学观念。它的特点是教师以课程内容和学生的学习积累的知识为基础，引导学生创造性地运用知识和能力，自主地发现问题、研究问题和解决问题，在研讨中积累知识、培养能力和锻炼思维的新型教学模式。研究型教学方式以探究和讨论以及解决实际问题为主线，强调学生的自主的学习和探索过程，目的是培养学生的实践能力，同时更重要的是培养学生的创新精神和创造才能。

三、研究型课堂教学模式调查与研究

研究型课堂教学模式的调查，主要包括校内和校外两部分共二十门课程的调查。校内主要是对外语学院英语系三、四年级所教授的十门课程进行的课堂教学观摩和任课教师问卷调查，同时对其中两门课的学生进行了问卷调查。校外十门课的调查包含国内和国外两部分。国内是对北京大学、北京外国语大学、北京师范大学、对外经贸大学的英语教师进行的问卷调查；国外是项目组两名成员在英国剑桥大学和美国路易威尔大学留学期间进行的听课观摩调查。研究型课堂模式的调查问卷的问题主要围绕研究型课堂教学具体实施情况而设计的。问卷共包含 11 个问题。第一个问题为综合授课模式的调查；后 10 个问题分两部分：5 个问

题为教师对自己具体授课方式和内容的自评，其余的5个问题为教师对学生课堂学习及其学习效果的评价。学生调查问卷也同样包含11个问题。第一个问题是学生对教师授课方式的综合评价；后面10个问题也分两部分：5个问题为学生对教师的课堂教学具体模式和教学内容的评价，另5个问题是学生对自己在本课程学习过程中的能力提高及学习效果的评价。由于篇幅所限，这里只对第一项教师授课模式的调查结果进行汇总和对比分析，以展示我校英语系高年级和外校的英语教学的研究型课堂教学模式的情况。下列表格是对研究型课堂教学调查的数据汇总，其中包括06级“高级英语”和“美国文学”两门课的学生的调查结果以及校内、校外教师的调查结果。

调查群体 课型	06级“高级英语”（%）	06级“美国文学”（%）	校内任课教师（%）	校外任课教师及国外课程（%）
a. 传递型教学	3%	3%		10%
b. 研究型教学	3%	48%		
c. 传递型教学为主，研究型教学为辅	89%	24%	90%	90%
d. 传递型教学为辅，研究型教学为主	5%	7%	10%	
e. 其他，请具体说明				

从上表可以清楚地看出，绝大多数的学生（89%）认为“高级英语”的授课方式为传递型教学为主，研究型教学为辅，只有极少数的学生（各3%）认为此课的授课方式是单纯的传递型或研究型。对“美国文学”课的调查结果显示，几乎近半数的学生（48%）认为此课的授课方式是研究型教学；与之相矛盾的是，近四分之一的学生（24%）认为此课程的教学方式是传递型教学为主，研究型教学为辅。此外，还有17%的学生未能决定此课程的授课方式而放弃选择。

对教师的调查结果显示，校内和校外的教师对自己的教学方式的观点不谋而合，绝大多数的校内和校外的教师（分别是90%）认为自己的教学方式是传递型教学为主，研究型教学为辅。只有极少数的教师（分别是10%）认为自己的授课方式是单纯的传递型教学或传递型教学为辅，研究型教学为主。

简而言之，根据调查结果显示，绝大多数的教师认为自己的授课方式是传递型教学为主，研究型教学为辅。换句话说，在课堂教学中，教师仍起主导作用，教师讲授课程的主要内容，但是绝大多数的教师尊重学生的主体性，鼓励学生在课堂上互动，就所学的内容启发学生思考、主动地获得知识，同时培养学生探究、批判性和创新思维等能力。教师的观点在“高级英语”课上得到了证实。

但有趣的是，对“美国文学”课，学生的观点有很大的出入。几乎近半的学生认为此课的授课方式是研究型教学，而将近四分之一的学生认为此课的授课方式是传递型教学为主，研究型教学为辅，他们的观点和教师们的观点一致。学生对本课程的教学方式的观点差异可以从对“美国文学”课程的教学观摩中得到一些解释。“美国文学”课程的授课教师要求每个学生要对美国文学中涉及到的一个重要人物在课堂上做专题讲座，因学生可以选择自己感兴趣的文学名家，然后去收集与之相关的资料，在课堂上充分地展示自己对此人物的研究。学生们对自己的专题讲座进行了充分的准备，有的学生的讲座可持续一节课。由此可见，课堂上学生的主导地位比较凸显，这也是为什么将近一半的学生认为此课是研究型的教学方式。

四、结束语

研究型课堂教学是时代对我们高校教师提出的新任务，也是国内外高校课堂教学模式改革的一种发展趋势。通过调查可以看出外语学院英语系高年级的教学模式是传递型教学模式占主导地位；但可喜的是，问卷调查显示出这些教师已努力在传递型教学模式中融入研究型教学的内容和方法：绝大部分的教师能够尊重学生的主体性，激发学生的自主性和创造性，促进其主体意识得到增强和主体能力得以提高。学生在教师的指导下通过自己提出问题和研究问题，最后解决问题。这种实践性和探究性学习有助于学生获得如何进行学习的方法或经验，培养了学生自己发现问题、独立判断、独立思考、解决问题的能力。研究型课堂教学的本质是以培养具有创新能力和精神的人才。

参考文献：

[1]Bruner J S. The Process of Education[M]. Massachusetts: Harvard University Press, 1959.

[2]Schwab J J. Teaching of Science as Enquiry[M]. Massachusetts: Harvard University Press, 1962.

[3]美国国家科学教育标准简介[OL]. http://xxkx. cersp. com/LLQY/200601/41_ 3. html

[4]张华. 课堂教学的重建：走向研究性教学[J]. 基础教育课程, 2005(1): 32～36.

[5]胡弼成等. 研究型大学本科教育的比较研究[J]. 高等工程教育研究, 2005(3): 9～14.

[6]田莉. 及时教学的特点及对我国高校本科教学改革的启示[J]. 外国教育研究, 2005(11): 39～43.

[7]高爱民. 关于如何开展研究型教学的思考[OL].

[8]http://www. enetedu. com/bbs/html/2007－12－7/20071271543471. htm

[9]黄文英. 高级英语阅读课研究型教学模式探究[J]. 东南大学学报(哲学社会科学版), 2009(01): 119～122.